卑鄙的聖人

曹操6

王曉磊——著

滅袁紹統一北方，野心爆棚

目錄

另一個看似微不足道，卻又對曹操產生無比巨大影響的是「袁紹舉印」。在袁紹勢力坐大之後，萌生擁立劉虞取代漢獻帝的野心，但曹操反對，偏偏袁紹不死心，找了個機會拿著玉印在曹操面前晃呀晃的，暗示說：「你不支持我推的人選，那就推我吧！」曹操是聰明人，一眼就看出袁紹的意圖，而他也很直白，對袁紹說：「吾不聽汝也。」這裡的「不聽」有兩種涵意：一是我不苟同你的意圖，二是我不認同你有能力。無論是哪一種，都變相表示自己看不起袁紹，所以後來袁紹心底產生微妙變化，把曹操視為對手，而曹操可能也意識到袁紹心理的變化，才會相應產生殺機：「由是益不直紹，圖誅滅之。」（裴注《武帝紀》）

之後兩人發生官渡之戰，曹操打贏袁紹，但袁紹對曹操的影響卻漸漸浮現，像是在奉迎天子態度上，官渡戰前曹操是「奉天子以令不臣」，但在官渡之戰後，曹操卻變成「挾天子以令諸侯」，我認為，他心裡是這麼想的：「連挾天子以令諸侯的袁紹都被我打敗了，我不挾天子，誰能挾天子？」另外，袁紹當初那個手持玉印的輕蔑舉動，也時時蠶食著曹操的忠誠，因為曹操在赤壁之戰後，原本是以「周公吐脯，天下歸心」自我勉勵，但實際上在他權勢坐大之後，卻是進魏公，加九錫，意圖明顯的連孫權都自動上書勸曹操稱帝，他稱帝了沒？沒有，他是這麼對眾人說的：「若天命在吾，吾為周文王矣。」但這番話語正好讓我們窺探他越登高越心虛的不安：「自己要是真命天子，早在打敗袁紹時就有機會了，不是嗎？」瞧！只是簡單的互動與交手，背後也隱含了無數的考量，而這些心路歷程的轉折，又如何能從單一表面的作為中被窺探出來？

於是，在這套書中，多的是這樣幽而不顯的心理掙扎，說是曹操卑鄙嗎？好像又其情可憫；說是曹操大氣嗎？好像又萬般無奈，總是得藉由某些人某些事某些場景，才能從一些猶豫與回應中看出端倪。所以看此書時，不妨好整以暇，慢慢深入曹操的矛盾與不安中，然後你將會發現，曹操自負的背後是自卑，自是的背後是自非。

（本文作者為歷史作家、媒體專訪歷史名師）

貓型人依其所愛，犬型人忠於主公

大致上人才可分為兩種，貓型和犬型。

貓型人效忠於漢朝，或者只願在家鄉當官（像糜竺、糜芳這樣願意和劉備流浪的地方豪強不多見，這也是曹操由衷感嘆劉備人格魅力的可怕。曹操當時為拉攏糜竺，表奏朝廷讓他當比劉備還大的官，但後來他還是願意和劉備亡命天涯），至於在哪個諸侯底下做事並不重要，典型的例子就是荀彧、荀攸、陳登、王允等人。

犬型人效忠於某諸侯，不管主公如何輾轉流浪，始終跟隨在側，這類人才也占了絕大部分，如關羽、張飛、夏侯惇、夏侯淵等。曹操既然迎了天子，自然會面對貓型人的難題，因為他們忠於漢朝多於自己。曹操的用人方法，一個是把他們放在適合位置上，例如將荀彧任命尚書令，這是文官實權最高的官位，同時讓曹操和荀彧彼此安心，曹操不怕荀彧攬權會自重，荀彧也能放心，不會讓其他黨羽來做出危害漢朝的不臣之舉。（所以當曹操逼漢獻帝加九錫立自己為魏王時，荀彧會如此大力反對，甚至惹來殺身之禍！）其次是沒有力量制衡或消除前，先讓他們按照自己意思在地方當官，如陳登曾數次表示不願離開廣陵太守的位置，甚至當地都願上萬民表來請命；這對曹操來說是大忌，因為任何君主都不願自己在地方影響力小過任一個部屬，還好陳登早亡，否則不僅曹操頭疼難以處理，恐怕陳登也必然下場悽慘。

古今中外，繼承人之爭經常是盛衰主因之一，運氣好的就像唐太宗、明成祖一樣，雖然有過干戈，但對於整體國力並無大損；然而處理不好就會像袁紹、劉表一樣，內耗，甚至聯合外人彼此攻伐，最終讓別人併吞。而魏蜀吳三國在繼承交接上大致沒出什麼太大亂子，也是能持續「鼎立」一段時間主因。蜀漢劉禪沒有繼承人之爭順利即位，孫吳雖然出了歷經八年的二宮之爭，但最終由小兒子孫亮即位（孫權死前即平定，內耗還不算太嚴重；但世家大族的彼此明爭暗鬥的確是日後孫吳滅亡的主因），曹操原本屬意天資聰穎且通情達理的曹沖，然其早夭；而後又有曹丕和曹植之爭，於是他召來重臣賈詡詢問，賈詡若有所思不言，曹操問他，賈詡回答：「吾思袁本初、劉景升之事耳！」（意即此二人皆廢長立幼，最後滅亡）曹操於是立曹丕為繼承人；而後曹丕也用手段收繳曹彰兵權，爭位之事落幕。

袁曹之戰下半場開打，雖然袁紹損兵折將，自己也命不久長，但瘦死的駱駝比馬大，虎踞河北的袁軍依然兵糧充足。唯一可慮的是，袁紹內部分裂嚴重，尤其是長子袁譚和三子袁尚之間因爭奪繼承人問題，與其手下黨羽明爭暗鬥，而隨著袁紹的衰亡，最終決定也即將到來。曹操想一鼓作氣消袁紹，但南向投靠劉表的劉備、江東剛登大位的孫權、屢次來犯的馬騰、韓遂、蠢蠢欲動的袁紹姪子高幹、徐州四次降復叛的昌霸、甚至身在遼東屢犯青州的公孫度等，都成了他的明患隱憂。進無法攻破袁氏三子，退又恐袁氏恢復元氣，騎虎難下之勢如何化解？且看曹操和祭酒郭嘉、軍師荀攸如何扭轉情勢，最終掃滅袁氏？咱們跟著曹操的腳步，排除萬難，統一河北！

第一章

曹操接連重創河北軍，袁紹性命垂危

倉亭之戰

建安六年（西元二〇一年）四月，酷烈之氣籠罩著黃河沿岸。天氣一天比一天熱了，正午的驕陽像個火球，炙烤著蒼茫大地，也使滔滔東流的河面上泛起燦爛的金光，刺得人眼睛都睜不開。

就在黃河北岸的倉亭，七萬多將士嚴陣以待，前前後後排出三道防線，準備阻擊即將渡河的曹軍。大將軍袁紹把帥旗立在離河灘不遠的土丘上，他面龐清臒了不少，臉色也很蒼白，卻始終一言不發凝望對岸。

只有軍師審配、參軍逢紀和袁譚等少數人注意到，今天的袁紹與以往有些不同，少了幾分名門之後的矜持，多了幾分急躁。雖然他沒有說話，但坐在杌凳上搖搖晃晃喘著大氣，臉上肌肉時不時微微抽動，握著劍柄的手也一直在顫抖——那不是因為緊張，而是因為恥辱。

袁紹率領十萬大軍渡河南下，高喊著「奉漢威靈，折衝宇宙」的口號，結果卻敗給了兵力不及他一半的曹操，損失糧草輜重萬餘車，七萬多河北健兒因無法渡河撤退，慘死在曹軍屠刀之下。對於袁本初這個高貴桀驁的將軍兼名士而言，這是何等恥辱之事。一場敗仗改變了太多，數年招募的士卒葬送了，辛苦囤積的糧食丟光了，曾經視為股肱的愛將投敵了；而那個半年前還惶惶不可終日的曹操，現在反而春風得意耀武揚威，眼看就要殺到河北來——形勢完全顛倒啦！

袁譚就在袁紹身邊叉手而立，望著父親額頭上滲出的涔涔汗水，他心裡漸漸萌生出一種不祥之感，彎下腰低語道：「父親，您這幾日睡得不好，今天又沒用早飯，是不是回帳歇息歇息？反正郭圖已布置妥當，觀敵掠陣之事交給孩兒代勞吧！」

袁紹半個字都沒回答，只是一個勁搖頭。即便回到臥帳又豈能安穩入睡？只要一閉上眼，那個兵敗的夜晚馬上會浮現在腦海中，就算是山珍海味他也吃不下，五臟六腑都被憤懣之火填滿了。袁紹這大半生可謂順風順水，公孫瓚勇冠三軍、張燕一呼百應，可在他面前還不是死的死、逃的逃？所以他百思不得其解，為什麼會糊裡糊塗栽到曹操手裡呢？前幾天逢紀從鄴城（今河北臨漳縣西南鄴鎮，三台村迤東一帶）趕來告訴他，那個戰前三番五次阻止出兵、被他關進大獄的長史田豐，最近大放厥詞，嘲笑他不聽勸告功敗垂成。袁紹二話不說就派人將田豐殺了——他可以面對一切艱難挑戰，就是不能承受失敗和屈辱。即便許攸反了、張郃降了、沮授死了、田豐殺了，可他的心絕不會動搖，只要有一口氣在就要與曹操鬥到底，這場決鬥不死不休。

正在袁紹心急火燎之際，親兵衛隊閃開一條道路，都督郭圖打馬揚鞭奔至土丘之下：「啟稟大將軍，對岸曹兵蠢蠢欲動，似乎要渡河了。」

「哼！」袁紹故意提高嗓門冷笑一聲，「兵法有云，渡半而擊之。今日本將軍定要一雪前恥！」

郭圖神情嚴肅地說：「主公放心，我軍三道防線固若金湯，曹賊不來是他的便宜，若來了我殺他個片甲不留！」扔下幾句豪言壯語，便揮動令旗回轉前陣了。

袁譚與郭圖甚是親厚，平日尊其為師長，到這會兒仍不忘了美言幾句：「疾風知勁草，國亂顯忠臣。許攸那幫人皆是忘恩負義之輩，真正忠於父親的還是郭公則啊！」

袁紹似乎得到了一絲慰藉，欣然點了點頭。

審配、逄紀默默對視了一眼，雖然都沒說話，但心裡很清楚——這一仗可不怎麼樂觀。官渡之敗喪師近八萬，更有投敵的、逃亡的、流散的；現在勉強集結了七萬士卒，雖說兵力上仍優於對手，但這些人既是敗兵又是疲兵，還摻雜了不少百姓，恐怕一提起「曹操」二字就嚇得腿肚子轉筋了。袁熙、袁尚、高幹三位公子還在設法募兵支援，可遠水難解近渴，僅憑眼前的實力能守住倉亭津就不錯了，不求有功但求無過，打敗曹操是想都不敢想的奢望。堅壁清野轉戰為守或許是上策，可袁紹滿腔激憤硬要拚下去，有了田豐被殺的前車之鑒，誰還敢勸阻？可笑的是那位大公子袁譚和都督郭圖，至今還做著席捲中原的美夢，幻想著能為將來繼承大位積攢功勳呢！

兵法有云：「朝氣盛，晝氣惰，暮氣歸」，午間是士兵最懈怠之時，但袁紹腦子裡的弦卻繃得很緊，數次傳令吩咐懶散的士兵打起精神，不給曹軍可乘之機。果不其然，雙方僵持到了未時，曹操自上游河內郡調撥的船隻順流開至，曹軍的先鋒部隊開始登舟搶渡。

尖銳的號角聲直沖雲霄，曹軍一整排快船好似浪頭般向北岸席捲而來。郭圖早已布置妥當，一揮掌中杏黃令旗，頭一道防線的兵卒立時自鹿角後湧出，個個搭弓在手，射出遮天蔽日的箭雨。立於船上的曹兵也不是傻子，都手持長矛盾牌護體，蜷縮在船板上催促搖櫓之人加快速度。也就是眨眼的工夫，七八艘船已到了對岸，後面的船隻也冒著箭雨陸續跟上。曹兵挺著長矛撲上岸來，河北軍棄弓拿槍堵住去路；喊殺聲霎時震天動地，兵刃你來我往，但沿河作戰防守方總是更占便宜。那些曹兵不是被剿殺在岸邊，就是被逼回船上，郭圖的布置似乎牢不可破。

袁紹坐在土丘上，死死盯著戰場，口中喃喃說著：「殺得好……給我殺！把他們斬盡殺絕！」可他沒痛快多久，就覺喊殺聲越演越烈，船隊一排接一排又來了。曹軍不停地搖櫓，袁軍不停地放箭，剛開始那些船還保持著隊形，後來為了躲避弓箭紛紛散開，密密麻麻鋪滿了河面。戰鼓聲、喊殺聲、兵刃聲震耳欲聾，中箭的曹兵搖搖晃晃栽入滾滾波濤，被刺倒的袁軍抓著河灘的泥沙發出最

他肩上擔子更重，常常忙得顧不上吃飯。今天就是坐車回府的這一小段工夫，他腦子也沒閒著，一直在考慮廬江郡的事情。

廬江原是劉勳的地盤，從屬於偽帝袁術。袁術死後孫策奇襲劉勳奪取城池，任命了一個叫李術的人充任廬江太守。劉勳部曲流散無家可歸，憑著老關係投靠了曹操，但時隔不久孫策也遇刺身亡了，李術又與孫氏翻臉，成了獨立江北的一方割據。曹操早就想染指廬江，可身在戰場無法分身，便派先前任命的揚州刺史嚴象到皖城與李術接洽，意欲拉攏李術收取地盤。

揚州刺史嚴象，字文則，京兆人士，乃是荀彧推薦任職的。當初前任刺史劉繇病故，曹操派他接管劉繇餘部。但隨著孫氏的崛起，嚴象所依仗的陳瑀戰敗逃亡，孫策又利用劉繇之子劉基挖走不少兵將，致使嚴象成了毫無實權的空頭刺史。他身在揚州卻什麼事都幹不成，只能在孫曹之間和稀泥，所以得到朝廷調他往廬江的命令也長出了一口氣，以為再不用受窩囊氣，哪知卻踏上一條不歸之路。李術這個土霸王非但不買孫氏的帳，而且也沒把曹操放在眼裡，竟派兵半路截殺了嚴象。

此事一出天下譁然，許都朝廷建立以來雖遇到過不少抗拒，但還沒人敢公然殺害朝廷委派的官員。曹操和荀彧當然不能放過凶手李術，更不能放棄廬江地盤，可就在他們書信往來商議對策之時，卻有人搶先下手了——剛剛繼承江東基業、年僅十八歲的孫權。

孫權向朝廷上表，聲稱「李術凶惡，輕犯漢制，殘害州司，肆其無道，宜速誅滅，以懲丑類。今欲討之，進為國朝掃除鯨鯢，退為舉將報塞怨仇，此天下達義，夙夜所甘心」。表面上擺出一副願聽號令的姿態，實際上卻不待曹操回覆就提兵北上，以迅雷不及掩耳之勢拿下了廬江，並誅殺了李術。

孫權第一次施展身手便如此乾脆俐落，無異於向世人宣告，他孫家爭奪天下的事業還要繼續下去！荀彧聞訊驚駭不已，意識到朝廷與孫氏必須做個了結，若總有隻老虎臥在身後，必定影響統一北方的戰局，得想辦法把孫氏復興的勢頭壓下去……

荀彧暗暗盤算如何向曹操匯報此事，不知不覺已回到了自家府門口。僕人將車簾掀起，他還沒邁出腿，就瞧見司空祭酒張京站在車前，恭恭敬敬向他施了個禮：「令君總算回來了，下官已等候多時。」

「有差事嗎？」

張京湊過去攙扶荀彧下車，笑道：「有批外任的官員明天就要離京，您得見上一面啊！另外……」他從袖中抽出一張疊好的帛書，「曹公有密信給您。」

「哦。」荀彧看都沒看就揣到懷裡了。

雖說曹操一把火將官員暗通袁紹的書信都燒了，但有些做得露骨的縣令還是倒了霉，撤免更換也是意料中事。而選拔出來的新官大多都是被曹操辟用過的人物，有的當過司空掾屬，有的被曹操點名徵用，另外再拉上一兩個名士裝點門面也就差不多了。這幫人來見荀彧之前，已在司空東曹掾[1]毛玠那裡過了一遍篩子，該效忠誰、該聽誰的話都已經明明白白。張京再把他們領到這邊，不過是請荀彧叮囑幾句，走走形式罷了。

荀彧跨進府門抬眼望去，這批外任官站了一院子，長者已過不惑，幼者方及弱冠，都穿著樸實無華的玄色布衣，全無新官上任的喜色。荀彧心中不免暗笑——毛玠選官尚儉樸，這些人有好衣服也不敢穿。鑒於長幼匯聚，也沒把他們帶到堂上訓話，只請入偏閣坐下敘談。

張京趕緊捧出授官的名錄，荀彧粗略看了一眼，別的全沒在意，單見末尾處有個名字被墨筆抹去，仔細辨認寫的是「司馬懿」三個字：「這個司馬懿犯了什麼事情，怎麼抹去了？」

張京道：「此人拒絕征辟，沒有來京。」

「沒來為何也寫上去了？」

「司馬懿是司馬建公的二兒子，曹公點名要用的，原本要授予官職，可突染急病來不了。」張京不便當著眾人把話說破。當年曹操舉孝廉時，司馬懿之父司馬防正任尚書右丞，回絕了曹操擔任洛陽令的請求，故而曹操執意要驅使司馬氏子弟為自己效力，也算出一出當年的氣。河內郡收復之後，司馬防被召回朝廷任職，其長子司馬朗在董卓入京之前就已入仕，如今也當了司空掾屬。不過司馬防還是怕曹操給他父子小鞋穿，再不願讓二兒子也出來蹚渾水了，故而以罹患疾病為託詞，把司馬懿留在了家鄉。

現在還有人公然回絕曹操的辟用，荀彧倒覺此人有些膽量。他把名單往桌案上一放，逐個打量在座之人，這才發現何夔、劉馥、涼茂、鄭渾等幕府掾屬皆在其列，連頗受非議的王思也坐於其中：「王賢弟，你也放了外任嗎？」

王思跟他熟稔了，說話很隨便：「令君啊，我當初與薛悌、滿寵一起跟隨主公，如今人家都是郡守之位了，我還昏天黑地打理文書，臉上也不好看啊！好不容易得了這個機會，總算盼到出頭之日啦！」

荀彧面帶莞爾：「曹公不放你外任是想磨磨你的性子。以後當父母官，切記戒急用忍，可不能再……」

「諾，我知道啦，一定改！」王思料到荀彧要說什麼，趕緊出言打斷。論才智王思不輸於他人，資歷更是無人能及，只是耐性太差，有一次他寫公文時有隻蒼蠅總在眼前飛，他竟投筆打蒼蠅，一擊不中氣得連竹簡帶書案全給掀翻了，踩著筆在地上碾。此事傳得府裡府外無人不知，至今還是大

①東曹掾，丞相、太尉自辟掾吏分曹治事，東曹掾初出督為刺史，後主二千石長吏及軍吏的遷除。

夥玩笑的談資。而就是這心浮氣躁脾氣怪誕的王思都放了外任，可見曹操有意讓自己的心腹逐步接管地方政務。

荀彧瞧他有些難為情，微微一笑便不再提了，又見人堆裡還有個稚嫩的娃娃臉，湊在一堆山羊鬍子間格外顯眼，便問：「卿是何人？此番授予何職？」

年輕人說起話來溫文爾雅：「在下太原祁縣溫恢，受任廩丘縣令。」「祁縣溫姓……」荀彧想了想，「先朝大名鼎鼎的涿郡太守溫恕，是您的同族嗎？」

溫恢起身拱手：「正是家父。」

「原來是名臣之後，得罪了……」荀彧也欠身拱手，「令尊賢名播於河北，惜乎亡故多年。還望閣下再續先父之德，全心效力朝廷。」荀彧品出點兒不一樣的滋味來了，溫恢再有能力畢竟資歷淺薄，曹操看中的是他父親的名頭。溫恕任涿郡太守時頗受河北之士稱道，現在把他兒子弄出來做官，明擺著是要爭取河北士人的好感。

「在下一定牢牢記住令君的教誨，不負朝廷之任、曹公之望。」現在官員說話，第一句若是向朝廷表忠心，後面必要緊跟著提曹操，溫恢雖然年輕，也學會了這種句式。

荀彧自然不能說不對，但總覺得有些彆扭，索性不再一一詢問，籠統地說起了客套話，不外乎囑咐他們要效忠天子、在地方為政當以督促民事為先，不要總想著捷徑幸進。他侃侃談了幾句，偶然一抬眼皮，忽見門口碧紗簾子一挑，三個衣著錦繡的少年大搖大擺走了進來——為首的是曹操之子曹丕，後面跟著曹操義子曹真和夏侯淵之姪夏侯尚。

這三個公子哥來得真不是時候，給人一種曹家子姪可以隨便干政的印象。荀彧略一皺眉，有心嗔怪守門的僕僮不通報，可又一琢磨，曹操的兒子誰敢阻攔？於是趕緊端出長者姿態，捋髯微笑道：「是你們啊！我跟列位大人談話，你們若是有事先到正堂等候。」

三個年輕人恭恭敬敬施了一禮，曹真、夏侯尚很識趣地退了出去，曹丕卻手掀著簾子解釋道：「其實小姪也沒什麼事兒，不過是尋長倩賢弟聊聊天。不想大人在偏閣辦事……得罪了。」長倩是荀彧之子荀惲。

荀彧心裡恨不得他快出去，擺手道：「幾位大人即將上任，我有要緊的話叮囑。你們要尋我兒只管去後宅吧！」

曹丕聽說這些人即將上任，跨出門檻的一隻腳又收回來了，當眾作了個羅圈揖，笑呵呵道：「小可失禮，叫列位大人笑話。諸位效力朝廷為國驅馳，晚生由衷欽佩，今日得見甚覺榮幸。日後小可若離京行走，一定拜望列位……」他相貌不俗談吐風雅，說話時臉上帶著溫和的笑容，還故意揚起長袖作弄瀟灑之態。在場之人有知道他身分的，想站起來還禮，又恐旁人說自己諂媚；也有不認識的，一臉茫然坐在那裡，覺得這小子指手畫腳惹人討厭。

荀彧滿臉尷尬，甚覺這位大公子話說得太多，不合規矩而且頗有賣弄之嫌，趕緊咳嗽一聲，打斷了他的話頭。張京見此情形忙打圓場，笑嘻嘻站了起來：「令君囑咐的也不少了。其實列位都是幾經篩選的，該怎麼為政心裡也有些成算。差事挺緊的，大夥來日就要赴任。我看不如就此散了，容大家會會朋友辭辭行，明日也好輕鬆登程，您意下如何呀？這些天您也夠操勞的，多保重身體。」

「好吧。」荀彧歎了口氣，應了這順水人情，「還望列位上任之後不負朝廷重托，勸課農桑教諭百姓。官渡打贏了，但錢糧尚有虧空，要抓緊補上。朝廷也會制定課稅新法支持你們，就這樣吧！」

「諾。」眾人起身告退，由張京領著魚貫而出，這次到了門口，就得與曹丕對揖了。

曹丕滿面陪笑一一還禮，直到所有人都出去，才湊到荀彧眼前：「令君近來清瘦不少，得好好保重身體啊！」

「有勞賢姪掛念。」荀彧心裡有數，這小子說是來尋自己兒子的，卻不急著往後面去，一個勁兒跟自己說客氣話，必定有事相求。即便是曹操的兒子，畢竟是個白身，荀彧素來討厭請託之事，礙於曹丕的身分更要避嫌，便故意扯開話題：「其實坐守京師算不得勞苦，令尊用兵在外才真正不易，最近公子有沒有寫信探問呢？曹公頭疼的毛病實在叫人擔心呢！」

「家書裡說了，自官渡得勝就沒有犯過，這也是人逢喜事精神爽吧！河北的仗還在打，王師回歸少說也得幾個月，能否順利拿下鄴城也未可知，我也十分思念父親呀！」話雖這麼說，曹丕臉上卻沒什麼真摯的表情，見荀彧似乎對自己的來意漠不關心，又另尋了個話頭，「對啦……這次王師得勝，回歸之際是否有什麼儀式？有何差事叫小姪效勞的？需不需要我準備儀仗的事情？」

「不必了。令尊立下這麼大的功勞，到時候聖上自有安排，若是主動討這差事，豈不是搶了聖上的恩德？此非為臣子之道……還有，賢姪是白身，不要隨便到朝臣府裡走動，這對令尊的影響也不好。」荀彧說了這兩句重話，隨手拿起一卷公文，心不在焉地看著，其實是暗示曹丕趕緊離開。

哪知非但曹丕不走，曹真與夏侯尚又進來了，仨小子都湊到案前說話。荀彧見這陣勢，情知他們要賴在這裡，只得把公文又放下了：「你們究竟有何事？」

曹真不緊不慢道：「聽說孔融奉詔祭祀南陽、東海二王，他文章做得極好。未知祭文寫出來沒有，可否叫我們先開開眼。」曹真已經十七歲了，身材高大淡金面龐，劍眉虎目獅鼻闊口。

荀彧知他信口開河，揶揄道：「今早才正式傳下詔書，哪能這麼快就寫出來？等祭禮之後不就知道了嘛！」

「我都等不及了。」夏侯尚壞笑著搶過話頭，這小子左頰上有幾顆白麻子，常自詡那是聰明疙瘩，鬼點子甚多，「前幾日我讀了孔文舉給曹公寫的三首詩，可真是光怪！其中有這麼幾句『從洛到許巍巍，曹公憂國無私。減去廚膳甘肥，群僚率從祁祁』，您聽聽這六言詩，怪不怪？」

荀彧卻不以為奇：「六言成誦並不稀奇，張衡撰《歸田賦》：『游都邑以永久，無明略以佐時；徒臨川以羡魚，俟河清乎未期。』這不也是六言？」

「那可不一樣啊！孔融這不是散句，沒那麼多之乎者也，這可是地地道道的詩作啊！」夏侯尚搖晃腦袋又吟誦起來，彷彿陶醉其中，「郭李紛爭為非，遷都長安思歸，瞻望東京可哀，夢想曹公歸來……」

「只要詩寫得好，六言又有何不可呢？」荀彧捋髯而歎，「自蔡邕死後，士人文采風流不見，似孔文舉這般才情之人越來越少，可惜啊可惜……」

夏侯尚暗笑老先生著了他的道，朝曹丕擠了擠眼；曹丕會意，趕緊從袖子裡抽出一張帛書來，笑道：「令君精於詩文心明眼亮，看看這首詩寫得如何？」

荀彧耐著性子接過來看，只見寫著：

丹雞被華采，雙距如鋒芒。
願一揚炎威，會戰此中唐。
利爪探玉除，瞋目含火光。
長翹驚風起，勁翮正敷張。
輕舉奮勾喙，電擊復還翔。

「這寫的是鬥雞啊！」荀彧不禁笑了，「瞧這句『願一揚炎威，會戰此中唐』還有些尚武之氣，算得上是佳作了。」

夏侯尚笑著問：「您知道這是何人所作？」

「莫非是賢姪所作？」荀彧懷疑地瞟了眼曹丕。

夏侯尚把手一攤：「非也非也。寫詩之人名叫劉楨，字公幹，乃宗室子孫。他祖父也是先朝文士，就是那位著過《辨和同之論》的劉曼山②。」

曹丕湊到荀彧耳邊誇獎道：「這個劉公幹小姪也見過，生得一表人才，現年二十七歲，為父守孝期滿來至京師。現在朝廷正是用人之際，我們府裡又放出去那麼多掾屬，不妨……」

荀彧明白他們來意了，把帛書塞回曹丕手中，又拿起了公文，冷冰冰道：「朝廷用人之事不是你們該過問的。」

曹丕不死心：「我與那劉楨並無私情，這完全是為國舉賢啊！再說即便瓜田李下令君不願管，去跟毛孝先知會一聲，辟到幕府當個掾屬又有何妨？」

「既然這麼簡單，你們直接去求毛玠不就行了？」荀彧一句話把仨小子噎住了，瞧他們尷尬的臉色，便知已在毛玠面前碰過釘子了。

三個人你看看我我看看你，半晌曹丕又開了言，這次不叫「令君」改叫「叔父」了：「荀叔父啊，姪兒實話實說，毛孝先那張硬弓要是好拉，我們就不給您添麻煩啦！他選的官什麼樣您又不是不知道，但凡宗室名門都塞不進他那雙眼，恨不得找幫窮鬼才好呢……」

「欸！不要信口議論他人。」荀彧怕這孩子亂談是非惹出事兒來，「我這裡差事堆成山，管不了別的，況且這也不合規矩，你們走吧！」

夏侯尚放膽按住荀彧手裡的公文，樂呵呵道：「話是這麼說，但您忍心看著才子埋沒？您都說這詩寫得好。」

「我是說了，」荀彧板起面孔，「但治理天下不能就靠幾首詩。而且這是什麼？鬥雞走狗紈絝子弟的勾當，能登大雅之堂？你們好好讀讀史書，春秋時，魯國曾因鬥雞招致內亂③，玩物喪志是要禍國的！」

曹真卻道：「叔父言重了，能小復能大，劉楨也有正經文章，我取來請您過目。」

「不必！我沒工夫看文章。」

曹丕拉住他的手央求道：「叔父何故拒人千里之外？您再想一想，此人既是名門之後又屬劉氏宗親，用這樣的人多好啊？這也給朝廷增光呀！」曹真也順勢拉住荀彧左手，夏侯尚牽起荀彧的鬍鬚。仨小子把昔日找大人要糖吃的本事拿出來，又搖又晃，左一個「叔父」右一個「令君」，叫得比蜜還甜。

荀彧實在拿他們沒辦法，這幫小子攪下去不知耽誤多少事，又一琢磨，招個宗室子孫、文學之士也無可厚非，便道：「快撒手！我管了，叫劉楨寫份履歷放我這兒，有機會我跟毛孝先提提。」

曹丕喜不自勝，趕緊從懷裡掏出一張竹片名刺放到桌案上：「早就預備好了，叔父既然答應姪兒，千萬可別忘了。」

「僅此一回，下不為例！」荀彧鄭重提醒。

「姪兒知道，以後絕不給您添麻煩了。」曹丕連連作揖。

「二公子、三公子怎麼沒跟你們在一處呢？」

曹丕答道：「植兒去丁家找丁儀玩去了，彰兒帶著一幫家僮出城狩獵。」曹植與丁沖之子丁儀甚是投機，而曹彰年紀不大卻好武，兄弟三個脾性各不相同。

「狩獵！」荀彧騰地站了起來，「誰同意他出城的？仗雖打完，周匝可還沒太平呢！他才多大

---

② 劉梁，字曼山，東漢散文家；《辨和同之論》宣導「得由和興，失由同起」，是東漢後期的散文名作。

③ 魯昭公時期，大夫季平子與郈昭伯因鬥雞作弊而生嫌隙，郈昭伯兵圍季氏宅邸，與季氏同為上卿的叔孫氏、孟孫氏救援，誅殺郈昭伯。此後季氏、叔孫氏、孟孫氏三家把持魯國權力越演越烈，史稱「鬥雞之變」。

啊！你這哥哥是怎麼當的？曹公叫陳群督促你們兄弟學業，他這才扶喪離開半日，你們就都亂竄開了。快快快，派人把彰兒找回來，以後沒我的准許不能隨便出城！」荀彧這位子太難了，朝裡朝外忙完了，還得替曹操管兒子。

「諾，那小姪去了。」曹丕雖然答應，卻還是笑得合不攏嘴，抱著夏侯尚、曹真的膀子，溜溜達達而去，還不住念叨，「有了劉公幹，以後可以論文消遣啦……」

仨小子走到門口，碧紗簾子倏然而起——竟有兩個新任官員沒走，等在外面給他們掀簾子獻殷勤。荀彧看了個滿眼，有心叫那倆官人進來好好申斥一頓，但尋常禮節又挑不出什麼大錯。老子當大官，莫說是兒子，只怕家裡的狗都有人巴結。為這事罵他們一頓，非但沒什麼用，他們還要恨自己阻了大好前程。

荀彧隔著簾子望著曹丕背影——這位大公子十五歲了，說大不大，說小也不小了，這個歲數已經有不少朋友，日後那可就是一個小圈子啊！曹彰十一歲，曹植也十歲了，還有一個最最受寵的曹沖，再過幾年這幫小子各自身邊都會圍繞一幫年紀相仿的人，到那時……想起袁紹的三子一甥各領一州之事，荀彧不禁捏了把冷汗，時至今日他才意識到曹昂戰死宛城是一件多麼嚴重的事。

順著這個思路想下去，荀彧竟越琢磨越害怕，趕緊回歸座位接著處理公文，好儘快化解這不安的情緒。心不在焉看了好久，才想起還有一封曹操的密信沒讀。

原來曹操河北的戰事進行得並不順利，雖然倉亭之戰使一些郡縣官員立場動搖，但袁紹又集結人馬抓緊平叛，硬是沒讓曹操搶到一座城池。照這個勢頭發展下去，根本不可能迅速征服河北，加上劉備尚在汝南為患，只能草草收兵了事。隨信寄來的還有官渡功將名單，要求荀彧代為表奏，共計二十多人，列於榜首的張繡竟要給予封邑千戶。

荀彧有些躊躇，給武將這樣高的待遇是不是太輕朝中官員了？畢竟勳貴老臣中還有不少沒有封邑呢！但自陳留舉兵以來，曹操沒有特意升賞過功將，借此機會提高他們的待遇，似乎也無可厚非。荀彧處的這個位置，既不能反駁曹操，又不能忤逆皇帝，還不能叫旁人說閒話，實在太難了。他思來想去，最終還是決定按曹操說的辦，鋪開絹布寫回信，順便將孫權襲取李術之事作個匯報，可剛提起筆，一抬眼又瞅見了劉楨的名刺。

荀彧開始後悔答應曹丕這件事了，這開了個不好的例子。想起前幾天皇帝劉協還向他抱怨不能按照自己的意志用人，堂堂天子還不如幾位曹家公子自在呢！曹操的權勢在急劇擴張，已經充斥朝廷，雖然這是無意間造成的，但畢竟與復興漢室的初衷產生了分歧。而這些過分的權勢還在繼續蔓延，甚至遞延到子姪親眷身上，長此以往天下將會被帶向何方？荀彧是個謙謙君子，也曾深信復興漢室就是曹操平生夙願，故而每逢遇到有人背後議論曹操，他都會嚴厲斥責為之正名。可時至今日連他都開始懷疑、猶豫，甚至恐懼……

當年光武帝劉秀不過想當個守衛京城的執金吾，最後卻成了九五之尊。畢竟世間人心總是隨著境遇而變的。

第二章

後院起火，曹操休掉糟糠之妻

王師凱旋

建安六年（西元二〇一年）九月，許都城外鼓樂悠揚儀仗井然，驛道邊站滿了公卿朝臣。得知曹操班師回朝，天子劉協怎敢怠慢？連忙發下詔書，除省中當值官員外，自司徒趙溫以下都要到城北十里以外相迎。

天子之命誰敢不從？曹公之威豈能不懼？滿朝文武遵令而行，一窩蜂趕來。冠戴如山巒，大袖似層雲，卻沒人敢交頭接耳敘談半句，因為曹操任命的校事盧洪、趙達也混跡人群中，時刻觀察著所有人的舉動，誰要是不留神說錯一個字，都有可能招來殺身之禍。眾官員盡皆無語，目不斜視眺望北方，手底下整理著衣襟腰帶，唯恐有失禮之處。

可在官員隊伍後面數丈開外，氣氛則截然不同。許都附近的屯民也聽到消息了，一傳十十傳百，惹得臨近村莊的百姓都趕來湊熱鬧。有不少人扶老攜幼而來，因為有士兵攔著不能上前，連靠近驛道的樹上都爬滿了人，大家都想爭睹王師回朝的氣派，更想看看那位定許都、興屯田、滅呂布、敗袁紹，美其名曰「立下不世之功」的大官究竟長什麼模樣。

冷清的官員和喧鬧的百姓對比鮮明，所有人都在日頭底下站著，等了半個多時辰，才見北方地平線上騰起征塵，大部隊漸漸映入眼簾。不多時有戎裝斥候快馬奔來，向迎接的人群高聲呼喊：「曹公率師回朝嘍……」

「臣等奉詔迎候……」隨著百官參差不齊地一聲回應，黃鐘大呂絲竹鼓吹驟起，奏的是得勝慶功之樂，看熱鬧的百姓也越發踴躍，一個個伸長了脖子宛如鵝鴨。

因為是得勝回朝，軍隊早在半路上調整了位置，老病傷殘一律編入後隊押運輜重，走在最前面的是曹操的中軍。這些士卒多是豫州本土人，凱旋回家自然無限喜悅，這會兒見官員百姓夾道迎接，臉上立時泛出得意笑容，扛著長槍大戟也不覺累，精神抖擻士氣高昂，腳下的步子一個賽過一個高，仗著曹操之威，要是有路都敢走到天上去。

剛過了千餘步兵，又見甲冑兜鍪分外耀眼，曹操的親衛虎豹騎隨後而來。這支隊伍是曹氏的子弟兵，都是親戚族人鄉里故舊的後人，統領者曹純不僅身兼司空府參軍，還在朝中掛有議郎的頭銜。曹純今天特意換了身鎦金鎧甲，手持大槊腰挎寶劍，騎著高頭大馬當先引路，後面的虎豹騎個個都頂盔貫甲罩袍束帶，連馬鬃都刷洗得油亮，透著十二萬分的精神。

百姓一見此景歡呼雀躍，不知是誰還扯著嗓子叫了聲好。可緊接著又見旌旗林立遮天蔽日，白旄節杖隨風搖曳、金鉞大斧寒光閃閃，數不清的將官眾星捧月般拱衛著一名身量不高的中年將軍。此人身披赤金鎧甲，頭頂赤纓兜鍪，腰配青釭寶劍，胯下黃驃戰馬；臉上觀，此人已過不惑之年，濃密長鬚間早有幾許白茬，耳邊髮鬢也是有黑有白，但白淨的臉膛上卻沒什麼皺紋，濃重的眉毛斜插入鬢，一雙鷹隼般的眼睛微瞇著，用餘光掃視著左右人群；雖貌不驚人卻不怒自威——正是大漢司空曹孟德。

曹操緊催坐騎快行幾步，赫然領先在隊伍前方。此時尾隨的不僅有跟隨他出生入死的將領掾屬，還多了許攸、鮮于輔、田豫、國淵、張郃、高覽等河北歸降之人，這氣勢威風不亞於天子出巡。

如此英武的將帥，如此氣魄的軍隊，還有誰敢對這位飽受爭議的司空大人有所質疑？所過之處官員紛紛跪倒在他的馬蹄前，猶如一陣勁風吹伏了層層麥苗；百姓們見官員都跪了，便糊裡糊塗跟著也跪了，嘈雜喊嚷著迎接的話。

曹操微微頷首，策馬而行掃視著跪拜的人群。這一次他不再推辭揖讓，將所有讚美都欣然領受。出生入死南征北戰，追求的不正是這一刻嗎？現在雖不能說大功告成，但已是峰迴路轉前途光明，也該享受讚美了。何況他腦子並沒閒著，接到荀彧的表章就盤算著如何教訓那個不知深淺的孫權小兒，還有叛賊劉備尚有幾千烏合之眾盤踞汝南，等著他去算帳。這麼多事需要考慮，才沒閒工夫跟這幫人客套呢！

曹丕、曹彰、曹植、曹玹、曹沖、曹彪等公子也來了，一路小跑來到馬前迎接父親。曹操只擺擺手：「為父安好，你等退下。」便繼續往前走。

他瀏覽驛道左右，想尋找一張面孔，看到丁沖、董昭、楊沛等親信時只是微微頷首，並沒特意叫他們起來，而是繼續張望，直到確定要找的人沒露面，才露出一絲神祕的笑容。走著走著，一眼瞅見個冕冠青綬的大官竟長揖不跪，在一片匍匐的人堆裡顯得格外刺眼。曹操略一皺眉仔細打量，又是少府卿孔融。

曹操暗暗冷笑——大到朝廷小到家族，總會有不順耳的雜音。像孔融這等腿比脖子硬的傢伙也沒辦法計較，若同他講理，他有十車話等著，巧言令色繁文縟節，沒必要與他一般見識。更何況這枚胡桃的油沒有榨乾，還有華歆、王朗、邴原、張範、王烈等名士避難在外，要靠孔融的名氣吸引這群人，還得繼續利用他哩！想至此曹操本欲勒馬與他敘談，又見孔融身邊跪著當朝國丈伏完，這就更不能等閒待之了，趕緊下來攙扶：「國丈，豈敢唐突您大駕，莫要折殺老夫啊！」

伏完誠惶誠恐道：「曹公抬愛了。究功勞而言，您挫敗賊眾立下不世之功，老朽應有此拜。若論官階，上下之分自當如此。」如今的伏完已不是儀同三司的輔國將軍，自董承、王子服因玉帶詔之事被誅，他就主動上還印綬，轉任中散大夫。

曹操故作憨笑：「話雖如此，您畢竟是國之重戚，不能自貶身分，快快請起！」說著話回首叫許褚牽來匹馬，請伏完乘騎，共赴皇宮面聖。待親自扶他上去，曹操這才回頭掃了孔融一眼，笑道：「文舉兄，我可得恭喜你。昔日北海之失，多受袁紹父子之欺，如今我也算替你報仇了。」孔融曾擔任北海相，是被袁譚擊敗才調回朝廷的。

曹操呼其為兄，姿態擺得夠低了，這麼說不過想要孔融一句恭維，可孔融偏不遂其願：「朝廷大義當前，在下那點兒小得失算得了什麼。下官唯賀曹公報國之舉，並無分毫私情。」

「文舉兄真是大公無私啊！」曹操非但不能駁斥，還得公然稱讚，心裡著實有幾分苦澀。話音剛落，一旁竄出校事盧洪，手指孔融陰陽怪氣道：「今日群臣迎接曹公盡皆下跪，孔大人獨揖不跪，太失禮了吧？」校事的職責就是為曹操監視百官，孔融當面不服不忿，身為鷹犬豈能含糊放過。

孔融瞧不起這等猥瑣之人，瞅都不瞅一眼，朗朗道：「我等是受天子之命前來迎候，別人跪不跪本官不便干涉，反正我以為不該輕天子而重同僚。」他這話有理有據，倒把盧洪頂了回去。

曹操佯作呵斥：「大膽盧洪，你不過是一小吏，老夫與公卿講話也輪得到你插嘴嗎？還不給我退下！」盧洪諾諾而退，曹操碰了個釘子，也不想再饒舌，趕緊提及正事，「老夫離京忒久，朝中之事多勞文舉兄與諸位大人費心了。」

「皆是荀令君之功勞。」孔融是個實事求是的人。不過這話究竟是說荀彧功勞大，還是說荀彧把持政務別人都摸不到呢？

曹操裝聽不懂，環顧四周微笑道：「今日朝廷官員來的不少，侍御史張紘怎麼沒到呢？」

張紘是昔日孫策派到許都朝覲的使者，被曹操表奏為侍御史，留在了許都。孔融與其關係融洽，聽曹操特意詢問，語氣和緩了一些：「張大人請命入宮奉職，正陪在荀令君身邊。」

「哦。」曹操點了點頭，思索片刻又道：「午時我府裡設宴，犒勞此番出征的將領，文舉兄也過來湊湊熱鬧吧！」

孔融料想這不過是句客套話，推辭道：「在下乃白面書生，不堪與諸位將軍為伍，別掃了大家的興致。」他話雖如此，口氣卻頗為輕巧，似乎根本不屑於與武夫為伍。

哪知曹操一把抓住他的手腕：「兄台可別辜負我一番美意，一定要來……還有，煩勞您邀請張紘，一同到鄙宅飲宴。」

「嗯？請張子綱一同赴宴？」

「不錯，」曹操在他手腕上用力捏了兩把，皮笑肉不笑道：「江東之地避難名士極多，如今河北之危已解，中州局勢大定，是不是該商量一下，請那些羈旅高賢都……」

孔融雖執拗，卻不糊塗，聽曹操說一半便明白了，情知這是要借張紘之口逼孫權遣回避難名士，進而使其向朝廷就範。孔融故友王朗、華歆、孫邵都在那邊，早盼著他們回來共商國是，一見曹操有此打算心中狂喜，忙應承下來：「下官明白了。明公請放心，我一定拉張紘共赴盛會！」說罷還朝曹操擠了擠眼睛，兩人心領神會攜手而笑。

在場眾官員何曾見過他們倆情投意合的時候，皆萬分詫異面面相覷，轉眼間又見曹操二次上馬繼續行進，趕緊把稍稍抬起的頭又低了下去。

敲打孫權

張紘乃廣陵士人，因戰亂避禍江東，後被孫策禮聘擔任正議校尉，與彭城張昭共為軍中謀主，協助孫策開闢江東基業，人稱「江東二張」。後來孫氏強盛，力挫廬江劉勳、江夏黃祖，便派張紘到許都獻表，名義上表示尊崇朝廷，實際上是向曹操示威。那時曹操還在備戰官渡，哪敢輕易招惹，只得與孫氏結親，又以天子名義拜張紘為侍御史留任朝中，還特意關照荀彧、孔融等對其多加禮遇。但是好景不長，孫策欲在袁曹對戰之際坐收漁人之利，不料被陳登挫敗，又在二次北伐途中遇刺身亡。

孫策一死，江東對曹操的威脅自然解除，張紘這個倚著靠山的使者反而成了砧上魚肉，被牢牢攥在曹操手心裡，在許都的歲月幾乎是度日如年，每天都是如履薄冰。特別是孫權搶先攻滅李術之後，張紘的處境更加尷尬，心中可謂喜憂參半——喜的是孫權不負父兄壯志，似是個可保之主；憂的是曹操勢力已穩固，江東遠不是對手，奇襲廬江過早暴露了鋒芒。

這日王師回朝，張紘料想老曹遲早要跟他清算兵襲廣陵的帳，索性躲在省中不去迎接。繼而聞知曹操帶諸將入宮道賀，他實在坐不住了，趕緊找到荀彧求其從中美言。正在訴說之際，孔融笑呵呵來約他赴宴，荀彧順水推舟在一旁敲邊鼓，張紘心裡更沒底了，連番推辭不去。不多時就聽金鐘齊響，曹操等人已辭駕離宮，張紘推脫不過，只得揣著忐忑上了孔融的馬車，尾隨眾將馬隊同赴司空府。

孔融到府中不忙著見曹操，卻道：「曹公許久未歸必有些家事，不方便來了就打攪，咱隨便找個地方坐坐。」竟把張紘領到掾屬房去了。

毛玠、張京、司馬朗等正在處理公務，見孔融領著張紘來了，趕緊讓到上座，把差事都扔到一邊，湊過來說閒話。這個說道：「曹公前日下令征辟的人避難江東，兵戎相隔來不了呀！」那個又道：「不單官渡之役急需善後，廣陵郡也要安撫百姓。」有人故作糊塗：「廬江的事完了沒有？那地方究竟是歸屬朝廷，還是歸孫氏管轄？」還有人公然抱怨：「官渡用兵之際有人趁火打劫，是不是該向曹公提議算算舊帳？」表面是與孔融聊天，其實句句影射張紘背後的孫氏。張紘不好張口，索性也裝糊塗，低頭不語。

就這麼如坐針氈忍了小半個時辰，長史劉岱才溜溜達達進來：「喲！二位大人早到了呀，怎不知會一聲？宴席都擺下了，快請到堂上去吧。主公要責怪我不會辦事啦！」

挨了半天窩心罵，張紘哭笑不得，與孔融轉側門來至正堂下。離得老遠就聽裡面人聲喧鬧，門簾高挑著，曹操正背對著堂口，手裡舉著一把寶劍向眾人展示：「怎麼樣？此劍可算得世間少有之名器？」眾人連聲附和讚不絕口。

孔融沒好意思唐突，立在門口待劉岱先去通稟。仔細觀瞧，但見曹操掌中之劍甚是奇特，乃是久煉純鋼打造，全長將近五尺，刃寬竟有一尺，比普通佩劍大了不少，簡直能當盾牌用，劍柄處金絲雕花多嵌寶石，確實堪稱寶貝。劉岱進去通稟，曹操卻似未聽見，兀自向眾人誇耀：「這劍還有一宗祕密，叫你等見識見識！」說罷順手拿起一盞酒潑在劍上，那寒光耀眼的劍身隱隱約約顯出篆體的「倚天」二字。

「好一把倚天劍！有此寶器更壯曹公聲威！」也不知誰扯著嗓子嚷了一聲。

曹操擎劍在手上下打量，沉吟道：「鋒利還在其次，妙就妙在這『倚天』二字。老夫建功立業乃是倚仗天威，代當今天子掃滅狼煙，若是有人敢公然抗拒，那就是與天子作對，與大漢朝廷作對。即便他遠在濱海地處百越，我曹某人一概倚仗天威，用這倚天劍將其誅滅！」

喝采聲中眾人豪飲，曹操看似漫不經心地回了一下頭，瞧見孔張二人，趕緊收起寶劍斥責劉岱：「二位大人既然來了，何不通稟？你這差事怎麼當的？」

劉岱知道是故意發作給外人看，趕緊跪地請罪。孔融勸道：「劉長史已經稟報過了，曹公沒聽見。」

曹操假模假式拍拍腦門：「哎喲喲，多有得罪，快請快請！」

張紘將信將疑，反覆琢磨著那句「即便他遠在濱海地處百越，我曹某人一概倚仗天威，用這倚天劍將其誅滅！」是不是衝江東孫氏說的。作揖上堂，見在座之人除了武將就是幕府參謀，竟再無其他朝官，張紘心中的不祥之感愈加強烈。

孔融卻放得很開，隨手拉張紘坐到一張空席前，戲謔道：「孟德兄，這倚天劍何處得來？該不會是從袁本初的大營吧？」

「袁紹豈配這『倚天』二字？我也是偶然得之……」倚天劍的確不是官渡繳獲之物，卻是趙達、盧洪替他挖掘梁王墓洩恨，在梁孝王的陵寢中發現的陪葬品。這件事影響不小，官渡戰前陳琳還在檄文裡提到，甚至添油加醋說曹操設「發丘中郎將」、「摸金校尉」等職專門盜墓。現在好不容易被人淡忘些，他可不想再提起，趕緊把劍收到匣中。

張紘這才注意到，緊挨著曹操坐的既不是夏侯惇也不是荀攸，而是官渡投誠的故人許攸和曾任沛國父母官的劉勳，這或許算不上什麼大事，但也可以揣測出，曹操是想提高那些早年故交的地位，再樹立一幫親信。軍師荀攸卻坐在張繡等將的下垂手，與掾屬袁渙共占一席，郭嘉、程昱更在其後。張紘正不得要領，卻見曹操忽然端起酒相讓：「久聞張大人乃廣陵名士，前番出征在即，未能多與卿盤桓，曹某先敬您一盞！」

「不敢不敢，」張紘連忙避席，「曹公得勝還朝，下官還未向您賀功呢……」

曹操打斷道：「提這些客套話做什麼？曹某是真心讚賞您，不喝就是不給老夫面子。」

張紘哪還能抗拒，端起酒來仰脖就飲，正所謂無功不受祿，這糊塗酒簡直是順著後脊梁灌下去的。放下酒盞緩緩落坐，屁股還未沾到榻上，就聽許攸突然開言：「說到張大人的故鄉廣陵，那裡可出了個好官！陳登陳元龍不但治民有方，而且頗能用兵。」說著話朝劉勳擠了擠眼睛，「以在下觀之，陳元龍比子台兄強。你服不服啊？」

張紘洞若觀火，這些話都是有用意的。劉勳當初被孫策擊敗，部下流散家小被俘，才投靠曹操；陳登卻在廣陵以少勝多擊退了孫策，這話裡話外全是衝江東孫氏說的。張紘預感明槍暗箭就要打過來了，連筷子都不敢碰一下，凝視著諸人舉動。果不其然，劉勳立刻借題發難：「哼！陳登不過誤打誤撞罷了，我偏沒這等運氣。可恨孫策小兒死於刺客之手，若不然我定要聯兵江表報仇雪恨！」

許攸撚著小鬍子，繼續煽風點火：「子台兄自度比李術如何？莫說是孫策，只怕連人家弟弟也鬥不過吧？」

劉勳以歪就歪，提高了嗓門：「孫權孺子算什麼東西？若不是老子跟隨曹公身在河北，早就發兵剿了李術，何至於叫他搶個便宜？」

「現在舉兵也不遲嘛！」樂進把吃著一半的肉都扔下了，「劉將軍若要興兵，末將願討個先行。孫策雖死，周瑜、程普還在，倒要跟他們分個高低上下。莫說是復奪廬江，連江東之地都給他平了！」

「對對對！」樂進這一鬧，夏侯淵、張遼、朱靈這幫愛搶功的兵痞立時回應。

「嗯哼！」夏侯惇重重咳嗽一聲，眾將聞聽都安靜下來，他瞪著一只僅有的右眼，凶巴巴掃視眾人，「用兵這麼大的事情，豈由你們隨便聒噪？」

曹操笑容可掬瞟了他一眼：「元讓你又意下如何呢？」

夏侯惇會意，冷笑道：「江東孫氏藐視朝廷已久，官渡會戰之時又襲擊廣陵，狼子野心昭然若揭。如今劉備雖敗，尚在汝南流竄；主公可遣一軍將其剿滅，繼而與李通合兵一處直逼江淮。以劉勳將軍為先登，再約陳登、臧霸兵出廣陵自下游出擊，主公親統大軍殿後，必能一戰而定江東！」

這個戰略擲地有聲，堂上眾將不再叫嚷，直勾勾看著曹操，等待最終決定，可曹操偏不說話。張紘手心都攥出汗來了，掃視眾將凶神惡煞形如鬼魅；荀攸、郭嘉等卻低著頭不搭茬，而坐在身邊的孔融竟全不入耳，又是酒又是肉，吃得順嘴流油。張紘不禁拉了拉孔融衣袖：「文舉兄，你看這用兵之事……」

孔融樂呵呵道：「愚兄不諳用兵之道，這些事全憑曹公做主，我只管吃喝就好。來來來，咱們同飲一盞。」

張紘早聽人說過，孔文舉氣死人不償命，今天算是領教了，這哪裡是慶功會，分明就是專門給他張某人擺的一場鴻門宴啊！張紘品透了滋味，又見曹操正笑迷迷望著自己，情知這局外人是裝不下去了，便咬咬牙出席拜倒：「請恕下官唐突，有一言還請曹公三思。」

曹操就等他跳出來：「今日非是文武大宴，不必拘禮。子綱有什麼話坐下來慢慢說。」

張紘可沒敢動，依舊跪在那裡：「下官以為未可討伐江東。」

「為何？」曹操邊吃菜邊問話，似乎滿不在乎。

張紘從曹操的問話中聽不出任何特別語氣，摸不透是實是虛，趕緊搜腸刮肚編理由：「因為……因為……孫策方死孫權年少，乘喪出兵大不義也……」

「哈哈哈……」他話還沒說完，堂上眾將無不大笑——雖說乘喪出兵大不義，可誰會真把這樣的話當回事。這世道就是恃強凌弱，就是乘人之危。

劉勳與孫氏有仇，更是狐假虎威：「張子綱，你好大膽子！曹公奉天子以討不臣，你敢說大不義？身為臣子為割據之賊辯解，你是何居心？」一句話問得張紘差點兒癱在地上。

曹操噗哧一笑：「子台言重了，咱們暢所欲言嘛！乘喪出兵是為不義，這也是兵法上的話，也不能說他沒道理。」

張紘經此語點撥，方悟此事大有迴旋餘地，心裡豁亮了一些，再不似剛才那般語無倫次：「乘喪出兵不過其一，當今局勢才是緊要。荊州、揚州同在江南，兩者此消彼長。前番孫策大敗黃祖，揚州強而荊州弱，如今孫策已死，強弱之勢顛倒。荊州劉表居心叵測，本欲與袁紹串通興兵，逢長沙太守張羨舉義才不得不罷手，如今他不但平了張氏，又掌控南部零陵、武陵、桂林等郡，兵勢自南以逼江東。聽聞劉表之姪劉磐常率騎兵劫掠江東，黎民百姓不堪其擾。曹公若要此時兵破江東，只怕鞭長莫及，得之亦不能久戍，豈不是徒然幫劉表的忙嗎？」

這樣精闢的分析，曹操絲毫無動於衷，自顧喝酒吃菜。張紘仍不敢怠慢，又道：「劉表素與袁氏交好，倘若曹公引兵南下，劉表串通袁紹興兵，那時中原南北豈不皆為仇讎？遠交近攻離強合弱，不可因一時之利同時與三家為敵啊！」

如此淺顯的軍事道理曹操豈會不懂？何況荀攸、郭嘉、許攸這幫人精都在，輪不到張紘這個孫氏的眼線來提醒。但今天曹操就是故意擺一個局，以此敲打一下剛剛顯露鋒芒的孫權，借張紘之口叫他明白明白誰才是當今天下的老大。所以聽張紘急急忙忙把話講完，曹操僅是抹抹嘴，假作歎息道：「遠交近攻離強合弱，道理是這樣。不過孫氏兄弟做得也太過分。廣陵之事暫且不提，廬江郡也可以不計較。就說徵召避難士人這一條，朝廷征辟華歆、王朗已有數年，孫氏就不放人，豈不是公然與朝廷作對？想起來我就有氣……」說著話他用力把盞一摔，濺得滿桌是酒。

張紘見其神色有變，正琢磨如何解釋才得兩全，悶頭吃喝的孔融突然插話：「子綱啊，你雖受朝廷之職，畢竟與孫氏有舊。你能否寫信勸勸孫權，叫他放人啊？」這溫軟一刀更厲害，索性把話挑明了。

張紘白了他一眼，恨得牙根都癢癢，卻怎敢說個不字，連忙點頭應承：「理所應當，此事下官去辦，請曹公息怒。」

哪知這個承諾許出來，後面的苛刻條件跟著就來。許攸撚著老鼠鬍子道：「前番袁術敗亡，其麾下雷薄、陳蘭、梅乾等嘯聚江淮山嶺。孫氏與這些僭逆遺寇串通往來不合適吧？也請張大人勸勸孫權，不要再做招降納叛、親者痛仇者快的事。您看何如？」雖是商量的語氣，但話裡話外絕無拒絕餘地。

張紘搪塞道：「在下盡力而為。」

這還不算完，劉勳一拍桌子：「別的我可以不問，當初孫策偷襲皖城，抓了我的家小部曲，還奪走我的金銀財寶，快叫他給我送回來，要是不送咱們就打！」

「劉將軍過苛了。」袁渙笑呵呵接過話茬，「家眷部曲自應歸還，至於金銀財寶就算了吧！反正也是您從別人手裡搶來的，將軍不要為了點兒私利難為人家……不過張大人，我也有點兒事求您。」

「袁先生請講。」張紘擦了擦額角的汗水。

袁渙不緊不慢道：「在下的兄弟避難交州，因孫氏阻隔音訊難通。是不是請孫將軍通融一下，以後朝廷到交州的公私使者就不要再阻擋了。普天之下莫非王土，都是一個朝廷，如此行事何以為心？」

這一樁樁一件件無不是要緊之事。遣返避難士人影響孫氏的人望根基，放棄招誘袁術餘黨抑制江東發展，送還劉勳部從勢必大長內部歸順朝廷之議。其實最要命的還是袁渙的建議，若准許曹操將詔命通到交州，不但把中原逃難名士竭澤而盡，而且許都朝廷很可能就此與交阯太守士燮建立關係，那豈不是在孫氏背後安插釘子？張紘環顧在座之人，聽著這些苛刻的要求，霎時感覺自己並非坐在司空府大堂上，而是置身狼穴之中——曹操明擺著就是敲竹槓啊！

即便兵伐東吳只是嚇唬人的話，但曹操只要給陳登傳令，叫他時不時南下騷擾，或稍微把立場傾向劉表，暗中支持其侵蝕長江下游，那就夠孫權受的了。官渡之戰後曹操實力大增，現在誰都無法單獨與之抗衡。大丈夫能屈能伸，張紘微合二目，把心裡那把火往下壓了壓，過了半晌才睜開眼答覆道：「諸君提出的要求，在下一定修書轉告孫氏。但允與不允，在下也不能保證。我張某人畢竟是朝廷的官啊！」

曹操從這話裡聽出了不滿，若把張紘逼急了，真要是鬧到兩家翻臉，可對彼此都沒好處。想至此決定見好就收，倏然起身踱到張紘席邊：「卿這一句『畢竟是朝廷的官』說得好。其實老夫之所以把您請到這裡，也是因為這一點。普天之下只有一個大漢朝，此乃你我共識。孫權奇襲廬江，聲稱是為嚴象報仇，保的也還是大漢朝嘛！如今有些好亂之士，懷不測之心，自以為可以坐斷一方自樹權威，思慕萬乘之事。對於那樣的人，老夫才懶得與他們饒舌，唯有拔劍相向，袁紹就是最好的例子……還有些不肖之徒以小人之心度君子之腹，說我有窺覬神器之意，更是無稽之談！曹某若非懷至忠之心，也不可能走到今天這一步。」這番話前面的是說給張紘聽的，後面的是向孔融以及在場每個人申述。說完曹操親自為張紘滿上一盞酒，推到他眼前。這次張紘連謝都不謝了，端起來就灌。

「痛快！」曹操笑了笑，又接著剛才的話說，「我記得孫權現在的名分還只是陽羨縣令吧？我曹某人在這裡許諾，倘若他肯答應剛才那幾件事，我立刻表奏他為平虜將軍，叫他名正言順地管轄江東。」

「此言當真？」張紘有些心動了。名分固然是很虛的東西，但有時一個虛名卻比強兵更能降服注重名節的士人，朝廷給予的名分能幫初掌大位的孫權穩定住動搖的局面。

「老夫一言九鼎。張大人與孫氏共事已久，恐怕也很想再見到孫權吧？此事若能辦成，我還可以讓您回到南方去。」

「您允許我離開朝廷？」張紘不相信。

「不是脫離朝廷，而是回南方任職。」曹操刻意糾正，「這不是一回事！您自己都說了，您是大漢朝廷的官，回去也是朝廷派遣的。」

張紘索性直截了當：「明公究竟是何用意？」

「是何用意？哈哈哈……」曹操仰天大笑，倏然又把眼一瞪，「孫權是否有才能承繼父兄之業尚未可知。倘若不堪其才，勞煩張大人導引他早早納土歸降，老夫可保他富貴無虞。若是您覺得那小子有些本事，還能在這亂世中顯顯身手……也不妨繼續保他，但有朝一日輪到咱們兵戎相見，老夫就不客氣啦！兩條路都擺在眼前，請張大人自己選吧！」

張紘先是一陣驚愕，繼而又覺曹操直截了當下這個賭注倒也光明磊落，能有今日之成就，果真不是單靠動武就混出來的。張紘沉默片刻，乾脆開誠布公：「曹公既要在下自己選，只怕在下會讓您失望。」

曹操不管他如何嘴硬，只是擺手道：「不要這麼早下定論嘛！您還沒有回到江東，還不清楚情勢，況且剛才諸位提出的要求你們尚未答應……」

「答應了！全包在我身上。」張紘把頭一揚，雙眼熠熠放光，全然沒了剛才那份謹小慎微。

「您能替孫權做這個主？」

「在下一封書信寄給張昭，這些事必能應允。」

「嗯……『江東二張』果真名不虛傳。」

張紘已下定決心，又自己滿上一盞酒：「還望曹公信守諾言，表奏孫權官職，切勿輕犯江東。」

「那是自然！人不犯我，我何必要犯人？孫權有他的敵人，老夫也有老夫的對手，咱們各忙各的，成敗利害日後自見分曉。我也沒必要幫劉表，幹損人不利己之事。」

「既然如此，一言為定！」張紘一飲而盡，隨即起身作揖，「在下不再叨擾，即刻回去修書，詳述這幾件事。」

「好，那老夫也準備上表。避難士人啟程之日，就是朝廷加封孫權之期。」

「在下告辭……」

「請便。」

張紘深施一禮，邁步出大堂，又不禁回頭望了一眼——曹操已回歸正坐，向左右頻頻敬酒，一舉一動都透著沉穩老練。雖然事情答應得痛快，張紘心頭卻不乏疑慮：這筆買賣雖是彼此妥協，但明擺著曹操占的實惠更多。這廝如此精明，又手握朝廷號令，孫權年紀輕輕能敵得過他嗎？幾個要求答應之後，固然可換江東數載平安，但孫氏要想自謀圖強也更難了。能攻殺李術或許只是僥倖，以後還會有僥倖嗎？袁紹已經沒落，若有朝一日曹操平定河北興兵南下，到時該如何應對？還有劉表以黃祖為盾阻擋江東兵鋒，到底能不能將其擊敗呢？孫權啊孫權，只盼你奮發圖強，一定要給死去的爹爹、哥哥爭氣啊！

正在張紘出神之時，孔融也跟了出來，笑道：「子綱賢弟，今日之事莫怪愚兄啊……」

「哼！」張紘本與孔融相交深厚，經過方才之事卻大為不悅，理都不理轉身便去。

孔融忙抓住張紘手腕：「賢弟莫怨，愚兄也是顧全朝廷大局。望你早早勸說孫權投降，與避難諸君同歸朝廷，那時咱們群賢畢至共商國是，漢家天下何愁不得復興？」

張紘瞥了他一眼，冷笑道：「誰家的天下還不一定呢！」

「此話怎講？」

「文舉兄何其痴也！你是真看不懂，還是不敢承認？」張紘掙脫手腕，悲憫地看著孔融，「你想復興漢室，別人可未必這麼想。即便今天這麼想，明天還不知如何呢！小弟奉勸你一句，莫要叫人家利用，到頭來竹籃打水落場空！」說罷拂袖而去。

望著張紘背影，孔融的笑容慢慢凝固了。勸別人勸不了自己，其實他何嘗未對曹操產生過懷疑？特別是出了玉帶詔的事以後，董貴人身懷龍種說殺就殺，梁王的陵墓說刨就刨，還弄了趙達、盧洪這兩個小人監視朝廷百官，這些異常舉動到底意味著什麼？朝中有曹操的黨羽，地方有曹操的幕僚，城外充斥著曹操的軍隊，連天子的侍衛都是曹操同鄉，漢室天下究竟會被帶向何方……

孔融恍恍惚惚如在夢境，也沒聽堂上又議論些什麼，徑自離開熱鬧的宴席，低著頭一言不發也走了。

夫妻反目

張紘一離開，諸武將就開始吆五喝六地灌酒，氣氛喧鬧起來。曹操見孔融在堂下兀自發呆，笑呵呵道：「文舉兄，今日多虧你相助。來來來，老弟敬你一盞。」他把姿態擺得很低，哪料孔融充耳不聞，竟低著頭溜溜達達出了二門不辭而別，這可把曹操鬧了個大紅臉。

「咦？孔文舉怎麼不聲不響走了？」許攸詫異地巴望著外面，「是不是有事啊？」

曹操尷尬地笑了兩聲：「嘿嘿……由他去吧！」

「哼！」劉勳滿臉不屑，「這個人也忒狂妄，說走就走連個招呼都不打，眼裡還有曹兄嗎？依我說咱們修好表章上奏天子，治他個藐視公卿之罪。」

「對對對！早就看他不順眼，今日迎接王師，這廝立而不拜就該治罪！」在座的武夫一致響應。

曹操還不願卸磨殺驢，只是冷笑。荀攸連連皺眉，朝郭嘉使了個眼色；郭嘉能說會道的，趕緊舉起酒來：「孔文舉是個冥頑不靈之徒，何必與他計較？不提他不提他！孫氏之事已定，我看咱們共飲一盞，為曹公賀喜！」他這麼一嚷，諸將紛紛敬酒，便把孔融的事岔開了。

望著一張張黝黑的笑臉，曹操心下頗有感觸，一年之前正是官渡最艱難的時候，那時連他自己都差點放棄，怎料到有今天這番痛飲呢？這些在座的將領，無論是自兗州時就忠心耿耿的于禁、樂進，還是後來收降的張遼、朱靈，甚至新近歸附的張郃、高覽，哪個不曾立下汗馬功勞？至於曹家、夏侯家的眾兄弟們，就更不在話下了。別人都撇在一旁，曹操端起酒來第一個先敬張繡：「張將軍，老夫此番得勝最應該感謝的人就是你啊！」

張繡在官渡戰前臨危投靠曹操，為其解決了背後之憂；而且交戰中一直為曹操戍守前營抗拒敵鋒，功勞實實在在，故而獲得封邑千戶、晉升破羌將軍，是眾將中賞賜最為隆厚的。即便如此，張繡心裡還不踏實，固然他現在受到禮遇，又與曹操結成了兒女親家，可當年殺死曹昂、曹安民的仇也是永遠洗刷不掉的。所以見曹操回敬自己，心懷三分喜悅卻有七分不安，連忙避席：「為國驅馳理所應當，末將不敢……」

「哈哈哈……」曹操繞出帥案，一把摟住張繡的肩膀笑道：「好親家何必這般謙讓？咱們既然同氣連枝，你的功勞也是老夫的功勞，老夫的榮耀即是你的榮耀。」說著話朝滿堂上一招呼，「來來來，你們都給張將軍敬酒！」他既有此吩咐，哪個敢違背？不管服氣的還是不服氣的都齊刷刷向張繡舉杯。

張繡見曹操似有三分醉意，驚得冷汗直流，向眾人回敬道：「諸位太過客套，末將不敢當……」他上了戰場猶如猛虎，在這小小酒宴上卻噤若寒蟬。

曹操瞥了他一眼：「當年天不怕地不怕的涼州漢子，如今怎麼婆婆媽媽的？你心裡想什麼老夫知道……自古成大事者不計私仇。昔日章邯射殺項梁①，項羽折箭以誓之；朱鮪譖害劉縯②，光武指河而誓之。我曹某人怎能忘了前輩的英傑？放心吧，你與老夫共保漢室，咱們做一對擯棄私仇安定天下的表率，日後青史留名千古傳頌，豈不是美事？來來來，咱們共飲此酒！」聽罷曹操這番話，張繡總算放寬了心，口中連連稱謝，舉起酒盞方要與諸將共飲，忽聽堂下一陣大亂——自外面又哭又罵闖進個半老婆娘來。

這女子年紀其實還不到五旬，卻已未老先衰，滿頭青色已白了大半，未施脂粉的臉上盡是皺紋；身穿著白裳羅裙、腰挽素帶、灰布衣衫，手裡攥著一只織布梭子。她怒氣沖沖闖上客堂，跳著腳喝罵，後面追著好幾個婆子丫鬟，有的拉、有的抱、有的跪在地上一邊磕頭一邊勸。諸將驚得目瞪口呆，不知哪兒的瘋婆子，竟撒野撒到這裡。唯有夏侯惇等親眷識得——來者乃是曹操結髮之妻丁氏。

丁氏雖是曹操原配夫人，卻未得曹操寵愛。侍妾劉氏生下曹昂一命嗚呼，由丁氏將其撫養成人。她教養曹昂十餘載，雖不是親生卻視若己出，灌注了所有心血，操碎了心費盡了力，可到頭來宛城之戰白髮人反送黑髮人。曹操納張濟之妻，惹得張繡降而復叛，曹昂讓馬救父死於亂箭之下，連屍首都沒留下。丁氏痛不欲生，變得脾氣暴戾動輒便怒，屢屢責罵曹操害死兒子，夫妻關係已名存實亡。曹操自知理虧，也不與她爭執，家中諸事由卞氏做主。又有環氏、杜氏等美貌姬妾，個個溫香

---

① 項梁，項羽的叔父，被秦將章邯所殺，後來章邯因趙高猜忌轉而率師投降項羽，項羽折箭為誓不加傷害，反而將其封為雍王。

② 劉縯是劉秀兄長，因朱鮪進讒言，被更始帝劉玄以謀反罪名處死，後來劉秀西征，朱鮪舉洛陽城歸降，劉秀指河水為誓不加傷害，反而封朱鮪為九卿之一的少府，使其富貴終老。此二事都是帝王顧全功勞不計私仇的典範。

軟玉燕語鶯聲，只把丁氏看做是心恙之人，打發丫鬟婆子哄著也就罷了。好在曹操時常征戰在外，丁氏每日守著織機耗費光陰，日子一久也就和緩了。

哪料今日幕府設宴，僕僮往來驚動後宅。丁氏聽說殺子仇人也來了，又悲又恨，也顧不得什麼內外禮數，怒氣沖沖闖進正堂，哭著嚷著找張繡報仇。

曹操見丁氏不顧男女之禮出來攪局，臉紅得似炭火一般，生怕諸將瞧他家裡的笑話，趕緊拍案斷喝：「胡鬧！老夫與眾將飲酒，豈容妳一個婦道人家攪擾？出去！」

丁氏哪裡肯依，站在堂上兀自破口大罵：「張繡狗賊站出來！你害死我兒，有何面目進這府門！我恨不得食爾之肉寢爾之皮！還我兒子來……」她畢竟是大門不出二門不邁的女流，並不識得哪個是張繡，索性指手畫腳把在場之人數落了個遍。

曹操又羞又惱，但當著這麼多人的面，越發火越丟臉，只能狠拍帥案嚷著：「來人！夫人瘋迷了，把她拉回房去！」

「你才瘋迷啦！我要給兒子報仇！」

外面的衛士、僕僮倒是不少，都把腦袋壓得低低的，沒一個過來拉扯的，男女有別不好下手，誰敢動司空夫人啊？丫鬟婆子倒是一擁而上，拉的拉拖的拖，卻不敢使勁。丁氏非但沒叫她們拖下去，反而愈加惱怒，口裡罵的已不只是張繡：「曹阿瞞，你這沒良心的老殺才！兒子的仇都不報了……當初若非你勾搭寡婦，昂兒何至於死於狗賊之手？如今仇人近在咫尺，你非但不給昂兒報仇，反給狗賊高官厚祿，還跟他結為親家，你對得起咱那苦命的兒子嗎？無情無義的老東西，野狗啃了你的心！快還我昂兒來……我苦命的兒啊……」她鬧得披頭散髮聲淚俱下。

此番話倒也入情入理，曹操被她罵得無言可對，臉上紅一陣白一陣的，只是乾喊著：「婦道人家曉得什麼？妳給我回後宅去！妳給我……給我……」他也不知該如何處置。

這酒還怎麼往下喝？郭嘉頭一個坐不住了，尷尬地笑了兩聲：「主公剛剛回府，想必還有家務料理。屬下不便叨擾，改日再來拜望。」一說罷順著牆邊就溜了。軍師不管家務事，荀攸深施一禮拉著袁渙匆忙告退。他們這一走如同開了閘，諸將誰也不好意思看這笑話，眨眼工夫窸窸窣窣全走了，只剩下夏侯惇與張繡。

夏侯惇之子夏侯楙娶了丁氏之女，論起來丁氏既是嫂子又是親家，想留下來勸說幾句；張繡本就有些不安，這會兒見丁夫人撕心裂肺、曹操惱羞將怒，也顧不得男兒膝下有黃金了，堂堂的涼州漢子竟伏倒在地高呼道：「夫人無需動怒！千錯萬錯皆是我一人之錯，今日罪將在此，要殺要剮任憑發落！」

「原來是你！好狗賊！」丁氏一見仇人分外眼紅，撲上去就要打，左右丫鬟死死抓著不放。她情急之下把織布梭子狠狠擲了出去，這一梭正打在張繡面門上。

曹操實在忍無可忍了，張繡是他千方百計拉攏過來的，官渡之戰多虧此人，剛才他還在信誓旦旦勸慰人家，現在這一梭打在人家臉上，跟打在自己臉上有何分別？曹操一氣之下把帥案掀了個底朝天，果蔬酒菜滾得滿地都是：「瘋婆娘！若不念妳喪子，老夫早把妳休了！若再敢對張將軍無禮，我就……我就……」

「你要怎樣？」丁氏嚷道。

「我就宰了妳！」曹操話到嘴邊不得不說。

「老東西！你就是殺了我，今天我也得給昂兒報仇！」

夏侯惇暗暗叫苦，情知張繡再不走非鬧出人命來，趕緊上前攙起：「張將軍，夫人與曹公稍有爭執，兩口子的事與咱無干，走走走……」不由分說拉著他就往外走。

丁氏眼見仇人欲逃，也不管曹操了，掙開左右就追，慌裡慌張追到堂口，迎面圍上一大幫人——

卞氏、環氏、秦氏、尹氏、杜氏等姬妾全來了，後面還有曹丕、曹彰、曹植、曹真、曹玹、曹沖等幾個大大小小的公子。諸人跪倒在地攔住去路，有的拉著臂膀喊姐姐、有的抱著大腿叫母親；後邊的丫鬟婆子也追上了，抱著她肩膀不撒手。

丁氏無法脫身，眼巴巴瞅著夏侯惇與張繡出了垂花門，無可奈何伏地痛哭：「我那苦命的昂兒啊……」她這一哭，在場的姬妾丫鬟也隨著掉眼淚，弄得幕府院落哀聲一片。

「都給我住口！」曹操怒氣沖沖走了出來，「老夫貴為三公，許都內外誰敢不從？妳這瘋婆娘當眾鬧宴，把為夫的臉面置於何地？」

其實曹操也知丁氏委屈，他發怒是因為傷了面子，現在眾將都走了，但凡丁氏肯說兩句軟話，這場風波也就煙消雲散了。可丁氏早豁出去了，就是不改口認錯：「老殺才！你害死我兒子，還我兒子來……」

「昂兒是你兒，難道不是我兒？」

丁氏猛然站起，漫指曹丕等人：「你有這一大群兒子，可我只有昂兒一個！昂兒一死，我什麼都沒有了……你這千刀萬剮的老冤家……」

曹操氣得直哆嗦，忽覺腦袋隱隱作痛，知是老毛病又犯了，揉著額頭喝道：「妳給我回房去！再鬧我就休了妳！」

「休了我？」丁氏忽然瘋笑起來，「哈哈哈……曹阿瞞，你還有沒有良心？你拍著胸口想一想，我哪裡對不起你們曹家了？我自從進你曹家的門，相夫教子千辛萬苦，可享過一日清福？劉氏本是我丫鬟，你喜歡就給你當了妾，生下的兒子我當自己的養活著！可是你呢，你捫心自問，你何曾把我當做你的夫人？你什麼時候疼愛過我、關心過我呀？我除了昂兒什麼都沒有！」說到這兒她又漫指在場的姬妾，「你這好色貪花薄倖無情的老東西，就知道一房一房地娶！待字閨中的倒也罷了，不管香的臭的都往家斂，搶人家的寡婦！還有臉說自己貴為三公權傾朝野……呸！無恥！」

這番話說出來，非但曹操顏面掃地，就連眾夫人也羞愧難當。卞氏、環氏倒也罷了，尹氏本是何進的兒媳，嫁入曹家還帶著個亡夫的兒子何晏；杜氏本秦宜祿之妻，還跟呂布糾纏不清，也帶來個說不清道不明的兒子秦朗。另外那位張濟寡妻王氏，以及與張繡做下親家的周氏，曹昂之死因她們而起，所以躲在樹後面沒出來，這會兒聽到這話恨不得找個地縫鑽進去——細算起來這幫姬妾大半來路不正。

曹操聽她說得這般露骨，厲聲斷喝：「妳住口！我這就……這就寫休書休了妳！」

「你休你休！老殺才，我兒子都沒有了還在乎什麼，今天我跟你這老冤家拚啦！」丁氏猛地撲向曹操又是廝打又是撞頭。

曹操已頭暈目眩，揚著手左右招架，忽覺臉上一熱——被她抓出道血痕。堂堂三公叫女人抓破臉，朝堂之上如何見人？曹操照著妻子臉上就是一記耳光，把丁氏搧倒在地，回手拉出佩劍就要殺。

這下可更亂了，連姬妾帶兒子全都擁上來，奪劍的奪劍、抱腰的抱腰。曹操哪管他們阻攔：「放開我！誰攔著休怪我劍下無情，連他一起宰！」環氏之子曹沖年方六歲，平日裡最得寵愛，死死抱著曹操的大腿：「爹爹不可難為母親（庶出之子仍認嫡妻為母，生母對外不享有母親的稱呼）！即便母親有過，爹爹身為三公弒殺嫡妻，豈不被天下人恥笑？」

曹操聞聽此言不禁打了個寒顫——這小子說得對啊，險些因一時之憤擔負惡名！他慢慢鬆開佩劍，注視著癱倒在地的妻子。丁氏披頭散髮，大半青絲已染秋霜，皺紋堆壘目光呆滯，滿面的淚痕，剛才那一巴掌打得太狠，臉頰上印著通紅的掌印，嘴角還往外滲血絲，伏在那裡嗚嗚咽咽。曹操的心又軟了，雖然他不曾寵愛過這位夫人，但丁氏對曹家確是無愧於心的。當年曹操初入仕途兩次罷官，是丁氏激勵他打起精神，結髮夫妻共過患難呀！

曹操放下劍歎了口氣：「妳、妳……妳可知錯？」

丁氏低著腦袋，連看都不看他一眼，對他的話置若罔聞。曹操頭疼得厲害，耐著性子又問了一遍：「妳可知錯？」

丁氏咬緊牙關就是不答。

「妳倒是說話呀！」曹操不想再鬧了，這會兒哪怕丁氏隨口哼上一聲，這件事也就作罷，可她硬是不作理睬。她不說話曹操便咽不下這口氣，萬般無奈之下，朝站在遠處的王必揮揮手：「你去趟丁家，叫他們來輛車把夫人接走！老夫不要她了。」

卞氏趕緊阻攔：「夫君不可……」

「住口！」曹操把佩劍還匣，「事已至此誰都別勸了。俗話說：『蹽馬破車，惡婦破家。』百姓尚有七出之條③，豈容她這般無理取鬧？快叫丁家把她接走，來日我再補一份休書過去。非是曹某無情無義，是她不想跟我過日子。來人！攙她回房收拾東西。」

丁氏默然無語，由丫鬟攙扶著去了，自始至終也沒再看丈夫一眼。鬧了這半天曹操也乏了，就勢倚在門框邊，曹丕、曹真忙過去攙住。大堂裡杯盤狼藉無處下腳，曹沖搬了杌凳出來，讓他暫且坐在堂口歇息，眾僕丫鬟收拾東西，親兵不聲不響都躲了；所有姬妾在一邊站著，誰也不敢挪動半步。

曹操摸著隱隱作痛的腦袋，畢竟是快五十的人了，好半天才緩過神來：「妳們也都受驚了……過些日子我還要兵發汝南去打劉備，這次妳們都跟著我走。」

「我們也去？」眾夫人面面相覷。

「我與袁紹勝負已分，劉備那點兒烏合之眾一觸即潰。戰場之事無需我操心，咱們順路回譙縣老家看看。如今許都算是穩定了，我也該回去祭祭祖先，看看家鄉父老了。」

曹沖端了碗水過來，曹操喝了一口，捏捏這小機靈鬼的臉：「你小子生在許都，還沒回過家鄉呢！跟爹爹回去看看吧，拜祭一下爺爺。」

曹沖眨巴著小眼睛笑道：「那爹爹就別趕母親走了，咱們一起回去，好不好？」

曹操苦笑一聲沒有作答——喜氣洋洋的慶功宴被丁氏攪了個亂七八糟，還是分開一段日子好。其實他沒打算真的休掉妻子，只盼她回到娘家清醒清醒，等從譙縣回來再接回府。曹操有些無奈，連袁紹都叫他打敗了，卻搞不定自己的妻子！為何女人發飆比成千上萬的敵軍更難應付呢？

曹操揚揚手，示意大家都散開，他索性也不再想這些事了。辛辛苦苦這麼多年，現在總算是可以緩口氣了，難道國事忙完了還要忙這些瑣碎家事？算了吧，馬馬虎虎也就過去了……

---

③ 七出之條，也叫「七去」，出自《禮記》，是古時候男子休妻的標準。七去者，不順公婆、無子、淫亂、嫉妒、身患惡疾、多言閒話、偷竊婆家財物等七項罪名。

第三章

衣錦還鄉，曹操大肆封賞鄉親父老

施恩鄉民

曹操在許都停留不久，便於建安七年（西元二〇二年）正月再次出兵，目標是盤踞在汝南的叛徒劉備。

當初劉備在官渡決戰前據下邳叛亂，失敗後投奔袁紹；又於戰事膠著之際竄至汝南，糾合劉辟、龔都等黃巾餘黨舉事，不但殺死了前去征討的蔡楊，而且抄掠豫州諸郡意欲兵圍許都，若非曹仁火速奔襲將其擊退，險些釀成滔天大禍。如今河北戰事已畢，也該算這筆帳了。不過此次出兵與以往不同，曹操把戰場託付給于禁、樂進等將，自己則優哉游哉回了沛國譙縣老家。

自曹操舉兵以來，東擋西殺南征北戰，唯有平定豫州黃巾時順路回過一次家鄉，也僅是歸葬父親和弟弟，並未停留。現在袁紹敗北許都安定，他終於能踏踏實實享受富貴還鄉的快樂了，不但帶了家眷子女，還允許幕府和軍中的沛國同鄉一併跟隨。

譙縣自董卓進京以來頗多戰亂，曹氏族人大多流散，一部分跟著曹操、曹洪舉兵征戰，一部分因為跟隨曹嵩避難徐州而遇害，至於那些血親較遠又鰥寡貧困的則逃離中原各謀生路。留下來的族人公推曹瑜為首，組織鄉勇保衛家園。曹瑜是曹洪的一位遠房叔叔，其實剛滿五十，論輩分卻比曹操大一輩，聞知出人頭地的大姪子要回來，忙得不亦樂乎。曹操直系親屬都在許都，家鄉的老宅子敗落了，多年打仗沒人顧得上管，曹瑜趕緊找人重新修繕；又是殺豬宰羊捕魚釀酒，又是教授鄉親們各種禮儀，唯恐有怠慢之處。所幸曹操得意歸來，也沒什麼挑揀的，帶著家人住進老宅，隔日率兄弟子姪祭拜祖父曹騰、父親曹嵩以及幾位叔叔兄弟墳塚，倒也順順利利。唯一美中不足的是，經過這些年戰亂，曹操昔時的許多故友死的死、逃的逃，連個找來說幾句知心話的都沒見著，心下不免失落。剛入正月天氣未暖，只得天天圍著炭火，跟那個八竿子打不著的小叔叔攀談。

這一日曹操又與曹瑜、夏侯淵、丁斐、卞秉等人閒聊，忽自汝南傳來捷報，劉辟、龔都皆已擒殺，而劉備卻又一次腳底抹油逃往荊州了。得知消息曹操不免苦笑：「劉辟、龔都不過是跳梁小丑，真正興風作浪的只有劉備。大耳賊用兵無能逃命有術，若不斬草除根勢必後患無窮。」

「我看也不見得嘛！」丁斐坐在一旁陰沉著臉。丁氏夫人是他同族，自被曹操遣回家，他心裡就不痛快，又不敢跟曹操公然鬧意見，所以酸溜溜地唱反調，「劉備此去定要依附劉表，那劉景升也算閱人無數了，豈能再容他統兵做大？我看大耳賊完了，旅居他鄉兵馬盡失，頂多也與昔日兗州叛將王楷、許汜一樣，在荊州勉強混混營生。」

「此言差矣。」曹操不以為然，「莫說是劉表，老夫何嘗不是縱橫多年，不也被他騙了嗎？昔日丹陽有個笮融，打著宣揚浮屠的旗號招搖撞騙殺人搶劫，先害死廣陵太守趙昱，再殺彭城相薛禮，最後又弄死豫章太守朱皓。低劣伎倆竟能一再得手，足見天下人猶如河裡的魚兒，只見餌而不見鈎，上當受騙的不愁沒有。」經過下邳叛亂之事，曹操已經意識到劉備的野心，這個小人物比之袁紹、劉表更需留神提防。在他看來劉備未必能成大事，卻足以壞了別人的事。

丁斐見自己的話被駁了，也沒再說什麼，低下頭繼續暗自慪氣。曹瑜雖不是曹營眾人，但身在沛國，劉備作亂可是親身經歷了，趕緊沒話找話：「曹公說的是！」他不敢隨便叫姪子，「去年劉備部下張飛到咱這兒搶糧食，帶的哪是兵啊，簡直跟黃巾土匪一樣！附近幾個城的縣令都嚇壞了，秦宜祿就是那時候投敵的。」

「哦？」曹操知道秦宜祿隨同叛亂繼而又被殺，卻不瞭解其中細節，「那狗奴才難道是跟張飛跑的？」

「可不是嘛！聽鄉親們說，張飛領兵到銍縣，那姓秦的緊閉城門連箭都不敢放，嚇得差點兒尿褲。張飛就在城外大罵，八輩祖宗都罵遍了，還說什麼『你媳婦都進人家被窩了，你這活王八還給人賣命』，那話難聽得都沒邊了！那姓秦的也是賤骨頭，挨了這一頓罵反倒開門跟人家跑了，您說可笑不可笑？」

在座都不是外人，唯有說話的曹瑜不知杜氏夫人之事，聽他說到「你媳婦都進人家被窩了」所有人都捂著嘴偷笑，曹操的臉臊得跟大紅布似的，忙岔開話題：「後來呢，那廝怎麼死的？」

曹瑜滿臉不屑：「聽說秦宜祿得知劉備進犯許都落敗，又想偷著跑回來，叫張飛逮住一矛戳死了！」

「殺得好！這等猥瑣小人死了正好，張翼德也算為老夫除一害。」曹操是由衷高興，張飛這一矛可謂永除後患，以後再不用擔心秦宜祿亂講杜氏之事敗壞他名聲了。

但話音未落，一旁卻惱了夏侯淵：「孟德是高興了，我家可慘了！那鳥人張飛把我姪女搶跑了！」原來夏侯淵有個姪女，年方十四歲，生得頗為秀美。這女孩恰到野外拾柴，正趕上張飛帶著一隊兵來譙縣搶糧食，順手牽羊把人也搶走了。

曹操歎了口氣：「這也是那丫頭命苦啊……」雖說領兵打仗力求無傷於民，但士卒劫掠之事都是難免的，統兵之人往往睜一眼閉一眼不好深究，曹操也是如此。那些被掠去的女子被將士淩辱還要做苦力，下場極為悲慘。

夏侯淵想起此事，都氣得直咬鋼牙：「若再與大耳賊交戰，懇請孟德以我為將，定要將他們斬盡殺絕洗雪夏侯家之恥！」

「嗯。」曹操點了點頭，不過心下暗暗禱告——但願大耳賊從此受制於劉表之下，將來一併收拾掉最好。

正在他思慮之際，又見棉布簾子掀起，吹來一股寒風。曹丕拍打著狐裘笑呵呵蹓了進來：「父親，外頭下雪了！開春下雪乃是好兆頭，這一年保準五穀豐登！」緊跟著曹真、夏侯尚也進來了，給在座的長輩挨個行禮。

「大公子這話說得不對。」曹瑜一臉苦色，「今歲開春下了好幾場雪，倒春寒最能毀莊稼的。看來今年的收成也不會太好。」

「哼！」曹操瞥了兒子一眼，「你聽見沒有？你那點子小見識還差得遠呢……從一早就不見蹤影，到哪裡去了？」

曹丕趕緊收住笑容，撓了撓頭道：「孩兒陪子丹（曹真字子丹）兄尋伯父、伯母的墳塋去了。」

昔日曹真、曹彬之父秦邵為了掩護曹操而死，其母又恐拖累舉兵自盡身亡，二人屍體就地掩埋在秦家茅屋之後，為避免官府發現沒有堆墳頭。過了多年又經戰亂，老秦家的茅屋早沒了，一大片荒涼野地，想尋都尋不到了。曹操見義子滿面淚痕低頭不語，勸慰道：「子丹吾兒莫要悲傷。你生身父母對我有救命之恩，老夫今生今世不會忘記，墳塚雖然找不到了，我在附近給他們建一座祠堂，供鄉人瞻仰。另外……你那妹子也該許配人家了吧？」

秦邵死時除二子之外還有個尚在襁褓的女兒，也被曹操收養，屈指算來那小妹子也有十多歲了。曹真低頭回稟：「小妹年紀尚幼，不過父親既然提起，早訂親事也好。」

「你們兄弟可有中意的人家？不妨對我直言。」

曹真卻很知禮：「生之恩不及養之大，我兄妹多蒙父親撫育，婚姻之事全憑您老做主。」

「好！既然如此我就替秦大哥當這個家……」曹操眼睛一亮，抬手指向夏侯尚，「這聰明疙瘩你看如何？」

夏侯尚萬沒想到亂點鴛鴦點到自己頭上來了，摸了摸臉上的白麻子，羞得低下了頭。曹真卻是萬分滿意，他自小就與曹丕、夏侯尚一處嬉鬧，知根知底莫逆之交，連連拱手：「夏侯賢弟聰穎，又是親上加親，我兄妹願遵父命。」

曹操捋髯而笑，又問夏侯尚：「老夫的義女嫁給你小子，你可願意啊？」

夏侯尚平生一大「高遠志向」就是娶個絕色美女，可曹真的妹妹他見過，相貌平平性格倔強，絕不是他中意的女子。但這是曹操當面提親，他敢不答應嗎？夏侯尚急得齜牙咧嘴，卻又不敢反對：「這個……這個……」

「什麼這個那個的？親事我們應了！」夏侯淵瞪著大眼睛發了話，「他娘的親上加親的好事，傻小子羞什麼，快拜丈人吧！」不由分說摁著夏侯尚的腦袋給曹操磕頭。

在場之人無不大笑，曹操更是喜上眉梢。這門婚事看似偶然，卻是籌謀已久。如今他兄弟一輩都已過了中年，必須要提拔子姪後輩。夏侯尚也是聰明過人，日後有望成為可用之才，曹操早想把他拉來當女婿，日後委以心腹重任。但曹操長女已配與夏侯惇之子夏侯楙，另有側室所生的幾個女兒，但年歲都不大。唯有以曹真之妹結這門親事最為妥當。在曹操心目中，女兒畢竟是女兒，說穿了不過是聯姻的棋子。

曹真謝過在座各位，又道：「還有件事懇請父親恩准。孩兒小時候常與鄰村曹遵、朱讚兩位兄長一處玩耍。如今他二人飽受戰亂之苦，父母垂老家中貧困，能否讓他們……」曹真不便直接開口要官。

曹操早年就識得這倆小子，既沒讀過多少書，又無武略可言，就是倆普普通通的莊稼人，要他們有什麼用啊？但曹遵、朱贊這倆廢物抵不過曹真的面子，秦邵夫婦的恩情更是大如天。曹操還是答應了：「既然是你張口，且叫他們到中軍充軍吏，以後若有功勞再行升遷。若是實在沒什麼過人之處嘛……多給些餉錢糧穀也就是了。這可是看在子丹你的面子上！」

「是是是，多謝父親垂愛。」曹真趕緊謝恩。

曹丕見他塞進來倆人，心裡癢癢也插了話：「父親，那朱家還有個小兄弟名喚朱鑠，聰明伶俐一表人才，只比孩兒小兩歲，能不能叫他到府裡給孩兒當個……」他還未說完見父親臉色不對，趕緊收住口。

曹操正色道：「幕府乃謀劃軍國大事之地，豈能再請託私人？我出兵官渡之時你向荀令君託人情當我不知嗎？如今朝廷穩固，家鄉也少不得整頓駐軍，至於族裡原有的鄉勇，我看可以挑一些編入中軍效力，虧不了他們前程。這些事為父自有主張，輪不到你操心！」

曹丕嚇得直吐舌頭，一旁的曹瑜卻樂得鼻涕泡都冒出來了：他辛辛苦苦伺候曹操這麼多天，等的就是這句話。收編家鄉民兵自然少不了他這個鄉勇首領，這就意味著馬上也能混上官了，他雖沒什麼本事，但論起輩分好歹也是當朝司空的族叔，日後榮華富貴封妻蔭子是鐵定的啦！

曹操自然曉得這個族叔是什麼心思。昔日楚霸王項羽有言「富貴不還鄉如錦衣夜行」，高祖劉邦也曾高唱「大風起兮雲飛揚，威加海內兮歸故鄉」，光武爺劉秀登基後更是先後五次回南陽。曹操雖比不得前代聖王，卻也一人之下萬萬人之上，他心裡很清楚，回鄉是要大把花錢的。索性好事做到底，決定再給家鄉父老個大人情，他順手取過案上的一道空白手札，提筆寫了一道教令[①]：

① 王侯頒布的命令稱教；天子頒布的稱敕。

吾起義兵，為天下除暴亂。舊土人民，死喪略盡，國中終日行，不見所識，使吾悽愴傷懷。其舉義兵已來，將士絕無後悔者，求其親戚以後之，授土田，官給耕牛，置學師以教之。為存者立廟，使祀其先人，魂而有靈，吾百年之後何恨哉！

這番安排給譙縣之民頗多優待，不但耕種糧食有了保障，連求學入仕都給予優先權。家鄉畢竟是家鄉，從這個地方走出來的官員更值得信賴。這與劉秀稱帝厚待南陽百姓一般無二，他雖不是皇帝，卻能左右這類決定。

曹操一揮而就，給在座之人傳看了一番，所有人都大加稱頌——全是家鄉人，哪個不沾實惠？傳看之後曹操一臉鄭重把它舉到丁斐、卞秉面前：「這件事交給你們倆辦。」

丁斐一聞此言滿肚子的委屈全沒了，兩眼閃閃放光——這個差事有油水呀！修造學館要撥錢糧，耕牛更是難得的物資，屯民租牛也是要掏錢的。這份差事領下來，他與卞秉私下玩個花帳又有誰知？只要把親支近派照顧好了，其他的窮人好歹一敷衍，剩下的全都進自己兜裡。

曹操豈是傻子？之所以選丁斐是因為當初他舉兵時借助過人家的財力，如今要補這個人情，故意放點兒油水。至於內弟卞秉，雖有功勞卻沒升過官職，大漢因外戚干政而亂國，曹操不願落個提拔內親的名聲，所以官職虧欠拿錢財補。

丁斐伸手要接，曹操卻又縮手叮嚀道：「你們做事可要有分寸，具體撥多少錢糧找任峻商量個準數，一次算清楚，別沒完沒了張嘴。過幾日我要任命袁渙為譙縣縣令，他執法如山可顧不得你們的面子。另外，子廉在家鄉的田產地業太多，不准再給他好處了，多照顧窮人。明白嗎？」曹操知道丁斐貪得無厭，若不囑咐兩句，他必狠撈一筆。曹營之中貪財之徒不在少數，曹洪視錢如命自不用說，劉勳、許攸、郭嘉也都斂財有術，都是有功之人，曹操不便管太嚴，但若是丁斐做得太過惹出閒話那就非管不可了，到時候大家臉上都不好看。

「明白明白，您就放心吧！」丁斐瞧見錢比瞧見爹還親，嘻嘻哈哈接過文書，頗有意味地朝卞秉擠了擠眼。

曹操瞧他這副嘴臉實在不放心，搖頭慨歎道：「前幾天兗州傳來消息，陳留太守棗祗死了。當初若非他修改屯田之法，朝廷哪有這麼多財貨，天底下都是張著手要錢的，有幾人似棗祗一般懂得開源？荀令君正籌措修改戶調之法，若是棗祗還在該有多好，可惜嘍……」

丁斐全沒入耳，恨不得馬上把小算盤撥清楚，跟著敷衍兩句就拉著卞秉站起來：「家鄉父老嗷嗷待哺，差事不能耽誤，我們這就回營與任峻商量商量該怎麼辦。諸位陪曹公繼續聊，我們先去了。」

曹操也拿這個斂財奴沒辦法，揚揚手：「去吧去吧。」

「諾！」丁斐一沾錢就來精神，扯著卞秉就走。曹丕、夏侯尚、曹真早站得不耐煩了，趁這空子也不言不語跟著溜出去了。

就這一會兒的工夫，外面的雪下大了，地上積的足有半尺厚，而且還沒起風，大片大片的雪花如鵝毛般簌簌而落，叫人瞧著怪喜歡的。丁斐歡歡喜喜往前走，一不留神滑個趔趄，虧了卞秉攙住：「不就是有利可圖嘛，你怎像吃了蜜蜂屎似的？別丟人現眼啦……」話未說完忽覺眼前又黑又涼，一個大雪球正打在面門上，灌了一嘴冰渣。

卞秉邊咳邊罵：「咳咳……這是誰幹的？他媽的不要命了嗎？」揉揉眼抬頭再看，卻是一群孩子——曹彰、曹植、曹沖、曹彪等幾個公子領頭，還有夏侯楙、夏侯威、夏侯衡，曹仁之子曹泰、曹洪之子曹馥，連他兒子卞蘭也在其中，大的十歲出頭小的不過五六歲，連蹦帶跳哈哈直笑。卞秉乃賣唱童子出身，跟著姐姐來到曹家，領的第一份差事就是哄孩子，族裡小輩都是跟他玩大的。這會兒見是小輩，他轉怒為喜動了童心，別人都不招呼，攥個雪球先扔卞蘭：「兒子打老子，我訟你個忤逆不孝！」

這一扔所有的孩子都攥了雪球，曹彰自小比別的孩子都壯實，掄著小胳膊嚷道：「我打你個為老不尊！」劈劈啪啪所有的雪球都往卞秉身上打，小子們「萬箭齊發」打舅舅。

丁斐哪見過這等沒大沒小之事，嚷道：「別鬧了！都別鬧了！我們還有差事呢！」

卞秉躲著雪球笑道：「你去忙你的吧，黑錢的勾當我又不會，要多少只管去跟任峻提，我不分帳也不檢舉你也就罷了。」他外表稀鬆內裡精明，姐姐卞氏生下仨小子，在諸多側室裡資格最老，丁氏不受寵，日後姐姐有望取而代之，可不能為點兒錢毀了名聲。若丁家貪汙卞家清廉，明眼人一看就高下立判，誰能保證這不是曹操對兩家的考驗呢？眼光得放遠些！

丁斐也算有才之人，但財迷心竅想不到這層，連作揖帶彎腰：「承蒙賢弟關照，愚兄日後定有一番心意。」自以為占了多大便宜，笑呵呵而去。

他這一去卞秉跟孩子們玩得更歡了，剛開始是扔舅舅，後來雪球漫天飛，也不知是誰在扔誰了。曹彰雖小力氣卻大，連著三個雪球扔出去，竟把弟弟曹沖打了個跟頭。卞秉一見趕緊「罷戰」，邊拍雪邊嗔怪曹彰：「你這當哥哥的也真下得去手，有這膀子氣力練練弓馬，日後上戰場為你老子殺敵去……沖兒，摔疼了沒有？」

「不礙的。」曹沖笑盈盈爬了起來，整理著凌亂的衣衫。他乃環氏所生，頗得母親的清秀容貌，再加上穿了身純白的狐腋裘，跟個小銀娃娃一般。

卞秉攥住他那凍得通紅的小手：「你可是姐夫的心肝寶貝，比他們都受寵，有個一差二錯我可擔待不起……瞧這衣服多好啊，有道是『千羊之皮不如一狐之腋』，殺多少狐狸才攢出這麼件腋裘，你怎捨得在雪地裡撲騰？」

曹沖滿不在乎：「爹爹說了，普天之下的狐窟有的是，將來掏盡他們的窩、扒盡他們的皮。那時我也長大了，給我做件更體面的大袍子！」小孩子隨口學舌，可把卞秉嚇一跳，曹操分明話裡有話，莫非屬意此子？他稍一愣神的工夫，忽覺後背冰涼──曹彰挨了兩句訓，竟趁他不妨抓了把雪塞進他衣領裡。

「哎喲喲！」凍得卞秉直哆嗦，「你們這幫小崽子太胡鬧，把我這衣服弄濕了，還怎麼去辦差？趕緊散了吧，回去烤烤火換換衣服。個個都是爹娘的心頭肉，凍出病了豈不心疼？」說罷抱起卞蘭也走了。

孩子見舅舅走了，三三兩兩也散了，只剩曹彰、曹沖、曹彪意猶未盡，拉著曹丕的袖子還要玩。曹丕這幾日事事不順，自從曹操回軍動不動就數落他一頓，今天朱鑠的事又被當面駁了，哪還有心思哄弟弟：「去去去，少來煩我！我還有正事呢，誰似你們天天就知道玩！」

曹彰見他這麼不耐煩，做個鬼臉道：「哼！動不動就端哥哥的架子，有什麼了不起？還真以為爹爹多器重你似的……沖兒彪兒，咱玩咱的，不理他！」

曹丕倏然一愣，呆呆地立在雪地裡：十歲孩子哪懂得這幾句話的分量？這必是府裡人私下議論叫他聽去的，身為長子卻不被父親器重，看來這已經不是什麼祕密了……正在他茫然之時，忽聞一陣淒慘的哭聲，自院外哆哆嗦嗦來了個老兵──是幕府裡管馬廄的李成。

這李成也是沛國譙縣人，當初在曹家當僕僮，後來跟著曹操從軍打仗，年紀大了便負責馬廄，算是有頭臉的家奴。他平日有說有笑，今天卻一臉倒霉相，年近六十的人，下雪天連件棉衣裳都沒穿，斗笠也沒戴，捧著副馬鞍子哭哭啼啼的。

「喲，你這是怎麼了？」曹丕好奇地問了一聲。

李成充耳不聞，只是低著頭邊哭邊念叨著：「活不了啦……活不了啦……」曹彰見他一把年紀哭得怪有趣的，跑過去揪他的長鬍子。哪知李成被他這麼一揪，就勢跪倒在地，抱著馬鞍號啕大哭。

曹丕等趕緊攙扶起來：「你有何事說出來，哭有何用？」

李成擦了擦老淚，舉起馬鞍子：「眾位公子請瞧……」這副馬鞍烏黑油亮的皮子，描漆彩繪下墜銅環，一望便知是曹操之物，但側面破了一個拇指大的洞。

此洞雖小可把在場之人全嚇壞了。曹操平生喜愛馬匹，一應器具都要求下人小心照料。尤其這幅鞍子，乃曹昂之遺物，稍有損壞豈能善罷甘休？曹操禦下極嚴，府中掾屬辦事稍有不周當眾杖責，今天若發起火來非要了李成的老命不可！

曹丕也慌神了：「這是怎麼弄的？」

「老鼠啃的。」李成怵生生道：「我就出去一會兒工夫，老鼠鑽到馬廄去了。」

「你辦事向來謹慎，怎還出了這等紕漏？前日不是准你回家探親了嘛，這大雪天的又跑出去做什麼？」

「我出去找醫生要個方子，哪知就……」李成抱住曹丕的腳脖子，「大公子救命，您替我求個情，老奴這一把年紀挨不住棒子了……您救救我吧……」

曹丕深知父親喜怒無常，自己又沒這麼大面子，萬一說不好再把自己裹進去，今後就更不受待見啦！曹真、夏侯尚也紛紛搖頭，誰也幫不了這忙。李成見狀知是沒指望了，伏在地上哭了個七葷八素，忽覺耳畔有個稚嫩的聲音道：「老伯別哭，我願幫您這個忙。」

李成抬頭一看——是六歲的公子曹沖，他哪管得了大人的事？曹沖卻胸有成竹，湊到他耳畔低聲嘀咕了兩句。說來也怪，李成竟不哭了，擦擦眼淚：「這辦法……行嗎？」

「怎麼不行？」曹沖揣著手一副小大人的模樣，「只要您聽見我咳嗽就進去請罪，準保平安無事。」

「這倒不難……」李成也不哭了，半信半疑看著這小傢伙，「可公子怎替我講這個情呢？」

「那您就不必問了。」曹沖神祕一笑，「有勞哥哥們尋條繩子將李成背縛起來，弄狼狽點兒……真哥哥，將你的佩劍借我一用。」「小小年紀要劍做什麼？」曹真莫名其妙，可還是抽出佩劍遞給他了，「你可留神，別傷了手。」哪知曹沖接過劍二話不說，竟扯起身上狐腋裘戳了個大窟窿。

「啊……你這孩子……」曹丕、曹真不明就裡，李成也看呆了，這麼矜貴的一件衣服豈不是糟蹋了？

曹沖笑呵呵擺弄這個洞，搓了又搓揉了又揉，直到弄出許多毛刺才滿意，又囑咐李成：「您千萬聽清楚了，等我咳嗽再進去。」說罷拋下寶劍蹦蹦跳跳直奔正堂而去。

曹操這會兒還在惋惜棗祗之死，忽見簾子一掀，曹沖冒冒失失跑了進來，一頭撞到自己懷裡，哼哼唧唧哭道：「不好了！不好了！爹爹快救孩兒……」

「別哭別哭！」曹操以為這心頭肉受了什麼委屈，趕緊一把抱起，讓他坐在腿上，翹著鬍子親親他小臉蛋道，「沖兒不哭……有什麼事跟爹爹說，那個大膽的欺負你了？」

曹沖乾打雷不下雨，哪有眼淚？撅著小嘴道：「是老鼠！老鼠啃了孩兒的新衣服，您快看啊！」他舉著裘衣上的窟窿給在場每個人瞧。

曹瑜一旁插了嘴：「小公子沒在鄉下住過，這算得了什麼？外面下雪了，老鼠自然要往屋裡鑽哩！」

曹沖一副認真的樣子，晃悠著袍襟哼哼唧唧道：「不對不對，我聽奶娘說過，若老鼠咬了誰的衣服，誰就會有災禍。沖兒今天一定有難，爹爹救救我吧……」

「哈哈哈！」曹操笑得前仰後合，刮了刮兒子的小鼻梁，「我的傻小子，那都是婦道人家迷信的話，豈會真的有難？」

曹沖裝作戰戰兢兢，揪著曹操鬍子搖來搖去：「孩兒怕，孩兒怕嘛！」「好好好。」曹操拉過一張坐榻，「你就坐在爹爹旁邊，真有什麼禍事，爹爹替你擋著。」

曹沖這才釋懷，喘了口大氣道：「人都說爹爹威名四海最有煞氣，莫說什麼惡人，就是神鬼也要懼爹爹三分。」

天下老子最高興的就是兒子誇自己。更何況兒子說神鬼都怕他三分，曹操聽了此話真比喝了蜂蜜都甜：「沖兒說得對，有爹爹在你什麼都不用怕，你將來也要像爹爹一樣頂天立地！不就是件衣裳嘛，破了窟窿也好，舊的不去新的不來，來年爹爹叫人給你做新的。」他父子講話，旁人見了連連咋舌。曹操自己吃穿不甚講究，卻對此兒如此嬌縱，如此珍貴的狐裘說做新的就做新的，自曹丕以下哪個公子比得了？

曹沖也不鬧了，安安靜靜坐到一旁。曹操繼續與夏侯淵商量追賞棗祗之事，決定給其子加封爵位，取來筆墨寫表章。約莫過了小半個時辰，曹沖見他停筆醞釀措辭，料是時機成熟，扯著脖子就咳嗽。李成、曹丕等人早在窗戶下面等著呢，這半天腿都蹲麻了，李成趕緊跪倒在地，放聲大呼：「老奴求見曹公！」

「是李成嗎？進來吧……」曹操聽出來了，抬頭一看——這老馬夫身穿褐色單衣，披頭散髮自縛雙臂，以膝代步爬進門來，連著磕了好幾個響頭：「小的有罪，請主公責罰。」

「何事如此嚴重？」

「小的一時不慎，讓老鼠鑽進了馬廄，把主公的馬鞍咬壞了。請主公責罰。」

「如此不值一提的小事算得了什麼？出去！」

李成以為自己聽岔了，依舊頓首不止：「無論如何是老奴之過，那可是昂公子留下來的，還請主公降罪……」

曹操白了他一眼：「這有什麼打緊的？沖兒的衮衣置於寢室之中還被老鼠咬了呢！馬廄鬧老鼠還新鮮嗎？」

「老奴無能……」

「別說了。」曹操一門心思全在表章，不耐煩地揚揚手，「此等小事治什麼罪呀！去去去，接著餵你的馬去，不要攪擾老夫。」

李成鬆了口氣，又磕了個頭才退出去。曹沖耐著性子又坐了一會兒，見曹操已將表章寫完，忙扯著他衣袖道：「爹爹寫寫畫畫好生無聊，孩兒不在這裡陪著了。」

「唉！」曹操被兒子誆騙了還兀自不覺，「小孩子沒長性，去找彪兒他們玩吧……我聽你有些咳嗽，天還沒暖和，多穿衣服啊！」

曹沖順口答應一聲，歡歡喜喜離開了，過了二門跑出去老遠，瞧見哥哥弟弟們正圍著李成笑呢，大夥見他來了無不連挑大指。曹沖得意洋洋，卻見李成仍是滿臉憂色：「馬鞍之事已無礙了，老伯還愁什麼？」

李成歎了口氣：「今日之劫躲過了，可老奴仍不免一死……不怕列位公子笑話，老奴身有重病，若今年還拿不到治療之藥，老奴必死無疑。」

曹沖眨巴著眼睛：「尋藥又有何難？吾父權傾朝野，什麼東西弄不來？就是宮中的御藥也取之便來。老伯是府裡的老人了，只管開口去要，爹爹會給您的。」

李成苦笑搖頭：「彈打無命之鳥，病治曉源之人。我這個病呀，唯有本縣的活神仙華佗才能治。」

「華佗？還活神仙？我們怎麼沒聽說過此人？」眾孩童嘰嘰喳喳。

「公子們都是京裡長大的，自然不知道。本鄉本土之人哪個不曉得華佗先生？那真是妙手仁心藥到病除，什麼疑難雜症都能治好。老奴這病十八年前就有了，每日咳嗽不止痰中帶血，難倒了多少醫生啊！最後求到華先生處，吃了人家一劑藥就沒事了。可華先生說這病沒有根治，十八年後還要再犯，又送了我一劑藥到時候再用。前幾年我有親戚也得了這病，我一時大方就把那劑藥送人了。」說到這兒他面露懊悔之態，「原以為還能見到華先生，哪知前日我去拜訪他，他不在家。剛才我冒雪又去，還是不在。找鄉里打聽了才知道，華佗被廣陵太守陳登請去看病了。此至廣陵遠隔千里，不知何時才能回來，再過幾日又要啟程回京了……老奴恐怕熬不過今年嘍……」這老兵說著說著又咧開嘴哭了。

「世上哪有此等事！隔了十八年的病豈會再犯？以訛傳訛無稽之談。」曹真只當是笑話。

李成卻堅信不疑：「公子不知華佗的本事。他只要看你一眼，就能知道你有病無病、病得有多厲害。昔日有個卸了任的縣令去拜訪他，生龍活虎言談無異，華佗卻說他已病入膏肓死期將至。那縣令只當瘋言瘋語，哪知回家路上就覺頭暈目眩，從馬車上栽下來就斷氣了！鄉里許多百姓都是親眼得見，若不然怎會稱他華神仙？」

「世間之大無奇不有，說不定這華佗真有過人之能。」曹沖張著小手替他抹去眼淚，「老伯也別哭，沖兒若沒料錯，華佗回歸有望。」

「哦？小公子怎麼知道？」

「掃平狼煙復興社稷乃爹爹夙願。陳登本擁兵自重之人，以前叫他當太守不過是抽出手來對付河北，現在袁紹敗了，爹爹豈會再容他獨霸一方自作威福？我料不出一年半載，爹爹定要將陳登調離廣陵。那時候華佗相隨而至，老伯不就有救了嘛？」

李成卻仍不樂觀——縱然如這孩子所言，誰知那時還來不來得及？但曹沖一番好意總是要謝的，李成跪倒在地連連磕頭：「老奴蒙公子大恩無以為報，若僥倖不死，日後為公子牽馬墜蹬。即便讓這老病熬死了，我下輩子當牛做馬也要報答您的恩德！」

曹丕在一旁看得冷汗直流：這小子不但深諳父親心性，連朝廷大事也洞若觀火，難怪父親偏愛他。今日之事李成私下一念叨，全府下上都得說這孩子體恤下情……他才六歲啊！將來還不知精明到何種程度呢！

正在此時又聞一陣馬蹄聲——曹純冒雪從軍營而來，來至院口跳下馬急急渴渴往裡奔，手裡還攥著一卷文書。

曹真見了好奇：「子和叔叔，軍中有事嗎？」

「喜事！喜事啊！」曹純笑顏逐開，「主公昔日的老朋友樓圭要來投奔咱們啦！」

故舊相投

草長鶯飛陽春又至，冰雪已漸漸消融，萬物生長，田間也忙碌起來。有了朝廷的特殊優待，沛國百姓的耕種非常順利，許多農民領到了耕牛、耬車（播種機械），甚至軍隊也被派來協助墾荒，戰亂以來的無主之地又恢復了耕作——這一切都是沾了曹操的光。

曹操信馬由韁眺望田間景象，心緒格外暢快。糧乃軍之本，民以食為天，只要有糧食，任何問題皆可迎刃而解。屯田與農積蓄產出是他走到今天這一步的基礎，也是歷代稱霸天下的不變法則。他遙望遠處，見一群百姓正搬運石料木材，準備修繕學館，不禁勾起舊日記憶，扭頭朝樓圭笑了笑：「子伯，還記得那年咱們隨橋公遊逸，傾聽他老人家教誨之事嗎？」

樓圭欣然點頭，卻沒有作答，他這十幾年的建樹可比曹操遜色多了。昔日他與王儁、許攸同為曹操之友，又都受到過橋玄的栽培，走的道路卻截然不同。王儁依照夙願做了隱士，關起門來著書立說校點經籍，不問世間沉浮；許攸先跟隨袁紹建功河北，繼而又在官渡投奔曹操，出謀劃策大展權謀，也得到了錢財富貴。論才華樓圭絕不輸於他們，昔日志向比他們都高，這些年卻默默無聞幾同虛度。

自董卓亂國伊始，樓圭回到家鄉南陽，原打算興兵舉義幹一番事業，不料袁術先聲奪人。樓圭恥為人下不願在其帳中效力，自己拉了一小支隊伍遊弋南陽以北。可亂世中這樣的小勢力實在太多了，若無依靠根本無法自存。後來袁氏兄弟豫州交惡，樓圭缺兵少糧實在混不下去了，只得放下架子依附劉表。荊州是中原避難者首趨之地，群賢畢至少長雲集，名頭響亮之士數不勝數，樓圭這顆小星星顯不出什麼光亮。開始時劉表還拿他當個人物，曾叫其北上武關招納避難之人，日子久了便將其閒置一邊，漸漸形同白丁。他若再不做些什麼，恐怕此生便要隨波逐流了。時逢劉備兵敗投至荊州，劉表寬厚接納待為上賓，樓圭預感劉表必與曹操徹底決裂，便來至譙縣轉投故友，希圖能有一番作為。

「子伯啊，往日之事如隔萬里，我還以為咱們此生沒有再會之期了呢。」曹操上下打量著他，「不過你一點兒也不顯老，我卻儼然一個老兵痞嘍！」樓圭也已年近五旬，卻鬚髮如墨，連根白茬都沒有。他身高九尺相貌偉岸，坐在馬上也比曹操高一大截，倆人微服出行並轡閒遊，不知情者必以為樓圭才是當朝司空，曹操倒似個猥瑣老奴。

樓圭手托鬚髯道：「孟德休要這麼講，這毛髮皮囊又有何用？當年橋公就曾有言，我輩之作為日後皆不及你，如今看來豈不是確之鑿鑿？世間男兒自當慕大，我若處在你這個位子上……」說到這兒他戛然而止。樓圭生平一大短處就是好拿自己與別人攀比，常言「我若是你就當如何如何」，似乎自己比天下任何人都高明似的。他也知這毛病不好，可就是時常管不住自己的嘴。

曹操心裡清楚，再好的朋友分開久了也會有隔閡，何況又是亂世，即便當年志同道合，現在卻已是天壤之別，許多話不能再彼此推心置腹了。樓圭其人與許攸不同，非財貨爵位所能駕馭，曹操既愛其才又畏其志，雖心懷戒備卻佯裝親切，拍拍樓圭的肩頭：「有什麼話只管說，咱們之間還有何忌諱的？我記得當初你曾有言『男兒居世，會當得數萬兵千匹騎著後耳』，現在還有沒有此等志向啊？」

樓圭聽他這麼問，心裡很不好受，當年壯志未有一日忘懷，只是命運多舛難以如願。這些話他又不好對曹操明說，只能歎息道：「年少狂言還提它作甚，現在不過是混沌度日罷了。」

曹操亦知他言不由衷，笑道：「麒麟豈能埋沒於田野？若賢弟不棄，在我軍當個司馬，等過一陣子我再表奏你為校尉、將軍，你看如何啊？」

此話正中樓圭下懷，他卻不敢喜形於色，矜持著道：「既來相投，全聽孟德安排吧！」

「哈哈哈……」曹操仰天大笑，「江山易改本性難移，你還是一個有志量的人啊！今後你我兄弟共謀大事，安定江山復興社稷，豈不是一樁美事？回營之後我就正式任命你為別部司馬，統領兵馬隨軍聽調。咱們既是老朋友，有何要求但提無妨。這與當年又有何不同？」

「是是是。」樓圭雖連連應聲，卻不禁回頭望了一眼——就在不遠處許褚帶著幾十個披甲武士，時刻保衛曹操安全，就算是他與朋友閒遊也不例外。這樣機警戒備，這樣的地位差距，又豈能與當年同日而語。

樓圭還在暗暗感歎老天不公，又見曹操背過身去轉移了話題：「那劉備到荊州之後境遇如何啊？」

樓圭略一錯愕，馬上清醒過來。封官許諾不是重點，人家真正在意的是自己帶來的消息，他趕緊答道：「劉表待劉備確實不同於一般人，每日與其飲宴暢談，似乎有意遣其屯兵新野抗拒明公。」

他說到這裡刻意把稱呼由「孟德」換成了「明公」。

「哼！」曹操冷笑一聲，「劉表真是一點兒長進也沒有，當初扶植張繡阻擋老夫，如今又端出大耳賊。叫別人給他擋箭，自己躲在襄陽逍遙快活，聽說最近他還僭越禮制郊天祭地，實在不曉用兵之事。劉備可非張繡之流，弄不好玩蛇反遭蛇咬啊！」他算是深有體會了，「前番官渡之戰，劉表本欲襲我，適逢長沙太守張羡作亂才勉強作罷。如今張羡父子敗兵身亡，長沙復歸劉表，他以何人接替張氏之位啊？」

「南陽張機。」

「張機？」曹操不敢相信，「那個研習醫術的張仲景？」

「正是此人。」婁圭答道：「張氏乃南陽望族，劉表雖殺張羨父子，還是要用其族人。張仲景乃族中衰微支系，用此人為太守，既可借張氏之人望又不必擔心尾大之事。況長沙一役吏民死傷，又逢惡鬁縱橫，感染傷寒而死者近半，張仲景深通醫道，除治理政務之外還能懸壺濟世。」

曹操卻大加譏諷：「《說文》有云：『醫者，治病工也。』說穿了不過是巫醫百工之流②，非君子所為。劉表用這麼個不務正業之徒當郡將，豈能安境保民？就算他能醫傷寒，難道還能醫天下之苦？」

婁圭見過張仲景，絕不似曹操說的這般庸碌，卻不便反駁，順著說：「劉景升用人差矣！當初命別駕韓嵩入都拜謁天子，您表奏其為零陵太守。韓嵩回去後被劉表猜忌，責備其首鼠兩端。前番官渡鏖戰，韓嵩力阻劉表出兵，被劉表投入監牢，至今受囹圄之苦。如此鼠肚雞腸不納良言，豈能得人擁護？內外諸事不過依靠蔡瑁、蒯越罷了，襄陽之人皆道劉景升高堂坐嘯，蔡、蒯二族才是荊州的真主人。」

曹操冷笑：「當初劉表單騎赴任沒有根基，得蔡、蒯兩家相助站穩腳跟，殺蘇代、誅貝羽、結黃祖，延攬清流名士，立下天大功勞，劉表哪還駕馭得了？我自小就識得蔡瑁，乃頗有心計之人，聽說其妹嫁與劉表為續弦，結成郎舅之親。天下社稷之壞多由外戚干政所致，用人最忌諱這一點。至於那個蒯越，當年曾在何進府中充任西曹掾，那會兒劉表還得聽人家的呢！」

樓圭頗有感觸：「似袁紹、劉表之流雖占據一方，卻皆是靠豪強扶持而起，唯有孟德你抑制土豪自掌權威，勝敗豈憑空而來！」

這句話說得曹操心裡暖烘烘的。抑制土豪自掌權威，說起來容易做起來難，昔日兗州張邈、陳宮之叛令他幾無立足之地，今天之強盛是歷盡艱險才得來的。曹操扭頭注視著樓圭，沉默半晌又道：「天下高明之論多有相通，咱們闊別多年還是心有靈犀啊……愚兄當年遇事不決就愛聽聽你的見解，如今也是一樣。目下正有一樁事難以取捨，還勞子伯為我解之。」

「在下不敢……」

曹操不由他客套便說了出來：「倉亭戰後袁紹龜縮河北，我領兵討之半載不能得勝，而劉表棲於我後，囚韓嵩納劉備似欲有所行動。現今之際我應該北上討袁，還是該南取荊州呢？」

「這個嘛……」樓圭意屬北上卻不便直言。一者方入曹營還沒個正經名分，二者他自荊州而來，若坦言劉表尚不可取，難免有回護之嫌。

曹操看得明白：「說了這麼半天，你還不願與我推心置腹嗎？你既是我的老朋友，就該盡朋友之責。說對說錯都無干係，抉擇之權豈不在我？愚兄從不因言語生怨。」曹操信誓旦旦地說。

樓圭見他如此表態，總算鼓足勇氣脫口而出：「當北圖袁紹。」

② 漢代視行醫為下等人所為，歸為巫師術士，與工匠、商賈算作同流，不能入仕為官。在華佗、張機之前，東漢有名醫費長房懸壺濟世，也是既治病又捉鬼，未形成獨立的職業體系。

「何以見得？」
「天下之威高無過袁氏，門生故吏遍及天下；天下之殷實無過河北，光武因之而得社稷。明公與袁紹對峙數載，方有官渡、倉亭之功，正當趁此之勢掃蕩荊棘，豈可一旦而棄之？想那劉表身處荊襄乃四戰之地，西有劉璋、東有孫權、南有山越③，以明公之才雖得之不難，然北方不固又何以保全？」
曹操卻道：「話雖如此，然官渡得勝亦不過北弱南強，提兵強取未必輕易得勝……」其實他已經試過一次了，根本打不動袁紹。
「日推月移必有變易，我若是你便北上兗州屯兵備戰，只待河北之事稍有變故，立刻提師渡河直搗鄴城！」樓圭說得酣暢淋漓，根本沒意識到自己又犯老毛病了。
可謂一言點醒夢中人，這幾日荀攸、郭嘉都曾勸曹操先取河北，甚至連身在許都的荀彧也為此特意來了一封信。可真正打動他的還是樓圭這個計畫，兗州與河北隔河而望，稍有風吹草動立刻便知，實是待機備戰的最佳所在。曹操明明已定決心，卻淡然道：「這個辦法倒也可行。其實我早就打算去兗州，大戰得勝應該撫慰撫慰那裡的百姓，另外我想順路去睢陽祭拜橋公陵寢。你來得正是時候，我再修書一封調許攸也來，咱們昔日同受老人家厚恩，理當一起拜祭。」
「兩全其美，甚好甚好。」樓圭一吐高論頗覺痛快。
「時候不早了，咱們回營吧！」曹操撥轉馬頭，「回去我就正式任命你為別部司馬。不過……因與袁紹交惡士卒多有死傷，自中軍以下缺員甚多，恐怕沒有多餘士卒可供你調遣。你且與郭嘉等人同參軍機，日後招募新軍再歸你統領吧！」
樓圭頗不甘心：「孟德莫非耍笑？司馬無兵豈不成了空頭銜？」
「哈哈哈……」曹操一笑而置之，「許都建宅糧餉照發，愚兄豈能虧待你？士兵早晚會給你補上的，咱們是老朋友了嘛！」說罷打馬揚鞭先走了。樓圭無何奈何，只得苦笑相隨。

兩人帶著衛兵回歸屯兵之處，離著寨門甚遠，只見前方熙熙攘攘，恍惚見幾個衛兵正圍作一團毆打什麼人，旁邊還有輛破破爛爛的平板車，車上坐著個衣衫襤褸之人。曹操不禁皺眉，招呼許褚道：「你去問問怎麼回事，若有作奸犯科之輩送交縣寺治罪；若士卒無故滋事，我要狠狠責罰。堵在大營門口打人，這成何體統！」

曹操本無暇關注此等小事，本可遣散人群回去理事。但自從官渡得勝，士卒如釋重負軍紀鬆弛，今天出了這樣的亂子，正好殺幾個人作法立威，因而駐馬轅門冷森森盯著人群，把剛才打人的幾個兵嚇得直哆嗦。許褚問明緣由過來匯報：「啟稟主公，士卒非無故滋事，乃是有人冒認官親！」

「胡說！」那挨打之人聽到許褚的話一躍而起，「我明明就是官親，何言冒認？」

許褚見他嘴硬就要下令拿人，曹操舉手攔住，仔細打量這個人：披頭散髮滿臉汙垢，春風料峭的時節僅穿單衣，破破爛爛露著骯髒的臂膀，尋不到腰帶繫了條草繩，腳下連鞋都沒有。一旁平板車坐的似乎是個老嫗，白髮蒼蒼皺紋堆壘，穿了件髒兮兮的破棉襖，嚇得低著腦袋不敢看人。

曹操搖了搖頭：「流散之民無以生計倒也罷了，冒認官親實在可惡，送交縣寺治罪。」說罷便不再理睬了，打馬就要進營。

那窮漢還欲辯解，眾軍兵一擁而上就要捆綁，那人避無可避索性放聲大呼：「你這老兒好大膽子，我若尋到叔父一一相告，他老人家位高權重，非要了你的命不可！」

「且慢！」曹操猛然駁馬，又瞅了那骯髒的窮漢一眼，這才看出此人年紀其實不大，「放開

③山越，古代南方的少數民族，現今壯族、侗族、苗族等許多民族在漢代通稱山越，因為支系繁多又稱「百越」。漢代時山越勢力還很強大，幾乎覆蓋江蘇、江西、浙江等地，後來才逐步被漢民族同化。

他……你說要我這老兒的命？好啊，那我這老兒倒要問個明白了，你那叔父究竟是何人啊？」

那窮漢真是被打怒了，叉著腰大言不慚：「你問我堂叔父還是問我那大名鼎鼎的族叔？」

「哦？」曹操暗自咬牙，「我都想認識認識。」

「我那嫡親的堂叔乃是明亭侯、都護將軍曹子廉，我那族叔就是當朝司空曹孟德！」

曹操差點氣樂了：「如此說來你還是侯門之後啊！那你看我這老兒又是何等樣人呢？」士兵們瞧出來了，曹操根本不認識他，都捂著嘴嘿嘿直樂。唯有樓圭暗暗咋舌——曹孟德啊曹孟德，身為當朝宰輔對一介小民還要錙銖必較，你怎麼變成這個樣子了呢！

那人聽出他有意挖苦，厲聲罵道：「我瞧你這老兒乃鼠肚雞腸、陰狠毒辣、嫉賢妒能一無賴奸賊！」

許褚深知曹操易怒，這一嗓子嚷出來，此人非千刀萬剮了不可。不等發話便上前按住那窮漢，喝道：「好大的膽子，竟敢辱罵曹公，不要命了嗎？」

哪知那人不懼反喜，掙扎著大喊大叫：「他就是曹公……叔父！是我啊！我是休兒啊……你不記得孩兒了嗎……」

曹操原被他罵得臉色鐵青，忽聽「休兒」二字，心中怦然一動：當年族叔曹鼎之子早喪，留下遺腹子名喚曹休，孤兒寡母慘澹度日，後來兵荒馬亂逃難在外，鄉人都以為他們已經死了。莫非眼前這個年輕人真是曹休？想至此愈加仔細端詳，無奈他印象中的曹休還是個小娃娃，根本辨不出真偽。

正在焦急之際，忽見那平板車上的老嫗放聲大哭：「放開我兒啊……你們快放開他……我的老天爺啊……」

「住手！」曹操跳下馬來，三步併作兩步來到車前——雖然老婦白髮蒼蒼形容憔悴，可昔日容貌尚可辨認，果真就是那寡居的嫂嫂。

「哎呀，我的老嫂子！您、您……您還活著啊！」

婦人都嚇懵了，衣袖遮面顫顫巍巍。

曹操一把扒開她手：「您看看我，我是阿瞞呢！」

「嗷……」婦人尖叫一聲伏倒慟哭，「蒼天有眼祖宗保佑，總算見到親人啦……我那沒有福的、不長眼的、蹬了腿兒的亡夫啊……」老太太見到曹家人，不禁想起了自己男人。

窮苦婦人不通禮數，曹操也怕旁人看笑話，趕緊勸：「老嫂子，別哭別哭，回家鄉見親人，應該高興才對啊！」

曹休跪倒在地，以膝當步爬到曹操身前：「叔父大人，我是休兒，是休兒啊！孩兒剛才無禮，給您陪罪了。」說著話就要磕頭。

「苦命的孩子啊……」曹操趕忙抱住，「你們到哪兒去了，叫族裡叔伯好生掛念。我那老叔曹景節就你這一個孫子，若死在外面，豈不斷了我那老叔的後？」

曹休邊哭邊說：「當年董卓之兵抄掠豫州，我娘帶著我逃到鄰縣我外祖家，哪知我外祖一家人盡數遇害，連房子都叫西涼兵給燒了。又有山賊草寇趁亂剪徑，我娘慌不擇路跟著流民一路南逃，就此離別故土。到了南陽一帶，袁術又到處抓人當兵，我娘怕我遇害又沿江而下去了淮南，母子二人乞討為生，趕上荒年連野菜都挖不到，又過江逃到吳郡。幸虧遇到個好心的官，收留我母子進了郡寺衙門，我給人家充了役童，娘親為人家縫縫補補，不過糊口而已。」

曹操聽他母子受了這麼多苦，不禁潸然淚下：「孩兒啊孩兒，為何不來尋叔父？」

「兵荒馬亂道路不通，哪知您在哪兒啊！後來過了幾年才聞聽您迎接聖駕建了朝廷，可是江東之地年年打仗，想回也回不去。我母子身處他鄉，又不敢向旁人透露與您老的關係。」曹休說到此處越發傷情，「我那祖父在世之時何等顯貴，吳郡衙門大堂影壁上還有他老人家的畫像呢！我們想家的時候就跪在他畫像前痛哭一場……」

曹操心頭一悸，四叔曹鼎曹景節曾當過吳郡太守，可那老爺子並不是什麼好官，貪汙受賄屢遭彈劾。沒想到他死後多年，兒媳孫子在他昔日為惡之地供人驅使苦受煎熬，還要天天對著他的畫像讓他看，這難道就是報應？

曹休抹了抹眼淚，咬著牙顫巍巍道：「我母子忍著，直忍到孫策遇刺孫權繼位，江東之地收了兵馬，這才敢跑回來。千辛萬苦倒也不懼，可是我娘的腿……」

曹操這才注意到，老嫂子這半天一直坐在車上，連士兵打她兒子都不曾移動分毫：「老嫂子，妳這是……」

「癱了！」婦人拍著車板，「吳郡潮熱水土不服，我天天洗衣幹活，兩條腿早殘廢了。這苦命的孩兒，花盡盤纏打了這輛小車，千里迢迢推著我回來的……我這孝順的孩兒啊……」

聽到此處曹操簡直驚呆了，直勾勾盯著曹休——雖然這孩子衣衫破爛、滿面汙垢，但眼神中分明流露出堅毅果敢的氣質。自吳郡到譙縣辛辛苦苦推著老娘回鄉，這是何等的毅力，又是何等的孝心！人一生之苦莫過於離亂，去的時候娘親抱著年幼孩兒，回來之時兒子推著殘廢的老娘……曹操呆立半晌，摸著曹休的頭道：「孩子，你是我曹家的千里駒啊！自古忠臣出於孝子，你日後必成大器！」

母子倆伏在車前痛哭多時，曹操將他們接入營中更衣供食，匆忙叫來曹洪，叔姪相認又是一番悲喜。曹休母子背井離鄉多年，其田產早已荒廢，曹操索性把他們留於自己宅中，還挑了十多個精明能幹的婢女伺候嫂子，又吩咐屬下要以公子之禮對待曹休，一切吃穿用度與曹丕等人無二。曹氏夏侯氏兩家連飲數日慶賀團聚，譙縣之民獲朝廷恩惠也是喜氣洋洋。

旬月有餘，汝南太守滿寵發來軍報，境內叛賊餘黨已盡數剿滅，劉辟、龔都之首級傳往京師報功，于禁、樂進等戡亂之將班師回轉。曹操結束回鄉之旅，繼而北上兗州，等候出兵河北再討袁紹的時機。

第四章
袁紹一命嗚呼，曹操少了一個心腹大患

祭拜橋玄①

睢陽縣之北五里風景甚是宜人。樹林密布松柏森森，又毗鄰緩緩流淌的睢水，流水淙淙鳥鳴啁哳，來至此間令人神清氣爽。就在蒼松翠柏之間，矗立著一座陵墓，其下長眠的就是前朝太尉橋玄。對於曹操而言，橋玄不僅是他早年仕途的導師，還是一位忘年之交，昔日種種恩德厚待是他一生都不會忘卻的，所以曹操北上兗州的途中特意繞道睢陽前來拜祭。

地方官早將陵墓周遭清掃乾淨，設擺了銅鼎香案，太牢②祭品一一陳列。曹操親自上香主祭，樓圭、許攸捧上貢酒，有橋玄之子橋羽一旁伺候陪祭，其他幕府掾吏、軍中部將也隨之磕頭叩拜。曹操提前寫好了一篇誄文，命新任記室③劉楨陵前誦讀：

故太尉橋公，誕敷明德，汎愛博容。國念明訓，士思令謨。靈幽體翳，邈哉晞矣！吾以幼年逮升堂室，特以頑鄙之姿，為大君子所納。增榮益觀，皆由獎助，猶仲尼稱不如顏淵，李生之厚歎賈復。士死知己，懷此無忘。又承從容約誓之言：「殂逝之後，路有經由，不以斗酒隻雞過相沃酹，車過三步，腹痛勿怪。」雖臨時戲笑之言，非至親之篤好，胡肯為此辭乎？匪謂靈忿，能詒己疾，懷舊惟顧，念之悽愴。奉命東征，屯次鄉里，北望貴土，乃心陵墓。裁致薄奠，公其尚饗。

洋洋灑灑的誄文念罷，曹操將一樽酒灑在陵前：「伏惟尚饗，永世感恩……晚輩還要行軍，不再打擾您老人家安眠，就此別過。」又恭恭敬敬深施一禮，這才帶領眾人出了林子。

樓圭手撚鬚髯歎息道：「老人家一世英名享譽朝野，到頭來也只有這一片山林為伴，有時候我就在想，人這一輩子圖的到底是什麼呢？」

「別想了。」曹操邊走邊道：「天下未平豈可做這無病呻吟？還是想想如何繼承老人家遺願，如何復興漢室安定黎庶。」

許攸一旁插了話：「孟德、子遠你們說說，咱們當中誰最像他老人家呢？」

「那還用問，自然是孟德嘍！」樓圭脫口而出。

「也未見得。」許攸嘿嘿一笑，「若論敵對羌人帶兵打仗的本事，自然孟德更勝一籌，但若論氣概非凡之處，子伯兄也盡得真傳嘛！」

樓圭也笑了：「這麼說來，那老人家詼諧性格可叫你許子遠給學去了，咱們三人各得其長嘛！」

「你們還忘了一人，」曹操扭頭道：「若論淡薄名利，誰又比王子文更像他老人家呢？」他一提到王儁，樓圭、許攸都不說話了。論起對橋玄的孝敬，其實他們都比不了王儁，老人家的這座陵

---

① 即喬玄，古時，姓氏「喬」寫作「橋」，故《後漢書》中所記為「橋玄」，此處依舊《後漢書》。
② 古時祭祀貢品的等級。一般祭祀天子用太牢，即豬牛羊三牲；祭祀諸侯用中牢，有牛羊而沒有豬。
③ 記室，起草文書的祕書官。

墓還是王儁與橋家一同修造的。只是王儁甘老林泉修身無為，在荊州武陵郡做了閉門隱士，百姓感其賢德自願追隨的竟有百餘戶。他非但不接受劉表任命，就連曹操假天子之命征其為尚書，他都不來。今日祭拜橋玄獨缺王子文，不能不說是一大遺憾。

橋玄之子橋羽走在最後面，見他們皆有惆悵之意，湊過來道：「曹公不必傷懷，劉表非稱霸一方之才。有朝一日收復荊襄之地，您與子文還有再遇之期。」

「但願如兄長所言。」曹操仰面歎息。

橋羽又誠惶誠恐道：「曹公與列位大人前來拜祭家父，在下榮幸至極。不過太牢之禮乃是朝廷祭祀先王所用，今日曹公將其賜予家父，在下實在慚愧難當。」橋羽年過五旬，是個忠厚本分之人，覺得今天的祭禮僭越了。

曹操滿不在乎：「哈哈哈！老人家在世之時與我玩笑，說他過世以後我要是從他墳前路過，若不帶上肥雞美酒憑弔一番，車過三步就叫我肚子疼！如今曹某人發達了，老人家要肥雞美酒，我贈他太牢大禮，『不僭不賊，鮮不為則。投我以桃，報之以李』，這也是小弟一片感激之情，橋兄必不在意。」他把僭越禮制不當回事，別人自然不敢追究，橋羽趕緊點頭稱是。

說話間已出了林子，大隊軍馬早在官道上列隊等候，曹丕為父親牽過馬匹。樓圭、許攸雙雙作揖道：「請主公上馬。」雖是昔日故舊，背後稱呼表字，人前則呼號主公，這是一定要拿捏好的。

曹操揮手示意他們退下，朝曹丕點了點頭：「你推薦的那個劉楨還算個人才，文章俊逸不輸於路粹、繁欽，今日朗誦祭文也頗為得體。能交到這樣的朋友也算你有長進了。」

曹丕幾時得過曹操誇獎？高興得眉飛色舞，攙父親上了馬，心下暗暗有了主意——父親喜好詩賦文章，今後要多下苦功！

「下官恭送曹公！」橋羽與睢陽縣眾官員齊向曹操拜別。

「起來吧！」曹操又看了一眼橋羽，「我事情太多也記不清楚了，橋兄如今官居何職啊？」

「在下現充豫州從事。」橋羽雖忠厚老成，能力卻不出眾。

曹操想了想，忽然面露微笑道：「自從那劉備叛變，任城相糜芳隨之而去，現在這個職位還空著。我叫荀令君草擬詔命，橋兄就去補這個缺吧！」

從豫州屬官到二千石俸祿的郡守，中間不知跳了多少級，橋羽趕緊推辭：「在下何德何能受此提拔，還請明公收回成命……」

「橋兄無需推辭，您資歷深厚當得起這位子。何況昔日橋公在世之時曾以妻子之事相托，這也是我一片心意。兄長家裡境況還好吧？」

橋羽拱手答道：「托曹公之福，一切事務都隨心，只是兩個小妹不得回歸。」橋玄晚年曾得一對女兒，生得花枝招展，鄉人喚作大橋小橋。當年二女隨橋玄父子隱居江淮，趕上兵荒馬亂，又被江東士卒擄去。孫策見此二女甚喜，娶大橋為正室之妻，又將小橋配與愛將周瑜為妻。那孫郎周郎都是俊秀人物，橋家姐妹本流離江東之地，誰料將錯就錯得配佳婿倒也稱心。只是孫策遇刺身亡，大橋年紀輕輕守了寡，加之南北相隔時局微妙，無法北上與兄長團聚，守著兒子孫紹孤獨過日。

曹操淡然一笑：「江東孫氏已不復往日之威，待我戡定河北之地，有朝一日飲馬大江，替兄長迎回令妹便是。」他腦中不禁浮想聯翩，當年這二位妹妹小小年紀就異常秀美，不知如今出落得何等模樣？

就在他想入非非之際，後面傳來一陣笑聲，回頭一瞧——曹丕、曹真、曹植等公子和一大群部將正圍著中軍校尉王忠指指點點，每個人都樂得前仰後合。軍隊是大有規矩的，士兵不可以隨便哄笑，曹操正欲詢問，猛一眼瞧見王忠的馬上拴著一具骷髏，忍不住也笑了。

這王忠乃是京兆人士，年紀不過三十出頭，卻歸附曹操甚早。他原是關中亭長出身，天下大亂之際領著一支亦兵亦匪的隊伍南下武關劫掠為業，只因災害年月搶不到糧食，竟殘殺流民大吃人肉。後來出武關正遇到替劉表招攬逃難士人的樓圭，他非但不從，還奇襲樓圭搶了許多財物，這才轉而北上投至許都。曹營上下都知他吃過人肉，剛才也不曉得誰與他玩笑，趁拜祭橋玄之時偷了他馬鞍邊的乾糧袋，還弄了副骷髏綁在上面。眾兵將見了豈有不笑之理？

王忠的臉臊得通紅，眼珠子瞪得都快流出來了，跳著腳地喝罵：「誰幹的？有種的給老子站出來！」

曹操忙止住笑，換了一副嚴肅的表情：「三軍之中誰這等無禮，還不出來給王將軍陪罪？再不出來老夫可要嚴懲了。」他說話時眼睛瞧著自己的兒子們——這幫小子笑得最歡，八成就是他們幹的。

果不其然，曹彰、曹植笑呵呵推出一個瘦小的僕僮來。那人跪倒在地：「請主公見諒，是諸位公子叫我與王將軍玩笑的。」

「哼！開玩笑也要有個分寸……哪找的枯骨？」

那僮僕忍著笑答道：「人有窮富瓦有陰陽，您拜祭的橋公自然是陵寢肅然，可路邊白骨曝天無人照應的野塚有的是。隨便撿一副有何打緊？」這小子說起話來底氣十足，對曹操殊無敬意。

當下人的哪有這麼回主人話的，還有沒有規矩了？曹操聽著有氣便要叫人痛打這廝一頓，哪知留神細看，這小子似乎還不到二十歲，生得瘦小枯乾尖鼻瘪腮，雖然穿著下人的衣服，卻根本不是自己府裡的。他愈加火起：「你是誰？我怎麼從來沒見過你？」

那人含糊答道：「小的是伺候公子的下人。」

「一派胡言！府裡之人老夫豈能不識？若不招對定按細作處置！」

那小子真是鐵嘴鋼牙：「小的不是細作，就是您府裡的下人。」

「還敢頂嘴？」曹操鬍子都撅起來了。

「萬一是您記錯了呢？」他竟還敢敷衍。

眾公子知他底細，眼見事情敗露此人性命堪憂，趕緊一齊跪倒：「請父親開恩，這位兄弟乃是家鄉故舊，名喚朱鑠。」

「朱鑠？」曹操眼珠一轉，猛然想起曹丕請託之事，必是他不得准許，把這小子混到僕僮堆裡從譙縣帶出來的。扭頭再看曹丕，早嚇得面如土色了。曹操依舊不饒：「你好大的膽子！敢在我眼皮底下幹這種事，老子自有家法管你！」

曹丕還沒說話，朱鑠站起來了，揮著麻桿般的小胳膊，拍著排骨般的胸口嚷道：「明公不必為難公子，是我沒羞沒臊非要跟來。您若瞧我不順眼，一刀宰了我也就罷了，公子又沒幹什麼犯歹的，與他有什麼相干？有什麼話您都衝我說吧！」

曹操自得志以來還沒見過敢這麼頂嘴的人，好像他還一肚子委屈似的，氣得破口大罵：「呸！宵小之輩也配跟老夫講理？我先管教兒子，再宰你也不遲。」

眾將一見曹操要責罰兒子，哪有睜眼看著的道理，紛紛出來講情。連王忠都說話了：「主公別生氣啦，公子這不也是體恤鄉里，替您行善事嗎？鄉下孩子沒見過世面，說幾句錯話難免的，您大人有大量，哪能同他一般見識？您就開開恩饒了他們吧！」樓圭、許攸也講情，橋羽也跟著說好話。

曹操怏怏瞪了曹丕一眼：「剛才白誇你那幾句了，到底不是個成器的東西！這件事倒也罷了，以後留神皮肉！」一番話說得曹丕躲老遠，「姓朱的小子，你給我滾回家去！老夫府裡容不下你這等撒野之人！」

王忠在眾將中年紀最輕，這些日子與曹丕、曹真處久了也頗有些攀附之意，索性好人做到底：「算了吧！這小子跟著走了這麼遠，別轟他走了。他是主公同鄉，回去豈不折了您的面子？」

曹操瞥了王忠一眼：「這小子頑劣不堪，剛才可還戲耍你呢！」

「那有什麼打緊？」王忠拍拍馬上的骷髏，嘻皮笑臉道：「末將以前是吃過人肉，也不怪別人笑話。一會兒行軍我邊走邊啃這骨頭，還解悶呢！」眾將瞧他這死豬不怕開水燙的架勢，無不捧腹大笑。

曹操也笑了，捂了嘴道：「老夫府裡不要無禮的奴才。」

「我要我要！」王忠一把拉起朱鑠，「我還就喜歡他這混蛋勁兒！在我營裡當兵正合適。他連主公您都不懼，還能怕敵人嗎？」大家又一陣哄笑，卻沒人覺察出他有阿諛曹丕之意。

「有你這樣的將軍，才有他這樣的兵，隨便吧！」曹操也不計較了，撥轉馬頭吩咐道：「時候不早趕緊啟程。」

軍令次第傳達，不多時前隊將就行動起來，曹操也帶著中軍兵將前行，眾夫人和公子的車馬緊隨其後。王忠尋了個空子一猛子自後軍竄到前面，湊到曹丕身邊：「公子啊，別著急了。明公素來脾氣率直，罵過也就不計較了。」

「方才多多依仗將軍之力。」曹丕趕忙道謝。

「末將能為公子效勞不勝榮幸。」王忠訕笑道：「那姓朱的小兄弟跟公子不錯，末將豈能叫他當尋常一兵？且在我營裡充個軍吏，以後再找機會給他報功。我向公子保證，不出三年定保他當個司馬，如此安排您看可好？」

「多謝多謝。」曹丕連連抱拳，心中暗暗盤算，若是軍隊裡能有幾個朋友，那真是再好不過了。

鄴城挽歌

曹操並不知道，就在他離開睢陽前往兗州之時，他的老朋友兼對手袁紹已走到了生命的盡頭。其實自從倉亭戰敗，袁紹的身體就垮了，雖然這一年裡他還強打精神調兵遣將，但那不過是被執著和高傲支撐著才沒有倒下。等到曹操退歸河南，他終於一病不起，漸漸病入膏肓。

建安七年（西元二〇二年）五月的一天，臥病已久的袁紹突然感覺精神好了一些，渾身上下輕飄飄的，堵在胸中的那口悶氣竟也通暢了不少。身邊的姬妾、僕僮見他比平常多吃了小半碗粥都紛紛賀喜，袁紹也朝他們露出了久違的微笑。

但是笑歸笑，廣博多知的袁紹心裡很清楚，這可能就是所謂的回光返照吧！妻子劉氏已經暗地裡命人置辦棺槨探勘墳地，三個兒子也偷偷吩咐僕人們裁製孝衣，以免大限到來之日手足無措。莫看袁紹倚在榻上動不了，但這一切他都知道。河北這片地盤是他辛辛苦苦奮鬥來的，對於這一畝三分地上所有的人、所有的事他都十分了然，就像對自己的身體一樣地了然。

正因為袁紹能預感到自己死後將會發生什麼，所以他必須要在撒手人寰之前把一切交代明白。趁著今天精神好，他把三個兒子都打發出去，叫他們把州府、軍隊的要員都找來，還特意囑咐他們說話要客氣、禮數要做足。等兒子們都走了，又吩咐僕人為他梳洗、更衣，儘量恢復往日的儀態；甚至命人將臥房窗戶敞開，放放屋裡的藥味，絕不能熏到跟他打天下的這幫老弟兄們。

逢紀、審配、郭圖、辛評、荀諶、崔琰、陳琳等人都各自忙著，接到三位少主子的邀請，趕緊放下差事心急火燎趕了過來，大家心裡都明白，這恐怕就是最後一面了。不到半個時辰，諸人就在幕府大堂上湊齊了，在三位公子的引領下低著頭穿廊過屋，一直來到袁紹的病榻邊。

「參見大將軍。」大家齊刷刷跪倒在地，眼睛緊盯著膝下的磚縫，沒有一個人忍心抬頭看這位行將就木的主子。當初袁某人何等威嚴、何等英武、何等不可一世，現在又會是怎樣的慘澹不堪呢？

「你們抬頭……」袁紹的聲音平靜而輕柔。

眾人顫顫兢兢抬頭觀看：只見袁紹斜靠在床榻上，臉色慘白眼窩凹陷，幾個月的煎熬身子早就瘦了下來，原本一雙肥厚大手變得異常纖細，顫悠悠朝他們抬了抬。劉氏夫人滿面愁容坐在他身邊，親手捧著一碗水，輕輕吹著熱氣。但即便此時此刻，袁紹的髮髻仍舊梳理得整整齊齊，似乎還抹了點油，身上還穿了一件嶄新的白色綢衣。那矜持的微笑、自負的表情、肅穆的眼神與往日一般無二——袁紹畢竟是袁紹，哪怕到將死之際也要留住威嚴。

「主公……」逢紀只覺鼻子一酸，憂傷滾滾上湧，卻不敢哭出來，強忍著把眼淚化作一陣幽咽的抽泣；審配、辛評等人哪裡還忍得住，也跟著唏噓起來。

袁紹木然注視他們一會兒，微微搖頭道：「你們何必要哭呢……天下無不散之宴席，人終歸是要死的……」

一聽「死」字出口，劉氏哽咽了一聲：「夫君你別……」

袁紹不滿地瞪了妻子一眼，若不是身體不允許，他定會罵一句「男人講話，輪不到妳插嘴！」但是他現在沒那麼大氣力了，只是無力地擺了擺手，示意她不要多口，緩了緩氣接著說：「我是行將就木之人了，但是掃平狼煙統一天下之大業還要繼續，我身後之事……」

聽他這麼一說，所有人都不哭了，撩著眼珠子注視著袁紹。此時此刻傷心固然是有的，但大家都更關心繼承他位子的將會是誰，這不但關係著日後的大業，也牽扯著自己的身家利益啊！

袁紹似乎是故意在吊他們的胃口，說到這兒突然話鋒一轉，感慨起來：「我袁氏一族，自高祖父袁安之時就頗受皇恩，故而有四世三公之貴……拯救黎民、恢復皇統乃是我袁氏應盡之責。回想桓帝靈帝之時，寵信宦豎禁錮善類……開鴻都門學，使寒微之徒登堂入室；設西園懸秤賣官，縱容奸邪小人身居高位。倫理敗壞、綱常淪喪、世風不古，這天下焉能不亂？我少壯之時便有懲奸除惡之心，奈何天不遂人願，董卓進京群小為患，終至不可收拾……」說到這兒袁紹示意劉氏餵他一口水，吃力地嚥了下去，歎口氣接著道：「本將軍經營河北近十載，滅公孫敗黑山籠絡幽州舊部，原打算一舉克復中原。哪知奸賊曹操……」提到老對頭，袁紹的臉頰微微抽動了兩下，不過馬上又恢復常態，「曹操詭計多端，招誘我叛黨、焚毀我糧草，使我慘敗於官渡。唉……這也是天數茫茫沒辦法的事……」

諸人不禁垂下了眼瞼——何為天數茫茫沒辦法的事？分明是急功近利不納忠言，又在用兵之時遲於行疏於備才導致的。時至今日袁紹還是顧及臉面，不肯承認失敗，甚至還因為幾句讒言把忠心耿耿的田豐給殺了，面子真就這麼重要嗎？不過到了今天這個地步，無常迫命油盡燈枯，誰是誰非已不重要了。

袁紹沉默了好一會兒，突然抬了抬手：「顯思④，你過來……」

袁譚聽父親在這個節骨眼上叫自己，料定繼承家業有望，實是心花怒放，卻故作抽泣，跪爬幾步來到榻前，拉住袁紹的手道：「父親，您有什麼事囑託孩兒？」

袁紹一改平日訓教的口吻，撫著袁譚的腦袋道：「我袁氏乃汝南望族，本是極為孝悌的……可是自你叔父袁公路興兵南陽，與為父公然為敵，後來又僭越自立，把咱們袁家的臉都丟盡了……人之將死其言亦善，鳥之將亡其鳴亦哀。你要記住我的話，要以袁術之事為鑒，團結兄弟厚待族人，我袁氏才復興有望……」

---

④ 袁紹三子成年，長子袁譚字顯思、次子袁熙字顯雍、三子袁尚字顯甫；另有幼子袁買，年紀尚小。

在場之人多是河北豪族，平日與驕橫自負的袁譚相處不睦，這會兒見他父子如此溫存，冷汗都下來了，全然沒品出袁紹這番話的弦外之音；劉氏夫人也坐不住了，端著碗的手直哆嗦。她本是袁紹續弦之妻，袁譚、袁熙乃前房所生，若不立她生的袁尚為嗣，以後她母子的日子可不好受了！

袁譚料想此事已是板上釘釘，按捺住興奮，伏在父親腿上放聲痛哭：「孩兒一定牢記父親之言……嗚嗚嗚……」

「譚兒莫哭，為父的話還沒說完呢……」袁紹出人意料地提高了嗓門，「我袁氏一族原本支系茂盛，可恨董卓老賊把持朝政之時將你叔祖袁隗、族叔袁基滿門殺害，為父每每想起此事都悲痛難抑……聽說官渡對敵之時，那汝南酷吏滿寵又誅戮我族不少旁支子弟，我袁家是徹底衰落了。所以今日為父將你過繼給袁基，以續他那一支的後代香火。」

「啊！」袁譚聞聽此言猶如五雷轟頂，眼淚都嚇回去了，「父親您不要孩兒了嗎？」

袁紹撫著他頭緩緩道：「你胡說什麼啊……剛才為父囑託的話沒聽見嗎？要以你那不成器的叔父袁公路為鑒，團結兄弟厚待族人。過繼到那邊，你依舊是我袁家的子弟，有什麼不同呢？」

有什麼不同？繼承大將軍之位、統領四州兵馬、與曹操一爭天下，權力地位雄心壯志……全都沒指望啦！袁譚怎麼也想不通，為什麼父親只看中袁尚不看好自己。當初他受命統領青州之時，袁家在那裡的地盤只有一個縣，是他衝鋒陷陣攻城奪地，逐田楷、敗孔融、剿黃巾，辛辛苦苦為父親打下一個州的！官渡之戰更是不離父親左右，指揮軍隊鞍馬勞頓，可到頭來父親非但不傳位給他，反而要把他過繼出去。袁譚實在不能接受這樣的安排，他要據理力爭：「父親您怎……」

「別再叫我父親了。」袁紹深知袁譚的性子，今日若不把他壓制住，以後難免惹出禍來，便強打精神瞪大了眼睛，直勾勾瞧著他，那嚴厲的目光宛若兩把尖刀，「從現在起你就是過繼之人，要叫我叔父……叔父……」

袁譚還欲再問，卻見袁紹的眼神冷若冰霜，那父親加主公的雙重威嚴把自己滿腹怨言都頂了回去。他不能抗拒也不敢抗拒，想放聲大哭，又不知該哭父親還是哭叔父，便撒開袁紹的手伏倒在地嗚咽著。

父子之間豈能真的無情？袁紹看在眼裡痛在心頭，可還是咬著牙道：「不要哭了，多少事還指望著你們呢……你現在就去前面布置靈堂吧，弔唁賓客迎來送往之事還得由你照應。喪事過後也不必急著回青州了，就留在鄴城為你弟弟出謀劃策……去吧去吧……」說完話袁紹把眼一閉把頭一扭，再也不看他。袁譚恍如冷水澆頭，連站都站不起來了，劉氏夫人立刻招呼了幾個僕僮，生生把袁譚架了出去。

等到袁譚的嗚咽聲漸去漸遠，袁紹才慢慢睜開眼睛，這番痛心處置太過傷神，但覺五內俱焚身軀沉重，無論看誰都恍恍惚惚盡是重影，情知大限將至刻不容緩，趕緊又呼喚二兒子。

袁熙二十出頭，相貌頗為清秀，但為人沉默寡言，多少有些懦弱。今日眼見生離死別，他眼淚都快哭乾了，哆哆嗦嗦跪倒在榻邊，卻一個字都吐不出來。袁紹歎了口氣，和顏悅色道：「你們兄弟三人中，熙兒你是最讓我放心的……以後要繼續遵從孝悌之道，好好待你的兄長和弟弟。牢記防微杜漸，可千萬別讓奸邪小人離間你們兄弟的關係。」袁紹這席話表面上是對袁熙說的，可眼睛瞅的卻是老三袁尚。

「是……」袁熙早就泣不成聲。

事已至此再無懸念，繼承袁紹事業的就是三子袁尚。以審配為首的河北士人總算長出了一口氣，逄紀、荀諶等人無話可說，劉氏夫人也放寬了心。唯有郭圖與辛評面沉似水——郭圖是潁川士人，又與審配等人素來不睦，已與袁譚暗地往來多年；辛評與他一樣是潁川人，與本地土豪的關係也不好。

袁紹不能再等了，來不及解釋什麼，趕緊呼喚道：「尚兒，你過來……」

袁尚跪在審配和逢紀中間，聞聽呼喚抹了抹眼淚，爬到父親眼前。他剛剛二十歲，在三個兒子中長得最像袁紹，平日裡待人溫文爾雅，很有些貴族子弟的氣質。袁紹凝視他片刻，忽然嚴肅起來，拍著他的肩頭道：「給列位大人施禮。」

袁尚先是一怔，繼而明白了父親的意思，連忙轉過身朝堂上所有的人深深一拜。這可把在場之人都嚇壞了，審配、逢紀搶步上前把袁尚攙起來：「主公，我們可受不起公子的禮啊！」

「應該的。」袁紹點了點頭，「我決議……決議……」他想說「決議把家業連同官位傳與此子，請諸位排除私念鼎力輔保」，但卻怎麼也說不出來了，直覺喉嚨彷彿被什麼人扼住，動動舌頭都異常吃力。審配、逢紀見此情境淚涕橫流，跪在袁紹面前朗聲盟誓：「皇天后土神人共鑒。我等輔保少主繼承大業，一定忠心耿耿永無二心！」別人見他倆領了頭，無論真情假意也只能紛紛磕頭附和。

即便聽了他們的表態，袁紹心裡還是不無憂慮。倒不是懷疑審配、逢紀的忠誠，而是廢長立幼有悖禮法，這三個兒子將來的微妙關係實在令人不放心！可他又只能這樣決定，選擇袁尚絕非因為偏愛，而是經過深思熟慮的。

平心而論，袁譚是長子又有戰功，是萬萬不能擱置一旁的。但袁譚為人刻薄寡恩，又缺少謀略，與河北諸多豪族之間沒有打好關係。袁紹統治河北的原則是重用豪族抑制百姓，與豪強共治天下，力圖建立一個森嚴的等級秩序。今後的首要任務是保守疆土恢復實力，這可能要三五年的努力，更要靠河北大士族鼎力扶持。袁譚與審配他們的關係處不好，人心不齊怎麼能與曹操抗衡呢？至於老二袁熙，忠厚到家就是窩囊，選他為主恐怕會使河北豪族盲目擴張，物極必反將來難免尾大不掉。挑來選去可堪其位的就只剩下老三了，袁尚自小聰明又能禮賢下士，以他的天資加之歷練，日後定能把河北豪族都綁在袁氏這駕馬車上。

但袁尚繼位意味著廢長立幼。袁熙倒也罷了，老大袁譚久在青州，既有兵馬又有郭圖扶持，定不肯善罷甘休。何況還有一個外甥高幹，自從掌握并州後漸漸難以駕馭，儼然已成國中之國，可絕不能再鬧出兄弟相爭的事了。所以袁紹要把袁譚過繼出去，摘掉他身上的血統優勢，並禁止其離開鄴城掌握軍隊，唯有如此才能避免禍起蕭牆。可即便這些舉措都完成了，袁紹依舊惴惴不安，眼下沒問題，可日後怎樣又有誰猜得到呢？

千不怨萬不怨，只能怨自己急功近利敗於曹操，把大好的情勢給葬送了。袁紹想到這兒愈覺天旋地轉，胸臆間彷彿也被什麼東西堵住了，氣息怎麼也喘不勻；一瞥眼又瞅見了跪在遠處面如死灰的郭圖，想叫過來訓教幾句，又說不出話來，只能抬起手顫巍巍指著他。

逢紀何等敏感，趕緊把耳朵湊到袁紹嘴邊，又點頭又稱是，假裝聽到了什麼，然後轉過臉朗聲道：「郭公則，主公有令傳你。少主繼位局勢不穩，暫罷你都督之職，河北兵馬自即日起交軍師審配統領！」

郭圖見他假傳號令立時無名火起，但回頭一望——不知何時，袁尚一派的李孚已帶了十幾個鐵甲衛士守在門口，個個刀槍在手殺氣騰騰，倘若敢違抗他們的意思，立時就有性命之虞。郭圖敢怒不敢言，只得咬著牙拱手道：「屬下遵命。」

審配把手一攤毫不客氣：「公則，你把兵符拿來。」

郭圖強壓怒火，不情不願地自懷中摸出虎符，遞到審配手上。審配接過來在袁紹眼前晃了兩晃，袁紹連點頭的氣力都沒有了，只是眨眨眼睛——總算放心了！他的手摸索著伸到榻邊，攥住一把小梳子，吃力地舉到胸前梳理著鬍鬚。

劉氏知道他的脾氣，哪怕死也得死得有面子，想接過來幫他的忙，袁紹卻攥得死死的不肯鬆開，硬是要自己來。眾人見他還這樣死撐著，一個個又垂下了淚水。袁紹哆哆嗦嗦梳理了幾下，忽然顫抖著嘴唇，掙扎著道：「都出、出……去……」

審配等人已肝腸寸斷，重重磕了個頭，望了主公最後一眼，嗚嗚咽咽退了出去。郭圖憤滿胸膛，但袁尚繼位已成定局，現在連兵權都被人家奪去了，只能跺著腳忿忿而去。辛評也是反對立袁尚的，一者他將來必然遭受排擠，二者他總覺得廢長立幼後患無窮，但事已至此就算有千言萬語袁紹也聽不進去了，何況辛氏與曹操的軍師荀攸有親戚關係，只要說錯話難免被打成內奸，他只得唉聲歎氣跟著郭圖走了。袁熙不是劉氏所生，又眼瞅著弟弟繼承了家業，連望父親最後一眼的勇氣都沒有了，顫抖著跪到了門外。

臥榻邊只剩下劉氏和袁尚，袁紹眼神游離地瞅了他們一眼，又咕噥道：「出……去……」袁尚還想再說點兒什麼，劉氏一把將兒子摟住——她太瞭解丈夫了，心比天高的袁大將軍絕不允許任何人看見自己斷氣，哪怕妻兒也不行！

母子倆撤去袁紹的靠背，讓他平平穩穩躺下，趕緊哭哭啼啼往外走，腳還沒邁出門檻，忽聽袁紹竭盡全力嚷了最後一句話：「千萬別難為譚兒……」

「諾！」母子倆噙著淚答應了，這才退至外面跪著。

袁紹用盡全力喊完，聽到他們答覆，終於緩緩合上了眼睛。能做的他全做了，身後事怎樣就是想管也管不著了，子孫自有子孫福，就由著他們去闖吧！

人都是孤孤單單來的，去時也沒人送得了，最後時刻還是要留給自己。彌留之際的袁紹回憶自己一生，可謂驚濤駭浪大起大落，曾經英氣勃發卻又慘澹收場，但是除了官渡之敗也沒什麼可後悔的了。細論起來他這輩子的風光超過了開闢家業的老祖宗袁安，比起父一輩袁成、袁逢、袁隗也毫不遜色——行了，對得起祖宗，對得起老袁家這個姓啦！

袁紹什麼都不想了，年少時的友情、建立功業的激情、君臣情、父子情、夫妻情……一切都不曾真正裝進他靈魂裡，他靈魂裡只有頑強的自尊。他也不再費力喘息，一動不動地躺在那裡，被生命最後一刻的痛苦煎熬著，卻巍然不動猶如神像，竭力保持威嚴和矜持。這種自尊是與生俱來的，四世三公侯門之後，貴族的自尊永遠伴隨著袁紹。曹操可以在戰場上擊潰他的軍隊，卻永遠也不能擊潰他的高傲。

永遠不能……

兗州備戰

自曹操與孫權達成默契之後，張紘被朝廷授以會稽東部都尉之職，帶著「規勸孫氏歸降」的使命回到江東。與此同時，孫權也允許避難江東之士北上返鄉。在這些人中，名氣最大的就是王朗與華歆。

王朗字景興，東海郯縣人，是先朝太尉楊賜的得意門生，以通曉經籍而著稱。戰亂之際他奉陶謙之命至西京朝拜天子，被任命為會稽太守。孫策攻占江東之時他堅守頑抗終究不敵，在逃往交州的路上被孫策擒獲，雖沒有被處死，但一家人自此被拘禁在曲阿，後來幾經輾轉吃了不少苦頭。

華歆字子魚，平原高唐人，早在二十年前就已是聲名赫赫的人物，華氏家族也曾與潁川陳氏齊名。他在戰亂時擔任豫章太守，後來孫策勢力壯大，他迫於無奈獻城投降，此後被孫氏兄弟留於帳下，表面上禮數有加，其實也不過是客客氣氣的軟禁。

這倆人都已四十多歲了，可是脫離江東來到許都，頗有脫胎換骨重獲自由之感。京城一干名士如孔融、郗慮、荀悅紛紛前來道賀，荀令君更是大筆一揮，任王朗為諫議大夫、華歆充任議郎，兩人搖身一變就成了朝廷要員。但是朝廷的實際主宰曹操未在許都，為了禮數周全，兩人還需再辛苦一趟，前往兗州浚儀縣面見曹操。

幕府長史劉岱早把一切安排妥當，派了兩架舒適的馬車將二人安安穩穩送到目的地。一路上吃喝有人伺候，幾乎是下了馬車就踩在縣寺的青磚地面上，鞋上連點兒泥都沒沾。此處還有個司空主簿王必負責接待，叫僕僮伺候他們又是沐浴又是更衣，上等的吃食端到眼前，就差一口一口往嘴裡餵了。這般體貼安排搞得他們都有些不好意思了，可就是見不到曹操本人。直等到第三天午後，王必才通知他們見曹操，備下兩匹好馬帶他們出了縣城。

約莫行了五六里，曹軍的大營映入眼簾。但引路的王必依舊不停，繞營而走又走了三四里，行至鴻溝⑤沿岸才勒馬。浚儀以東是鴻溝分叉之處，主流順勢南下，而向東南分出的支流便是睢水。此時這裡熱鬧非常，無數的士兵光著膀子、揮著鏟子正在河口勞作，似乎是要挖出一條渠。王必對看得發愣的王華二人揚了揚手：「二位大人，請這邊走。」隨即領著他們上了一處林蔭密布的小山。

兩人放眼打量，山丘周圍有士兵防衛，上面搭了座簡易涼亭。亭中有兩個人，其中一人似是小官，正趨身捧著一張羊皮卷比比劃劃說著什麼；另一人身穿錦衣，注視卷宗正在聆聽——若不是曹操還能是誰？王必將二人領至近前，識趣地退了下去。兩人看出曹操正在聽屬下匯報，猶豫著該不該過去打擾，卻見他一邊看卷宗，一邊開口道：「二位大人過來坐吧！」

華歆與王朗對視了一眼，若不行禮就落坐有失上下之分，可又見曹操面前已擺好了兩張坐榻，情知人家早候著他們，便安然就位。那個匯報的小官年紀輕輕，長得黑黲黲的，見來了重要人物，趕緊住了口就要告退，曹操卻道：「你把話說完。」

「諾。」那人接著道：「若按此圖修成，此渠便可溝通汴水、睢水，其間百姓皆可獲益。」

曹操手撚鬍鬚：「你的預想雖妙，不過渠道綿延非一日之功，老夫說不準什麼時候就要走啊！」他來兗州主要目的是調集糧草，並關注河北軍報，若有什麼風吹草動，立刻就要提兵北上。

「這倒無甚大礙，可招募百姓一併出工，上至浚儀下至睢陽，都是要挖的，把沿途各地的百姓都動員起來應該不難完成。」

「嗯。」曹操點點頭，「你是老行家了，一切都按你說的辦。只是不要過度勞傷百姓。我是來施恩惠的，不是來結民怨的，過猶不及。」

「諾。」那人收起羊皮卷，「那下官告辭了。」

「且慢！當朝二位名士在此，你這後生豈能不見？」曹操笑呵呵道：「讓老夫親自為你引薦吧！左邊這位是王景興王大人，高才博雅享譽東土；右邊這位是華子魚華大人，清純德素名冠潁川。」

王朗、華歆驚得瞠目結舌──他倆平生從未見過曹操，王必也沒過來介紹，他怎麼會曉得誰是誰呢？兩人暗自稱奇，詫異地對視一眼，竟連那小官朝他們施禮都忘了客套。

曹操知道此二人非同一般，若不拿出些本事也難叫二人服氣自己。其實他表面看文書，卻一直用餘光掃視著他們。華歆乃是獻城投降，在孫策手下還是頗受禮遇，不愁吃不愁穿，因而皮膚光滑、毛髮濃密，臉型也稍微胖乎一些；王朗城破之際僅以身免，流離江東多受磨難，雖這幾日休養得不錯，但眉梢眼角略有倦怠之意，鬚髮也乾枯許多。兩人雖然都是四十多歲、穿著相似，但一個曾為座上客，一個曾是流浪人，怎麼可能分不出來呢！

王朗忍不住發問：「敢問曹公，您是怎麼辨別我們倆的？」

曹操微微擺手笑而不答──這本是層窗紗，只要一捅就破，但要的就是高深莫測。他拉著那個

---

⑤鴻溝，又名蒗蕩渠，中國歷史上第一條溝通黃河、淮河兩大水系的人工運河。始開於戰國魏惠王時期，後又經秦、漢、魏晉、南北朝逐步完善，其支流繁多。

年輕的官員道：「二位大人，此位是河堤謁者袁敏，精通水利後生可畏啊！」

「哦，久仰久仰。」王華二人明明不熟悉，也要跟著客套。

袁敏深深作揖，陪笑道：「在下還要謝謝二位大人，托了您二位的福，我那三哥避亂交州，也可以與許都往來通信了。」這袁敏是袁渙的小弟弟，袁家四傑渙、霸、徽、敏，如今唯有老三袁徽身在交州不得團圓。曹操與孫權達成妥協，不但羈留江東之士可以北歸，連信件也可以送達交州了。

華歆說話溫文爾雅：「袁大人謬獎了，此乃曹公之力也。非但我等得以北歸，就連廬江劉子台的舊部劉曄、蔣濟、倉慈等人也被釋放，劉子台之妻王氏夫人也回來了。」劉勳其人貪得無厭，卻頗有些豔福。他妻名喚王宋，乃是江淮一帶有名的美人，而且賢良淑惠頗得族人讚譽。

「你去忙你的吧！」曹操讓袁敏離開，又客套道：「長途跋涉而歸，又輾轉來到浚儀，一定辛苦了吧？」

華歆微微頷首：「蒙曹公和朝廷列卿關照，一路上衣食飽暖倒也無恙。」事實並不皆如其所言。華歆畢竟被孫氏奉為賓客，他啟程時有江東臣僚士紳千餘人為之送行，車馬僕僮相隨如雲，自然沒受什麼罪。王朗可慘多了，在曲阿聞知消息，一家老小連馬匹都是臨時雇的，其子王肅還不到十歲，也得幫大人背負行囊，這一路上吃的苦頭可不少。但華歆既然這麼說，王朗也只好隨之點頭。

曹操其實知道其中有別，特意拍了拍王朗的手：「二位大人放心，許都雖小還是能為你們安置好住處的……」又客氣好半天才轉入正題，「二位大人是有幸得歸了，可不知江東還有何人物未能得返？」

王朗知他必有這一問，早就想好了：「汝南許劭、許靖兄弟原在我處避難。後來許劭病死，孫策破城之日我逃亡被擒，許靖倒是跑到交州去了，曹公應該將其召回朝中。」

提到這對兄弟，曹操忍不住想笑，當年他設計威逼許劭給了他「治世之能臣，亂世之奸雄」這個風謠評語，曹操這個名字才在士林中陡然發光。許劭雖然已死，許靖豈能不從兄弟口中風聞他是個什麼人物？恐怕此人是不會來的。他心裡這麼想，嘴上卻敷衍著：「那就有勞景興寫信勸他回來吧！」

華歆一舉一動甚是氣派，手撚長鬚道：「其實還有兩人頗為可用。有個孫邵，字表長緒，乃是北海人士，孔文舉任北海相時曾任為功曹。還有前任吳郡太守盛憲，字孝章，他雖是會稽人士，卻與孫氏不睦，跟孔文舉也是至交好友。」

「哦，可以考慮考慮。」曹操聽得明白，這兩個人與孔融的關係似乎比華歆、王朗更近一層。曹操平素只把孔融當個幌子，用其招賢納士，可並不希望他真的管事。

王朗不明就裡，卻又道：「在許都居住幾日感觸頗深，昔日舊友相逢共論時事倒也暢快。文舉兄對我們言講，朝廷正在用人之際，希望我們共參朝政矯正世風。我等雖沒有什麼治軍之才，也能坐鎮風雅吧？」

「是啊。」華歆欣然點頭面露得意。

曹操淡淡一笑，倏然回頭指了指山丘後面道：「二位請看，在那亂林野草之中有三座墳塋。」

王華二人順著他的手看去，果有三座小墳，碧油油生滿雜草的墳頭，前面僅有低矮的石碑，字跡泯滅難以辨認，其中一座碑已經斷裂了。王朗感到莫名其妙：「曹公叫我們看著荒塚為何？難道您識得所葬之人？」

「當然識得。」曹操軟聲細語道：「當中那座斷了碑的正是這浚儀縣大名鼎鼎的人物邊讓邊文禮，左右乃是袁忠袁仲甫、桓邵桓文林。」

王華二人聞聽此言驚得一身冷汗，彷彿渾身骨頭節都軟了。曹操當年為兗州刺史，誅殺邊讓、袁忠、桓邵三位名士，又將其滿門屠戮，此事傳得沸沸揚揚，天下無人不知無人不曉。哪料這傢伙時隔多年無半分悔意，還坐在孤魂冤鬼切近之處談笑風生。二人頃刻間明白了，曹操的用意很明白，只要對他有半分抗拒和詆毀，下場就與邊讓等人一樣。這樣的情勢下，還談何共參朝政矯正世風？

曹操見二人面露畏懼之色，甚是滿意——朝廷大事皆出自家手筆，別人只需各司其職稱頌讚揚就夠了，用不著議論是非品頭論足。華歆、王朗這些名人都有針砭時政的毛病，這可不利於他的施政。有一個孔融就夠了，再不能有第二個。

華歆呆愣片刻後，滿臉和善地道：「《詩經》有云：『戰戰兢兢，如臨深淵，如履薄冰』，君子之人若能謹小慎微，何至於亡國敗家？由此觀之，邊文禮三人並非是十分的君子啊！」

王朗白了華歆一眼，鄭重道：「天下之理多變通。君子慎行確實不假，但那『君子坦蕩蕩，小人長戚戚』又是說與何人聽的呢？曹公恕在下斗膽一言，此三人雖自取死路，其情還是可憫。」

曹操微微一笑，心裡已經有數。華歆這廝是個老滑頭，從他投降孫策頗受禮遇就能看清；王朗畢竟與孫策鬥過一陣子，風骨挺硬些，學問也不錯。想至此曹操又道：「景興所言也是，此三人確有些才華，我也不曾忘了。邊讓有一門生名喚楊俊，乃河內郡人士，老夫還不是照樣征辟到府裡為掾屬。還有前幾天我族弟曹洪想要辟用此地一個叫阮瑀的人當書佐，被人家斷然拒絕，我也不記恨。他不是不想為武夫效力嘛，我把他招進我的府裡，這也算人盡其才吧！我記得孝靈皇帝即位之時，民間有一歌謠『白蓋小車何延延，河間來和諧』，光祿大夫劉倏推薦孝靈皇帝繼位，竇武與宦官侯覽從其言。後來侯覽殘殺了劉倏，朝廷百官無不憤怒，於是又征劉倏之弟劉郃入京擔任高官，上下輿論從此和諧無事。」

昔日閹人以殺戮除異己，以邀買收人心，難道如今朝廷也要循此之道？正在二人品味之時，忽聞問安之聲，兗州刺史薛悌帶著一個從員來到山下。

曹操剛才還在跟宿儒玩玄機，一看見薛悌又想起公務了：「孝威啊，調集軍糧之事辦得怎麼樣？」

薛悌面有得色：「東平來的最後一批糧已運到，兗州各部的糧食都已齊備。」

「嚯！好快啊！」曹操甚是滿意，「任峻這幾日身體不適，多多偏勞你了。」典農中郎將任峻是曹操妹夫，一直總督糧草之事，他這一病差事可耽誤了不少。

薛悌拉過身邊那從員道：「不敢欺瞞明公，這次督調軍糧皆此人之力也。」

曹操瞅了瞅那人——二十多歲濃眉大眼，身材高大體態俊美。不禁心中喜歡，笑問道：「你小子叫什麼名字？官居何職？」

那人跪地回稟：「在下陳留董祀，蒙朝廷不棄、曹公恩典、薛州將提拔，現勉力充任兗州從事。」

曹操聽他不但長得好能辦事，還很會說話，笑道：「別給他薛悌賣命了，我任命你為典農都尉。」

「謝曹公。」董祀還真不客氣。

「莫要驕傲。」曹操道：「過去棗祗在兗州屯田有功，惜乎天不假壽，以後這邊差事你要接著他辦好。任峻有病在身，不要打擾他靜養，此番出兵老夫命李典、程昱監運軍糧，你直接跟他們交差吧！」

薛悌插了話：「李典還未回來呢！」曹操此番到兗州，也要安撫百姓弔祭亡故，所以派出使者往平陽縣祭祀鮑信、往己吾縣祭祀典韋，各賜少牢之禮。衛茲之子衛臻在夏侯惇帳下為吏，准其回襄邑祭父；李典也回鄉祭祀李乾、李整等人，他家在山陽郡，比別人離得都遠。

「既然如此，那就等他回來再說吧！」曹操示意他們退下，過了片刻又猛然想起什麼，「且住！」

「曹公還有什麼吩咐嗎？」薛悌二次轉回。
「鮑信忠勇一世，實在死得可惜。你寫個奏章遞到許都，讓令君給他兒子封個亭侯。另外典韋也有個兒子，還念過幾天書，叫……叫……」
「典滿。」薛悌提醒道：「這孩子年紀還小呢！」
「不管多大了，也讓令君照顧一下。招入太學當個童子郎，以後再慢慢栽培嘛！」曹操說罷，別有用心地看了看王朗、華歆，「他們的父親生前都為老夫出過力，我當然不能虧待嘍！」
王華二人這半天算是徹底看明白了。朝廷的局勢遠不似孔融想的那麼簡單，現在曹操不受任何約束，一個小小從事只要他喜歡就可以提升為都尉，漢室天下的侯位由著他封，即便是太學都可以隨便往裡塞人。簡而言之一句話——誰對他曹某人好，誰就能升官發財；反之似邊讓那等有才而不能為其所用的，殺了也不能讓別人用。
一切都看清了，還有什麼可說的呢？華歆矜持微笑默默不語，王朗二目空洞不置一詞。曹操見他們已然服氣了，又把話往回收：「二位也無需多慮，朝廷百廢待舉，要做的事還多著呢！前日荀令君信上說，地方課稅租調之法不妥，這就是財政大事，還有鍾繇也在想辦法安定關中，此亦事關大局。二位大人回去後多幫他們參詳參詳。老夫在外面打仗，朝廷就多多仰仗列位了。」
「蒙公信賴。」華歆受制孫策多年也算有心得，起身作揖道：「《中庸》有云：『君子素其位而行，不願乎其外。』我等用心效力朝廷，其他無問也就是了。」
「嗯，華卿不愧謙謙君子，這樣很好。」曹操聞言挺滿意。
王朗也站起告辭：「曹公軍務繁忙，我等不便再攪擾，儘快回去協理政務，多為荀令君出謀劃策。」
「甚好。此處河工要緊，恕老夫不能遠送了。」

「不敢不敢……」華歆與王朗手拉著手，踩著棉花一般下了土山。曹操望著他們的背影心中暗笑——擁彗折節有利有弊，用好了可以天下歸心，用不好也會招致毀謗，經過這番開導，他們應該不敢與孔融尿到一個壺裡去了。

他呆呆地出了會兒神，忽見郭嘉與荀衍慌慌張張跑來。郭嘉年紀輕，在前面連蹦帶跳喜形於色；荀衍乃是一把年紀的人了，在後面吁吁帶喘，跑得上氣不接下氣——什麼事叫這素來沉穩的老傢伙這般著急？

曹操忽然有一種奇怪的預感，猛然站了起來：「袁紹出事了？」

「恭喜曹公！賀喜曹公！」郭嘉樂呵呵蹦上山來，「剛剛得到消息，袁紹死啦！」

「是嗎……」曹操倏然一陣輕鬆，但不知為什麼，輕鬆過後竟還有一陣淡淡的悲涼與失落。

「千真萬確！」郭嘉笑得跟朵花一樣，「而且河北臣僚廢長立幼，以其三子袁尚繼承大將軍之位。這個未經大事的孺子豈是曹公您的對手？哈哈哈……」

曹操茫茫然望著遠方，一句話都沒有聽進去，袁紹年輕時的音容笑貌彷彿就映現在滔滔河水之上。荀衍隔了半天才氣喘吁吁跑過來：「袁、袁紹……死……」

郭嘉拍著他肩膀道：「我都說完了，您歇歇吧！」

荀衍一屁股坐倒，白了郭嘉一眼：「你這小子……」荀家在河北有些關係，這情報乃是他弄來的，卻叫郭嘉聽說後搶了個先。

曹操捏捏眉頭定定神，似乎毫無興奮之態，冷冷道：「出兵之前還有一件事要辦。」

「在下知道！」郭嘉脫口而出，「拿掉廣陵太守陳登！」他簡直就是曹操肚子裡的蛔蟲。

荀衍卻道：「陳元龍治理廣陵並無過失啊？」

這叫曹操怎麼回答呢？陳登確實沒有過失，但他太不讓人放心了。昔日他背叛過呂布，又與劉備相處融洽，且頗得廣陵百姓擁戴，更重要的是他手握一部分兵馬。有野心、有智謀、有人望、有兵馬，這種人豈能不防？現在要大舉北伐，萬一陳登背後造反可就不妙了。

郭嘉知道曹操不便開口，替他對荀衍解釋道：「後院堆了把柴禾，雖然未必會著火，可總要防患於未然吧！」

都是精明人，道理一點就透。荀衍點點頭，但臉上仍顯憂色：「但是陳登不好動啊，以前令君想要調他入京，廣陵百姓差點上萬民表！」

曹操早有主張：「改東城縣一帶為東城郡，遷任陳登為東城太守，叫他離開廣陵。陳矯、徐宣是他的左右手，再給毛玠通個氣，征辟此二人入幕府為掾，拿掉他的左膀右臂。」

郭嘉提醒道：「先前刺史嚴象已死，若再調陳登離開，防禦孫氏還要再選一人，揚州刺史可還缺著呢？」

提到前任揚州刺史嚴象，曹操對此人甚不滿意。他赴任揚州以來幾乎是腳踏兩隻船，一邊向朝廷歌功頌德，一邊向孫氏卑躬屈膝，實在不堪其任。最後死於廬江李術之手，曹操私下也覺他罪有應得，不過看在他是荀彧舉薦的面子上，不說出來罷了。如今另擇接替者，可要精心挑選了。曹操閉目沉思，把曾在幕府任職的掾屬在腦子裡過了一遍，半晌才道：「劉馥曾在揚州避難，規勸袁術部下投靠於我，此人對朝廷忠心耿耿，而且是沛國相縣人，與老夫是半個同鄉。就派他接任揚州刺史吧……友若兄，你現在就去給令君寫信辦這幾件事。」

「諾。」荀衍這口氣剛喘順溜，又領命下山。

「火速修書到徐州，叫臧霸、孫觀、尹禮他們繼續攻打青州，牽制敵人兵力。再命鍾繇密切注意并州高幹動向，有何異常報至軍中。」曹操腦子裡早已籌謀多日，下達軍令滔滔不絕，「曉諭三軍除河工外一律整理行囊，明日一早點卯，辰時大軍開拔。夏侯惇所部回轉許都戍守，其他遠近各軍不必來此集結，全部趕往官渡會合。命程昱先行一步押運糧草到官渡，李典回來後火速趕上。」

他說一句郭嘉便掐一個手指頭，心中默念一遍，最後拱手道：「主公放心，屬下立刻安排這五道軍令！」

「好記性，快去吧！」曹操又衝山下的許褚招招手：「仲康替我打點行囊，派些親兵護送家眷回許都，打仗用不著他們。」許褚想吩咐僕僮快去辦，曹操卻道：「你也去吧，老夫想獨自靜一會兒。」

所有人都走了，只有曹操一人矗立在山頭。他與袁紹之間的恩恩怨怨已成過往雲煙，現在只剩下對老朋友的懷念了。他隱約覺得，自己其實並沒有打敗袁紹，袁紹那孤傲的性格似乎是永遠不可能被打敗的。若論兩軍交鋒會鬥於疆場，他絕不輸給袁紹，但若論附庸風雅延攬天下名士，即便他拉上一個傀儡天子也只能與袁本初爭個平手。時至今日曹操還頗為在意自己是「宦豎遺醜」，可袁紹即便蒙土地下依舊卻帶著「四世三公」的美麗光環，世間之人都是一個腦袋兩隻眼，怎麼身分地位的烙印會這麼深呢？

他回想往昔直到夕陽西下，仍久久不能釋然……

第五章 進軍受阻，曹操退兵緩圖河北

黎陽之戰

袁紹病逝之後，審配、逄紀等人擁立其第三子袁尚為河北之主，繼任大將軍、邟鄉（今河南省汝州市）侯，兼領冀青幽并四州牧。袁熙領幽州刺史、高幹領并州刺史，兩人坐鎮地方如故；身為長兄的袁譚名義上依舊是青州刺史，卻被扣留在鄴城，解除了一切軍政權力。曹操獲知變故，調集兵馬再度北伐，兵鋒直指黎陽（今河南省浚縣）。

黎陽城不但是黃河沿岸防守重鎮，還是袁氏大本營魏郡門戶所在。此處一旦失陷，曹操來往大河南北將不受制約，以後的戰事會完全陷入被動。袁尚從未遇到過大陣仗，得知軍報手足無措。袁譚久欲脫困自請率軍禦敵。他畢竟常隨父征戰，在軍中有威望，況且袁氏一族親自上陣有助於穩定人心，大敵當前顧不得兄弟矛盾，袁尚只得同意他前往。

袁譚信心十足抵達黎陽，調遣各部人馬，原以為可以給曹操來個迎頭痛擊，哪知阻止曹軍渡河的第一仗就被打得慘敗。以後屢屢出擊卻連戰連敗，兩軍自建安七年（西元二〇二年）九月始交鋒，袁譚非但未能阻擋曹軍，反而損兵折將一退再退，時至建安八年三月，曹軍已逼於黎陽城下。

「張郃、高覽這倆叛賊真真可惡，我非把他們亂刃分屍不可！」袁譚怒氣沖沖回到縣寺，滿身塵土面帶晦氣——又一場反攻失敗了。

逢紀見他臉色不善，趕緊親自倒了一碗水，捧到袁譚面前：「大公子不必著惱，喝口水消消氣。」

袁譚狠狠瞪了他一眼：「你叫我什麼？」

逢紀趕緊糾正：「屬下錯了，是將軍！將軍請飲……」既在矮簷下，不得不低頭。袁譚進駐黎陽之日自封車騎將軍，逢紀明知這官號未經請奏來路不正，但既在其手下聽命，也不敢公然反駁。

「哼！」袁譚氣哼哼接過水來，只抿了一小口便甩手將碗摔了個粉碎。他也是一肚子不痛快，原指望打幾場勝仗重樹大公子的威信，沒想到一敗再敗越發名譽掃地了。更可惡的是袁尚、審配派逢紀充任監軍，明為幫忙實是監視，外有強敵內有眼線，這仗越打越窩囊。

逢紀明知他對自己恨之入骨，但局面總要撐下去，把輔佐袁紹的耐心拿出來，滿臉堆笑道：「將軍切莫著急，曹軍不過一時得勢。咱只要守住黎陽扼制要道，曹軍戰不能戰進不能進，天長日久自然退軍，到時候咱們追擊於後必能得勝。以逸待勞豈不更好？」

「庸人之見！兵法有云：『凡守城者，以亟傷敵為上，其延日持久以待救之至，不明守者也！』虧你這老兒還是追隨我父多年的，連這點兒淺薄道理都不懂。」

「將軍高見，老朽不及。」明明是歪理，逢紀卻不敢與之辯駁。

袁譚一門心思建功立業，打好了將來便有資格與弟弟分庭抗禮，把位子搶過來也未可知，利慾薰心豈肯堅守不戰？他一屁股坐在大堂上，把玩著佩劍冷森森道：「自官渡之敗，曹賊猖獗日復一日，我袁氏基業岌岌可危。若不給老賊個教訓，他日後必得寸進尺，河北將永無安寧之日。這仗打也得打，不打也得打，堅守不出非妥善之計，不可長敵之銳氣，挫己之威風！」

逢紀素來善於揣摩人心，豈能不解袁譚是何居心？但是現在絕非翻臉之時，一者兄弟反目必叫曹操坐收漁利，二者自己還身在袁譚的刀俎之畔呢！於是不加辯駁，轉而道：「將軍的道理不假，但是連戰數月損兵折將，如今兵不滿萬半數帶傷，再拚下去只怕守都守不住了。」

袁譚拍拍大腿，歎了口氣：「父親在世之時河北何等強盛？即便打了敗仗，曹操也奪不去半寸領地。現在他才去了半年多，冀州變成何等模樣？高幹昔日落魄為父親所養，剛剛占據并州就以怨報德不聽調遣，三弟竟奈何不了他。還有，我明明擔任青州刺史，卻不准我回平原管轄，現今臧霸、孫觀等輩蠶食東土郡縣，這樣下去如何得了？我觀三弟年幼無知目光短淺，又未經戰事不諳軍務，長此以往必折辱父親威名。真真可惱可恨……」

說來說去還不是惦記那個位子？逢紀心裡清楚，口上卻敷衍道：「將軍莫要傷懷，事在人為嘛！《易傳》有云：『二人同心，其利斷金』，只要將軍能與……」說到這兒他頓住了，現在袁尚繼承大將軍之位，袁譚又自稱車騎將軍，總不能說「將軍與將軍」吧？他想了片刻才接著道：「只要將軍與主公同心協力，保守領地撫慰百姓，只需數載便可重振昔日聲勢。高刺史雖對調遣之事有些意見，畢竟還是咱們河北的人。至於青州之地嘛，本處大河以南，現今局勢危機顧不到那裡。只要保住河北之地，日後克復也是易如反掌。曹賊南有劉表、孫權，關中諸將亦未十分歸心，天長日久必然有變。」

「天長日久？」袁譚騰地站了起來，「我最恨這句話，天下大事壞就壞在『天長日久』這四個字上了。」他喪失繼承大位的機會，可算有了切身體會，現在想來若是趁老爹臥病之時逼其就範，搶到了位子何至於有今天？

逢紀聽出他話裡有話，再不敢隨便搭茬，趕緊把腦袋耷拉下去。哪知袁譚咄咄逼人：「逢元圖，我命你再寫一封書信，火速發往鄴城，叫袁尚發兵救援！」

「在下已經接連發出三封軍報了，必是援軍尚在整備之中，將軍再等等看。」

「呸！」袁譚揪住他衣領怒喝道：「你是發了三封軍報，但是裡面寫了什麼鬼才知道！」

逢紀一把年紀了，嚇得瑟瑟發抖。他確實三次寫信到鄴城，也提到了援兵之事，要求卻不怎麼強烈。一者若是袁譚改攻為守黎陽或可保住，未必要靠後續部隊；二者袁譚進駐黎陽以來，自封車騎將軍，把軍隊將領都換成自己心腹，歸郭圖統一指揮，又派心腹部將嚴敬到臨近的陰安縣接管了那裡的軍隊。如此安排下，派過來的士兵都成了袁譚的私人部曲，這樣不清不楚搞下去，只怕曹操退兵之日便是兄弟反目之期，此等隱患不可不防。

袁譚左手抓著逢紀脖領，右手探至腰間緩緩拔劍：「你這老滑頭，時時刻刻掣肘於後，像防賊一樣防著我，當我是瞎子嗎？你明著寫信救援，暗裡卻叫三弟按兵不動，對不對？本將軍今天就以擾亂軍心之罪宰了你！」

逢紀握著他手腕連連告饒：「將軍息怒！將軍息怒！在下真的已請命發兵，此事確之鑿鑿。日後回到鄴城一覽書信便知……況且在下一樣身處前敵，若不與將軍同心同德，一旦黎陽失守，我這條老命不也要喪於此地嗎？將軍一定要相信我呀！」

袁譚聽他說得倒也有理，將佩劍還匣，鬆開手就勢一推，把逢紀推了個跟頭：「你既與我同心，那就再寫一份軍報，叫三弟立刻發來援兵。曹操已逼近城下，待援軍一到，我出城與他再幹一戰。」

逢紀狼狽爬起：「此事干係重大，是否等郭圖回來再商議……」

「還商議什麼？郭公則在敵樓指揮戰事，哪似你這老兒一般鬼鬼祟祟躲在城裡？我意已決，你現在就給我寫！」

逢紀不敢再違拗，心中暗罵審配，非叫自己當監軍，這不是與虎同眠嗎？他趴在帥案上編告急文書，袁譚就揣著手在一旁盯著，哆哆嗦嗦字都寫走樣了。可剛寫了不到一行，就見郭圖急急忙忙闖進來。

袁譚一愣：「公則，有何軍情？」

郭圖身披鎧甲面色鐵青，臉上刀刻一般的皺紋微微發顫，似乎有什麼事令他氣憤難當。明明聽到袁譚問話，眼睛卻直勾勾盯著逄紀，口氣冷得能凍死人：「啟稟將軍，鄴城援軍已到。」

「甚好！」袁譚精神一振，「馬上傳令，開北門迎他們進城。」

郭圖卻連腿都沒動，冷笑道：「我已自作主張把他們放進來了，若再請您的令，只怕這會兒援軍早被曹操圍殲了。」

袁譚聽這話頭不對，又問：「鄴城發來多少救兵？」

「一千人。」

「什麼？」袁譚不敢相信，「多少人？」

郭圖拱拱手，陰陽怪氣道：「啟稟將軍，您那好兄弟就給您派了一千援軍！」

逄紀聽得毛骨悚然——我的三公子和審大軍師啊！你們若不發兵就一人都不要派，既要發兵就該親率大軍而至。只派一千人來助陣，這不是要我的老命嘛！

他慌裡慌張趕緊解釋：「必是主公把數目搞錯了，我這就把信寫完，請將軍稍……」

「去他娘的吧！」袁譚一腳將帥案踢翻。霎時間竹簡硯臺滿天飛，墨汁把帥位的屏風都染了，潑逄紀一個滿臉黑。袁譚氣得雙目噴火，在大堂上轉來轉去：「好啊……真好！我的好弟弟竟欲置我於死地！眼睜睜看著我吃敗仗都不發兵，其實何必還叫這一千人來陪我送死，乾脆給我送杯鴆酒不就成啦！他能坐那個位子還不是爹爹偏袒他，可惜老爺子瞎了眼！」

郭圖更是恚怒不已：「審配這等亂國奸臣，坐擁部曲挾主自重，廢長立幼敗壞家邦。只要我郭某人還有三寸氣在，豈能與他善罷甘休？有朝一日必將這群河北的土豹子斬盡殺絕！」他倒不是恨袁尚，而是恨審配等冀州豪強奪了他的權。

「父親啊……您老人家何等不公，偏袒老三任意胡為，竟將孩兒過繼於外人，如今受此欺凌！他們要逼我死啊……」袁譚仰天高呼，也不知哪一句真的觸動了心腸，淚水竟滾滾而下。

逢紀披頭散髮坐在地上，瞅著這兩個狂徒歇斯底里，過了半晌才斗膽道：「將軍別哭了，三公子繼承大位已成事實，還望您深明大義以家國之業為重啊！將軍自幼熟讀史書，豈不聞吳楚七國謀亂之事？孝景帝與其弟梁孝王劉武甚是不睦，可朝廷危難之際，若非梁王坐鎮睢陽獨抗強敵，周亞夫便有天大本領又豈能直搗賊穴力挽狂瀾？平定七國之日，天下人皆道劉武是賢王，富貴皆在他人之上。現今之際將軍便是主公的梁王，萬不可意氣用事。黎陽非不可守，願將軍堅據城池勿與敵戰，只要能逼曹操退兵便是莫大之功！將軍萬萬明鑒……」

「休要提那梁孝王之事，他的墓都叫曹操刨了！」袁譚利慾薰心不願聽他再言，「再說那孝景帝乃輕徭薄賦一代明君。他袁尚又算什麼？他乃劉氏婆娘養活的狼崽子！劉氏那老母狗就不是個東西，父親剛剛去世，她就把當初與其爭寵的五個姬妾都弄死了，還要剜眼割舌斷髮刺面，怕她們九泉之下與父親重逢。此等陰狠妒婦給我娘提鞋都不配，又能生下什麼好種？我看河北之事非壞在他們母子手上不可！」

逢紀呆呆怔在那裡，簡直懷疑自己的耳朵，袁譚這番惡語真的是說繼母和兄弟嗎？他恍恍惚惚覺得眼前的一切都不真實，這撕破臉皮刀刀見骨的情景，像是十幾年前袁紹、袁術兄弟反目的重演！他不禁悲從中來仰天高呼：「大將軍啊！你在天有靈睜眼看看！他們要毀你辛辛苦苦打下的基業啊！你在世時河北君臣同心同德，豈料過世剛剛半載就出亂子，悔不該一時之仁叫大公子領兵，河北難保矣……」

在袁譚聽來，他說什麼話都是辱罵自己，一氣之下抓起逢紀：「你這卑鄙小人，若非你屢進讒言何至於此？」說罷在他肚子上狠狠打了三拳，又一把推給郭圖。郭公則豈是善類？抓過脖領又一記耳光：「逢元圖，你這無恥齷齪之徒，田豐就是你進讒言陷害致死，又假傳號令奪我兵符，有何面目做此無病呻吟！」袁譚還不解氣，朝他後心又是一腳，踢得他倒在地上再也爬不起來。

逢紀被他們打得骨斷筋折口吐鮮血，赤紅的血液和烏黑的墨汁交織在一起，染得滿身都是，恰似他這無恥諂媚而又赤膽忠心的一生。他自知今日難逃活命，迷離著眼睛瞅著袁譚，喃喃道：「將軍道我是卑鄙小人，可我逢紀一生忠於袁氏……就算我讒言害死田豐……那也是想身居其位給你們袁家效力，也是為了你父之臉面……想當初我與你父同在何進幕府，決心共謀天下大事，結成生死之交……非我出謀劃策，你父子哪能取下冀州？你小子哪能今天這般頤指氣使？我好恨……恨你這不成器的忤逆兒郎！河北基業早晚毀於你手……」

袁譚見他還辱罵自己，抽出佩劍寒光一閃——逢紀半生毀譽皆歸塵土！

那郭圖心腸毒辣，見一劍了結還不解恨，抽出劍來又在屍身上猛刺數下方才止住。兩人激憤之下殺了逢紀，氣是出了，可眼前的仗又該如何？兩人拄著長劍四目相對，一言不發只是喘息。

「報——」一個小校慌慌張張跪倒在大堂口，「將軍，敵人大舉攻城！」

「慌什麼？」郭圖喘著粗氣瞥了那小校一眼。「你去前面傳令，敵樓之上密排弓弩，給我狠狠射！曹軍人馬雖眾還攻不下這城！」

見那小校走了，袁譚抹了抹臉上的汗水道：「今日已殺逢紀，我與老三勢同決裂。我看與其在此處與曹賊糾纏，倒不如捨棄此處直搗鄴城，搶回大將軍之位。」

「萬萬不可。」郭圖比他冷靜得多，「今曹賊大軍在前，若不抗拒反而兄弟操戈，曹賊必乘勢追擊於後，我軍必亂。即便將軍僥倖奪回大位，日後還有何臉面立於河北之地？倒不如保守黎陽先拒曹操。」郭圖固然怨恨袁尚、審配，卻更恨曹操，奪取大位元不是目的，真正的目的是輔保袁譚消滅曹操一統天下。

「哼！我若保守黎陽不出，與逢紀之議有何不同？那不還是中了袁尚、審配之計？」

郭圖沉著臉想了一會兒才道：「咱們調動全城兵馬以及百姓與曹賊一戰。若能得勝，將軍可占據黎陽，積蓄糧草坐收民望，招青州舊部前來會合，日後再討鄴城；若不能得勝，歸攏殘兵回歸鄴城。」

「逢紀已死，咱們回去豈不是自投羅網？」

「將軍差矣……」郭圖嘿嘿冷笑，「兩軍陣前局勢多變，你我將兵敗之由推給這死鬼，誰能知曉實情？再者將軍之父臨死前過有過遺訓，袁尚必不敢謀害將軍授人以柄。況且鄴城還有辛評等人願為將軍效力，將軍又素有帶兵之望，只要妥善經營積蓄實力，待曹操退兵之後再舉事也不遲。那時沒有外敵，不過是兄弟之間算帳，奪來大位旁人又有什麼可說？」

「好！就依公則之計。」袁譚收起寶劍步出大堂，對手下嚷道：「逢元圖妖言惑眾離間我骨肉兄弟，已被本將軍處死，將其梟首示眾曉閱三軍！另外，給我擊鼓鳴鑼召集所有兵馬和城內百姓，明日打開城門全力一戰，誓與曹賊拚個你死我活！」

袁譚、郭圖定下計謀，但實際情況沒他們想像的這麼樂觀，河北軍久吃敗仗士氣低靡，加之傷亡嚴重，已不堪出城硬戰。而曹軍接連取勝氣勢大漲，人人都似下山猛虎。兩軍交鋒之際。河北降將張郃、高覽率領所部當先突擊，河北軍一觸即潰，丟盔卸甲狼狽逃竄。至於那些被捲入戰爭的無辜百姓，都命喪沙場做了孤魂怨鬼。黎陽軍民死亡近萬，被曹軍殺得屍骨堆山血流成河。

袁譚一戰慘敗，僅率數百騎兵突圍而走，將近鄴城才遇到袁尚親領的大隊援兵。郭圖誣陷逢紀離間兄弟惑亂人心，袁尚明知是假，但大敵當前顧不得私怨，順水推舟將罪責歸於逢紀。兄弟倆合兵一處回轉鄴城，貌合神離地商議禦敵之策。但是黎陽落入曹操之手，河北門戶已完全敞開。

長驅受阻

這次北伐並不似曹操預想的那麼順利，袁譚處處向戰全不按章法用兵，倒叫曹操忙了好一陣子。不過真正令他頭疼的並非眼前之敵，而是并州刺史高幹。

袁紹的外甥高幹自官渡以來就向西面籠絡人心，通過威逼利誘控制關中諸將和地方豪強，還攏到司隸校尉鍾繇的外甥郭援，用他與其舅公然作對，嚴重破壞了曹操不動干戈招誘關中的計畫。在官渡之戰中鎮守險地的河內太守魏種已病逝，而河東太守王邑又非曹操心腹，高幹見曹操與袁氏兄弟打得不可開交，趁此機會突然發難，在關中掀起風浪。

高幹起兵攻入河東郡，擅自任命郭援為河東太守，猛攻真正的太守王邑。隨之回應的不僅有地方豪強土匪草寇，甚至還包括匈奴單于呼廚泉，關中之地一片大亂。鍾繇憑藉威信集結已歸順朝廷的諸方勢力，領兵圍攻呼廚泉所駐平陽縣；高幹、郭援得訊立即回救平陽，並鼓動西涼軍閥馬騰、韓遂反叛，隨之夾擊鍾繇。事已至此，鍾繇不但不能攻克平陽，反而要應付敵人兩路救兵，陷入了腹背受敵的險境。

曹操深知此中利害，鍾繇一旦失敗，關中諸將必然見風使舵倒向高幹，朝廷將喪失對關中的控制，這幾年來辛苦經營的成果都將毀於一旦。但他羈絆於冀州，別說無法脫身，就是臨時撤退也救不了鍾繇。既然後顧不得，就只有橫下心來往袁氏的大本營鄴城進軍了。

《孫子兵法》有云：「凡用兵之法，全國為上，破國次之。」曹操自然曉得這個道理，甚至還在批註時特意加上一句話：「興兵長驅深入，拒其都邑，絕其內外，敵舉國來服為上，以擊破得之為次也。」意思是說打擊敵人就應該長驅直入，一舉端掉敵人老巢。現在如果攻克鄴城，冀州全境必將聞風而降，並且可能撼動河東的不利局面。

鄴縣自古就是兵家重鎮，戰國時曾為魏國陪都，西門豹擔任鄴令，整治不法移風易俗，引漳河之水修建管道，開闢出大面積良田，自此鄴縣又成為富庶之地。但鄴城所在之地距離冀州南界很近，在袁紹逐鹿中原之際是便利條件，可一旦敵人自南面打進冀州，其地理位置反而成了不利因素。因為從黎陽城出發北上，至鄴城僅有一百五十里。在這區區一百五十里中，袁尚連續派出部隊阻擊，都被曹操擊潰，時至建安八年（西元二〇三年）四月，河北軍已無力進行大規模抵抗，曹軍主力深入鄴縣境內。

「曹公有令，繼續前進暫不紮營……」傳令官尖銳的呼喊聲傳得很遠很遠。

雖然已經入夏，但過酉時之後天色還是暗了不少，這樣行進下去恐怕就要摸黑紮營了。好在接連打了好幾個勝仗，敵人不來進犯了，甚至連零星的斥候都看不到。上自將領下至官兵，每個人鬥志都很高，匆匆忙忙趕了半天路，卻沒有喊累的，放心大膽地在田地樹林間穿行。然而中軍虎豹騎保護下的曹操等人，卻被焦急的情緒籠罩著。

軍師荀攸、祭酒郭嘉以及許攸、樓圭都圍繞在曹操身邊，但這並不能緩解大家心中的疑慮，因為接下來的一步棋很難抉擇。幾個軍中謀主都默默無言，低頭看著前面的路，還是曹操先打破了沉默：「此處離鄴城還有多遠？」

許攸曾在河北效力近十載，簡直成了此次出征的活地圖，望瞭望遠處隱約出現的村莊：「大概還有十幾里吧？」

「這麼大的一座城，將近十幾里豈會望不到城樓呢？」郭嘉與他玩笑慣了，「您會不會記錯了？」

許攸瞪了他一眼：「我他媽還能錯？睜開你那睡眼好好瞧瞧吧，路東那一大片地已經是狗頭軍師審配的田產啦！你又不是沒在河北待過，故意跟我裝糊塗吧？」

郭嘉抿著嘴嘿嘿直樂，樓圭可沒有這麼好的心情，抓著轠繩低聲道：「天色晚了所以望不了那麼遠，若是我統……」他克制了一下老毛病，「我覺得咱們該紮營了。」

「不行！」曹操一口否決，「戰事不能再拖了。鍾繇那邊沒有消息，咱們只能進不能退，必須迅速制敵！」

「鄴城乃河北第一堅城，即便我軍至此也不能頃刻得勝，說不定還有場曠日持久的攻堅戰呢！」樓圭的口氣暗含一絲埋怨。曹操許諾他為別部司馬統率一部軍隊，官封得挺快，卻沒有半個兵直接歸他調遣。

「早到晚到一樣。」許攸倒是想得開，「反正鍾繇就是出了事咱們也救不了，乾脆向前走吧！」

「我倒不是掛念那邊，是怕咱們急著趕路中了敵人埋伏。」樓圭解釋道。

許攸又頂了回來：「以我度之不會再有埋伏了，袁家有多少兵馬我心裡有數。狗子袁尚被咱擊退數次，歸攏殘兵都來不及，豈能再來招惹？況且咱們已上坦途大道，不利於伏兵。」

曹操也是這麼想，卻回頭問荀攸：「公達怎麼不說話？」

這位大軍師陰沉著臉，聽到問話隔了半晌才回：「我有些搞不明白。鍾元常做事甚是謹慎，無論是勝是敗總會有個交代，可至今沒有平陽的消息，而且咱們後續的糧草也沒送來……」

「那有何懼？咱們又不缺糧。」許攸大大咧咧。

荀攸瞥了許攸一眼，心頭暗想——難怪袁紹、審配看不上你，終究是投機取巧的本事，見識還差得遠呢！

曹操卻一語中的：「那有何懼？軍報和糧草都不到，這很不正常！審正南、郭公則都是老奸巨猾之人，豈能這麼容易叫咱進鄴縣？一定是……」一定是河北軍繞到後面封鎖了河道，我軍渡不過河，所以軍報糧草過不來。曹操明明這麼想，卻不能說出口，萬一叫士兵聽見了，一傳十十傳百，嚷得全軍皆知，那仗就沒法打啦！

郭嘉不似許攸那般真糊塗，他心裡有數表面輕鬆：「主公別想太多，已經留荀衍、賈信守黎陽了，真有意外他們會報過來的。咱們小車不倒只管推！」

曹操暗暗歎氣，這仗真沒想像的那麼簡單，本以為袁紹一死河北就垮了，哪知還有如此多的困難。看來袁本初的確不簡單，已經把部下完全拉攏住了，立袁尚為嗣也非單純之舉，袁紹臨死還留了一手……他不敢再想下去，舉起馬鞭再次傳令：「前軍不要停歇，到鄴城城邊紮營。」

「前軍不准停歇，到城邊紮營……」傳令聲又此起彼伏響了起來。

此番出征，曹仁居左、曹洪居右、夏侯淵在後，于禁、樂進、張遼、朱靈等將都在前陣，不過張繡、劉勳已退到了第二線的位置，充當先鋒的是張郃、高覽。他們是河北降將，對冀州的地形再熟不過，領的路都是最近便的。

眼看已至申末時分，天快要黑了，勞碌一天的士兵開始鬆懈。有的與身邊夥伴交頭接耳，有的哼起了家鄉小曲，有的從乾糧袋裡抓豆子吃。往來報訊的斥候也疲乏了，加之天暗不好認路，馬跑得慢多了。反正敵人已經被打得潰不成軍，今晚到了鄴城邊上安營落寨好好睡上一覺，明天攻城可就該玩命了。

又行了二三里，在最前面盤查的幾個斥候，發現前方出現了一群百姓。其實這也是行軍中的常態，尤其現在已到了鄴城附近，河北豪族居多，佃農自然更多。莫說村戶茅屋，有模有樣的莊園都路過三四個了，有幾個尋常百姓不新鮮，一會兒他們看清狀況準得嚇跑——作威作福也是當先行的樂趣嘛！

哪知這幾個百姓偏偏不跑，甚至還招著手呼喊。是來投降的老百姓嗎？斥候兵有些拿不準，有兩個膽大的縱馬迎了上去，還沒來得及開口詢問，忽見那幫百姓手裡多了幾張弓！兩個兵丁大驚失色，趕緊撥馬欲逃，可是哪裡跑得過飛箭，當場被射死。後面的人瞧見變故便要調轉馬頭報訊，不料還沒舉起馬鞭，就聽弦聲錚錚又來一陣箭雨——連人帶馬都成了刺蝟。

張郃與高覽是老搭檔，帶兵打仗有默契，一個督前一個押後。這會兒高覽恰在先鋒軍前，正與心腹小校說話，忽聞喊殺聲震天動地，只一錯愕，敵人已湧過來了。這些兵有穿盔甲的、有不穿盔甲的、還有灰布裹頭的，刀槍劍戟各種兵刃都有，亂七八糟全無陣型。但他們人數眾多鋪天蓋地，倏然豎起的旌旗似密林一般；加之天色已晚朦朦朧朧，不知後面還有多少，光這陣勢就夠駭人的啦！

曹軍這幾日遇敵交鋒，差不多將河北主力擊潰了，短時間內不可能再集結起來，怎料還有這麼多人呢？突然來襲全無防備，曹兵還未交手就已怯陣。高覽是條硬漢子，事已至此拔劍出鞘：「跟我衝啊！」先鋒軍已經亂了，諸人自保且難，哪有人還敢跟他往前衝？一時間人喊馬嘶亂如蜂窩，曹軍毫無準備就與敵人撞在一起。這幫敵人與先前的不同，不要命地往前闖，都沒聽見什麼兵器碰撞聲，就將先鋒軍衝了個稀巴爛，一個逃百個逃，丟下兵器就往後跑。張郃在後面還想阻攔呢，一言未發就被亂軍撞得險些倒地。

第二部是劉勳督前隊，這守財奴光琢磨奪取冀州之後如何多撈田產，想來想去覺得憑自己昔日與曹家的交情，一定少賺不了。哪知還樂著呢，敗軍已經過來了。眨眼的工夫也亂了。劉勳舉起大刀片子：「他媽的！不讓老子賺錢，老子宰他全家老幼！殺呀！」他倒是豁得出去，可只有心腹親兵跟著他玩命。

張繡督的是後隊，過申時不紮營他已經餓了，饒是涼州勇士騎術過人，一手舉著肉乾，一手攥著水袋，連吃帶喝兩腿夾著馬，竟不耽誤趕路。他一口牛腱子剛咬進嘴，忽聞一陣大亂，敗兵已過來了。張繡把吃的東西一扔，順手自親兵懷裡搶過銀槍，一個銀龍擺尾刺倒兩個迎面而來的逃兵。這槍掃過嘴裡的肉也嚥下去了，隨即嚷道：「有大軍殿後慌什麼？誰再敢逃格殺勿論！」可他管近管不了遠，還是有逃兵自左右潰散。如此這般一隊衝一隊，曹軍人馬似被大浪席捲了，敵軍與敗軍攪在一起，所到之處猶如亂麻。

聞聽前方騷動，曹操趕緊勒馬，命中軍將領史渙、韓浩速調所有盾牌手、長矛兵護在中軍之前——不單是防敵人，更是為了防敗軍，主帥部隊若是亂了，全軍就都亂了！慌亂了一陣子之後，盾牌已安排妥當，換步兵在前人擠人頂住盾牌，除虎豹騎外所有騎兵退到後面以免馬匹受驚。曹休率虎豹騎圍個圈子，把曹操等人護在當中，又傳令給夏侯淵，叫他勒住後軍不要再動。

喊殺聲越來越大，天色也越來越黑，為了避免被敵人突襲，中軍連一支火把都不敢點，曹操等人只能昏昏沉沉待在黑暗中。一會兒東面有小校報告：「曹仁將軍前軍遇襲！」一會兒西邊來了消息：「曹洪將軍被敗軍衝亂陣勢！」

「這是怎麼搞的！」曹操氣得直拍馬鞍。

郭嘉接茬道：「自官渡到現在，咱們沒打過一次敗仗，這幫武夫們難免驕傲。加之今日多走了半個時辰，士兵也懈怠了。」

「哼！當年我追袁術連趕四城，破劉備往復千里，也沒一個兵敢鬆懈。看來得好好整頓軍紀啦！」

「不著急慢慢來。」郭嘉一點兒也不慌張，「敵軍陣勢鬆散，這麼摸黑打，咱亂他也亂，少時就分不清誰是誰了。」

事情確如郭嘉所料，開始時曹軍是敗了，但時候一久便發現敵人並不甚強，既然雙方的建制已經打亂，索性就拚個痛快吧！兩軍士卒各尋對手捉對廝殺，嘈雜嚷叫攪成一片。等過了酉時天色大黑，這仗實在沒法再打，曹軍鳴鑼聚兵，河北軍裹在其中亂烘烘往外擁，雖然大部分突出亂陣四散而去，但被曹軍圍殲的也不少。

待軍兵漸漸安靜下來，中軍這才點燃火把。張繡、劉勳等將尋著亮湊過來，一個個殺得跟血瓢似的，瞧他們這模樣，曹操也沒心思責怪他們了，先下令清點死屍。許攸等瞪著滿地的死屍，百思不得其解：「袁尚主力早就被咱們打散了，如今哪殺出這麼多人來？而且這些人服色不一鎧甲不齊，打仗連陣勢都沒有，倒像是一窩土匪。該不會是黑山賊張燕的兵馬吧？」

「不對。」樓圭也是緊鎖眉頭，「剛才那惡鬥，敵人沒有萬人也有八千，哪家草寇能有這麼多人？黑山張燕與袁氏乃是仇讎，也絕不會在此時出手相援。」

荀攸思索良久，俄而環顧四周猛然醒悟：「我明白了……這些隊伍不是袁氏兄弟之兵，也不是土匪，更不是黑山所部。」

「你什麼意思？」曹操這會兒腦子都亂了。

「唉……」荀攸連連搖頭，「主公怎麼忘了，袁紹入主冀州以來扶植豪強為其效力，那些人田宅地業在此間，若是各家發動私人部曲，頃刻之間便能湊出萬餘兵士。」

「何止萬餘？單審配一族家兵佃戶就有數千。」許攸也醒悟過來了，「只要那狗頭軍師傳句話，說今年不收田租了，或者放貸的錢不要了，所有的部曲佃戶都要出來打仗！難怪旗幟衣甲參差不齊。」

曹操聞聽此言一陣悚然——好厲害的土霸王！我於官渡之戰坑殺敵人將近八萬，自倉亭至今連戰連捷，想不到還有如此多的人能上戰場。我只道袁紹縱容豪強號令不齊，不料這招原來也有好處，我攻其地雖衝著袁氏，但也觸了這幫土霸王的霉頭，他們豈能不與我拚命？此間豪強無數兵家充足，無休止地耗下去不知何年何月才能攻破鄴城。倘若鍾繇戰敗，我這裡又遲遲不勝，那許都可就……他越想越害怕，不禁抬頭眺望遠方。借著朦朧的月光鄴城已遙遙可見，那突兀的城池、漆黑的城牆，猶如一隻龐大的怪物矗立在平原之上；敵樓還有零星火光晃動，那是守城軍兵在巡查，想必強弓硬弩滾木檑石早就預備好了吧！

正在曹操發愣之時，張郃滿臉悲愴跑了過來：「啟稟曹公，前軍折損近半，高覽戰死亂軍之中……」他與高覽在袁紹帳下時就是好兄弟，投靠曹營也是並肩而戰，夥伴戰死怎不痛心？

在敵人家門口吃了敗仗，還糊裡糊塗折損一員大將，所有人都不再吭聲。昏暗的火光下也瞧不清曹操的表情，隔了半晌才聽他長歎一口氣道：「把高將軍屍首裹了好生葬埋，等戰事完結我再追表其功……原地紮營，明日再議破敵之計。」

「咱們不過是小小受挫仍可再戰，難道這就要撤退？既然張將軍所部受損，末將願為先鋒，再遇敵人殺他個片甲不留！」朱靈第一個發起牢騷。

劉勳也咋呼道：「他娘的！死幾個人算什麼，我看咱們還是接著往前殺，老子就不信搗不了袁家狗子的賊窩！」

「對對對……」他倆一鬧，其他將領也跟著起鬨。

「放肆！」曹操瞪了他們一眼，「老夫傳令誰敢不從？你們越來越沒規矩了，這麼鬆散的陣勢也叫人家殺得大亂，還有臉在我面前嚷？誰再多言留神軍法，回去再跟你們算帳！」說罷掉轉馬頭當先領路而去，眾將也灰頭土臉各帶各的兵去了。

大軍方紮下營寨，便自黎陽追來三份軍報——原來袁尚麾下魏郡太守高蕃趁曹操深入之際繞到黃河岸邊，鋪開陣勢切斷了曹軍補給；留守黎陽的賈信兵力有限，加之高蕃又有陰安守將嚴敬接應，故而始終不能破敵，平陽軍報也傳不過來。關鍵時刻押運糧草的李典、程昱趕到，二人以糧船為掩護突襲高蕃，這才衝散敵軍防線。

高蕃一敗平陽捷報也到了，原來馬騰首鼠兩端，雖應高幹之邀共同起兵，其實也對戰事頗多顧慮。鍾繇派出使者前去遊說，涼州刺史韋端也修書規勸，馬騰最終臨陣反水，遣其子馬超率部突襲高幹軍，不但解了鍾繇之危，西涼部將龐德還當陣斬殺了偽太守郭援，高幹敗歸併州境內。匈奴呼廚泉見援軍潰敗，只得開城投降——關中之地有驚無險逃過一劫。

但更令人意想不到的是第三份軍報。曹操此番北伐之前已命徐州諸部攻戰青州以為策應。而那位土匪出身的昌慮太守昌霸竟趁臧霸、孫觀等人北上之際，率部占領東海諸縣舉兵造反。昌霸一直不願為朝廷賣命，自被招安以來幾度反覆，算來這已是他第四次造反了！這個土匪頭似乎天生反骨，兵力只有數千，卻沒完沒了折騰，實在叫人哭笑不得。行軍打仗一整天曹操也累了，看罷這有喜有憂的三份軍報，實在不想再討論下去了，朝眾將擺了擺手：「快到三更天了，你們回去休息吧，明日再議攻打鄴城之策。」眾將方挨了頓訓，耷拉著腦袋都走了，荀攸、樓圭等也離了大帳，唯有郭嘉整理衣冠落在最後。

「奉孝有何話說？」曹操瞧他一步三搖不緊不慢就知道有事。

郭嘉立刻止步，微微一笑湊到他身旁：「我軍現已兵臨鄴城，主公可想好破敵之策？」

「不愧是年輕人，半夜還有這麼大精神。」曹操打了個哈欠敷衍道：「鄴城堅固難取，最好誘袁尚出來交戰……不早了，明日再議吧！」

郭嘉卻沒有告辭之意，又問：「倘若袁尚堅守不出呢？」

「無非大軍圍困待其糧草耗竭。」

「今夜之敗主公親眼所見，河北豪強部曲甚多，若兵圍其城勢必紛紛來擾，況青州、幽州尚有兵馬，倘來援救又當如何？」

曹操想了想：「兵來將擋水來土掩，圍住鄴城正好打援。」

哪知郭嘉接著又問：「若是袁尚棄城而走，另尋他處落腳，咱們是不是還要繼續圍城呢？」

這不都是廢話嗎？曹操這會兒累了，想打發他走，卻見郭嘉滿臉的壞笑，這才明白過來：「你小子跟老夫繞什麼彎子，是不是有了什麼鬼主意？」

「在下這點兒心眼哪逃得過主公的慧眼啊！」郭嘉還不忘了奉承，「不過在下以為，現在咱們該退兵了。」

「退兵……好不容易打到這裡，輕易退兵豈不是前功盡棄。」曹操雖這麼說，但剛才在路上也曾默默考慮過。

「在下試為主公析之。」郭嘉已從曹操無奈的眼神裡看穿了他心思，「今我軍雖至鄴下，然深入敵境眾兵環伺，袁氏兄弟憑藉堅城不肯出戰，倘幽州袁熙發來人馬又需分兵敵之，身在險地攻不能取，此乃眼前一憂也。」郭嘉背著手侃侃而談，「再者并州高幹雖敗，然其勢力染指關西已久，未嘗不能捲土重來，若河東之地再生險情，鍾繇是否還能勉強得勝？此亦二憂也。況且荊州劉表近得劉備相助，若我軍羈絆於此，天長日久有機可圖，發兵搶占南陽進犯許都，那時又當如何？」

曹操不得不點頭：「你這三憂所慮極是，老夫也曾想過，但討賊至此不可輕易言棄。若叫袁尚謹守河北休養生息，憑冀州之豐饒，不久必復昔日之勢……」

「不可能了！」郭嘉一陣冷笑。

「你怎敢下這個斷言？」

郭嘉把頭探到曹操耳畔道：「請恕在下直言，假若袁譚不是出兵廝殺，主公有幾成勝算？」

他這話問得曹操一愣，但是平心靜氣想想，郭嘉問得有道理！高蕃屯兵河上阻斷了糧道，高幹又在河內大鬧一場，如果袁譚再堅守城池拖住自己，恐怕這場仗的結果會完全翻轉，落敗的不是袁氏兄弟而是他曹某人！想至此曹操突然感到一陣害怕，越發感到袁紹餘威不散，自己所取得的戰果都是僥倖。

郭嘉由著他考慮了一會兒才道：「主公心裡已經有答案了吧？可事情偏偏就這麼巧，袁譚窮兵黷武急功近利，屢屢為我所敗，乃至潰不成軍難以再戰。袁尚眼見其兄受困就是不發大軍相救，最終黎陽失陷。您不覺得這對兄弟的舉動有些反常嗎？」

曹操彷彿被劈頭澆了盆涼水，所有疲勞一掃而光，手據帥案眼光熠熠道：「你是說……他們兄弟之間……」

「然也！」郭嘉坐到他身邊解釋道：「袁譚乃袁紹長子，拓地青州廣有戰功，又在軍中頗具勢力，然勇而無謀為人驕橫。袁紹傳位三子袁尚，此兒雖能求同合眾安撫豪強，卻未經陣仗資歷淺薄。兄弟二人本就頗多嫌隙，又有郭圖、審配各奉其主交鬥其間，越發矛盾重重。今我軍大兵壓境，兩方迫於形勢合作互保，若我軍不再攻戰，兄弟得緩一時必生內鬥！」

「你的意思是……」

「主公可暫時撤軍，假作南征劉表之態以促兄弟鬩牆，待其變亂而後擊之，河北之地一舉而定也！」

曹操雖覺有理，但還有些猶豫：「勝敗之道勿求於外啊！」

「主公何須再慮！」郭嘉斬釘截鐵道：「昔日齊桓公尊王攘夷九合諸侯，到頭來五子爭位卻將其餓死宮中，皆因嫡庶不分長幼無序。袁本初生前令三子一甥各領一州，袁譚袁尚各擁黨羽爭權奪利勢同仇讎，此蕭牆之禍折骨斷筋更甚外敵！主公豈不聞前代諺語：『一尺布，尚可縫；一斗粟，尚可舂；兄弟二人不相容！』」

這一席話猶如當頭棒喝，曹操初聞之下低頭凝思，俄而仰天大笑：「哈哈哈……好！想當年袁紹、袁術氣狹任性手足相攻，今袁譚、袁尚也要步其父輩之後塵啦！且容他們鷸蚌相爭猖狂一時，老夫坐收漁人之利。即刻傳令三軍，明日回歸黎陽準備撤退。」

「且慢。」郭嘉又笑呵呵攔住，「撤軍之際還有幾件大事要辦。一來今年穀物將熟，主公當趁袁尚不出搶割其糧；二來鄴城周匝豪強佃農居多，咱們不妨遷百姓歸往河南削其勞力；三來陰安縣毗鄰敵我邊界，若取此地與黎陽成犄角之勢，咱們便可糧道通順不受敵制。」

「樁樁件件皆依奉孝之計！」曹操愁了半日這會兒總算痛快了，「任峻抱病臥於軍中，就令夏侯淵代其督辦軍糧之事吧！」

郭嘉補充道：「妙才將軍雖平易近人但性情急躁，主公還要多加叮囑才是。」

這又給曹操提了醒，接連得勝使軍中驕傲輕敵的情緒極度膨脹，該整飭一下軍紀了。他隨手拿過一卷空白書簡，筆走龍蛇寫了道軍令：

《司馬法》云：「將軍死綏」，故趙括之母，乞不坐括。是古之將者，軍破於外，而家受罪於內也。自命將征行，但賞功而不罰罪，非國典也。其令諸將出征，敗軍者抵罪，失利者免官爵。

寫罷吹乾墨跡交給郭嘉：「將此令傳閱眾將，叫他們都給我規矩點兒！今日之退乃為明日之進，別叫他們隨便議論洩漏軍機。」

郭嘉心裡有數——興兵以來屢遭危難，一直是寬縱諸將以收人心，如今勢力已壯大，就要黑下臉來講規矩了！他雖這麼想，嘴上卻逢迎道：「主公這筆字寫得實在是好……」

「奉孝勞苦功高，傳過軍令也早些休息吧！」曹操手撚鬍鬚望著這個年輕人，心頭說不盡的喜愛。郭嘉雖是軍謀祭酒，謀略卻不弱於軍師荀攸，而且三十出頭前途無量，日後諸多大事恐怕要偏勞於他了……

有了整飭軍紀戰敗抵罪的教令，眾將再不敢鬆懈怠慢。曹操回軍攻打陰安之時，果然人人奮勇有進無退，張遼、樂進當先攻入城池，殺死了袁軍守將嚴敬。

袁尚始終不敢出戰，曹軍趁機搶割了鄴城附近的糧穀，既而威逼周匝百姓遷至黃河以南，把鄴城方圓近百里變成了無人之地。之後留賈信分兵鎮守黎陽，命荀衍監察袁氏兄弟動向，遣夏侯淵督辦兗豫徐三州軍糧，張遼往東海征討叛賊昌豨，曹操本人帶著大軍回了許都。這次北伐又沒能成功，不過在郭嘉參謀下一個全新的計畫產生，曹操要假意兵伐劉表，促使袁尚、袁譚自相殘殺！

第六章 曹操假意征討劉表，挑起袁紹二子爭權

假意南下

曹操採納郭嘉之計，回到許都後即命夏侯惇分兵南下，擺出一副覬覦荊州的姿態，暗中卻命駐守黎陽的荀衍、賈信時刻注意袁氏兄弟動向，祕密軍報自黎陽至許都每日往來不斷。

事情的發展果如郭嘉所料，曹操一走，這對兄弟的矛盾果然激化。袁譚提議追擊曹軍，向袁尚索要更多的兵馬鎧甲；袁尚疑心他要擁兵自重，拒不撥付軍隊。加之兩人心腹各奉其主爭權鬥勢，審配跳出來追究逢紀之死，郭圖辛評則指責審配擅權。事情越鬧越僵，進而導致兄弟二人分立幕府在鄴城各行其是——兄弟之爭已一發不可收拾。

這日午後又有河北軍報送入幕府。適逢曹操入宮，荀攸不敢怠慢，更換冠戴攜帶軍報進宮尋找。穿儀門過複道，在中台①、烏台②等處轉了個遍也沒見到曹操的影子。料是他上殿面君去了，正在無可

① 中台，即尚書台，是尚書等官員辦公的地點。
② 烏台，即御史台，又稱憲台，是御史中丞等官員公辦的地點，因西漢時御史台院子裡的柏樹上總是有許多烏鴉停留，因而常常被稱為「烏台」。

奈何之際，忽聞陣陣歡笑之聲，卻見曹操領著寵兒曹沖，與尚書令荀彧、安南將軍段煨、侍中耿紀、議郎周近、尚書左丞邯鄲商、尚書右丞潘勖以及一個不相識的年輕官員，說說笑笑自御園轉來。

荀攸把軍報往懷裡一揣，趕緊過去見禮：「參見曹公與諸位大人。」

「什麼要緊事竟把我們大軍師忙到省中來了？」曹操滿面喜色開著玩笑。

「倒也沒什麼……」荀攸出了名的嘴嚴，當著這些幕府外的朝臣絕不吐露軍機，「西鄂縣長杜襲受明公之召現已到京。」

曹操明知他說假話，卻將錯就錯對諸人道：「你們還不知道這個杜襲杜子緒吧？前年劉表趁我在河北之時襲擊西鄂縣城，事出突然毫無徵兆，百姓也多半在外耕種，杜子緒臨時只湊了五十多人戍衛縣城。但就憑著這五十多人，竟然與荊州兵抗爭半月有餘，殺死敵軍數百，當真了不得！老夫還師後劉表也收兵了，但偷襲西鄂之仇、容留劉備之罪一定要與劉景升算清楚。老夫不日就將南下征討荊州，正好招杜襲問問其兵勢如何。」他時時不忘裝出兵伐劉表的姿態。

「是是是，曹公運籌帷幄卓識遠見，此番南下必定馬到成功，那劉表以卵擊石必定束手就擒。」侍中耿紀乃中興功臣耿況之玄孫，因祖上恩蔭拜官襲爵，雖然常與荀彧參謀政務，但自知不是曹操一黨，所以小心翼翼隨時美言。

荀彧倒是有感而發：「昔日杜襲、趙儼、繁欽三人同受徵召，是在下與曹公一同接見的。我以為杜襲性剛、趙儼忒柔、繁欽失於諂媚，曹公卻不以為然照例授予他們官職。這幾年來繁欽打理公文兢兢業業，趙儼在朗陵縣令任上以柔克剛安定豪族，如今杜襲也大有作為，看來曹公果能用人之長。我雖統理政務多年，實不及曹公遠矣！」

曹操知道荀彧不會逢迎拍馬，聽了這話自然暗自得意，一旁那個年輕官員更是大加褒揚：「其實見子若見父，曹公六七歲的兒子尚且如此聰慧，更何況父親啦！」一句話把大家都說樂了。原來西域于闐國③曾進貢朝廷一頭馴象，置於御園之中，之前曹操就是領著曹沖和荀彧等人去看大象了。眾人都是中土人士，從沒見過這麼龐大的動物，曹操好奇使然想知道這大象的重量，可哪裡去尋能稱象的秤去？荀彧、邯鄲商等人都無可奈何，反倒是小曹沖想出了辦法——置象於池塘大船之上，在船幫處刻劃水痕位置，再取石頭等重物搬到船上，使其壓到痕跡的位置，反過來秤這些重物，而重物的重量就是大象的重量。此法一出人人拍手稱妙，都誇曹沖是少年天才。

議郎周近不但精通西域諸族語言，而且熟讀經籍，跟著湊趣道：「《易經．乾．象》有云：『天行健，君子以自強不息』，如今曹公要南下用兵，而于闐國恰逢此時進貢大象，豈不是大吉之兆？」潘勖、邯鄲商等紛紛點頭附和。

荀攸全沒把這大象的事放心上，只是瞅著那個陌生的年輕官員，見此人二十出頭面龐黝黑，卻穿著嶄新的青色朝服，腰佩黑綬官印。此等年紀擔任議郎之職，實在是太少有了。曹操覺出荀攸詫異，連忙引薦：「公達，我來引薦。這位乃涼州刺史韋休甫之子，名喚韋誕字仲將。他奉父命陪伴于闐使者進京，剛剛被任命為議郎。」

荀攸雖未見過卻有所耳聞。西涼刺史韋康膝下有三個兒子，長子韋康字元將，這兩年常來許都傳遞公文，三子韋熊未及弱冠，這韋誕自然是那個老二。荀攸又看看邯鄲商，倏然意識到曹操絕非閒來無事領這幾人逛御園，剛才必有一場深思熟慮的談話。邯鄲商早在西京之時就被朝廷任命為涼州刺史，適逢三輔動亂無法成行，所以涼州刺史之職一直被韋端占據。韋氏乃京兆大族，占著這個刺史之位名義上聽朝廷管轄，實際也是盤踞武威諸縣的小割據。曹操把韋家人與邯鄲商約到一處，

③于闐國，漢代西域屬國，今新疆塔里木盆地南沿一帶。東漢名臣班超曾一度收復西域，驅逐匈奴勢力，被任命為西域都護；後因長期的羌漢戰爭，至漢桓帝年間東漢徹底喪失了對西域的控制，但仍有部分國家與中原有友好關係。據《後漢書．獻帝紀》記載，建安七年于闐國曾派使者到許都進貢馴象。

必定想透過韋誕傳信，叫其父讓位給邯鄲商，朝廷就可以直接掌控涼州事務，也不必再擔心高幹從中作梗了。

曹操見荀攸一副心不在焉的樣子，料定必有緊急軍情，便朝段熲等人揚了揚手：「御園也逛了大象也看了，咱們也該散了吧！段將軍難得入朝，韋議郎又剛剛升官，今晚老夫作東，請諸位到舍下飲宴。」

老將段熲此番入京既是陪伴西域使者，也是受鍾繇之托匯報關中軍情。他年歲大了好熱鬧，又是武夫心性，聽說酒宴很高興：「曹公賜宴末將不敢推辭，但只是咱們幾人又有何趣？還是請您營中眾將都來，那更熱鬧一些。」

「哈哈哈……」曹操可不想把這次微妙的宴請變成武夫大會，「老將軍休要給他們好臉色，那幫將領實在是不成氣候，這幾日我剛下令整飭軍紀，叫他們好好操練吧。您老放心，一會兒我便派人遍請京中要員都到我府，少不了陪您的人！」

「全聽明公安排。」段熲滿是皺紋的老臉笑得跟朵乾菊花似的。

曹操話鋒一轉：「不過老夫還有些事跟令君商議，請諸位先到我府中去吧……沖兒，你也回家去。」

段熲早看這孩子喜人，哪管身在皇宮，竟一把將曹沖抱了起來：「曹公放心，我帶小公子回去。我還想聽聽這小傢伙都懂得些什麼呢！」曹沖也不怕生，揪著段熲的白鬍子咯咯直笑。

辭別了諸人，曹操與荀彧、荀攸來到臺閣；耿紀、潘勖都很識趣，早看出他們有私密之言，忙招呼閣內的尚書、令史都退了出去，又把大門隨手掩上。荀攸這才拿出軍報——原來袁氏兄弟爭奪大位在鄴城爆發械鬥，袁譚兵少落敗，與郭圖、辛評等出逃城外，打著車騎將軍青州刺史的幌子到處招募人馬，又叫他在青州的部下快來冀州幫自己搶位子。但青州諸部多為地方土豪，只想保全私利不願參與內鬥，加之他們抵禦臧霸、孫觀等侵擾已有多年，實在對袁譚喪失信心。青州部將劉詢在漯陰縣舉兵造反，只短短幾日光景，舉城叛亂者不計其數，唯有別駕王修、東萊太守管統有心追隨袁譚，率領兵馬北上回應，這場手足惡鬥已無可避免。

荀攸覺得時機已經成熟，建議再次北伐。曹操卻不著急：「我看還早得很嘛……打虎親兄弟，上陣父子兵，袁氏兄弟雖已交惡，畢竟還是一家人。老夫若此刻北伐，必然促使二子聯起手來先與老夫為敵，上次不就是教訓嗎？奉孝與我討論過此事，與其強攻硬取不如由著他們手足相殘，鬧到損兵折將民心喪盡，咱們再坐收漁利。」

荀攸有所顧忌：「坐收漁利固然是好，但也要把握好尺度，倘若袁譚被袁尚攻滅，這漁利也就沒了。」

「放心吧，我相信奉孝之言，這小子的話錯不了！」曹操笑了笑，「傳書臧霸、孫觀等將，叫他們儘快進兵。冀州且由著他們兄弟鬧，但青州可以趁亂收取，若劉詢等人願意歸順朝廷最好，若是不降一律誅滅。有勞令君起草兩份詔書，命呂虔調任徐州刺史、臧霸兼領青州刺史，白送的地盤焉能不要？」

荀攸又道：「此事不簡單。遼東太守公孫度依舊覬覦青州，當年袁紹在世他不敢動手，現在派人搶了沿海好幾個縣，還給那片地方起名叫『營州』，要設什麼營州牧！怎麼對付他呢？」遼東雖屬於幽州地盤，卻是「國中之國」不聽袁氏調遣。那公孫度東侵高句麗、西驅烏丸，甚至把扶餘國④都吞為自己領地，將搶占的外邦土地設立為遼西、中遼二郡，最近還自稱「遼東王」，簡直是海外天子，現在他東北的地盤搶夠了，又跨海搶青州來了。

④ 扶餘國，古代少數民族國家，在今鴨綠江一帶，轄境內有多個部落，其中包括一部分朝鮮族、滿族的祖先。

曹操一陣冷笑：「公孫度真是不知天高地厚，以為打敗那些邊疆小蠻就天下無敵了。奉孝前幾天跟我商議此事，我決定讓朝廷給他個武威將軍、永寧侯的爵位，他若是識趣歸降最好，若執迷不悟我就跟他幹！」

「派何人去傳詔？」

「奉孝推薦涼茂，我看很合適。」

荀攸雖是一把年紀的人了，但心裡還是感覺酸溜溜，似乎郭嘉那一介祭酒比他這個軍師更受重視。他努力忽略心中的妒意，轉而道：「您方才邀請韋誕與邯鄲商共遊御園，可是為了更換涼州刺史一事？」

「不錯，前番平陽之戰好險啊！」曹操眼中流露出一陣後怕，「若非臨時說動馬騰，後果不堪設想，只怕關中之地全落入高幹之手了。」

「聽說馬超部下一個叫龐德的戰將當陣斬殺郭援，後來鍾繇認出自己外甥的人頭還哭了。一家人各為其主，實在令人歎息。」

「高幹是袁本初的外甥，郭援是鍾元常的外甥，想不到老夫的大事險些壞在這倆外甥手裡！」曹操不怎麼關心別人的感受。「馬騰迷途知返也算有功，不妨晉升他為征南將軍。但此事可一不可二，倘若他再拿反叛要脅朝廷還能縱容他嗎？還是需要一個朝廷親任的刺史去監控馬騰，韋端畢竟也是一方割據，不會事事向老夫稟報。」

荀攸卻不這麼認為：「韋氏雖然有欠公義，畢竟在涼州有些名望，若派一個外人當刺史，只怕那些將領不買他的帳。再者邯鄲商值得您相信嗎？有了嚴……」他本想說「有嚴象在揚州失敗的先例，這類事可要慎重」，但嚴象的推薦人荀彧就在一旁，因而把話咽了回去。

「這倒無妨。」曹操明白他的顧慮，「邯鄲商乃兗州陳留人士，我已向萬潛、薛悌詢問了，此人忠順嚴明格外可靠。另外我聽韋誕說，他父親早有離開涼州之意。咱們可以招韋端入朝授予高官，留其子韋康在涼州繼續統領部曲，這樣既能控制涼州又可掌握韋氏的人質，弄好了還能給涼州武夫們作個表率，那些土豹子們，做夢都想當大官呢！」

荀攸總覺得曹操設想得太簡單了，不過河北若定便能震懾關西，這番安排似乎也無礙大局：「既然韋氏願意，此事也罷了。不過西涼之地不可馬騰獨大，馬騰與韓遂雖盟為兄弟卻屢有矛盾，何不升韓遂官職，使二人互相牽制，誰也不能獨霸涼州。」

「好提議！」曹操眼睛一亮，「韓遂這人老夫早年就認得，他父親與我是同年孝廉，他本人也曾遊學洛陽，還拜會過何進呢！不過那時他還叫韓約字文遂，後來被北宮伯玉脅迫著造了反，把名字對調掩人耳目，成了韓遂字文約。畢竟是個念過書的，知道造反羞於見人，應該比馬騰聰明得多。這樣吧……馬騰為征南將軍，韓遂也升任征西將軍，一個征南一個征西，叫他們爭去吧！」

荀彧翻著案頭凌亂的表章補充道：「最近武威太守病故，段煨推舉名將張奐之子張猛接替此職，但此人身在弘農咱們沒見過，能不能予以重用呢？」

曹操笑了：「昔日段熲與張奐不和，因征討羌人之事互相攻訐，段熲依附宦官王甫，張奐嚷著為黨人翻案，沒想到他們死後兄弟子姪倒挺合得來。張猛張叔威乃將門虎子，段煨的眼光應該不會錯，再說他兄長張昶還在朝中為黃門侍郎，不會對咱有二心。邯鄲商為刺史，張猛為武威太守，就叫他們一起赴涼州上任吧，還能互相照應。」他沉默片刻，又想起件事，「令君啊，新近征辟的掾屬到齊了嗎？」

荀彧拿起書札遞給他：「這是毛玠剛剛轉過來的，這些人已到了十之七八。自廣陵來的陳矯、徐宣，河內的楊俊，荊州逃歸的劉廙，外任召回的杜襲，還有劉勳舊部劉曄、蔣濟、倉慈等人都在其列，只有司馬懿拒不就任。另外我擅自做主又添了三人。」幕府屬員常常變更，曹操每用一批人就會擇其有才者放以地方縣令，久之再晉升為郡守，如此地方要員就會被幕府之人占據，完全聽命於曹操。如今老一代何夔、劉馥、袁渙、涼茂、司馬朗、鄭渾、徐奕等已外放，急需補充新人。

「別人倒也罷了，陳矯、徐宣我要單獨見見，不知陳登是否甘心離開廣陵。」曹操接過名單看了看，見末尾補了張既、杜畿、韋康仨名字：「令君為何增補此三人？」

荀彧娓娓道來：「張既字德容，左馮翊高陵縣人，官拜新豐縣令。平陽之戰就是他替鍾繇說降馬騰的。」

「有膽識。」曹操點點頭，「另外二人呢？」

「杜畿字伯侯，京兆杜陵人士。他是個老資格，歷任京兆功曹、鄭縣縣令、漢中府丞，後因漢中張魯作亂，在荊州避居數年最近剛回到關中，如今在京兆尹張時手下充任功曹……」說到這兒荀彧忽然笑了。

「哎呀！」曹操瞟了他一眼，「老夫幾時見令君笑過？莫非這杜畿有何可笑之處？」

「不瞞曹公，我發現此人實屬偶然。這杜畿與侍中耿紀乃是至交好友，前日晚間前來拜會，兩人秉燭敘話聊了一整夜。在下那日正好留宿臺閣，就睡在耿紀隔壁，他們的話聽得清清楚楚。杜畿針砭時弊頗有見識，且與曹公籠絡關中不戰而定的策略不謀而合。所以昨天我就質問耿紀『有國士而不進，何以居位？』生生要來了此人履歷。」

「哈哈哈……」曹操也大笑不已，「荀令君之進善，不進不休。我看天下之人才，早晚被你網羅個盡！」

「曹公過獎了。」荀彧拱手謙讓。

曹操又一把拉住荀攸道：「相較之，荀軍師之去惡，不去不止。一切破敵之妙計，老夫都要倚仗你。由你們二人為老夫左膀右臂，何慮大事不成？」

荀攸倒沒什麼，荀彧此刻卻對他所言的「大事」深表懷疑，轉而道：「還有這韋晃，也是京兆韋氏一族，以耿介公正著稱。」

「很好，這三個人都可以用。妙就妙在他們都是關中籍貫，多用些這樣的人，關中之地還愁不穩固？段煨剛才跟我說，年紀大了不想再戰了，我看等平了河北就召他進京，給個九卿級的官職，也給關中諸將立一個歸附朝廷的榜樣。」

荀攸卻道：「段忠明之事暫且不急，以在下之見當速召河東太守王邑入朝。此人身為郡守，卻對高幹僭立郭援之事毫不在意，高幹攻入關中，他竟戍守城池不肯出戰，這明擺著是袖手旁觀，想見風使舵嘛！」河東太守王邑是西京時期任命的，他在天子東歸時曾貢獻過一批糧草，幫助流亡朝廷在安邑駐足，因此受封大司農、陽亭侯。但此人實力薄弱不思進取，白白瞅著曹操將天子迎走，他至今還帶著自己那點兒人馬屯駐在河東。朝廷倒也對得起他，大司農頭銜一直給他掛著，侯位也未剝奪。

曹操想了想道：「早該把他調回來，不過此事要用策略辦，王邑久鎮河東必有黨羽，若因調他而與關中豪強結怨，就因小失大了。」

「我再考慮考慮，看有沒有兩全之策。」荀彧又從案頭拿起兩份書簡，「關於征辟掾屬，孔融也推薦了一人，會稽盛憲……」

「不用此人！」曹操一把推開，「我聽說過，盛憲與孔融私交甚篤，這朝裡有一個瘋子就夠煩的了，不能再用此等人物！」

「諾。」荀彧嚥了口唾沫又道：「另有一位我要特別推薦給明公，乃是山陽高平人，名喚仲長統，此人既通經籍又遠見卓識，潛心撰寫了一部《昌言》。在下已拜讀過了，言辭精闢切中要害，不亞於揚雄之《發言》、桓譚之《新論》、王符之《潛夫論》，乃當世宏才！我已將他招到舍下，隨時聽候明公任命。」說著話又把書簡塞回曹操掌中，「這是《昌言》其中一卷《理亂篇》，請您過目。」

荀彧推薦的賢才不少，但極少給人如此高的評價，竟能與揚雄、桓譚並論，這個仲長統必然有超凡之處。曹操越聽越感興趣，便迫不及待讀了起來：

豪傑之當天命者，未始有天下之分者也。無天下之分，故戰爭者競起焉。於斯之時，並偽假天威，矯據方國，擁甲兵與我角才智，程勇力與我競雌雄，不知去就，疑誤天下，蓋不可數也……

只看了這麼幾句曹操便覺惱火！什麼叫「偽假天威，矯據方國」，什麼又是「不知去就，疑誤天下」？這話讀來倒像是批判他不肯還政天子。曹操心裡厭惡，但瞧著荀彧的面子又不好說別的，只道：「文章雖好不一定真有才幹，徵召的掾屬夠多了，等以後有機會再說吧！」

荀彧之所以沒把仲長統寫到名單裡就是想單獨舉薦，以他之見，此人非小小掾屬所能限量，大可躋身廟堂為一代名臣，哪知曹操兩句話就打發了，忙爭辯：「仲長統確是難得之才，還請您……」

「以後還有機會嘛！」曹操不待他說完就站了起來，「今晚我要在幕府設宴，有勞令君與軍師替我廣邀群臣。另外把陳矯、徐宣以及其他掾屬也叫去一起赴宴，借這機會讓大夥互相認識認識。老夫回去陪段煨他們，臺閣之事令君多辛苦吧……」其實他還有一層用意，要把兵伐荊州的假戲做足，借這場酒宴弄得朝廷百官無人不知，京師傳言沸沸揚揚，這樣袁尚、袁譚得知消息才能放心內鬥。

荀彧還欲再替仲長統說兩句好話，卻見曹操頭也不回出了大門。荀攸瞅了他一眼，低聲道：「天下之事皆由曹公之意，即便身負大才若不和光同塵又能如何？文若啊，咱們不論進善還是去惡，也要適可而止把握分寸。」

荀彧沒想到這位比自己大六歲的姪子會說出這話，愣了半晌，也只得無奈地點了點頭……

文采風華

曹操對廣陵太守陳登始終心存芥蒂，一來是因為他先前有過背叛呂布之事，二來更是因為他曾與劉備私交甚篤。當年孫策意欲北上，曹操急著與袁紹決戰不敢節外生枝，所以權且讓他留駐廣陵，並加封伏波將軍，用他充當阻擋孫策的盾牌。可孫策一死他就沒有利用價值了，在曹操看來反而可能是隱患，所以命其離開廣陵轉任東城太守，並把他的左膀右臂陳矯和徐宣召入了幕府。

曹操會見諸位新任掾屬，一一見過聊上幾句，卻把陳徐二人留了下來。陳矯早在平滅呂布時就被曹操認識了，官渡之戰時還曾趕到曹營搬請救兵，曹操對他頗為賞識，今日相見格外高興：「數載未會，季弼有些發福了？」

陳矯很會順藤爬：「在下得曹公的恩信故而得肥。」

曹操卻無心聽他玩笑：「我聽說陳元龍轉任東城太守之際，廣陵百姓依依不捨，還有人舉家帶口與他一同遷徙，可有此事啊？」

「確是不假。」陳矯實話實說，「陳郡將在廣陵任職這些年，秉公執法勸課農桑，剿滅海盜南禦外敵，百姓安居樂業感念其德。因而聽聞陳郡將遷官，父老鄉親甘願相隨，就是背井離鄉到東城去墾荒，也要跟著陳郡將……其實是曹公用人有方，陳郡將才能享譽一方受民愛戴嘛！」

曹操聽得哭笑不得，簡直有些嫉妒陳登，但這個人名望如此之高，即便離開廣陵也不能小覷：「動亂年月百姓多遭離亂之苦，好不容易遇上陳登這樣的好官，自然願意跟著他過好日子。不過……」他話風一轉，「各地郡縣本有民籍，隨便遷徙對民生之計不利呀！」

陳矯眨巴眨巴眼睛，似乎體會到話外之音。如今他已被曹操辟入公府，吃秦向秦吃楚向楚，便隨著道：「廣陵之地乃是蒙曹公之德才得以安定，人心向背天日昭昭，陳郡將這些年也是時常跟我們傾訴對您的敬仰。況且……」

「怎麼了？」

陳矯微抬眼皮：「非是在下背德妄言，陳郡將似乎命不久矣。」

「嗯？」曹操一愣，「此話怎講？」

「陳郡將身患氣悶之症已有多年，病發之時胸中煩悶食水不進，去年春天此病又犯，胸臆痛楚面紅耳赤，比以往嚴重許多。眼看關乎性命，便請名醫華佗來調治，一副湯藥灌下去，竟吐出兩升蟲子來，赤頭紅身後尾生鱗，搖搖擺擺還是活的……」

曹操聽他描述便覺噁心，趕緊擺手制止：「不要再講了，這到底是什麼病？」

「華佗先生言道，此乃生食魚肉⑤所致，而且陳郡將自幼有此癖好，患病太久已不能根除。此番雖驅出兩升蟲子，但五臟六腑早受其害，三年之內必然再次發病，那時就算扁鵲復生也救不了！」

曹操巴望著陳登早早下世，嘴上卻假惺惺道：「元龍才智超凡卻患不治之症，老天何等不公！不過世間方士巫醫皆愛危言聳聽，切脈之時說是疑難之症，治癒之後便自誇其能。這個華佗其實與老夫還是同鄉，雖有些微末之才，但他說無救也未必確之鑿鑿。」

「明公奔忙在外有所不知，華佗並非江湖術士，他不單精通岐黃之術，且通曉經籍頗有才幹，雖望聞問切皆按章法，卻並不以此為業，一般達官貴人想尋他看病也不容易。皆因陳郡將之父陳漢瑜任沛國相時曾舉他為孝廉，憑著這層私交才請得動他。」陳矯滿臉認真，「在下有個建議，明公何不征辟此人留於府中，一來給他份正經差事，二來明公若有小恙也可令其化解。」

徐宣自給曹操行過禮就在一邊站著，直聽到此處才插話：「季弼所言差矣！子曰『君子不器』，巫醫、百工、庖廚、倡優之流，絕非士大夫所屬。華佗不行正道之事，反鑽研方術伎倆，豈不是本末倒置？季弼如今身為幕府掾吏，不向主公薦舉大才之人，怎麼偏偏提此左道幸進之徒呢？」他與陳矯雖都是廣陵人，又皆在陳登帳下效力，共事多年卻甚是不睦。官渡之戰時一個借兵曹軍，一個平叛海西，都為擊退孫策立過功勞，才能也不相上下，就是互相瞧不順眼。

陳矯是個灑脫俊逸之士，言談舉止比較隨便；徐宣卻是刻板嚴肅的個性，以德行方正著稱，兩人性格宛如針尖對麥芒。今天徐宣當著曹操挑錯，陳矯哪裡肯依，反唇相譏道：「在下舉薦華佗乃為明公身體著想，哪裡扯到這般大道理？徐寶堅啊徐寶堅，你真是人如其名，堅得這般不通人情！」

徐宣正色道：「君子之人不可妄言，你譏諷我名也忒過分了。」

「難道你不曾到處傳揚我的家事嗎……」

曹操久聞二人不和，卻沒料到沾火就著，眼見徐宣臉色凝重正襟而立，陳矯滿臉緋紅眇目側視，趕緊打了個圓場：「寶堅之言雖是正理但未免過苛，其實喜好岐黃之術未必不是好事，至少可以治病救人嘛！人生在世禍福莫測，就比方他陳元龍，不過三十多歲的年紀，連江東孫策都被他擋回去了。哪知只因愛吃幾口生魚，就把一生葬送啦！」

正說話間王必進來報事：「啟稟主公，列位大人前來赴宴，已到大門口。」

「哦，快快有請。」曹操忙起身，帶著陳徐二人下堂。杜畿、劉曄、倉慈等新來的掾屬都在院

⑤ 陳登所患之症，疑似現今「肝吸蟲病」，屬於寄生蟲疾病。根據古人屍體的解剖發現，中國自秦漢時代便有此類疾病，發於東南沿海之地，多因生食魚蝦等海產品而感染。

子裡站著，見他出來趕緊一齊行禮。曹操揮手叫他們平身：「少時宴客你們也不要回避，我命人在院子裡設擺桌案，你們隨便聊聊，日後共事也當互相瞭解。」

「謝主公賜宴。」眾人異口同聲。

曹操剛要走，又見曹丕也站在人堆裡：「你怎麼也在此處？」

曹丕出列道：「回父親的話，植兒去尋丁家兄弟了，沖兒玩了一天這會兒回去睡覺了，彰兒嚷著出去騎馬，我不放心叫子丹兄陪著他去了……」

「我沒問他們。」曹操一瞪眼，「我說你怎麼不在後面念書，跑到這兒溜達什麼？」

「兄弟們都不在，孩兒便與劉楨、阮瑀他們討論詩文，聽見外面人聲嘈雜，所以過來瞧瞧。」曹丕邊說邊往後退。

「別走了！為父宴客，你留下來跟著支應吧！」

「欸！」曹丕總想在人前露臉，這次總算如願了。

幕府門前車水馬龍，應邀的諸位大臣已自行按朝班排好了次序，自司徒趙溫以下共來了三十多位，個個衣裳齊整冠履端莊，拱手寒暄如沐春風。曹操率領眾掾屬出來迎接，每個人都是再三揖讓才邁入府門——在曹操家他們敢不客氣嗎？

這會兒闔府的家丁僕僮也忙活開了，設擺桌案搬運酒罈，另有些樂工安置編鐘絲竹，預備著伴宴。曹操一把拉住司徒趙溫：「來來來，趙公與我一同上座。」

趙溫乃蜀郡成都人士，早年初入仕途曾有狂言：「大丈夫當雄飛，安能雌伏！」以後幾十年官升得倒是很快，自西京時期就已位列三公，不過當初有李傕、郭汜亂政，如今是曹操獨攬大權，飛是飛不起來了，只能老老實實伏著。他年近七十，這些年當幌子也當出心得了，加上一嘴軟綿綿的蜀中口音，說起話來珠圓玉潤：「曹公是主我等是客，老朽不敢以客欺主啊！」說罷也不等曹操再讓，一屁股坐到了東首頭一席上。他算給別人做了樣子，後面孔融、華歆、王朗、郗慮、耿紀、荀悅、周近等都依次坐了，唯有荀彧坐鎮中台沒有來；西邊倒不那麼拘束，丁沖、董昭都是曹操心腹，另有黃門侍郎張昶、議郎金旋等關西籍貫的人陪著段煨、韋誕入席，即將赴任的邯鄲商也插到了中間。至於幕府的眾掾屬不過是沾沾喜氣，在院子裡為他們另外列席。唯有曹丕是個稀罕物，左右都靠不著，在廊廡之下設了個獨座，倒是裡裡外外都能瞧清楚。

曹操當仁不讓坐了主位，吩咐動樂開宴，又一眼瞧見賈詡在堂下與許攸同坐一席，趕緊招呼劉岱：「把賈文和請到堂上來，他是當過尚書令、執金吾的人，又是涼州籍貫，理應與段將軍他們同列。」

少時飯菜如行雲流水般拜上每個桌案——五味脯[6]、八和齏、青蔬果菜，另有西域使者進貢的葡萄、青州諸將獻來的鰒魚，飲的是賒店陳釀、濃香老醪；絲竹樂工各司其能，單演陽春之曲，真是鐘鳴鼎食，富貴無邊！

《禮記》有云：「夫禮之初，始諸飲食。」幕府平日飲食倒也尋常，今天可特別費了一番心思。酒食菜品確是一流，無奈寡宴薄飲無人談笑。西邊大多是有差事之人，低聲嘀咕討論關中局勢；東邊都是擺模樣的官，正襟危坐無話可談，只一個孔融隨隨便便；至於堂下那般掾屬更不敢隨便多言了。曹操平生喜歡吃魚，這會兒卻也提不起興致，只要一伸筷箸就想起陳登腹中那兩升蟲子，索性舉起酒來沒話找話：「伏國丈與楊公怎麼沒來啊？」

眾人聽他提起伏完與楊彪，還以為他有意責難，趙溫乾笑道：「伏國丈這幾日犯了痰氣，臥於

⑥ 五味脯、八和齏，漢魏時期著名的菜肴。五味脯，是用牛、羊、鹿、野豬、家豬的肉脯製作的主菜；八和齏，是用蒜、薑、橘、梅、栗黃、粳米、鹽、醋一起搗碎製成的佐餐醬汁。中國在漢末時期還未出現「炒」的烹飪方法，多以蒸、煮、烤、醃製菜品為主，而且一般配有佐餐的醬汁，與西餐飲食頗為相似。

病楊來不了；楊大人還是足疾的老毛病，出門不方便。他們還望曹公見諒。」

伏完患病是真的，楊彪的足疾可是自罷免太尉之日就有了，乃是不問世事的藉口。曹操也懶得計較這麼多，只道：「最近時令不好，侍中劉邈臥病在床，我那妹夫任伯達也病著呢！」劉邈也算是曹操的恩人，雖然在玉帶詔之案時鬧了些彆扭，但曹操還是掛念老人家的，如今年逾古稀，也是快入土的人了。至於任峻的病也不輕，最近連屯田的差事都不得不放下了，曹操請御醫為他治病，又將其轉任為長水校尉，讓他留在許都安心休養。

只說了這麼兩句又冷場了，曹操乾脆叫曹丕上來給列位大人敬酒。諸人哪敢勞煩這位曹大公子，真有幾位朝廷大員不顧身分避席還禮，倒把年紀輕輕的曹丕弄得一臉尷尬。曹操見這幫人實在無趣，灌了盞酒道：「今日老夫設宴，一為酬勞列公輔保朝綱勞苦功高，二也是因南征荊州向大家辭行。這般冷清成何樣子，誰能吟首詩歌助助酒興？」

眾大臣被他說得面面相覷，卻無人敢站出來。曹操索性一擺手：「既然如此，先叫我府下的掾屬拋磚引玉吧！繁休伯、路文蔚，你們打這個頭陣如何？」

繁欽就坐在堂口，聞聽召喚與路粹對望了一眼，趕緊出席跪倒：「啟稟主公，我等行文錄事多年，這把年紀也沒有什麼別致的才情，且叫年輕人出來顯顯身手吧！」他說的年輕人是新近入府的阮瑀與劉楨。他們才二、三十歲，卻皆以詩文見長。曹操素愛附庸風雅，將他們由書佐[7]提升為記室[8]，拿著令史一級的俸祿，卻很少草擬表章，多是陪著曹丕等公子吟詩作賦。

「也好……」曹操莞爾，目視劉楨道：「公幹！你小子快快作出一首為列公助興，難道還要老夫下去拿你嗎？」

劉楨為人詼諧又甚好賣弄，滿心要醞釀一首佳作，聽見招呼卻不肯出列，笑嘻嘻拱手道：「請主公恕罪，在下一時不濟，還要再思量思量……不過元瑜兄是文思泉湧之人，且叫他打頭陣吧！」

他又把這貼膏藥黏到了阮瑀身上。

曹操嘿嘿直笑：「不願第一個出來又不直說，你小子心眼還挺多的。那元瑜就來作一首，少時他若不及你，老夫命人灌他酒。」

阮瑀無可奈何只得離席上堂，給在座之人作了揖道：「敢問主公，要一首何等題材的？」

「今日非是會文，不過為列公佐酒，哪有這許多講究？你隨便作出一首便是。」

阮瑀心中暗想：今天這般陣仗，不知又要作出多少詩文。我是頭一個被點將的，若是上來就卯足了勁，劉楨的詩再精采也品不出滋味了。倒不如規規矩矩作上一首應景的，但求中庸也好做人……想至此手撚鬍鬚慢慢吟道：

陽春和氣動，賢主以崇仁。布惠綏人物，降愛常所親。
上堂相娛樂，中外奉時珍。五味風雨集，杯酌若浮雲。

「不錯不錯……」華歆就是個老好人，第一個開口稱讚。他一說話別人都跟著回應，叫好聲一片，氣氛馬上熱鬧起來，曹操也點頭而笑。

群聲嘈雜之中，孔融提高嗓門嚷道：「不好不好！這等平平淡淡的東西怎能說是佳作呢？」

老先生挑刺本不該辯白，但阮瑀只當是逢場作戲哄曹操一樂，便斗膽走到孔融面前：「敢問孔大人，在下這篇哪裡不盡如人意？」

---

⑦ 書佐，公府一般的文書佐官，地位在掾屬、令史以下。

⑧ 記室，全名為記室令史，是三公、大將軍身邊專職草擬表章的，地位較書佐要高。

「從頭至尾皆不如意。」孔融吃了口酒，微笑道：「先說這第一句『陽春和氣動』，敢問元瑜，現在是幾月天呢？」

「大人說的是。不過咱們作詩之人圖的是意境，今日大家歡聚一堂共赴盛會，豈非人情暖過春意？」阮瑀振振有詞。

「也罷，老夫且饒你這一錯。」孔融樂呵呵還有話說，「第二句又是什麼『賢主以崇仁』，此言謬矣！所謂賢主乃是當……」

華歆聽這話頭心怦怦直跳，孔融竟要把「賢主」是曹操還是皇帝分辨明白！他趕緊舉起酒來，不待其把「當今聖上」說出口，便起身敬酒：「列公請飲……」他是個老滑頭，第一個先敬丁沖。丁幼陽這醉貓就是販夫走卒敬的酒也要喝，隨即嚷道：「來來來，諸位同飲！」眾人紛紛相敬亂了半天，硬是把孔融後面的話給蓋下去了，等到人聲稍歇，只聽了後半句：「這『五味風雲集』說他做甚？難不成你要把佳肴寫個遍？若容你再編下去，只怕『海闊鰒魚躍，葡萄滿堂飛』都要出來了！」這話逗得大夥直笑。

「古人曰『五行配之五味』，故烹飪者，做熟也，調和五味之謂也。此中大有深意，老大人豈能不知？」阮瑀背著手有問必答。

「牽強啊牽強……」他二人還在你來我往爭論不休，忽聽身後有人贊道：「好字！真真妙筆！」原來韋誕能寫一手好字，在西州頗得人喜愛，他又年紀輕好賣弄，在阮瑀吟詩之際找劉岱要了一大張蔡侯紙⑨，隨著詞句就寫了下來，這會兒舉起叫大夥觀看，眾人無不讚譽。

「請曹公過目……」阮瑀接過紙來，快步捧到帥案前。

曹操定睛觀看——這幅篆字寫得鐵畫銀鉤一般。雖不及那位大名鼎鼎篆字名家梁鵠，但年紀輕輕有這樣的筆法也很不凡了。曹操連連頷首，贊道：「後生可畏啊……若是再加勤勉，日後之造詣不可限量。」

「多謝明公誇獎！」韋誕這小夥當仁不讓。

「這幅字老夫收下了。」曹操招手喚劉岱，「你去叫人取一條玉帶贈予韋公子，權作交換之禮……哦，再拿些絹帛筆墨贈予元瑜。」

劉岱也跟著湊熱鬧道：「我替主公拿個主意，搬一箱子絹帛過來，後面不知還要作多少詩，乾脆一併賞了吧！」

「好好好，由著你去辦！」曹操這會兒高興，幹什麼都行。

曹丕看得眼熱，突然有了主意——我若也在人前作首詩，豈不是人人誇獎，父親也要高看我一眼？隨即也道：「煩勞也給我拿卷書簡來。」他不敢公然誇口，打算先醞釀，寫出來再說。

劉楨早在堂下準備好了，待阮瑀出來，還不忘客氣客氣：「多謝兄長口下留情，給小弟留餘地了。」大步流星邁上堂道：「諸位大人，在下也有了一首，請大家指點！」說罷甩起大袖邊歌邊舞：

鳴鳶弄雙翼，飄飄薄青雲。
我後橫怒起，意氣凌神仙。
發機如驚焱，三發兩鳶連。
流血灑牆星，飛毛從風旋。
庶士同聲贊，君射一何妍。

---

⑨ 蔡侯紙，即東漢蔡倫造紙術製造的紙。中國造紙術發明雖早，但使用並不廣泛，東漢仍以竹簡、絹帛、羊皮等為主要書信載體，做工精細的紙張是很寶貴的。

他不到三十歲正值韶光，又生得相貌英俊，長袖善舞衣袂翩翩，時而搖擺仰俯，時而狀若射鳶，真真精彩絕倫，引得堂上之人無不撫掌歡笑。曹操正喝了一口酒，聽到「發機如驚焱，三發兩鳶連」不禁「噗」地一口全噴了出來，繼而仰天大笑——這小子何等伶俐，袁尚、袁譚兄弟鬩牆，老夫要的正是箭射兩鳶啊！

「好！」西首眾人又舉起幅字來，乃是黃門侍郎張昶所書。想那張家父子兩輩子的狂草，這般家學鳳舞龍飛一般。曹操雙挑大指：「詩好字更好，妙哉妙哉！」

張昶已是年近七旬之人，站起來謙虛道：「老朽獻醜，諸位實在過譽。若先父、家兄在世，不知比我這兩筆強多少！」這倒是實情，他父張奐張然明，不但仗打得好，草書也是一絕；而他兄長張芝下筆如神天下無雙。張昶也有幾下子，卻遠不如父兄，不過是張奐、張芝都死了，顯出他的本事來了。

段煨那老兵痞就坐在張昶身旁，一把拉住他手道：「老兄弟，這就夠他們瞧的了！今日關東人吟詩，關西人寫字，他們是文的，咱們來武的……喝酒吧！」

眾人頓時一團哄笑，曹操樂得前仰後合，頭巾都墜到菜裡弄濕了。劉岱也會做人，取了雙份的絹帛遞與劉楨，給張昶的不僅有玉帶，還有一柄雕飾精美的玉如意——反正是官渡之戰得來的，曹操又不用，敞開來送也是替他買人心。

曹丕琢磨了半天，可就是一個字也寫不出來，寫得雅致似阮瑀，寫得豪放像劉楨，想自己別具一格作一首，丁沖、孔融、段煨這幾個大叫驢一嗓子接一嗓子，把他腦子都攪亂了。半天才想出一句，還沒落筆又見孔融站了起來：「段忠明，你這老兵痞，是不是笑話我關東沒有豪邁之士啊？老夫就來作一首，叫你豎起耳朵好好聽聽！」他這一放話，在場之人就連曹操都安靜了，全知道他是此中魁首。但見孔融拾起筷箸，輕擊杯盤，仰天高歌起來：

岩岩鐘山首，赫赫炎天路。高明曜雲門，遠景灼寒素。
昂昂累世士，結根在所固。呂望老匹夫，苟為因世故。
管仲小囚臣，獨能建功祚。人生有何常，但患年歲暮。
幸託不肖軀，且當猛虎步。安能苦一身，與世同舉厝。
由不慎小節，庸夫笑我度。呂望尚不希，夷齊何足慕。

「哈哈哈……」這詩作得狂狷霸氣，不少人聽得噴飯大笑。段煨笑得上氣不接下氣：「真有你這老狂夫的，歲數越大狂得越沒邊了。『呂望老匹夫』、『管仲小囚臣』，我看你如此不服老，別在堂上坐著，乾脆下去與那幫後生小子同列[⑩]吧！」

眾人都笑，曹操非但不喜反而心有恚意：這膽大包天的孔老鬼，竟敢當著我的面誦這等詩篇！『呂望尚不希，夷齊何足慕』，太公呂望都看不起，伯夷叔齊全不值一提，這話究竟衝誰說的？難道他誹謗我有意謀朝篡位？算啦，喝酒吟詩算不了大錯，況且現在老夫還用得著你。不過這樁事我且記下，你道管仲只是小囚徒，休怪將來一日我叫你當囚徒！

這堂上有的是細心之人，郗慮、王朗、荀悅等人都聽出弦外之音，全拿餘光暗暗注視曹操臉色。漸漸地所有人都感覺到氣氛不對了，一會兒工夫大大堂竟安靜下來，唯有孔融滿不在乎還在笑。董昭

⑩ 曹丕日後著有《典論》，其中將孔融、劉楨、阮瑀以及後來歸附曹操的陳琳、王粲、徐幹、應瑒並列，推崇他們七人的詩賦文章，被後世稱為「建安七子」。

輕拉賈詡一下，捂嘴嘀咕道：「文和，曹公似乎生氣了……」賈詡卻好似沒聽見，低頭照吃照喝。

正在冷場之時，坐於上位的司徒趙溫突然開了口：「諸位大人，今天這鰒魚羹燉得真是鮮美啊！」

華歆趕緊接過話：「是啊，西域的葡萄也很甘甜。」這倆老滑頭倒是一唱一和，打破了尷尬局面，其他人也趕緊沒話找話，這也就對付過去了。

可能曹操也感覺出自己失態了，漸漸擠出一張笑臉，站起身朗聲道：「今日列位高才皆有佳作，老夫也來湊個熱鬧，步樂府古韻歌一曲《善哉行》，還請列位雅正。」一聽主角要開唱，大堂上下無不撫掌逢迎，兩旁的絲竹樂工早有準備，趕緊撥轉宮商各司其妙。曹操繞出帥案，一邊環視眾人，一邊引吭高歌：

古公亶父，積德垂仁。思弘一道，哲王於豳。
太伯仲雍，王德之仁。行施百世，斷髮文身。
伯夷叔齊，古之遺賢。讓國不用，餓殂首山。
智哉山甫，相彼宣王。何用杜伯，累我聖賢。
齊桓之霸，賴得仲父。後任豎刁，蟲流出戶。
晏子平仲，積德兼仁。與世沈德，未必思命。
仲尼之世，主國為君。隨制飲酒，揚波使官。

他嗓音寬洪嘹亮，詩句立意高遠，將古公亶父[11]、太伯仲雍[12]、伯夷叔齊、仲山甫[13]、管仲、晏嬰[14]、孔丘幾位先賢的仁德一一唱出，真君子正道之歌！在座大臣有多半不是曹操心腹，但聽著這慷慨激昂的大雅之韻，誰還能懷疑他輔保漢室的真誠？不過細心之人都能聽出，前番孔融指桑罵槐貶損古人，曹操卻避實就虛褒揚先賢，兩人實是針鋒相對。

孔融聽出這是衝自己來的，心中暗笑——貶者未必是貶，褒者也不一定就出自真心，歌頌聖人哪個不會？看人不能聽其怎麼說，關鍵要看怎麼做。

其他人可顧不了許多，趕緊避席跪倒：「曹公文采超凡德追先賢，我等望塵莫及。」

「哈哈哈……」曹操得意洋洋，想再向大家敬酒，忽見主簿王必急急忙忙跑上堂來，徑直奔至他身邊耳語了幾句。

「可惡的大耳賊……」曹操滿臉笑意頓時消失得無影無蹤，「老夫有些軍務要辦，諸位大人隨意。公仁、文和，你倆隨我來！」

「諾！」董昭、賈詡連忙起身，快走幾步跟著他轉入後堂。

他們這一走，大堂的氣氛立時沉寂下來。誰有心思在這裡飲酒賦詩，不過都是逢場作戲。華歆、王朗等人低頭不語只是用餐，段煨與張昶、邯鄲商小聲議論他們的事，至於堂下劉楨、阮瑀和新招來那幫掾屬更不敢隨便議論什麼，唯有孔融大說大笑揮灑自如。

這一靜下來曹丕反倒文思泉湧了，他一手托腮一手信筆，不緊不慢地還真寫出一首自己滿意的

---

⑪ 古公亶父，周文王之祖父，率領周族由豳地遷往岐山，使周室自此興旺。
⑫ 太伯、仲雍，兩人是古公亶父之子，讓位於周文王之父季曆，兄弟遠走山越建立吳國。
⑬ 仲山甫，周宣王時期名臣，總攬王命品德高尚。
⑭ 晏嬰，字平仲，後世尊為晏子，春秋齊國大夫，經歷靈公、莊公、景公三朝，才智過人治國有方。

詩來，本想等父親回來再獻上討巧，哪知悶坐多時也沒動靜。過了好一陣子，劉岱忽然從外面走上堂來，作了個羅圈揖朗聲道：「我家主公突有要務，不能陪各位大人飲宴了，請諸位大人恕罪。主公還道，請大家吃喝隨意，千萬不要拘束，少時若要離開也請自便。」

主人不出來，這酒還喝什麼？司徒趙溫第一個起身告辭。曹操不在他的官最大，他要離開滿堂的人都要跟著送，段煨、張昶等輩也就趁機走了，華歆、孔融、王朗等名士連袂而行。其他官員喝口酒、吃口菜、閒談幾句也散了，掾屬們三三兩兩離去，最後連抱著酒壺不撒手的丁沖都走了，臨出門差點兒教裝絹帛的箱子絆個跟頭。杯盤狼藉的大堂中最後就剩下曹丕一個人，這當眾展示才華的機會又錯過了，為何總不能如願呢？他深深歎了口氣，抓起剛寫的那首詩，茫茫然下了大堂。

「公子！」劉楨送客回來，與曹丕走了個迎面，「剛才我看你搦管凝思，不知有何佳作啊？」

「什麼佳作不佳作，就是這麼個玩意兒。」曹丕舉給他看：

東越河濟水，遙望大海涯。
釣竿何珊珊，魚尾何簁簁。
行路之好者，芳餌欲何為？

「噫！」劉楨驚呼一聲，「惜乎惜乎！方才沒能拿出與大家共賞，此首乃今日之魁首也！」

「哼！」曹丕只當他是獻殷勤，「你莫要拿我取笑，這寥寥幾句也值得大驚小怪嗎？」

劉楨搖搖頭：「在下並非奉承公子，您的這一首確有高明之處。《詩經》有云：『籊籊竹竿，以釣於淇。豈不爾思，遠莫致之。』此乃世間相思之態。這一句『釣竿何珊珊，魚尾何簁簁』可算盡承其美了。佳作……佳作……」

「其實我自己覺得也不錯。」曹丕瞧他搖頭晃腦如痴如醉，似乎不像是安慰之言。

劉楨沉吟半晌，笑道：「方才元瑜那首《公宴詩》不過小試牛刀應景而已，我那一首《射鳶》歌大風賦猛士，貴在一石二鳥，為大家取個樂。孔融那老兒狷狂不羈盛氣凌人，不過也是他生平志向所在，嘻笑怒罵皆成文章，別人真還比不了！至於主公那首《善哉行》乃是彰顯先賢之仁，自不敢望其項背。通盤看下來唯有公子這一首最妙，嫋嫋輕輕正合心境。想來公子年近弱冠，必是情竇已開，思慕美人乃世間男子之常情啊！」

「休要拿我取笑。」曹丕臉色微紅，心下並不贊同他看法。這首詩寫的並不是相思之情，合了《詩經》之語其實是誤打誤撞。但劉楨乃此中高手，他若真心說好那必定是不錯，日後尋個機緣巧合再拿給父親瞧瞧，肯定能得一番讚譽。想至此他連連道謝，又閒話幾句打算回轉後堂，哪知還未走到二門，忽聽一個陌生的聲音自背後呼喚道：「公子請留步。」

曹丕回頭一看——是新徵召來的一個掾屬。此人不似劉曄、杜襲等那般出眾，剛才在人堆裡坐著，不顯山不露水半句話都沒說，曹丕連他名字都不曉得，便搪塞道：「先生有事嗎？」

那人恭恭敬敬作揖道：「恕在下冒昧，能不能將您手裡那篇詩文給在下瞧瞧？」

曹丕不知他意欲何為，上下仔細打量：此人二十四、五歲，說話略有些兗州口音，個子不高臉龐白皙，五官相貌皆不出眾，留著剛蓄起的毛茸茸的短鬚，身穿一襲普通掾吏的皂色深衣，沒有冠戴，僅是一根黃楊木的簪子別頂——看來就是個平凡的小人物。

那人見曹丕不搭言，忙解釋道：「公子莫要誤會，在下只是聽說您頗有文采大筆華翰，想要親眼瞧瞧您的詩作罷了。」

曹丕料他是個阿諛幸進之徒，若不給看必定糾纏不休，便沒好氣道：「你看看便是，不過我後堂還有要事，你快著點兒！」

那人接過竹簡，低著頭貓著腰一身謹慎之相，小聲默念了一遍，遂將詩文遞還，贊道：「好詩好詩！『行路之好者，芳餌欲何為？』這世上之人紛紛攘攘追求名利，卻不知那僅是芳餌鈎鈎。人之一生猶如大江東去，爭來爭去最終為的又是些什麼呢！」

「你……」曹丕大吃一驚，心下暗暗稱奇，這才是此詩的原意呢！方才劉楨沒有品味出來，他還以為自己功力不夠，現在卻叫此人解了個明明白白，當真人不可貌相。他趕緊收起公子哥的做派，正襟拱手道：「敢問先生高姓大名仙鄉何處？」

「不敢當。」那人規矩還禮，「在下吳質，陳留定陶縣人。」

「久仰久仰！」其實曹丕根本沒聽說過，但聽其解詩便覺他是個人物了，「方才我與劉公幹言談，他道這詩僅是相思之意，我還以為自己功力不夠弄巧成拙了呢！還是先生心明眼亮。」

吳質不但會解詩，更會解人情：「劉公幹非不能深解其意，而是整天操書弄札少了幾分平和心境罷了。恕在下直言，公子這詩文非是您這樣的身分輕易能作的，此感慨之言必是有感而發，莫非公子有何不如意之事？」

曹丕臉一紅，這話怎麼能輕易吐露呢？擺擺手道：「不過稍有些惆悵之意，沒什麼要緊的，情之所至偶得此詩。」

「哦。」吳質並不反駁，又默默吟誦了一遍，低聲道：「有兩句話在下姑妄言之，公子姑妄聽之，若說得不對還請見諒。在下風聞曹公亦頗喜詩賦，精通《詩經》深諳音律，但似公子這般年紀時也未必能寫出這樣的作品，公子已青出於藍，不過……」他話說一半突然蹙眉而止。

「不過什麼？」

「在下為公子考慮，這篇詩文萬萬不要讓令尊過目。」

「啊？」曹丕一愣，「為什麼？」

吳質的聲音越發低沉：「公子已是舞象⑮之年，《周禮》有云：『舞象者，舞武也，謂用干戈之小舞也』，公子這個年紀還是前途正盛好勇爭強之時，游獵騎射控弓走馬，思慕英豪壯志凌雲，怎好做此無病呻吟？曹公天生意氣超凡，公子的兄弟們又多，個個一表人才，曹公若是見到您作這樣的詩，恐怕……嘿嘿……」牽涉蕭牆之內的話他就不說了。

一言點醒夢中人，曹丕不禁打了個寒戰——父親鼎盛春秋，前日小妾李氏又產下一子，取名喚作曹整，這大大小小各房兄弟們也有十多個了。沖兒受寵自不必說，就是彰兒、植兒、彪兒他們也不次於我，父親見了這篇詩文，若誤以為我不思進取整日哀怨，豈能瞧得上我？他猛然醒悟，真有相見恨晚之感，趕忙再次施禮：「多謝先生指點，承教承教！」

吳質始終保持笑容：「得見公子詩文，果真名不虛傳，在下大飽眼福三生有幸。天色不早公子還有家務，在下就此別過。」

「先生慢走。」曹丕想留下他再說幾句，但是眾僕僮來來往往有礙推心置腹，又見校事官趙達、盧洪溜溜達達走過，此等隱祕之言豈能叫這兩個小人聽去？

吳質恭恭敬敬連退數步，這才轉身而去，剛走了幾步忽然又扭頭道：「對啦！公子既然喜歡詩賦一道，何不多做些行軍陣仗類的作品呢？若有一日父子相伴出征，三軍將士高唱公子之凱歌，那該何等雄壯啊！哈哈哈……」

---

⑮ 舞象，指男人十五歲至二十歲之間。

第七章

袁尚袁譚同室操戈，曹操坐收漁人之利

郭嘉獻良策

曹操派夏侯惇分兵南下，乃是假意討伐荊州，不料劉表不明其意玩起了真的。他聞知夏侯惇率部離京，以為大戰將至，馬上授以劉備兵權，令其搶先攻占南陽諸縣，屯兵博望縣（今河南省方城縣西南）以北阻擋曹軍。夏侯惇、于禁、李典與劉備連連交鋒，戰事竟漸漸不可化解。

建安八年（西元二〇三年）八月，與曹軍僵持多日的劉備利用地勢巧設伏兵，自行燒毀營寨假裝撤退。夏侯惇、于禁率部追擊陷入重圍，多虧留守營寨的李典及時救援，二將才勉強得脫，但兵馬折損嚴重不得不轉攻為守；劉備率部挺進至葉縣，眼看就打入豫州界內了。曹操迫於形勢只得假戲真做，率領大軍進駐西平與劉備對峙。

而南邊的戰事打響，袁氏兄弟的內鬥也變得無所忌憚。袁尚親自率部攻打其兄，袁譚一敗再敗只得逃奔青州平原縣歸攏殘兵，袁尚乘勝追擊，將平原城團團包圍猛烈攻打。此時袁譚前線戰敗後方造反，已陷入絕境，與郭圖等人籌劃再三，只得派辛評之弟辛毗向曹操投降，懇請兵發冀州救其脫困——袁氏兄弟自相殘殺之甚，竟到了與虎謀皮的程度。

辛毗奉命闖出重圍，幾經波折來到曹軍前線，先尋到軍師荀攸，懇請其在曹操面前力促此事。

而此時前有劉備為患，後方出現良機，曹軍又面臨著兩難的抉擇……

中軍帳裡已爭論半天了，始終沒個定見，但是絕大部分將領覺得袁氏已亂，相較而言，劉表才是大敵，主張先破劉備直搗荊州。先前吃了虧的夏侯惇、于禁更是力促此議，只有許攸、郭嘉、樓圭等少數人同意接受袁譚投降回軍北上。

曹操端坐帥案皺眉凝思，也久久不能抉擇。在他看來袁尚固然是心頭之患，可大耳賊更是令人頭疼的角色，直搗荊州的想法他還沒有，可是絕不能讓大耳賊趁虛而入，一旦主力調歸北上則豫州邊界空虛，若再來一次博望之戰那樣的慘敗，許都可就危險了！劉備非不能戰，只是十餘年來未有立身之基，如今他有劉表為後盾，甲冑充足糧草不缺，可就不能小覷了。

荀攸瞧著許攸、樓圭與諸將辯理，始終緊鎖眉頭不置一詞——此事雖是他包攬，卻不方便多言。只因辛家與荀家同為潁川大族，兩家有聯姻關係。荀攸的姑母嫁與辛氏，其子辛韜與辛毗論起來還是同族兄弟。辛毗闖出平原後忌於交戰多年不敢面見曹操，先去了趟許都尋辛韜接洽，是拿著荀攸姑表弟的引薦文書找過來的，而且此番請降還牽扯著辛氏幾十口人命呢！這公事裡面摻著私情，不少人有所風聞，倒叫荀攸不方便表態了。

曹操早就注意到荀攸今天有些反常，幾度欲言又止，便抬手止住眾人議論：「軍師有何高論？」

荀攸拱手道：「此事頗多隱晦，又涉及在下親眷……」

「唉！為國舉賢尚且不避其親，何況軍務，你但言無妨。」

荀攸站了起來：「在下以為先取河北乃主公本願，不可輕易廢止，還是出兵北上為妙。」

話音未落，夏侯惇便反駁道：「軍師請恕末將無禮。河北之位袁紹本已傳與袁尚，袁譚自號車騎將軍謀害其弟，此人連手足之情都不念，又怎會真心投降我軍？況青州之地尚未全境克復，王修、管統皆與之同謀，固然我軍此番北上可以襲破袁尚，那袁譚招誘其部乘勢做大，反收袁尚之地抗拒我軍，咱們豈不是又空勞一場？除一敵而立一敵，到頭來又像前兩次一樣無功而返。」

于禁也隨著道：「眼下之困非在後而在前，若不能將劉備擊退，只怕想回軍也辦不到……」

「你等休要插嘴！請軍師把話講完。」曹操皺著眉頭呵斥道。

「多謝主公。」荀攸暫把胸中顧忌拋開，款款走到大帳中央，「天下方有事之時，群雄無不操干戈兼併鄰地，唯劉表坐保江漢之間，假張繡、黃祖、蒯祺等外藩禦敵，其無四方之志可知矣！袁氏本據冀青幽并四州之地，帶甲者十餘萬，袁紹以寬厚得眾，又借豪強而自固。倘若袁譚、袁尚二子和睦以守其成業，則天下之難未息也。而今兄弟交惡競奪大位，此勢不兩全之仇！袁尚之勢大，若縱其剿滅袁譚則河北之地復歸一統，其力亦專，力專則難圖也。主公不可坐視不理，正該趁此時機將其兄弟一併殄滅，則天下可定矣！在下之言還望主公與諸位將軍詳思。」

這番話正說到曹操心坎裡，但于禁所慮也對，眼前的問題是怎麼甩掉劉備這個包袱，便轉臉又問：「公仁、文和，你們有何高見？」

董昭與賈詡是曹操特意調至軍中的。董昭雖不以軍謀見長，卻曾在河北當過魏郡太守，可以憑其人脈發揮作用；賈詡素來善於計謀，但身負禍亂長安之罪、計害曹昂之仇，自從歸順以來凡事三緘其口，唯恐招曹操猜忌。這會兒兩人都是悶坐杌凳，低著頭一言不發，聽到問話也僅是搖頭——一個想說無話，一個有話不說。

曹操感覺腦袋有些發懵，最近他身體不太好，可能過於操勞了，此刻實在拿不定主意，便踱至帳外透了口氣。樓圭悄悄尾隨到他身邊，低聲道：「孟德，天下之勢暫且不論，咱們奔忙多年已將近知天命之時了。我若是你……」話說一半情知犯了老毛病，趕緊收了口。可這半句話在曹操聽來卻已如炸雷。眼看已快入冬了，遍地草木大半枯黃，這一年又要過去了，曹操也即將踏入五十歲，安定天下的路還很遙遠，這時候必須要放手一搏！想至此他突然轉身道：「就依軍師之計，准許袁譚歸降，擇日開拔北上！」

這個決定一出口，在場之人都在歎氣，有人感覺慶幸，有的人卻是無奈。于禁抱拳道：「主公，前敵之事如何脫身……」

「會有辦法的，容老夫再思再想。」曹操一甩衣袖，「我意已決，散帳吧！」他話未落音，就見曹洪自轅門快步而來，離著老遠就嚷道：「他娘個蛋的！大耳賊又他媽來騷擾前營，張繡已跟他們幹上了。大夥也別愣著，快帶兵幫忙啊！」

現實是不能無視的，這種狀況根本無法收兵。夏侯惇、于禁又望了曹操一眼，見他還是沒有半分更改之意，只得搖頭而去。其他人也陸陸續續走了，荀攸想再說兩句，但是礙於事態卻不便多言。賈詡也一步三搖往外走，卻被郭嘉叫住：「文和兄，請暫留一步。我有計策獻於主公，有勞您一同參詳。」

曹操回轉帥案擺弄著正在注解的兵法，待旁人走了，才問郭嘉：「你小子又有什麼話說？」

郭嘉滿面諂笑：「我觀主公之意雖決，但仍憂於眼前之敵，特與文和兄為您解憂。」

曹操抬眼一瞧——賈詡是留下了，卻慢悠悠往角落裡一站，耷拉著腦袋只給個耳朵，便道：「你不要牽扯旁人，有什麼破敵之策趕緊說！」

「南陽諸縣已落入劉表之手，大耳賊又只是每日分兵纏鬥，不肯列陣交鋒，我軍雖眾，欲速取亦不可得，但或可令荊州自行退兵。」

「哼！」曹操斜了他一眼，「你該不會是想聯合孫權出擊江夏吧？那根本行不通，江東正有山越作亂，我還聽說劉表之姪劉磐屢次自南路侵擾，孫權自顧尚且不暇，哪還有工夫幫咱們？」

郭嘉方要辯解，又見帳口處跪倒一個斥候兵：「啟稟主公，張遼將軍自東海回軍，監軍武大人要即刻面見您。」監軍武周與張遼脾氣不和，又常在用兵策略上發生爭執，剛開始兩人吵架還有點兒原因，後來就是互相瞧著不順眼，動不動就跑來告狀。

「知道了。」曹操露出不耐煩的神色，「我叫張遼去平昌霸之亂，他又跟武周頂起來了。前半個月他倆就來信各自說理，全是芝麻綠豆的小事，我都懶得管了。你看于禁與監軍浩周[1]，有苦同吃有酒同飲，倆人從來沒紅過臉。怎麼張遼與武周就不行呢？實在不行就把這兩頭倔驢分開吧！」

郭嘉卻不贊同：「張遼脾氣直，不似于禁那般會做人，與諸將的關係處得不好。武周是個耿介之人，有他在一旁約束，張遼多少還能收斂一些，我看把他倆拴在一起是對的，吵吵鬧鬧不至於犯大毛病，分開未必是好事。」

武周腳底下真快，斥候剛走他便氣哼哼闖進來，扯著嗓子就喊：「啟稟主公，那張文遠拒不服從主公之命，竟私會昌霸准許其投降。我接連勸阻他都不聽，不但違反軍令還把昌霸帶到這兒來了，請主公狠狠懲辦這個目無軍法之徒！」

曹操無奈地搖了搖頭——張遼草莽之氣難脫，還是捨不了跟昌霸那幫人的義氣。軍法明明規定圍而後降者不赦，他竟全不放在眼裡。但是張遼畢竟是曹操器重的大將，當初為了收服他沒少花心思，昌霸不過是一方小寇，因為這點兒事處置張遼實在不忍心。曹操撫著帥案苦笑道：「伯南辛苦了，張遼之事就交給老夫辦，你這幾天鞍馬勞頓又受了委屈，回帳休息去吧！」

武周情知他又要和稀泥，厲聲道：「主公不能這樣啊！您得秉公而斷！張遼也太……」

「好啦好啦，我都知道了。」曹操不想聽他說了，「張遼乃是一介武夫，不曉得什麼規矩法令，你不要與他一般見識。等他來了我好好勸勸他，一定叫他給你陪罪。」

「在下豈為區區意氣之爭？」武周連連拱手，「前日主公也曾發下教令嚴申軍法，今日張文遠若能任意胡為，那明日滿營眾將都不聽主公調遣，長此以往怎麼得了？況且那賊徒昌霸，已是第四次造反，若還寬恕便是縱容，天下不法之徒以為主公處事寬縱，必然稍有不順便要舉兵，舉兵不利便要投降，如此循環往復天下必亂啊！」

武周所言句句在理，曹操叫他噎得說不出話來。郭嘉接過話頭：「伯南兄說的固然不假，可昌霸與臧霸、孫觀、尹禮、吳敦同是徐州之將，又都是莫逆之交。昔日主公掃滅呂布，劃東土諸郡歸他們自治，如今臧霸等將廣有功勞。現在這時候治死昌霸，豈不是寒諸將之心？張遼將軍大事化小也是一片苦心，伯南兄就不要過苛了。」

「對對對！」曹操趕緊就坡下驢，「奉孝說得有理，伯南你放心，這些事老夫心裡都有數，你就不要再掛懷了，等張遼來了，老夫親自為你們和解。」張遼是勇猛善戰的愛將，武周是效力多年的心腹，手心手背都不能傷。

武周還欲反駁，卻有小校來報：「張遼將軍告見！」他聽罷此語竟一甩衣袖揚長而去，恰與張遼走了個迎面，倆人錯身而過就好像互相都沒瞧見一樣——這對將軍和監軍，簡直是冤家對頭。

張遼進了大帳匆忙跪倒：「末將參見主公！」

曹操正琢磨怎麼教訓他，隨口答了一聲：「起來吧！」

張遼卻依舊跪著：「末將沒有按軍令行事，請主公治罪。」

明知是違抗軍令還要堅持自己的做法，這等人拿他怎麼辦？曹操歎口氣：「叫我說你什麼好？算了吧……一會兒你回營給武伯南道歉，下次他再告到我這兒，老夫絕不饒你。」

張遼在曹營也不是一天兩天，早料到是這個結果：「謝主公寬恕，在下以後一定謹守軍令。」這話說了無數遍，說完兩人該鬧還鬧。

---

① 浩，作為姓氏念告，現今此姓已極為罕見，相傳周武王分封西北地方有浩國，後世以此為姓。此處提到的于禁監軍浩周，字孔異，就是上黨人士。

「昌霸在哪兒？」

張遼手指帳外——曹操並未見過昌霸，這會兒但見有一大漢袒胸露背自縛雙臂跪在大纛之下。此人生得虎背熊腰肚大十圍，渾身都是黑黢黢的汗毛，一張紫微微的大胖臉，滿臉橫肉闊口咧腮，大耳朝懷翻鼻虬髯，二目突出眶外。綁是綁上了，但仰著臉撇著嘴毫無請罪之態，兩隻大眼珠子轉來轉去東張西望。

「難怪這廝諢號叫做昌狶[2]，果然是頭無法無天的野豬！」曹操不禁冷笑，「你是怎麼勸降他的？」

張遼拱手道：「末將與夏侯將軍兵圍三公山日久，巡視之時發現昌霸總在山上監看，他的兵戍守山頭放的箭也越來越少，我瞭解這廝的脾氣，定是見我軍勢大心中猶豫，不知該戰該降。我便偽裝成信使上山與之洽談，他便投降了。」

他說得輕巧，曹操驚得汗流浹背：「此非大將之法啊！」

張遼滿不在乎笑道：「無礙的，我與這廝也是老熟人了，到他家喝了一頓酒，還見著他婆娘孩子了呢！」

曹操連連咋舌：「文遠啊文遠，你可真魯莽，捨棄兵士獨入虎穴，若是那廝翻臉無情把你害死在山上，你叫三軍將士聽誰指揮？活該武伯南罵你！」

「主公無須多慮。」張遼笑道：「誰不知主公之威信著於四海，奉天子以討不臣。末將依仗主公之威便如奉詔行事，那昌狶膽子再大又豈敢害我。」

郭嘉一旁暗笑——張文遠也學壞了，會拍馬屁啦！

果不其然，曹操聽了他這番「大道理」頓覺面上有光，換了張好臉色：「話雖如此，不過以後萬萬不可再行此舉。」

「諾，末將日後一定以大局為重。」張遼連忙應承，又替昌霸說情道：「昌霸既已到此，念在他主動歸順，主公是不是……」

「是不是可以從寬發落？」曹操哼了一聲，「老夫舉兵以來遇敵無數，就沒有一個似他這般難纏的，若造反一次也就罷了，這已經是第四回了。即便他沒多少人馬，老夫也不能光跟他耗費光陰啊！從古至今哪朝哪代有人謀反四次而不誅？」

張遼畢竟與昌霸是朋友，又道：「這次他真的是誠心歸附，還帶來兩個兒子，願意留在京師作為人質，求主公再饒他一次吧！」

「這……」曹操又望了一眼帳外那個愣頭青，「好吧，將其二子留在軍中，念他在東土有些名望就不撤他的職了，裁去一半兵馬放他回去吧！」張遼可算鬆了口氣，便要招手喚他進來，卻被曹操攔住了，「不必了！他一個草莽之徒豈配與我說話，你轉告他，這次全看在你張文遠的面子上，叫他從今以後服從調遣，再敢胡作非為老夫隨時取他性命！」

「末將替昌霸謝過主公。」張遼再次跪倒。

「罷了，鬆開綁繩叫他滾……你回去休息吧！」曹操饒恕昌霸全是為張遼，這員將為人最是義氣，若能成全這番仗義，以後張遼征戰疆場時必定加倍出力。

張遼果真感恩戴德：「既然有敵當前，末將豈敢休息？安頓昌霸之後我便帶兵屯駐前營，與張繡共禦劉備。」

「好樣的！這才像個真正的將軍！」曹操治軍最大的特點就是對那些武夫不吝褒獎，總能把人哄得心甘情願為其賣命。

---

② 狶，野豬之意。

等張遼走了，郭嘉提醒道：「我觀昌霸相貌非是善類，此人日後必定還要造反，文遠因私義而誤公事矣！」

曹操點點頭：「昌霸可不可信無足輕重，此人一再造反早把信譽失了，以後誰還願意與之共事？他那點兵裁撤之後還剩幾百，即便再鬧也鬧不出什麼花樣了。他既願意獻子為質，老夫就給張遼、臧霸他們個面子，但願這廝能從此安分。」

郭嘉卻道：「《易經》有云『過涉滅頂』，一為過，二而涉，三次不改便要滅頂。如今昌霸已鬧到第四次，即便主公饒恕他又心中何安？一個人若是能造反四次，也就不在乎再有第五次了。此乃天性使然……」說到這兒他話歸原題，「這就好比劉備與劉表，大耳賊自舉兵以來棄公孫、反呂布、叛主公、逃袁紹，這種人還能指望他忠於劉表？反之劉表其人生性又過於謹慎，與主公和而戰，戰而和，這次他還是要和解的。」

「你有這麼大的把握？」曹操不甚贊同。

郭嘉又綻出一絲得意的笑容：「主公若是不信，還請文和兄道破此中玄機。」

「嗯？」曹操都把賈詡忘了，這才注意到他還在大帳角落處站著，雙手插袖低頭看地連大氣都不出一聲，說了半天話，彷彿這大帳裡沒他這人一樣。曹操不禁笑道，「文和，奉孝請你說說荊州之局勢。」

「呃……」賈詡往前走了兩步，還是低著腦袋，「在下實在不知奉孝所指何事……」

郭嘉也真放得開，一把揪住賈詡鬍子：「你這老滑頭裝的什麼糊塗，說兩句話主公還能吃了你？方才當著眾將我給你留面子，現在也該開口了，說說當初你跟張繡在南陽的時候，劉表是怎麼對待你們的吧！」

「哦哦哦。」賈詡一副恍然大悟的樣子，慢悠悠道：「當年在下與張將軍寄居南陽，屢次與……

主公請恕罪。」提起往事他還不忘請罪，「屢次與主公交戰，劉景升既怕主公南侵，也懼張將軍在南陽坐大，故而提供軍糧輜重皆是適可而止無有剩餘，剛夠養兵而已。」他說到這兒就不往下講了，默默後退一步。

「主公還未了然？」賈詡不說，郭嘉卻要把話挑明，「當年劉表助張繡屯於南陽，不過是以其為盾阻擋主公兵勢，現在劉備亦如是。想那劉備再三反覆，信譽遠遜於張繡，劉表非是失目之人豈能不知？他意在占據南陽保護襄陽，本無征戰北方之志，如今南陽已經到手便可見好就收。若是容劉備繼續北上染指汝南，或是進一步兵進許都，那劉表又有何好處呢？若劉備戰敗，主公順勢而下，戰火將至襄陽，他必受其殃；若劉備僥倖得勝，則趁機自立與之反目，他豈不是方去一敵又樹一敵？」

「此言有理！」曹操猛省，「既然如此當如何處置？」

郭嘉早把辦法想好了：「可遣一使者越過劉備直接找劉表議和，將南陽一郡暫且讓與劉表，僅留葉縣為日後南下通路，他必定立刻叫劉備罷戰回屯，眼前戰事可解。」

「嗯……」這辦法似乎行得通，不過叫曹操低頭去向劉表求和，這也太損他的威名。

恰在此時賈詡順口嘀咕了一句：「其實劉景升挺多疑的。」

郭嘉聞聽此言心頭豁亮，馬上改口道：「主公也不必低頭求和，可遣人至襄陽散布謠言，就說劉玄德之威勢不可擋，主公您大有撤退之意，那劉表必定主動來找咱們議和。」

「好！就依奉孝之計。」

賈詡拱手道：「既然主公之意已決，在下就此告退。」

「有勞文和，你去吧……但要謹守此計不可洩漏。」

「諾。」賈詡低著腦袋駝著背，小心翼翼退出帳外。

曹操捋髯而笑：「這個賈文和，總是這麼如履薄冰。不就是怕人重提他兵犯長安之事嗎？當初定計害死我兒我都沒有追究，為何不能推心置腹坦誠相待呢！也忒多慮了吧，你說是不是？」

郭嘉低頭不語心裡有數：坦誠相待談何容易，如今您是不拿他當罪人，誰知道日後會不會變卦？剛才他那一句劉表多疑分明就是提醒我，成竹於胸卻不多言，此人大智若愚啊！

「奉孝！」曹操一聲呼喚打斷了他的沉思，「你曾在河北為吏，可認識那個辛毗？」

「自然識得，此人便是辛評辛仲治之弟。」

「原來是他？哼哼……」曹操不禁冷笑，「當年許都方建，令君多用你們潁川同鄉為謀，老夫也曾假天子之命征辟過辛氏兄弟，他們卻信誓旦旦忠於袁氏，恐怕沒想到會有今日吧？」

郭嘉卻道：「辛評雖附庸袁譚，然其為人坦蕩，非郭圖那等剛戾頑固之徒；就是這辛毗也能言善辯頗具才幹。」

「我不放心的就是這能言善辯頗具才幹！若袁譚並未困篤，他在這裡誇大其詞，老夫貿然出兵襲破袁尚，豈不是一場辛苦皆為他人？元讓方才那番話還是很有道理的。」曹操還是不乏顧慮，「袁譚雖受困平原，但他在青州還有多少別部還搞不清楚。你既與辛毗相識，不妨再去摸摸底。」

郭嘉靈機一動：「我與荀衍、董昭雖曾在河北任職，但轉投主公多年，現在袁氏帳下的士僚並不熟悉。即便略識一二，也不可能知道此時此刻鄴城之內的狀況，主公此番北上需不需要聯繫內應之人？」

「那自然是求之不得。」如果聯繫到內應，可鼓動二袁麾下臨陣倒戈，裡應外合拿下鄴城也未可知。

郭嘉把手一揣：「主公不必四處去求，我看就是這個辛毗啦！」

「奉孝願勸降此人？」曹操不大相信，「此人敢闖重圍來為袁譚搬兵，可見是袁氏死黨。」

「哈哈哈……」郭嘉仰天大笑，「辛家兄弟確對袁譚忠心耿耿，不過卻有一件難事握在咱們手裡，非主公出力不能解決。」

「什麼難事？」

郭嘉卻笑而不言，只道：「主公若信得過我就給我幾天時間，並叫軍師暫避辛毗一時。在下憑三寸不爛之舌，定叫他歸附主公帳下，不但對主公吐露實情，而且還要心甘情願為您開山闢路聯結內應！」

曹操初時只當戲言，但又一琢磨，自官渡以來件件事都不出郭嘉所料，便信了八九成：「能說降此人最好，但莫要拖延日久。」

「辦這事用不了幾天。在下可以保證，在荊州使者到來之前必叫此人歸順，絕對誤不了您的大事。主公就等著好消息吧！」說罷郭嘉深施一禮，笑呵呵退了出去。

辛毗投誠

辛毗字佐治，潁川陽翟人，董卓亂政之際他與兄長辛評前往河北避難，被當時的冀州牧韓馥錄用，轉而歸屬袁紹帳下。曹操奉迎劉協遷都許縣之後，以荀彧為尚書令，因為軍中幾任謀主戲志才、荀攸、鍾繇、郭嘉都是潁川人，所以也曾想拉攏他們至自己帳下。無奈辛氏兄弟對袁紹忠心耿耿，根本就沒理睬什麼司空辟令。但歲月流轉本末舛逆，現在輪到辛毗來求曹操了。

最近幾日辛毗心中急如火焚，曹操明明已答應回軍北上，可一連數日絲毫拔營起寨的動靜都沒有。荀攸也避而不見，只弄來個郭嘉陪著他東拉西扯，今天觀觀士卒操練，明天逛逛附近山川，卻對發兵之事絲毫不提，可把辛毗急壞了——救不救袁譚倒也罷了，這還關係著辛氏幾十口的身家性命呢！

原來袁譚逃出鄴城之時情勢危急，郭圖是早有準備了，已把家眷祕密遷至軍營，可辛氏兄弟單單跑了一對，滿門老小來不及轉移全被審配扣押了。辛毗之所以敢闖重圍搬請曹操，一是救袁譚脫困，二來也是想借曹操之力，或逼袁尚放人，或打破鄴城救出家眷。因怕事情難辦，他還特意託了辛韜與荀攸的人情。曹操拖延一日，全家人就在牢裡多受一天的罪；若袁尚攻克平原滅了袁譚，辛氏滿門也必然以同罪論斬。再這樣拖下去可怎麼得了？

直熬到第五天頭上，眼瞅著紅日西落又是一天，辛毗實在憋不住了，索性硬闖中軍大營嚷著要見曹操。守門軍兵哪肯依，橫住刀槍死活不讓進。辛毗直喊了半個多時辰，沒驚動曹操卻把郭嘉給鬧出來了：「這大晚上的誰在這兒攪擾啊……喲！佐治兄不在客帳好好休息，怎鬧到中軍大營來了？莫非是伺候的小軍有所怠慢？哪個敢小覷您，只管告訴小弟，同鄉人為你出氣。」

辛毗一見他，氣就不打一處來：「姓郭的！你少要敷衍，快帶我面見曹公面議出兵之事。」

郭嘉大大咧咧打了個哈欠：「佐治兄何必這般著急，主公已經答應援助袁譚，不過是戰事吃緊，一時抽不開身罷了。」

「哪裡有什麼戰事吃緊？」辛毗橫眉立目怒不可遏，「一連數日曹公堅守不戰，倘若如此只令偏將把守關隘便可，何必還在這裡耗下去呢？我看曹公必不相信我此番誠意，故而叫你假意搪塞於我，這件事一定要當面說清楚！」

「何必呢。」郭嘉一副輕鬆態度，「此乃曹公與袁氏之事，又不關咱們痛癢。」

「這……這……」辛毗心中叫苦，又不便當面道破家事，想了想才說：「身為朝廷宰輔就當言而有信，豈可棄諾言於不顧？」

「喲！您還真是振振有詞。想當初官渡之戰時，袁紹命陳琳修撰檄文遍傳天下，辱及曹公祖父三代，左一個奸佞右一個悖逆的，怎麼這會兒又拿我們曹公當朝廷宰輔了？」郭嘉咯咯直笑。

「你、你少說廢話！」辛毗不與他饒舌，「快帶我去見曹公！」

郭嘉倏然收起笑容：「你當真要見？」

「一定得見！」

「好吧……軍兵閃開道路，叫辛先生去見主公吧！」郭嘉說著話也退到轅門邊。辛毗總算闖過一關，不過怎麼說動曹操才是更難的，他整理整理衣冠，邊思慮說辭邊邁步往裡走，卻聽郭嘉在一旁歎息道：「長胳膊拉不住短命鬼，不聽良言非要找死，我又能何如啊？唉……小弟與你也算同鄉，我在這兒等著給你收屍吧！」

辛毗猛回頭：「郭奉孝，你說這話什麼意思？」

郭嘉把手一揣，挑著眉毛道：「佐治兄一進此營死在臨頭，難道還不知道？」

「胡言亂語！」辛毗甩袖便去，可走了兩步又禁不住回頭看看，見郭嘉抱著肩膀杵在哪兒，絲毫沒有跟過來的意思，實在耐不住好奇，「你方才言我將死，究竟是何意？」

郭嘉樂呵呵走上前：「咱們兩軍相爭各為其主，有些話本不該說。但我與兄長又是同鄉，還是想提醒你幾句。」

辛毗嚥了口唾沫，耐著性子道：「你說吧，愚兄洗耳恭聽。」

「兄長豈不聞『燭之武退秦師』之事？袁氏與曹公本為仇讎，今袁譚一旦受困求救於外，救與不救於我家曹公有什麼好處呢？袁尚、袁譚乃是兄弟，皆可為河北之主。若曹公助袁譚而破袁尚，日後收歸冀州的還是袁家人，一場辛苦又為誰忙？」

辛毗連忙狡辯：「我家將軍並非借兵，乃是誠心投降……」

「別來這套說辭啦！」郭嘉努努嘴，「這話騙得了誰呀？今日說句歸降，明日破了袁尚就該跟我們翻臉了。」
「若曹公不信，袁譚可遣人質。」
「人質？」郭嘉仰天大笑，「你們那個車騎將軍，連手足之情都不念，如此狼心狗肺之徒，區區人質又算得了什麼？」
一句話把辛毗問得啞口無言，好半天才道：「那還有……還有青州等河南之地，也可、可讓與曹公。」
「辛佐治！你死就死在這句話上啦！」郭嘉把眼一瞪，「青州之地除了平原、樂安皆已叛亂，臧霸、孫觀日日攻城奪地，青州早晚必屬我家曹公，何勞袁譚相贈？況且這天下十三州哪裡不是漢室天子的？曹公奉天子以討不臣，就是要掃滅狼煙歸為一統，你膽敢說這樣的話，豈不是認定青州之地姓袁嗎？曹公不殺你還等什麼！」這番話把辛毗嚇得面如土色。
郭嘉見他有所動容，便又和緩下來，「曹公明智叡斷非同等閒，兄長那般說辭連小弟都說服不了，怎能說動他老人家呢？若再一時激動言辭失當，曹公惱怒將你處死，那你這滿腹才志一世富貴豈不付諸東流？你一人死倒也罷了，可憐辛家數十口性命也都沒指望啦！」
「你……」辛毗見他捅破窗紗大吃一驚，既而又想到荀攸這幾日避而不見，料是早就跟郭嘉說明白了，不由得長歎一聲，「原來你已知其中隱情。」
「豈止我知道，就連曹公也知道。」郭嘉自然而然攥住辛毗的手，一邊摩挲一邊道：「其情可憫其仇可恨，無奈當此亂世這樣的事太多了，曹公即便仁義也愛莫能助。不過小弟倒能給兄長一些建議，要想說動曹公回軍北上，救家眷脫苦海倒也不難，但不能基於袁譚之利益，當為曹公而謀啊！」
辛毗默然點頭，可轉念一想——不對！受袁譚所託卻為曹公謀，這豈不是背主投敵了？他抬頭欲爭辯，卻見微微火光下，郭嘉的笑容宛如春風一般和沐，竟一時無言可對。

「佐治兄，有句話從你一來我就想說了。昔日光武爺中興之時，麾下大將馬援有云：『當今之世，非獨君擇臣也，臣亦擇君矣。』有道是良禽擇木而棲，良臣擇主而仕。袁紹在世之時雖不能勝過曹公，卻也兼併四州成一方之英豪，那時兄長抗拒征辟不肯南歸實屬當然。換言之即便袁紹已死，其諸子若能謹守孝悌休養生息，繼續輔保他們也說得過去。但是袁尚、袁譚兄弟鬩牆，同室操戈，視亡父基業如草芥，累萬千將士死於內鬥，河北之民飽受其苦，就是袁本初生前重用的那些豪族也沒得著什麼好處。如此昏聵之輩保他們作甚？」

這些道理辛毗豈能不懂？不過一則他保袁氏已久頗有顧念，二則賣主求榮遭人唾罵，三則其兄辛評辛仲治乃袁譚死黨，是萬萬不可能轉投曹操的。

郭嘉已看穿他心事，又軟語道：「請兄長再思，何人扣押你家族老幼，還不是袁氏兄弟嗎？以小弟之見，你與袁氏非是主臣乃是仇人！若非他們兄弟不睦，何致你們兄弟之家眷身陷囹圄？方今之計唯有助曹公破袁氏奪鄴城，才是復仇之正途！」

「自古忠義不得兩全，我兄弟既保了袁譚便顧不得許多。」辛毗依舊振振有詞，但底氣已不足了。

「佐治兄若真無貪戀家眷之意，豈會求荀攸為你說情？」郭嘉又使出激將法，「恕小弟直言，今日你若不改投曹公麾下，只恐日後遭天下人恥笑。」

辛毗也是性情中人，一聞此言火往上撞：「笑我何來？」

「嘿嘿嘿，笑潁川辛氏兄弟有眼無珠錯保庸主，日後曹公掃平河北，我們這些同鄉做高官騎駿馬，你家破人亡還要披枷帶鎖受辱軍中！」

「可惱！」辛毗氣得漲紅了臉，背著手在轅門氣沖沖轉了好幾圈才慢慢停下腳步，但口風已經變了，「若能救一家老小脫難，我個人之名節倒也罷了，當年陳登受呂布之使反為曹操而謀，至今也無人說他什麼不好。但我臨來之時兄長再三囑託，若我歸降曹操，日後有何顏面見兄長仲治？」

郭嘉擺擺手：「凡事都有通融嘛！想荀令君之兄荀諶，不也是在鄴城為官嗎？就是那十頭牛拉不過來的郭圖，論起來還是我同族呢！辛韜與你也是同族，各為其主有什麼相干？他日曹公平定河北之後，念及你的功勞也不會虧待仲治兄。天下大勢如此，佐治兄不過早到了一步，令兄早晚也要步您的後塵。好好思量一下吧，袁氏兄弟相爭，害的不僅是亡父之基業，還有帳下之士大夫，還有三軍之兒郎，還有千千萬萬無辜百姓啊！你們兄弟那點忠心與這些相比孰重孰輕，掂量掂量吧！」說到最後，郭嘉幾乎就是央求。

在幽暗火光照映下，人影修長猶如鬼魅。郭嘉直勾勾望著辛毗，而辛毗緊鎖眉頭只是沉思，守門衛士更是連大氣都不敢出，轅門之下寂靜無聲，連草叢夜蟲的鳴叫都能聽見。過了好一陣子，辛毗才緩緩吐出口氣，以低得幾近幽咽的聲音顫巍巍道：「事已至此……那愚兄也只得……只得……」他不好再說下去，這就算是委婉投誠了。

郭嘉不叫他犯難，趕緊深施一禮：「佐治兄深明大義，日後必得朝廷倚重！」說罷拉著他便走。

「上哪兒去？」辛毗愣住了。

「哈哈哈……曹公早就等著你呢！」

辛毗到此方悟——他們早就串通好啦！可話已出口，也只能咬牙認命了。

中軍大帳燈火通明，曹操早備下酒菜，歪在那裡邊飲酒邊看書，對面還空設了一張坐榻。郭嘉帶著滿面含羞的辛毗進來，曹操很自然地點了點頭，似乎已料到會是這個結果。

郭嘉推了辛毗一把，可辛毗抱著拳頭實不知是該叫「明公」還是該叫「主公」，一時呆立無語。曹操也不為難，親自滿上一盞酒道：「辛先生，千里奔波效命朝廷，老夫先敬你一盞。」

辛毗雙手接過這小小酒盞，感覺真有千斤之重——此酒當然沉重，「千里奔波效命朝廷」，這酒未喝之前保的是袁氏，一旦過了咽喉主子就是曹孟德啦！辛毗不敢再想下去，猛地仰脖灌下去，連這賣主之酒是何滋味都沒敢細品。

「請坐吧！」曹操指著對面早已設好的坐榻。

酒都喝了還裝什麼忠臣？辛毗也不退讓，一屁股就坐下了。

曹操手撚鬍鬚笑道：「老夫只問你一句話，袁譚投誠是真是假？該不會假老夫之手破袁尚，他自己坐收漁人之利吧？若是有詐，老夫且叫他們兄弟再自相殘殺一時，我趁此機會先定荊州。」

「是真是假又有何異呢？」辛毗此刻已拿定主意，既然為曹操而謀，就得顯出些真本事，不能叫郭嘉等人小覷了，索性放膽道：「明公無須問是真是詐，只論情勢便可。」

「哦？」曹操不禁皺眉，「此話怎講？」

辛毗娓娓道來：「袁氏手足相伐，非他人離間所致，兄弟二人都以為奪得大位天下便可定於己也，同室操戈全不識天下之大體。今求救於明公，可知其何等昏聵。袁尚雖困袁譚而不能克，此乃力竭也。兵革敗於外，謀臣誅於內，兄弟鬩牆國分為二，連年戰伐，甲胄生蟣虱，加以旱蝗饑饉並臻，國無囤倉行無裹糧。天災應於上，人事困於下，河北之民無論愚智皆知土崩瓦解，此乃天亡袁尚之時也！」

曹操萬沒想到辛毗竟能講出這麼一番大道理，趕緊為他再滿一盞酒。辛毗不退不讓仰頭就喝，接著又道：「兵法有云：『有石城湯池帶甲百萬而無粟者，不能守也。』今明公往攻鄴城，袁尚若不還救，鄴城必失無處可歸。若還救，袁譚則將追擊其後。以明公之威，擊困窮疲弊之寇，無異於迅風之振秋葉矣！老天賜袁尚與明公，明公不取而伐荊州。荊州豐樂國未有釁。仲虺③有云：『亂者

③ 仲虺，又名萊朱，殷商時期的名臣，曾輔佐商湯，與伊尹並為左右相。「亂者取之，亡者侮之」之語見於《左傳》引述。虺音悔。

取之，亡者侮之，推亡固存，國之利也』。方今二袁不務遠略而專務內鬥，可謂亂矣。居者無食行者無糧，可謂亡矣。朝不謀夕民命靡繼，明公此時不取欲待何年？若袁尚滅了袁譚，再逢來年五穀豐登，又改悔前失休養生息，明公豈不是錯失了良機？如今出兵乃袁譚相請，名正言順利莫大焉。況且四方之寇莫大於河北，河北平則三軍盛，三軍盛則天下震，天下震則明公統一四海大業可成矣！」

辛毗一口氣將天下局勢和盤托出，曹操聽得拍案連連——好個辛佐治，此人非泛泛之輩啊！他一把攥住辛毗的手：「老夫受教匪淺啊！有佐治前來搬兵請降，老夫一律准降。」

「那出兵之期呢？」辛毗連忙追問。

「這……」曹操又頓住了——這邊是沒問題了，未知劉表、劉備是否還要糾纏。

正在此時就聽帳外一聲報事，王必匆匆忙忙跑了進來：「啟稟主公，劉表派荊州別駕劉先前來議和！」

「議和？哈哈哈……」曹操心裡的大石頭總算落地了，拍拍辛毗肩膀，「我看一兩天內便可回軍。」

公事已說私事尚存，辛毗雖羞於開口，可還是忍不住央求：「望明公早日克復鄴城，救我滿門老幼脫囹圄。」

「那是自然！」曹操起身吩咐王必，「去跟劉先說，南陽之地老夫不爭了，且叫大耳賊速退，老夫也儘快收兵。咱兩家就此罷戰！」

王必都聽糊塗了：「他若問咱們為何無故攻伐荊州呢？這場仗可是咱們挑起來的啊！」

「哼！這亂世之中老夫想打誰就打誰，還要什麼理由嗎？」他說罷又覺自己失口，這麼回答太失當朝司空的身分，便又改口道：「他若真這麼問，你就說天子責劉表久不遣使朝見有失臣子之道。

至於要議什麼，不在這裡談，叫他隨老夫回到許都，到天子金殿上說去。明白了嗎？」

「明白！」王必口稱明白，心裡糊塗著呢，怎麼吩咐就怎麼辦唄！

曹操伸手拉起辛毗：「老夫之言你都聽到了，來日回轉許都奏明天子，咱們立刻兵發黎陽解袁譚之圍……到時候，可還有勞你之處啊！」

辛毗知他說的是帶兵引路、聯結內奸之事，連忙應承：「明公放心，在下竭盡所能。」不為曹操還得為家眷呢！

「天色不早，我送佐治回帳安歇。」郭嘉拉著辛毗談笑風生而去。

曹操望著郭嘉背影不禁暗歎——劉表之退辛毗之降，一切皆如奉孝所謀。使老夫成大業者，必此人也！

第八章
天子的反擊，曹操被嚇得魂飛魄散

許都備戰

建安八年（西元二〇三年）十月己巳，這是一個平凡而又不平凡的日子，雖然未發生什麼變故，但這一天是立冬，許都朝廷恢復了廢止十五年的立冬大禮。尚書令荀彧為此籌劃已久，曹操也特意從軍隊提前趕回許都參加典禮。

按照禮制的規定，此日夜漏未盡五刻（即太陽升起之前），滿朝文武都要換上皂色禮服，到都城黑郊（北郊）迎接第一縷北風，然後回府換上絳色禮服入宮朝賀，這紅衣服一直要穿到冬至，還要在皇宮演八佾之舞、總章之樂，整個儀式才能結束。在此期間朝廷各個署衙都暫停理事，皇宮也不進行朝會聽政。

曹操是前一晚趕回許都的，來到幕府根本沒來得及合眼天就快亮了，趕緊換好了皂色禮服登車出城，隨著百官的隊伍來到北郊行禮。這樣重大的場合他不能不參加，因為誰都清楚，沒有曹操親臨的典禮是根本沒有意義的。而之所以恢復這種儀式，就是向天下證明，大漢朝還是大漢朝，一切規矩禮法還在。

行過迎氣之禮，天還沒有大亮，曹操趕緊把荀彧叫到自己馬車上。「曹公要去哪裡？」荀彧捂著嘴直打哈欠，看來昨晚也沒有睡踏實。

「立刻入宮。」曹操卻顯得精力旺盛，「我只能在許都停留一日，明早就得領軍北上，所有事務都要在今日之內處理完。」

「按禮制咱們必須換上絳色吉服，還是先回府吧？」

「不必，我已命王必取來送至省中了，連你的那一套也叫他去辦。荊州別駕劉先還在我府裡等著朝覲呢！」

「哦。」荀彧有些怏怏不快。按照禮制規定，行過迎氣之禮就不能再進行朝會了，曹操這是自己恢復禮制又親手破壞。

曹操哪有心思考慮這些，滿腦子都是打仗的事：「鍾繇的奏報我已經在路上看過了。河內太守王邑拒不入朝，其手下范先、衛固假借民意要求挽留，一定又是高幹搞的鬼！這小子與袁家兄弟是一窩狼，我若出兵河北，他必然還要在關中作亂，恐怕會比上次更厲害。據聞崤山一帶的黃巾餘寇屢屢與高幹往來，這支人馬也不可小覷。」崤山的黃巾首領張晟，因慣騎白馬綽號「張白騎」，手下有匪徒一萬多人，因為關中勢力不一，這支黃巾餘黨不但沒有被剿滅，近些年反而不斷壯大，儼然成一方割據，與弘農眾多土豪互為表裡，私底下還和劉表勾結；若再被高幹染指，南北之敵將會串通一氣。

反常的是荀彧卻一點兒都不著急：「情勢不同了，高幹已掀不起風浪了。」

「哦？」曹操極少見到他這般樂觀。

「民心向背已然分明，天下戰亂已久，關中百姓氏族都企盼安定，即便有幾個好亂者又能如何？王邑並無野心，只是貪戀實權不肯入朝，范先、衛固那些人不過是跟著瞎鬧；至於黃巾張白騎，也不再是喊著『蒼天已死，黃天當立』的太平道徒了，全是為了一己私利。以朝廷之威明公之武，這幫小賊根本不值一提。前番郭援攻河東，絳邑縣長賈逵寧死不肯投降，郭援將其投在枯井裡，只一夜的工夫就被人放走了。您說這是為什麼？」

「為什麼？」曹操很想聽他的高論。

「因為人心思安。士庶皆知朝廷威信，不想再打仗了。前日弘農郡遣來功曹孫資入朝呈上計簿①，北方戰亂十五年了，終於重見地方計吏啦！這證明咱們的努力沒白費，明公若一舉掃平河北，荊州劉表何足掛齒？天下就要平定啦！」荀彧格外激動。

曹操連拍大腿：「借令君之吉言，老夫必定旗開得勝馬到成功！給賈逵、孫資升官，在朝廷表彰他們！」但是嚷過之後他又漸漸冷靜下來，「話雖如此，但高幹之變不可不防。關西諸將恃山川險要戰馬精良，公然征討勢必生亂。張晟寇崤山、澠池間，南通劉表北連高幹，衛固這幫人又跟著鬧，這也足以為害一時。河東背山帶河四鄰多變，乃當今天下之要地也。令君還應為我舉薦一個蕭何、寇恂那樣的才智之士接管王邑領地。」

荀彧微然一笑：「這個人選我早已引薦給曹公了。」

「誰？」

「就是杜畿啊！」

「杜伯侯……」曹操真有些捨不得。那杜畿頗受看重，雖然才進幕府幾個月，論恩寵卻超過了所有的掾屬。曹操很重視京師輿論，先前任命的趙達、盧洪等校事人品猥瑣遭人唾恨，所以又設司直一職，作為司空下屬專門監察朝廷百官，命杜畿充任了這一職位；此後沒過多久就轉任護羌校尉，躋身朝廷大員。曹操駐軍西平之際，又升縣為郡，讓杜畿領西平太守監察諸軍——數月之間連升三級，自幕府建立以來，還沒有一個掾屬竄升這麼快。

「就是他！」荀彧連連點頭，「此人勇可當大難，智可應猝變，又是京兆人士，熟悉民情人脈廣博，鎮守河東非他莫屬。」

「好吧，讓杜畿當河東太守，召王邑速速入朝不可抗命。」說罷曹操頓了一會兒，似乎漫不經心地問：「令君是不是對老夫設立司直官有什麼意見啊？」

又是校事又是司直，搞得許都百官緘口不言，荀彧怎能沒意見？可他也不好當面批駁，只委婉道：「當年孝武皇帝雄才大略，只因重用江充那等挑撥是非的小人，才落得太子冤死、輪台罪己，明公當引以為鑒。」

曹操也不反駁，卻說：「你若不提孝武帝殺子之事倒也罷了，若細說起來，當初還是丞相司直田仁打開城門，放跑太子劉據的。可見這類官員也是有好有壞的。如果說校事官是江充，那司直官就是田仁，君子與小人老夫都要用，還都要用好。」

說話間已到皇宮門口，馬車就不能繼續前行了，曹操與荀彧攜手攬腕入端門，穿儀門來到御園中。因為冬至罷朝，四下裡靜悄悄的，無論朝臣還是郎官都回府邸了，只有零星的羽林虎賁把守各個宮門，二人去至中台更換了絳色禮服，又來到玉堂殿下。許都皇宮也在一步步修繕擴大，今年又增了幾座宮闕，殿前的青銅刻漏也是重新鑄造的。這會兒太陽才剛剛升起來，照得這些精美的銅器熠熠生輝。

荀彧雖折騰了半宿，但心情還不錯，好久沒跟曹操暢談意趣了。他漫步在皇宮庭院中，望著簇新的刻漏、日晷②道：「我記得昔日洛陽南宮有一對渾天儀、地動儀。」

「沒錯，孝順帝朝太史令張衡親自督造的，據說為了製造這兩件東西他花費了將近四年。惜乎

---

① 漢代地方每年向朝廷上報政治、經濟、司法報告喚作「上計」制度，負責遞送的人稱「計吏」，所遞送叫「計簿」。

② 刻漏、日晷，古代計時裝置。刻漏以滴水刻度的方式計算時間，把每天劃分為一百刻，每刻大約十五分鐘；日晷是憑藉影子估測時辰。

最終毀於董卓那場大火了。」曹操語氣中竟有幾分嘲諷。

「我想召集博士和工匠重鑄這兩件東西。」

「重鑄？」曹操笑了，「這兩件東西有什麼用呢？就說那地動儀吧，張衡造它之前就地震，造它之後依舊地震，不能救民於危難反倒給朝廷添亂。自從有了這地動儀，三公罷免又添了一條地震，龐參、王龔都是那時候的輔弼良臣，不也是因為地震罷免的嗎？就是孝順帝也不得不下罪己詔。張衡奏疏裡寫得明白：『妖星見於上，震裂著於下，天誡祥矣，可為寒心。今既見矣，修政恐懼，則轉禍為福。』他本想剷除奸佞報效君王，結果卻誤傷良臣到處結怨，滿腹忠心反辦了錯事，最後因為讒言遷往河間任國相。說他壞話的不光有小人，也有君子，都怕他以災異之事上書彈劾。董仲舒說：『視前世已行之事，觀天人相與之際』，我朝這天人感應之說實在是厲害。」

「您信這些嗎？」

曹操搖搖頭：「我從來不信什麼天意天命！」

荀彧雙目炯炯望著他，不知該說什麼——不信天命的人固然不會被讖緯迷信之說所迷惑，但不信天命也意味著什麼事都可以做！最最可怕的是現在不信將來卻信……荀彧不敢再往下想了，岔開道：「張平子的奏章你竟記得這般清楚，實在不簡單。」

曹操白了他一眼：「令君當我是何人，自小就是魯莽武夫？當年我任議郎，也沒少在洛陽東觀博覽群書。記得那年御園裡跑進一條頂著冠戴的狗，我還與陳耽聯名上書，扳倒了宦官一黨的太尉許馘。世事多舛，想不到如今……」他低頭看著自己的手，那雙曾經光滑圓潤握筆桿子的手，如今因為歲月流逝和戰事奔波早已經變得粗裂，每一道皺紋裡不知飽含了多少血腥和人命！

荀彧也歎了口氣：「我當年擔任守宮令，只管為天子保存筆墨，如今是尚書令，天天指揮尚書、令史舞文弄墨了。」

「令君當年未成名之時，何顒就說你有王佐之才，有今天這般位置乃是理所應當的。」

「王佐之才……」荀彧一陣苦笑。王佐之才確實不假，不過佐的究竟是誰呢？

曹操忽然想起件事：「我南下之前曾上書請封十幾個人的侯位，別人都具表謝恩了，怎麼令君不肯接受呢？」他這次表奏的都是當年協助舉兵的功臣，有的已經在朝為官、有的是將軍、有的是掾屬。表夏侯惇為高安亭侯、荀攸為陵樹亭侯、鍾繇為東武亭侯；荀彧名列榜首，請封為萬歲亭侯。

荀彧默然望著宮闕，從袖子裡掏出卷竹簡：「您是說這個吧？」

「你沒將它呈遞天子？」曹操接了過來，果然是自己親筆寫的：

> 臣聞慮為功首，謀為賞本，野績不越廟堂，戰多不踰國勳。是故曲阜之錫，不後營丘；蕭何之士，先於平陽。珍策重計，古今所尚。侍中守尚書令彧，積德累行，少長無悔，遭世紛擾，懷忠念治。臣自始舉義兵，周遊征伐，與彧戮力同心，左右王略，發言授策，無施不效。彧之功業，臣由以濟，用披浮雲，顯光日月。陛下幸許彧左右機近，忠恪祗順，如履薄冰，研精極銳，以撫庶事，天下之定，彧之功也。宜享高爵，以彰元勳。

「遵照明公之意，天子要看的文書豈能不經我手……」荀彧話中帶了幾分無奈。

「令君也忒自謙。」曹操把表章遞還給他，「我這上面寫的哪一條不是令君的功勞，一個小小的亭侯你都不願意接受嗎？還是轉奏天子吧！」

荀彧呆呆地搖了搖頭：「一者在下不過是因明公之信賴才能主持朝政，算不得什麼天子親命，不敢說有什麼功勞……」

「胡說八道！」曹操一甩衣袖，「你為尚書令難道沒有天子詔命？莫非又是孔融那廝瘋言瘋語？」

荀彧不說是，卻也不說不是：「即便沒這樣的閒話，在下也不敢領受。您提到的這個封邑，乃是新鄭縣萬歲亭，輕易不與外臣。荀某何德何能，敢僭越這『萬歲』二字？」

「不過就是個地名，無須考慮太多。以令君之功就是封在那裡又有何不可？如今朝廷輔弼乃是你我，老夫征戰於外，令君輔政於內，享其功勞理所應當。你若實在過意不去，不妨也學學老夫，三讓而後受之嘛！」曹操不禁大笑。

荀彧萬萬不能理解，曹操為什麼還笑得出來？這些年來他與曹操之間似乎多了一堵無形的牆，再也找不回在兗州時的親近感了。他收起表章沉默了片刻才道：「還有些事情我早就想跟您說了。陳群守孝期滿回朝後，頭一件事就是參奏郭嘉，指責他聚斂財貨不治行儉，家族群小在外面胡作非為。還有在您家鄉任縣令的袁渙也上書稱丁斐以權謀私聚斂民財，借撥發屯田耕牛之機中飽私囊，許子遠、劉子台也不遑多讓。還有……」他不好意思再提曹洪斂財之事了，已經說過無數遍了。

曹操撓了撓頭，有些不好意思，可還是腆著臉皮道：「他們都是有功之人，出生入死受過罪，也不便管得太苛嘛……陳群回來是不是帶著他那同鄉鄧展？此人頗有武藝，令君表奏他一個官職吧！」

荀彧見他故意轉移話題，接過話茬又問：「表奏之事自然要辦，可那幾個不法之徒您怎麼處置？」

曹操拍拍荀彧的手：「有勞令君勸勸陳群、袁渙他們，給大家留個面子，也是給老夫面子嘛！我也再去狠狠訓他們，叫他們規矩一些，聚斂來的財物該還的就還，咱們息事寧人為妙。」

這純粹是和稀泥。丁斐、曹洪那幫人都是上古的貔貅轉世，從來都是只進不出，吞下去的財貨豈能往外吐？至於郭嘉不治行檢，那些糊塗帳可怎麼算啊？荀彧見他這般態度也無可奈何，歎息道：「暫依明公之言吧！不過治律者不可犯律，否則受損的乃是朝廷，喪失的乃是民心，還望明公三思。」

「是是是，老夫記下了。」曹操又點頭又哈腰。

「還有，關於征辟盛憲之事，孔融再三向朝廷訴說。是不是可以考慮一下？」

「唉！孔融那廝真是可恨，凡事都要給老夫找麻煩。」

「明公不要怪他，他也是為朝廷著想。那盛憲曾任會稽太守，與孫氏有些嫌隙，您若不征他入朝，只怕將來他喪於孫氏之手。明公若見死不救，豈不有損威名。還有那孫邵，雖曾為孔融的故吏，但也是一方才士……」

「好好好！」曹操擺了擺手，「就依孔融之意，咱們暫且圖個耳根清靜。」

「還有仲長統……」

「不行！此人絕對不行。」曹操一口咬定，「老夫不否認《昌言》乃一代奇作，可若依此法治國是根本行不通的。亂世不可循常規，眼前打仗才是最重要的。若不能平定河北、掃滅荊州，一切都只是不切實際的空談。」這固然是一個理由，但更重要的是曹操斷章取義讀到仲長統那句「擁甲兵與我角才智，逞勇力與我競雌雄，不知去就，疑誤天下，蓋不可數也」，給他留下了惡劣印象。

荀彧早料到他會反駁，早想好了說詞：「明公莫要把這仲長統當白面書生，他也曾遊歷四海，而且還曾為并州座上客，高幹格外看重此人，而他卻以為高幹難成大事，故而棄走京師。您若是把他帶入軍中，若并州有變，隨時都可以請他參謀啊！」

「哦？」一提到有益於軍情，曹操的態度馬上變了，「那就……征他為掾屬。」

「不行不行！『風之積也不厚，則其負大翼也無力』，一般掾屬怎能盡其才？」

「依令君之意呢？」

「最小也得給個參軍！」荀彧一口咬定。

「不過是參謀并州軍務，豈能一入幕府就為參軍？」

荀彧懇切道：「明公若能取下冀州，此人必有大用……」

「大用？也罷，就依令君之言。辟仲長統為幕府參軍，即刻至行轅報到，明日就隨我一同北上出兵。」曹操來了精神，「還有鮮于輔、田豫、董昭等所有跟河北沾得上關係的人全都隨軍出征，老夫要一舉勘定四州之地！」

「願明公一戰成功。」荀彧見他肯用仲長統，頗感欣慰。

曹操掃了眼刻漏：「已過了辰時，天子也該梳洗過了，老夫不能再耽擱了。」說罷他快步走到殿前黃鐘畔，吩咐宮役速速敲鐘。

皇宮上至衛兵下至雜役都是沛國譙縣籍貫，哪個不識得曹操？趕緊擊錘敲響大鐘——鐘聲乃是召集朝會的信號，只要鐘聲一響，哪管什麼冬至夏至，所有朝臣必須火速進宮。曹操只在許都停留一天，必須要把荊州劉先的朝覲對付過去。

那悠揚的鐘聲傳得好遠好遠，荀彧也不敢怠慢，回中台去取上殿用的笏板了。曹操望著荀彧消瘦的背影，不知不覺竟歎了口氣，他也覺得自己與荀彧離得越來越遠了，似乎已經有了某種摸不透的隔閡。不過這些事他並未深思，覺得只是一個主軍一個主政，軍政之間無法避免的小摩擦罷了，完全沒把這些分歧與他專擅朝政的所作所為聯繫起來。

畢竟，如何打好眼前這一仗，才是曹操最重要的事。

如果不是親眼所見，滿朝文武誰也不會相信眼前發生的這一幕。曹操給他們的印象素來是專權跋扈猶如猛虎，可今天的表現簡直像隻綿羊。荊州別駕劉先奉劉表之命來到許都，一來是朝覲天子，二來也為和解交兵之事。

哪知劉先代劉表獻過表章之後，便開始歷數曹操之過。什麼假借聖命攻害諸侯，無故興兵侵犯荊州，把此次南陽之役的責任完全推給曹操，而且公然稱南陽郡本來就是荊州之地，理應由劉表管轄。別駕不過是州刺史手下佐官，若無特殊原因根本無權上殿，這位劉大別駕非但見了天子，還敢當殿謗擊當朝宰輔，滿朝文武都瞧得目瞪口呆，皆以為曹操定會取此人性命。哪知他竟手捧笏板一言不發，不論劉先說什麼都忍氣吞聲，甚至答應了放棄南陽的要求。

劉先這番咄咄逼人的舉動，莫說曹操一黨，就是素不相干的大臣都有些看不下去。玉堂殿本是莊嚴之地，諸臣卻忍不住交頭接耳，有人見他抨擊曹操暗暗稱快，有人視此事為朝廷的奇恥大辱，倒也有人為曹操憤憤不平。光祿勳郗慮乃是兗州山陽人士，素與曹操一黨親善，見此光景出班插言：「方才劉別駕所言皆屬虛妄，南陽一郡雖在荊州，然更屬天子，難道劉荊州如此搶占朝廷之地非是悖逆嗎？」

劉先在荊州也是個響噹噹的人物，見識非比尋常。他早把南陽之戰的始末揣摩了個八九不離十，料定曹操急於回軍北上，在這個緊要關頭提出再苛刻的條件，曹操也是非妥協不可的，趁著這機會得痛快就痛快，故而才敢當殿大言不慚，沒想到半路上會殺出個郗慮。普天之下莫非王土，這是無法爭辯的理由，雖說曹操專擅朝政，但只要把天子抬出來，一切理由都會不攻自破。饒是劉先腦子快，略一思索強辯道：「昔日劉使君單騎赴任，有定宗賊、逐袁術之功，故而西京之時朝廷加封其為鎮南將軍、荊州牧，封成武侯，有假節之權，既有假節之權便能節制一州。下官若沒記錯，曹公亦有假節之權，節制的恐怕還不止一州吧？」

曹操雖然面無表情，但心裡早已火冒三丈，只是迫於形勢不能發作罷了。這會兒郗慮出來辯駁，他也是暗暗希望能給劉先點兒顏色瞧瞧，哪知人家卻給自己丟了過來，他實在是按捺不住了，冷笑道：「不錯，本官確是身兼兗州牧之職。不過國家大事唯祀與戎，劉使君在荊州私自郊天，恐怕這就不在假節之權了吧？」

臣子郊天是為僭越，曹操以為這句話能把劉先壓制住，哪知人家依舊有詞：「劉荊州漢室肺腑，處牧伯之位，而遭王道未平，群凶塞路，抱玉帛而無所供奉，修章表而不獲達御，是以郊天祀地，昭告赤誠！」

劉先這句「王道未平，群凶塞路，抱玉帛而無所供奉，修章表而不獲達御」分明是指責曹操挾天子以令諸侯，阻塞王道悖逆天下。群臣聞聽此言馬上安靜下來，所有的眼睛都偷偷地瞄向曹操。大殿上霎時一片寂靜，連殿外刻漏滴水的聲音都能聽到。曹操手捧笏板一動不動，二目中已漸漸顯出殺意，咬著牙一字一頓道：「劉別駕所言『群凶』為誰？」

「舉目皆是！」劉先也不知是恐懼還是滿不在乎，就是不肯抬眼正視曹操。

「舉目皆是？」曹操終於站起身來，出班一步道：「本官有熊羆之士步騎十萬，奉辭伐罪誰敢不服？劉別駕把群凶列舉出來，我願替天子翦除國賊。」說這話時他左手執笏，右手已緊緊攥住劍柄——宮殿之上本不能攜帶兵刃，但曹操憑遷都之功，已獲劍履上殿之權。但若是在御駕面前行凶，那他一手炮製出來的尊王禮制就蕩然無存了。

劉先驀然轉過臉，對著曹操一揖：「漢道陵遲群生憔悴，無忠義之士翼戴天子綏寧海內，使萬邦歸德。豈不聞恃兵則民殘，民殘則眾叛？當此時節不能使百姓安民守業，反而窮兵黷武，只怕蚩尤[3]、智伯[4]之事又要復見於今啦！」眾人聽他竟拿戰敗身死的蚩尤、智伯比曹操，都嚇得真魂出竅，全把心提到了嗓子眼，連瞄都不敢再瞄曹操一眼。

哪知隔了半晌，曹操竟慢慢鬆開了佩劍，猙獰的面孔擠出一縷微笑：「好……好……老夫就依劉別駕之言，安民守業不動干戈。也請您轉告劉荊州，請他也不要再行無益之事，咱們就此罷兵吧！」

「諾。」劉先深施一禮——他心裡也直打鼓，面對曹操這樣的人物，即便嘴上再硬，心中又豈能不懼？

荀彧在一旁看著，手裡都攥出汗來了，見事態有驚無險趕緊出班跪倒：「臣奏請天子，劉別駕乃是外臣，今供奉朝覲之事已畢，可令其退至館驛，改日再加封賞。」

皇帝劉協不過是個傀儡，荀彧之言豈有不依之理？但還未及開言，曹操忽然厲聲打斷：「令君所言差矣！劉先千里迢迢來至京師，不辭勞苦覲見天子，此忠義之舉何待來日再賞？不妨現在就賜劉先為武陵太守。」武陵郡亦屬荊州界內，別駕晉為太守，這已是很大的升遷。

劉協氣若遊絲般輕歎一聲，擺擺手：「就依曹公之言吧！」

「謝陛下。」劉先跪倒謝恩，「臣願陛下萬歲永康！」起身又朝曹操拱了拱手，「也多謝曹公。」這才整理衣冠慢慢退至殿外，心中暗自思量——我憑停戰之事頂撞曹賊，他非但不怒反升我官職，

---

③ 蚩尤，上古傳說中的九黎族部落酋長，因侵犯黃帝部落，被炎帝、黃帝在涿鹿之戰時聯手擊敗。

④ 智伯，即荀瑤，春秋時晉國末期的六卿之一，智氏剿殺了中行氏、范氏，在晉陽之戰時卻被趙氏、韓氏、魏氏共同擊敗，自此晉國分為韓趙魏三國。

這廝有剛有柔倒是條好漢，劉景升論才論智都比之不及，只怕荊襄之地終要落入這廝之手啊！

殿上文武眼瞅著劉先邁著四方步不緊不慢下了玉階，提了半天的心才漸漸放下，半晌無人再發一言。荀彧考慮到曹操違例召集朝會，若冷了場甚是不妥，便出班再奏：「臣稟奏陛下，青州刺史臧霸前有捷報遞來，北海、東萊等郡已被王師克復，還請諸位大人商議，該以何人權領兩郡政務。」

劉協揮了揮手，面無表情道：「那就議一議吧！」

其實誰都知道議了也是白議，最終拍板的還是曹操。司徒趙溫手捋白髯笑道：「青州新近克復，當選德高望重之人為郡將。光祿勳郗鴻豫乃鄭康成之門生，在北海為人敬仰又頗受曹公青睞，不妨任他為郡守矯枉一時。」趙溫是出了名的圓滑，搬出郗慮這個人選，既不失朝廷的威嚴又不傷曹操的面子。郗慮就坐在趙溫下首，聽他舉薦自己，雖明知必不能如願倒也覺得有面子。

哪知此言未落，對面的少府孔融就駁斥道：「趙公所言差矣，統轄一郡文修武備，非郗鴻豫所長也。」他也真拉得下臉來，當著人家的面如此批駁，非但得罪了郗慮，弄得趙溫也下不了台。

滿朝文武皆知郗慮親善曹操，孔融如此不留情面，哪個敢再議下去。正在此時天子卻不冷不熱發了話：「統轄一郡非其所長，那鴻豫何所優長呢？」話語間竟有一絲幸災樂禍的口氣。

孔融回道：「以臣下觀之，郗鴻豫可與適道，然未可與權。」所謂「可與適道」就是說郗慮和光同塵隨波逐流，除了攀附曹操沒有什麼真實才幹。

那郗慮也是鄭玄門下高足，口舌之利不輸孔融，豈容他這般奚落？立刻高舉笏板反唇相譏：「臣下才力不逮，可與適道未可與權。然孔文舉昔任北海相，政散民流兵敗城失，其權安在也？」漢廷朝臣最講求禮儀，孔融說長論短已是忌諱，他這般冷嘲熱諷更過分，殿上之人無不尷尬。唯有曹操心下稱快，他早就對孔融不滿了，郗慮這番駁斥也算幫他出口惡氣。不過他只是暗暗冷笑，不想卻有人忽然放聲大笑——不是別人，是御座上的天子。

劉協左瞅瞅右看看，見這兩個九卿大員猶如鬥雞，心裡已涼到了冰點——好啊，真好！就是這麼一群無能的臣子，國難當頭權臣擅政，非但不能同心協力擁護朕，還互相詬病內鬥不休。就憑你們這幫不成器的臣子，我大漢社稷焉能不亡？曹操老兒焉能不奪朕的江山……想至此不由仰天大笑：「哈哈哈……哈哈哈……」那悲涼的慘笑聲縈繞在雕梁畫棟之間，把所有人都驚呆了。

荀彧心下越發忐忑，趕緊奏道：「朝會諸事已議，請陛下散朝吧！」劉協兀自狂笑，不知不覺間已有兩滴淚珠潸然滾落，所幸有冕旒冠遮擋。他只是無力地揚了揚手：「走吧……快走吧……曹公且留一步，朕還有話說。」

這般公卿大臣大多是陪襯，哪裡有半點兒抗拒曹操的膽量，終於盼到這場唇槍舌戰的朝會結束了，趕緊起身辭駕倉皇而去。孔融與郗慮對視良久，各自擠出一絲冷笑，隨著朝班也退了。荀彧知天子一肚子委屈，今日先是失態大笑，又要單獨留曹操，實在是對他們君臣不放心，不聲不響也留下了。曹操倏然覺得這氣氛有些詭異，跪倒在丹墀道：「不知陛下留老臣還有何吩咐。」

劉協呆呆地看著他，心不在焉道：「荀令君退下。」荀彧不禁皺眉，但王者有命臣子不得不尊，與曹操對視一眼，也緩緩退了下去。

劉協又指指當殿伺候的黃門官、虎賁士：「你們也退下吧！」這些人雖然為天子近侍，卻是曹操選拔的鄉人，猛然聽到天子的這般安排竟不知該去該留，瞪著兩眼瞅曹操，見他微微點頭，這才窸窸窣窣退下。

清冷大殿上只剩下君臣二人，你看著我我看著你，許久未發一言。不知為什麼，曹操漸漸感覺這氣氛沉寂得令人窒息，特別是隔著王冠珠簾觀察不到天子神色，忍不住開口：「陛下留老臣所為何事？」

劉協聞言不答，又呆坐了好一會兒，忽然親手摘下了皇帝的冕旒冠。大臣是不能輕易仰視天子的面目的，曹操也不敢破這個規矩，連忙低下頭去，卻聽他道：「曹公，你抬頭來看看朕。」

曹操覺他這話冷得像冰一樣，連忙請罪：「臣不敢仰面視君。」

「不敢……」劉協似乎笑了一聲，「朕恕你無罪，你只管抬頭看看朕吧……」

天不怕地不怕的曹操這會兒竟微微顫抖起來。明知這個天子毫無實權，可還是忍不住畏懼他的一言一行——這就是皇權的威懾，也是一個臣子的道德底線。

曹操顫顫巍巍抬起頭來，輕輕掃了一眼這青年皇帝，趕緊又低了下去——劉協面龐白淨清臒，相貌頗為英俊。而與之不協調的是，他眉梢眼角間多了幾分優柔惆悵，那雙又圓又大的眸子似乎已沒有一絲光澤，宛如乾枯的古井；尤其令人不忍目睹的是，這個二十四歲的年輕人，鬢邊竟已有了幾縷白髮！

劉協的表情既非憤怒也非幽怨。他曾將眼前這個權臣恨入骨髓，意欲殺之而後快，也曾經因董貴人之死悲痛欲絕肝腸寸斷。但到了現在，已經都麻木了，天下人已不再記得他這個皇帝了，滿朝文武唯曹操之命是聽。他早就沒了期望和痛苦，所剩的只有茫然的現實：「曹公有多久沒來見寡人了？」

這個問題曹操答不出來，他真的記不起自己有多久沒有面見天子了。整日南征北戰勞碌奔忙，耳邊所聞多是歌功頌德讚美之言，彷彿天子只有在他冠冕堂皇招降納叛時才真的存在。他伏在那裡良久，始終回憶不起上次面君是幾個月前的事，便請罪道：「老臣征戰在外久不朝見，實在是記不清了。但臣之辛勞乃為陛下之江山社稷，待臣殄滅叛賊大功告成之日，再……」

「朕不想聽這些。」劉協打斷了他的冠冕說辭。

曹操聽這話頭，以為劉協又要發洩不滿，趕緊頂了回去：「老臣一定要說。」

「那你就說吧！」劉協無奈地搖了搖頭。

「諾。臣之所作所為或有失當之處，然一心所為陛下。倘能殄滅叛賊統一天下，則漢室之社稷昏而復明，上可告列祖列宗歷代先皇，下可慰黎民百姓芸芸眾生。臣明日還要領兵北上征討逆臣袁尚，還願陛下能……」曹操說了一半猛一抬頭，不禁呆住了——劉協根本沒在聽他講話，而是抬頭仰望著宮殿的雕梁，完全是漠不關心的神情。

曹操見他如此模樣，心中甚為不滿。若是別人敢這麼無視自己，他不把那人宰了也要痛責一番以洩恨，無奈這個人是皇上，總要恪守些臣子之道，只得陰森森試探道：「莫非陛下對老臣有何不滿？」

劉協似乎全無懼意，依舊抬著頭淡淡道：「沒有……朕不怨你，朕誰都不怨……朕只是在想，這座宮殿悶得叫人透不過氣來，就像只囚籠一樣，把朕捆綁在這裡，全然不知一年四季花開花謝……還記得《莊子・逍遙遊》有言：『夫列子御風而行，泠然善也，旬有五日而後反。彼於致福者，未數數然也。若夫乘天地之正，而御六氣之辯，以遊無窮者，彼且惡乎待哉！』朕真的想擺脫這憋悶的一切，去一個無所羈絆的地方……」

曹操突然自脊梁後面升起一陣涼意，感覺這空靈的話語如此鬼魅，簡直不知該如何答覆，磕磕巴巴道：「陛下若、若是覺得氣悶，何不帶著皇后皇子們到御園中散散步。」

又是一陣令人煎熬的沉默……劉協忽然晃悠悠站起身來，手指著龍書案直勾勾看著曹操，咕噥著嘴唇道：「曹愛卿，你若真願意全心全意輔保朕，就請讓朕乾綱獨斷吧！若是不願輔保朕，請君高抬貴手放我走吧……我甘願永居林下世代為民，這個位子你來坐！」

曹操聞聽此言猶如五雷轟頂，驚得汗流浹背跌坐在地。

劉協竟露出一陣春風般的微笑，兀自手指著龍書案，口氣平淡得猶如清水一樣：「你只管來坐這個位子，朕只想要……要自由。」

霎時間，曹操被這個年輕人徹底擊潰了！倘若他是抱怨、是辱罵、是咆哮，以曹操的性格都敢以牙還牙。可是他竟要把皇位拱手奉贈，這等倫理綱常的變故豈是凡夫俗子能承受的打擊！莫說曹操還不曾有這樣的念頭，即便夜深人靜時在被窩裡偷偷想過，也不敢這麼做啊！況且天下尚未平定，曹操自詡奉天子以討不臣，若是他自己先不臣，還憑藉什麼去征討別人？還有何臉面立足世間？豈不千夫所指，歸為王莽一流，被天下人的唾沫淹死！

曹操突然打了個寒戰，感覺如芒在背五內俱焚，腦子裡出現的唯一反應竟是逃跑。逃吧……天不怕地不怕的他，此刻彷彿一個打敗仗的逃兵、一個被人家發現的竊賊。他連辭駕的勇氣都沒了，慌慌張張連滾帶爬出了玉堂大殿，哆哆嗦嗦只下了一半玉階，猛然腳底踩空——自七八級玉階上滾了下去。

「曹公摔倒了……」十幾個殿前武士邊叫嚷邊跑過來攙扶。

「別過來！」曹操的冠戴磕掉了，足下一履不知甩到何處去了，額角也被玉階磕得紅腫，卻迅速跪爬起來，擎劍在手厲聲斷喝，「誰也不准過來！誰敢過來……老夫就殺了他！老夫殺他全家雞犬不留！」他那聲嘶力竭的聲音沙啞得都走樣了。

眾武士不明就裡，只得怵生生向四下散開。

曹操瞪著布滿血絲的眼睛環視著這群人——雖然他們都是夏侯惇選拔的，都是沛國譙縣的同鄉，但他們手中依舊有武器。漢家舊制三公掌兵權者，入見天子時當有虎賁士護從。此時此刻曹操內心充滿恐懼，眼前的一切都教他感到不安。即便這些人不想謀害自己，可若是他們手裡的武器沒有拿穩，碰到自己身上又何等可怕啊！太恐怖了！每個人都如此恐怖！

逃吧！繼續逃吧！許都皇宮，以後再也不要來了……想至此曹操愈加喊叫，直等到親眼看著那些不知所措的虎賁士退回到殿門，才舉著利劍深一腳淺一腳地向宮門方向而去。就這麼哆哆嗦嗦跑出去好遠，才見許褚督率幕府的心腹部從迎面而來。

許褚本在儀門伺候，是聽到叫嚷趕過來的，一見曹操五官扭曲狀若中邪，也嚇了一跳：「主公為何此等模樣？」

曹操一頭撞在許褚臂彎間，只是不住晃腦袋，沉沉地喘著粗氣。眾衛士也嚇壞了，揉前胸的揉前胸，拍後背的拍後背，為他收起寶劍整理衣冠，許褚見他這副驚魂未定的模樣，焦急詢問道：「莫非有人意欲行刺主公？」

「沒有……沒有……」曹操瞪著驚恐的眼睛咕噥著。「宮中若有變故，主公不便提起，何不向令君訴說？」

這句話才算把曹操拉回到現實中。他眼睛一亮，又漸漸黯淡下來——如此曖昧之事如何向荀彧開口，若再傳揚出去豈不鬧得沸沸揚揚？他把牙一咬，掐住許褚臂膀，惡狠狠道：「今日之事不許向任何人提起……你去告訴丁沖、郗慮，把今日當值的侍衛黃門全部殺掉！」

「為什麼？」

「不要問為什麼！殺掉！」

許褚還算心地良善：「他們都是咱沛國同鄉，若無罪誅戮，您日後何顏面對家鄉父老？」

「那……那就攆出京師永遠不許再入許都！」

「諾。」他不肯明言，許褚也不敢再問，只得攙扶他慢慢吞吞出了端門。許多有差事的掾屬見他久不出來，都已在宮門外等候了，曹操直至坐上馬車才漸漸不再顫抖，閉上眼睛愁眉不展，只一個勁兒歎氣。陳矯小跑著來到他身邊稟道：「主公，剛從東城傳來消息，陳元龍七日前病發而亡。果如華佗所料，恰好是三年啊！」

陳登之死在曹操看來本是件好事，但此時他卻打不起精神，只是擺擺手：「我知道了。」

恰在此時忽聽一陣馬蹄聲響，自正南奔來三騎，乃是曹丕、曹真和曹休。這小哥仨今日格外精神，身披武服頭戴皮弁，腰裡挎著佩劍。曹真當先馳至車前，跳下馬來跪倒在地：「懇請父親帶我一同出征，為朝廷效力！」一言未畢曹丕也到了：「子丹之言亦是孩兒所思，孩兒已過舞象之年，該追隨父親建功立業了。」曹休也說：「我母子蒙叔父恩養，正該上報天子下報叔父之恩，請您帶我效力疆場吧！」

曹操坐在車上，看著這三個孩子——天下父母都是一樣的，他也並非不看好曹丕。只是人們都在議論他曹某人，他可不願讓兒子過早涉及朝廷仕宦之事，一者為避口舌，二來怕他們自恃身分有專橫跋扈之舉。如今這一切都不同了，此時此刻他只想把整個家族武裝起來，讓子姪在身邊保護自己……曹操一反常態伸手拉住曹丕：「既然你們願意，到中軍虎豹騎掛名，為父不能假公濟私厚此薄彼。但你們要住在我的中軍營裡，一定要帶兵保護好為父的安全！」

曹丕既感興奮又覺詫異，父親今天的口氣與平日大不相同。未及多問，又見王必擠進人群撲倒車前：「啟稟主公，劉老常伯薨了。」劉老常伯乃侍中劉邈。

曹操聞言又是一陣歎息——劉邈雖因玉帶詔之事為保梁王一族與他鬧得不快，一番胡攪蠻纏硬是把王子服勾除了宗籍，改易為李氏之後草草結案。但是老人家畢竟是對他有恩之人啊！忽然想起玉帶詔，曹操剛剛放下的心又緊張起來，那張血淋淋的絹帛似乎又浮現在眼前——「誅此狂悖之臣耳！」末尾那個「耳」字殷紅的一豎拉得很長，似乎還在滴血。

王必跟隨曹操以前曾是劉邈的屬下，鐵錚錚的漢子這會兒哭得淚人一樣，見曹操一臉茫然，還以為他也在傷感劉邈之事，跪爬幾步抓住車沿：「劉老常伯無後，懇請主公准屬下留在許都為老大人發喪，已報故主知遇之恩。」

曹操地點了點頭：「此番出兵你留下，給劉邈發喪之後，你把家丁部曲聚起來，再招募些親族子弟，給我另組一支人馬。」

「再組一支軍隊？」王必很詫異。

「對！老夫要你帶領這隊人馬時刻保護幕府和家眷的安全！」

「屬下明白。」

曹操揉著額頭又囑咐道：「你替我轉告元讓，叫他小心戒備許都周匝，千萬不要大意。」

「諾！」

「還有……告訴盧洪、趙達，要把滿朝文武都給我盯得死死的，任何風吹草動速報我知。再把那個精通劍術的鄧展叫到軍中保護我，不用再跟毛玠打招呼了，馬上叫他來！」

「諾！」王必不明白他為何突然變得這般小心，但還是件件照辦；曹操這才稍覺安心，歪著身子靠在車上。

眾人都瞧出曹操這會兒臉色不對，以為他頭痛的老毛病又犯了。陳矯插言道：「我觀主公氣色不佳，那名醫華佗已離廣陵多日，聽說在彭城一代遊歷，何不將他招來為主公調理一番？」

「老夫沒有病！」曹操疲倦地倚在車上，「即便有也是心病，絕非江湖術士能醫得好的……」

曹丕卻道：「父親莫要拒人於千里，那華佗善醫頑疾天下皆知。您還記得去年暴死的那個老軍李成嗎？當年華佗為他治病，說他十八年後舊病復發，至去年病逝不整整是十八年嗎？」

陳矯也道：「陳登、李成之斷皆應驗，主公不妨召他隨軍聽用，即便您身體康健，為眾將治治創傷也是好的。」

曹操也乏了：「由著你們辦吧……走！」

許褚憑軾高喊：「主公起駕，回幕府。」

「不不不！」曹操連連擺手，「不回幕府，馬上出城去行轅。」

「明日出兵北上，主公不在府中休息一晚嗎？」

曹操眼裡竟流露出一絲驚恐：「不要等明天了，今晚就走。越快越好！」不知為什麼，他覺得這個由他親手締造的許都十分可怕，似乎隨時都會有人衝出來要他的性命。他再也不願在這個地方多待了，還是快點兒投入戰爭吧！兩軍交鋒的戰場也比這裡安全得多。

自這次事件之後，曹操至死再沒單獨覲見天子。

第九章

舊疾復發，華佗治好了曹操的頭痛

與狼結姻

曹軍進駐黎陽，袁尚唯恐鄴城有失，捨棄平原回救，因急於撤退反被袁譚趁勢追擊，折損了不少兵馬；其部將呂曠、呂詳戰場失利，又痛恨他們兄弟不成器，失望之下率數千兵馬向曹軍投誠。

時至建安九年十月末，袁尚所部已盡數龜縮鄴城不敢再戰，袁譚還腆著臉皮跑到黎陽拜見「大恩人」。曹操也真對得起他，莫說設宴安撫，連城門都沒讓他進，還在城下列擺兵陣以作防備，只帶著諸謀士在敵樓上與其會面。

慘澹的日光下，袁譚帶著人馬來到城樓之前。昔日袁紹統帥的威武之師已不復存在，取而代之的是袁譚東拚西湊的雜牌軍。這支隊伍根本談不上陣勢，鬆鬆垮垮拖了將近二里地，有些連鎧甲都沒有，受困數月糧草不濟，面黃肌瘦無精打采。自城樓放眼望去，滿眼都是猥瑣不堪的景象，潦倒的將領、疲憊的士卒、羸弱的戰馬、生鏽的兵刃……唯一醒目的只有那面「車騎將軍」的纛旗，在秋風中招搖著。

當局者迷旁觀者清，曹操只打量這支部隊一眼就料定袁譚必亡，他手扶女牆親自喊話：「哪位是車騎將軍，請出來與老夫一敘！」

過不多時，只見兩匹快馬自人群中閃出——前面馳的是袁譚，郭圖跟隨其後。雖然兵勢衰弱，但袁譚這車騎將軍的面子還要講，他頭戴紅纓兜鍪，身穿鑌鐵鎧甲，外罩猩紅戰袍，依舊透著瀟灑氣派。郭圖也還是那副陰狠刻薄的模樣，布滿皺紋的臉上一絲表情都沒有，只是鬢間又新添了幾縷白髮。袁譚快馬疾馳，眼看要到曹軍近前，郭圖恐曹操突放冷箭，忙把他叫住，距城池一箭之地與曹操對話。

「末將袁譚參見曹公！」袁譚馬上拱手面有得色。

事到如今竟還不知羞愧，曹操暗暗冷笑。許攸也在城樓上，一見昔日逼得自己投敵的冤家落魄至此，心裡說不盡的痛快，扯著尖嗓子嚷道：「大膽袁譚！你已歸順朝廷，還不下拜？」

曹操瞥了許攸一眼：「子遠何必這般苛求，老夫不過官拜司空，人家可是車騎將軍啊！」這席話說得樓上眾人掩口而笑，可是一低頭，卻見袁譚真的跳下馬來，規規矩矩跪倒在地。

眼見此人拜伏於地，曹操心頭一悸，既覺可笑又覺可悲——固然他與袁氏是仇讎，畢竟早年與袁紹有朋友之義，想當年同朝為官共抗閹黨，袁本初意氣風發桀驁不馴，現在看著這個不孝兒屈膝於敵喪盡亡父顏面，四世三公之族由此而衰，心中豈能不悲？

曹操真有亂箭射死這個敗家子的衝動，卻不動聲色攥緊拳頭，嘴上安撫著：「許子遠不過戲言，袁將軍也忒多禮，老夫可不敢領受你這一拜，快起來吧！」

袁譚非但不起，反而向前跪爬了幾步：「若非曹公相救，末將死無葬身之地！下跪見禮乃出自真心，曹公活命之恩末將銘記在心。生我者父母，活我者曹公！」說罷摘去兜鍪連連叩首。

天下的蠢人都以為自己能輕而易舉欺騙別人，殊不知越是誇張的表白越失敗。曹操知他是虛情假意，也跟他玩起了虛偽：「將軍太過客套，老夫不過遙作聲勢，是將軍勇猛過人剛毅果斷才將袁尚擊敗！老夫與汝父同殿為臣相交深厚，也曾征討董卓並肩而戰。當年我入主兗州之時也頗得汝父相助，至今每每憶起感恩不盡，如今將軍有難，老夫焉能坐視不理？」其實這話假得不能再假了，難道官渡之戰坑殺八萬就是曹操對袁紹的感恩嗎？

袁譚撅著屁股趴在那裡，一副狗對主人獻媚的模樣，「末將歸順曹公，自當肝腦塗地效死以報。」

「非是歸順老夫，乃是歸順朝廷，從今以後咱們同為天子效力。」這番話曹操不知說過多少遍，以前每次出口都興致盎然，可今天再說卻味同嚼蠟。

袁譚還是不肯起來，撩著眼皮試探道：「末將既已是朝廷之人，不敢再僭越名號，請曹公另賜官爵。」

曹操聽他主動要官，不禁皺起眉頭——袁譚這個車騎將軍是自稱的，青州刺史是暫領的，並無正式名分，倘若假朝廷之命給他一個，日後再領兵剿滅他豈不是自己打自己臉？而他光腳不怕穿鞋的，破罐破摔想翻臉就翻臉，這個官還是不能給。曹操正思慮如何應對，一直趴在女牆邊的郭嘉先喊開了：「袁將軍，任命官職非等閒之事，我家曹公需修表請奏朝廷。你被庶弟所逼失卻侯位，若是朝廷恩准，可將汝父之爵盡數轉賜與你，我家曹公日後還要請你助一臂之力共討袁尚。如今你且暫領青州刺史，待朝廷批奏之後再正式授你官職！」

袁譚半信半疑，說把父親的一應官爵都給自己，似乎不太可能，但是曹操既要借己之力討袁尚，也說不定會大發慈悲。他思量一會兒，還是樂呵呵道：「多謝曹公一番厚賜。」這才慢吞吞爬起來。

曹操瞧他這副狼狽相，簡直厭惡到了極點，可還得微笑著把事辦完：「袁將軍，聽說你有個女兒？」

袁譚也預料到他可能會要人質，趕緊答覆：「勞曹公關照，小女年紀尚小，不過四五歲。」

「嗯。」曹操點點頭，「老夫恰有一子，名喚曹整，剛剛兩歲，將軍若是不棄，可否將愛女嫁於吾兒？」

這樣荒唐的聯姻其實就是人質約定，不過有話不明說，也算給袁譚留了面子。袁譚哪裡還敢拒絕，趕忙再次跪倒：「在下賤女得配曹公虎子，榮幸至極！」

「哈哈哈……咱們已做了親家，豈能再行此大禮？」

「曹公說得是。」袁譚也是滿面堆笑，「小女就在軍中，在下這就遣人送至城內，不知曹公可需三媒六證之人？」

「我看辛佐治便可，老夫將他留於帳下，我與將軍一干事務皆由此人經手，日後若有差失，老夫也要向此人問罪！待咱們破了袁尚之後，我再將其歸還將軍帳下。」其實辛毗已被表奏為議郎，根本不可能再回去，曹操這麼說是為了迷惑袁譚。

「也好……」袁譚不明就裡，還在為曹操扣留他一個智囊而惋惜。

「將軍首戰告捷，還需安撫郡縣，老夫就不留將軍。還望你速回平原整頓兵馬，來日共討袁尚。」曹操希望他趕緊走，回平原整備人馬接著跟袁尚互相殘殺。

其實袁譚也不想留，也願意儘快回去召集兵馬囤積糧草，日後先滅袁尚再戰曹操恢復河北之地，彼此心照不宣：「既然如此，末將告辭了。」

「親家一路珍重，日後滅了袁尚我幫將軍奪回乃父官爵。將軍若想重領四州州牧已是不可能了，不過只要將軍肯為朝廷出力，這冀青幽并可以任取其一，老夫可令將軍劃地而治！」曹操說這般鬼話連眼都不眨一下。

袁譚跨上戰馬假惺惺道：「在下為朝廷效力，為曹公盡命，安定天下不求一己之榮。」

若不求一己之榮，何至於跟弟弟爭得你死我活？曹操並不戳穿：「將軍深明大義，真是國家之福、百姓之幸，乃父之榮耀……」這話實有挖苦的味道。

「末將一定不負明公所期，日後好好報答您！」袁譚也意味深長地回了一句，撥馬欲去。可剛揚起馬鞭又想起件事，趕緊回頭，「還有一事相求曹公。末將所部糧草吃緊，可否……可否……」

連糧食都沒了，還沒完沒了廝殺。曹操心裡嘲笑，臉上卻裝出一副犯難的樣子，對身邊的人說：「哎呀！袁將軍缺糧，咱們有富裕糧食嗎？」

都是聰明人，見其明知故問就知道該說什麼，卞秉擠眉弄眼道：「啟稟主公，我軍也沒有餘糧啦！大軍方至黎陽，輜重糧草還沒到。不怕列位笑話，末將現在還餓著肚子呢！」卞秉就是管輜重的，他在這兒站著豈能沒糧？

「唉……袁將軍真是大幸，能找咱們求糧，可不知咱們的糧食尋誰去借。」郭嘉也跟著起鬨。

董昭見他們都充黑臉，便出來扮白臉：「話雖如此，袁將軍既然張了口，若顆粒不給豈不失了朝廷臉面？再者倘若袁將軍無糧，如何回平原布兵呢？」

曹操手撚鬚髯假意沉吟，彷彿下了多大決心似的，這才一拍女牆答覆道：「袁將軍切莫見笑，老夫軍中尚且乏糧。但你既然開口相求，也不能坐視不理。就在軍中今日糧草中勻出一百斛相贈，另外還有些麥屑糠皮一併給你了，先拿去解燃眉之急吧！」這點糧食不過是曹軍的九牛一毛。

「這就感恩不盡了！」袁譚再三道謝，方馳馬而去。

曹操望著袁譚馬蹄揚起的煙塵不禁冷笑——袁本初，這就是你養的好兒子！你一生愛惜臉面，留這樣的不肖之子在世上豈不是恥辱？老弟可要搶你的河北之地了，這不單是為我自己，也算是老朋友幫你清理門戶……他尚在遐想，又見郭圖還在城下，正仰頭怒視著他，那雙鷹隼般的眼睛猶如利刃一般。

曹操被這目光瞪得渾身難受，趕緊轉過臉去：「方才借糧那番欺瞞之語，只怕騙得了袁譚，卻難騙此人。」

郭嘉斜了自己的同族遠親一眼，笑道：「郭公則不能求同合眾，當年我歸附主公之時曾有意勸他同來，他卻道追隨袁本初別無二志。現在禍到眼前還不醒悟，袁譚作亂有一半是他挑撥出來的。他也算個聰明人，行事卻如此偏激，八成是瘋了！」

樓圭笑呵呵挖苦道：「說來巧得很，昔日橋公家傳的《禮記章句》中引《大戴禮》一句話，我看說郭圖與袁譚正合適。『富恭有本能圖，修業居久而譚[1]』，只不過他倆圖者不圖，譚者不譚，倒像是一個瘋子保一個傻子，郭圖不能富恭守本，袁譚也休想修業久存！」眾人聞聽無不莞爾。

荀攸卻搖頭歎息：「我與郭公則也算舊交。當年南陽名士陰修為潁川太守，以鍾繇為功曹、荀彧為主薄、郭圖為計吏，又舉我為孝廉。當年大家在一處談天論地如同兄弟，現在他卻離我們這麼遠，誰能想到啊！」眼望著郭圖憤恨一場無奈而去，他越發沉吟不已。

「老夫與袁紹何嘗不是至交？」曹操撚髯苦笑，「事到臨頭又能如何？這天下人情忒薄，就是……」就是天子也未必能竭誠相待，但這想法怎麼樣也不能當眾說出來。

其實千難萬難，最難的還是辛毗，他已經暗通書信給兄長辛評了，可是辛評不但不考慮歸降，還回書罵他叛國投敵有辱辛氏家門，今天袁曹相會，辛評竟連面都沒露，實在是不願意認他這個弟弟了。辛毗心頭猶如刀割一般，望著漸漸散去的袁軍呆呆出神。

「佐治！交給你的事情辦好沒有？」

辛毗聽到問話，趕緊回過神來：「啟稟主公，在下已聯絡到鄴城將領蘇由。此人頗受袁尚重用，可於我軍攻城之際舉兵內應。」

「很好。」曹操拍拍他肩膀，「封官許願老夫不在乎，盡可能拉攏些人。『百足之蟲，死而不僵』，要掃平河北全境還需多費心機。」

「諾。」對於辛毗來說，現在掃平河北固然要緊，更重要的則是救家人脫苦海，審配之偏執也不遜於郭圖，家眷在鄴城如臨虎口。

這時忽聽許褚粗暴的吼叫聲：「站住！你們什麼身分，竟敢硬闖敵樓，還有沒有規矩啦！」他手持長矛守在樓閣口，不准任何閒人隨便登樓。

「仲康！」曹操叫住許褚，「為何喧譁？」

「降將呂曠、呂詳吵著要見您。」

「現在同為朝廷之將，你何必計較他們身分？叫他們進來吧！」

把朝廷二字掛在嘴邊不知不覺已成了曹操的習慣，但是自從出了金殿之事，他再提及這兩個字卻感覺酸溜溜的。

許褚閃開道路，呂曠、呂詳也自知是降將，早把佩劍摘了，一出閣門就拜倒在地：「我等向主公請罪！」

「何罪之有？」曹操見他倆每人手中都捧著只錦囊，「這是什麼？」

呂曠戰戰兢兢道：「剛才袁譚命部從送其女入城，有個僕僮模樣的人找到我們兄弟，說袁譚希望我們繼續做袁氏之臣，不保袁尚可以去保他，還留下這兩枚印。」

「哦？」曹操打開錦囊觀看，原來是兩枚四四方方的將軍金印，大小倒有四寸許，分量著實不輕，便不再多看放回呂曠掌中，「既然是袁譚送你們的，那就收著好了。」

「不敢不敢！」呂曠嚇得金印脫手，匆忙頓首，「我二人已經歸順明公，豈肯再為袁氏賣命。河北之民深受其苦，河北之兵皆遭其害，我二人視袁譚已如仇讎。明公若不信我們誠意，我等就……就……」

① 譚，廣大，宏大。意為業安居於久而自大也。

曹操屈膝拾起金印，固執地塞進他們懷裡：「老夫幾時懷疑你們了？那袁譚不修恩德痴心妄想，僅憑兩枚金印就想拉攏兩員大將，天下哪有這般容易之事？你們既然肯來上繳，那老夫照舊賜給你們，另外我再給你們每人加一顆玉印。」

「玉印？」二呂對望一眼。

「老夫念你們投誠有功，表奏你二人為列侯。」

「啊！」二呂呆了半晌，忽然齊聲表態，「我兄弟肝腦塗地誓死追隨主公！」這呂曠、呂詳雖稱不上什麼名將，但曹操有意千金買骨，只要厚待這兩個人，就不愁其他河北之人不來投降。

「哈哈哈……」曹操仰面大笑，瞧著二人下城而去，又對眾人道，「我早料到袁譚乃是詐降。他打算讓我攻袁尚，然後得以趁這個時機招募兵馬搶占地盤。等我破了袁尚以後，他也準備得差不多了，再趁我軍疲弱之際對老夫下手。可他忘了一點，袁尚若破，我軍士氣旺盛，有何疲弱給他利用呢？此真無用之計！」

許攸此番抱著復仇的心態而來，早就迫不及待，搓手道：「阿瞞兄，咱們下手吧！先滅了袁尚狗子，然後再把袁譚除掉。」

「不必著急。」曹操沉得住氣，「袁譚想坐收漁人之利，可是老夫何嘗不想！兄弟之爭再甚也是家務，可袁譚向我屈膝如同叛國投敵，他們兄弟之仇恨愈烈，袁尚豈能再容這叛徒做大？這哥倆都是寧予外敵不予家奴，等著瞧，我料他們勢必再起干戈，咱們只需坐山觀虎鬥，擇機而動便可……傳令各營，明日一早全軍南撤。」

「主公有意收兵？」眾人面面相覷。

「既來之則安之，並不是收兵。」曹操微然一笑，「淇水[2]正經黎陽以南，咱們引水注入白溝[3]，日後我軍糧草可直達鄴城。『工欲善其事，必先利其器』。作好一切準備，就等著時機到來！」

「明公高見，我等不及！」

曹操已把朝廷裡的不愉快拋到一邊，仗雖未打卻已胸有成竹。他眺望著遠處的山巒，長長地舒了口氣——忽然有一陣歌聲隱約傳入耳中：「你們聽，這是什麼歌？」

正說話間那歌聲越來越清晰，似是首激昂的軍歌，眾人低頭找尋，但見城下將士各司其職，鍘草的鍘草、餵馬的餵馬、運糧的運糧，可無論幹什麼都高高興興哼著歌。一人唱百人唱，聲音越來越齊，最後終於匯成了震天動地的歌聲：

千騎隨風靡，萬騎正龍驤。
金鼓震上下，干戚紛縱橫。
白旄若素霓，丹旗發朱光。
追思太王德，胥宇識足臧。
經歷萬歲林，行行到黎陽。

「妙啊！妙啊！」曹操格外興奮，回頭掃視眾人，「這詩大長我軍士氣，是何人所作？」

眾人紛紛搖頭，記室劉楨從人堆後面擠了過來：「啟稟主公，此乃大公子所作。」曹丕自那日得吳質點撥，早就盼著展示才能的機會，一路上連著寫出三首軍旅之作，安排曹真、曹休、王忠、朱鑠等人四處傳唱，幾天下來連火頭軍都會了。

---

② 古黃河支流，在今河南省北部。
③ 即現今衛河的上半段，遠在太行山區。漢時古白溝已幾近乾涸，曹操這次工程使淇水向東北注入白溝，一直通向海河，在天津市入海。

曹操聽說是兒子寫的，明明心裡已樂開花，卻裝出一臉挑剔：「詞句粗陋了些，不過教給當兵的唱還湊合。」說罷扭臉朝著城外，不叫旁人看出自己的喜悅。

劉楨也是曹丕的好友，趕緊趁機美言：「這幾日公子甚是用心，不單是寫了詩，這會兒還在城中撫慰百姓呢！」曹操的兒子哪個能不誇？劉楨開了這個頭，其他人紛紛讚譽，都說他們是父子英雄一脈相承。

董昭低著頭湊到曹操身邊誇道：「賢愚相較高下立判，袁本初之子皆是無能庸才，曹公之子乃是人中英傑。」

「過譽啦，不過一首詩嘛！」曹操目視遠方微然含笑。

「得佳兒以傳祖業乃人生一大快事。」董昭邊說邊注意著他的表情，「本朝父子俱為名臣的為數不少，昔日李郃、李固兩代賢良，周景、周忠父子三公，那楊家一門四代宰輔更不用說，我看曹公之子也是大有可望！試想將來大功告成，您還政天子退歸林下，再觀公子輔保朝綱大展雄才，豈不是美事？」

曹操初時還挺高興，但聽到「大功告成」、「還政天子」，臉上的笑容不禁凝固了——天子尚幼我已半百，況且他如此忌恨於我，倘若我退歸林下大權奉還，豈能容我兒孫再立朝堂？只怕那時連我滿門老小的性命都……一想到日後之患，曹操便覺腦中隱隱作痛，笑容愈加收斂了。

他臉上的微妙變化早被董昭瞧了個清清楚楚。

神醫華佗

黎陽的會面使曹操完全看清了袁譚的嘴臉，雖與其結為親家，卻依舊按兵不動，坐視他們兄弟自相殘殺。另一方面在淇水河口下枋木以築堰，使河水流入乾涸的白溝，保住了直通鄴城的糧道，一切就緒只等袁氏兄弟再次交惡。

亂世之中永遠不乏蠢人，袁紹在世之時獨霸河北名動天下，兩個兒子卻連他半分明智都沒學到，還把父親臨終囑咐他們兄弟要和睦的話都當做了耳旁風。哥哥袁譚為了兄弟內鬥不惜投靠外敵與虎謀皮，而弟弟袁尚明知外敵在畔還想僥倖消滅兄長。

至建安九年（西元二〇四年）二月，袁尚見曹軍在黎陽毫無動靜，而袁譚在平原招募人馬頗有復振之勢，便留軍師審配、大將蘇由鎮守鄴城，親自率領大軍再赴平原與兄長拚命。曹操見機會已到，即刻領兵向鄴城進發。那守將蘇由早與辛毗私下串通好了，要在城內舉兵以為內應，不料機密泄漏倉促舉事，被審配所部擊敗，逃至洹水與曹軍會合。因為這場亂子，審配錯失了阻擊的時機，河北重鎮鄴城竟一仗未打就被圍困了。

曹軍堆砌土山、架設雲梯、挖掘地道，想盡一切辦法攻城。袁尚與袁譚交戰正酣，無法領兵回救，派沮授之子沮鵠駐守邯鄲、武安縣長尹楷駐軍毛城，保護鄴城通往幽州、并州的要道，等待兩路救兵和糧草。曹操豈能容他得逞？立刻將兵馬一分為二，命曹洪繼續圍困，自己則率部連戰，先取毛城再陷邯鄲，就此切斷了西北兩路的救援。冀州人心撼動，易陽縣令韓範、涉縣縣長梁岐舉城投降，被曹操加封為關內侯。不到三個月的工夫，各處營屯無不望風歸降，鄴城已儼然是一座孤城了。

但鄴城乃袁紹根基所在，畢竟非尋常之地可比，加之軍師審配又是塊極難啃的骨頭，想要拿下城池絕非一日之功。好在辛毗、董昭、許攸等都曾效力河北，由他們輪番上陣策反勸降，每天都有官員士兵墜城投降。這樣一邊打一邊勸，鄴城的勢力逐步削弱，糧草也在不斷消耗中。戰事進行得異常順利，曹操也漸漸忘了許都的不愉快，每日除了巡查營寨，就是在帳中批註兵法，一邊觀望袁譚、袁尚的動靜，一邊等待鄴城情勢的變化，可謂是以逸待勞。

今天與往日一樣，荀攸與郭嘉、樓圭在大帳籌劃下一步的打算，辛毗、許攸又舉著白旗到城下喊話去了。曹操反倒一身輕鬆，優哉游哉整理著自己注解的兵法，當看到「佚能勞之，飽能饑之，安能動之。出其所必趨，趨其所不意」，此語倒像是說眼前的戰事，他感覺如獲至寶，不禁提筆注道：「絕糧道以饑之。佚其所愛，出其所必驅，則使敵人不得相救也。」寫罷又一邊默念一邊微笑。

路粹正幫荀攸打理書簡，見他面露喜色，趕緊湊過來逢迎：「主公近些年抄注的兵書可真不少，《三略》、《六韜》、《司馬法》、《尉繚子》、《孫子》、《墨子》、《孫臏》，足足有十三大箱，稍微總結篩選一下，便是從古至今最為絕妙的兵書啊！」

曹操撫摸著這一摞摞的書簡，搖頭微笑道：「老夫昔年曾有志向，要編纂一部《兵法節要》。可如今天下不僅狼煙四起，黎民百姓嗷嗷待哺，絕非一部兵法就能解決問題的，還要有復興社稷、經世濟民、拯救蒼生的長久之策。前日仲長統對老夫說了一番話，可謂至理名言：『國之所以為國者，以有民也；民之所以為民者，以有穀也；穀之所以豐殖者，以有人功也。』自黃巾之亂以來，百姓死亡荒疾縱橫，天下戶口不及當年三分之一。即便老夫掃盡狼煙歸於一統，以後的路還長著呢！」他本對仲長統有些芥蒂，但接觸的日子久了，竟對他的政論漸漸產生了興趣。

荀攸忽然拿起一份奏報遞了過來：「主公請看，這是令君自許都轉來的，江東孫權出兵江夏了。」

「哦？」曹操以為自己聽錯了，趕忙拿過來看——原來孫權自承接父兄之位以來勵精圖治，短短三年多的時間竟重振了聲勢，進而再次興兵攻打江夏，欲擒黃祖報殺父之仇。可更值得注意的是，孫權出兵之前竟將朝廷剛剛決定征辟的前會稽太守盛憲給殺了，而另一位避難名士孫邵卻被孫權任命為長史，心甘情願留在了江東。這無異表示，孫氏與曹操之間的短暫妥協已經終結了。

曹操一陣皺眉，手指輕輕敲打著這份奏報：「難道孫權這小子真想跟我翻臉？」

路粹訕笑道：「孫權打黃祖可是好事！他與劉表再起爭執，主公正好專務河北……」

「住口！」曹操瞪了他一眼，「你曉得什麼，做好你自己的差事！」在他眼中，路粹、繁欽、劉楨這幫人再有才華也是刀筆吏，只能充當他的口舌，是不能對重要軍機發表個人意見的。

果然，荀攸也不認為這是好事：「孫氏原本善戰，黃祖卻已年邁，我恐非是其敵，若令其占據大江東西之險，日後必成大患。當早作防備啊！」

「防備嘛……」曹操想了想，「可令劉馥在合肥修繕城池以作防戍之策，只要能穩固淮安之地，老夫日後便可收拾孫權孺子！」新任揚州刺史劉馥無法到孫氏占領的丹陽赴任，便在合肥落腳，最近招募流民興治芍陂④，頗有些建樹。

郭嘉在一旁插了話：「屬下有一計，可助主公保守淮南無礙。」

「快快道來！」曹操現在越來越看重郭嘉的計謀了。

「主公既在中原興民屯，何不在邊鎮之地興軍屯？屬下保舉倉慈出任典農都尉，此人本就是淮南土人，又擔任過郡吏。令他回去招募百姓訓練兵馬，邊耕作邊戍守，自給自足加之合肥建城，定可保江北之地無虞。說不定還能給主公練出支善戰之軍來呢！」

「妙！妙啊！」曹操不禁撫掌而笑，「就派倉慈打理此事，不過不要讓他當屯田校尉了，既是軍隊屯田，理應有所區別。老夫另給他個官職，就叫『綏集都尉』。綏集者，保境安民也。」

---

④ 芍陂，春秋時楚國令尹孫叔敖始建的淮河水利工程，後人又稱其為「安豐渠」，在今安徽壽縣以南。漢末劉馥對芍陂進行了修復和擴建。

青。

「主公立意深遠，我等望塵莫及。」什麼時候出主意，什麼時候拍馬屁，郭嘉早掌握得爐火純青。

曹操笑了片刻，又想起另一件事：「孫策方死之時，劉表之姪劉磐常自負其勇騷擾江東，為何最近非但不見動靜，反叫孫權轉守為攻了呢？」

一旁面無表情的董昭也插了話：「我曾聽華歆言道，孫權任命東萊太史慈為建昌都督，此人精於騎射，帳下之兵也頗為驍勇，劉磐幾番敗於他手，已不敢再東去挑釁了。」

「東萊太史慈……」曹操早知道這個人，當初孔融為北海相，被黃巾圍困城中，就是太史慈憑箭術闖出重圍搬來的劉備救兵。後來孔融調回許都，太史慈輾轉投至已故揚州刺史劉繇麾下。孫策與劉繇為敵之時，他只率領一兵出外巡哨，恰與孫策及其部下一十三騎遭遇，竟還撒馬一戰。孫策奪去太史慈護背短戟，太史慈也挑了孫策兜鍪，兩人倒是不打不相識，日後劉繇落敗，太史慈卻被孫策收到了帳下。如今孫權不僅留住了孫邵等避難士人，也留住了太史慈這樣的勇士。孫策兵勢鼎盛之時，江東父老稱其為「小霸王」，看來孫權也不比他那個霸王兄長遜色，果真是一門英傑啊！現在雖然不能分身，但也要想辦法翦除孫氏的羽翼，似太史慈那樣的勇將，若能招回朝廷為己所用該有多好！

他正思考制約孫權之法，忽見許褚飛奔進帳：「啟稟主公，現有任峻族弟任藩來至軍中，急著面見主公。」

「他來做什麼？莫非……」曹操腦子裡嗡的一聲，不祥的預感猛然湧上心頭。果不其然，轉眼間便見任藩身穿孝服、哭哭啼啼跪倒在帳前──任峻病逝於許都！

任峻任伯達不僅是曹家的女婿，而且是曹操的重要膀臂。他早在討伐董卓之時就在曹操身邊，是從最艱難的時候闖來的，官渡之戰主持運輸糧草，河北軍數次企圖抄絕曹軍糧道，都被他一一化解。而他更大的功勞在於推廣了屯田之法，使曹操可以放心大膽地征伐天下。屯田之議始於棗祇而推行於任峻，如今這兩人先後而逝，曹操豈能不悲？

眼望著報喪的任藩以膝當步爬到他跟前，曹操實在控制不住了，淚水似斷線珠子般止不住地往下流；眾謀士與任峻相交多年，也有幾人大放悲聲。曹丕、曹真、曹休就在旁邊的帳篷裡，聽見哭聲趕緊過來勸，東一句西一句說了半天，曹操才漸漸止住哭聲，他拉著任藩的手再三叮嚀：「伯達正值壯年不幸病故，人雖不在了，但是功績尚在爵位尚存，你速速奏請朝廷將他的封爵世襲其子任先。老夫征戰在外顧不上伯達喪事，先兒年歲又小，還勞你與族中諸兄弟多多費心。」

「在下自當盡心……」任藩早已泣不成聲。

樓圭唯恐他再在這裡待著惹曹操傷懷，趕緊攙扶起來好言好語拉著去了。曹操兀自唏噓不止，正難過間又覺腦中隱隱作痛，眼前恰似天旋地轉般，看東西竟漸漸模糊起來。他以為是淚水迷眼，狠狠揉了幾下，哪知非但不見好，連身旁的人看著都有重影了，不禁害怕起來：「我的眼睛……我的眼睛……」

「主公！」眾人瞧他神色不對，也顧不得難過，一股腦兒圍過來。

曹操只覺眼前一片昏花，什麼都瞧不清楚了，張開雙手一陣亂摸，不留神把帥案上的表章推了個稀裡嘩啦，既而又抱住腦袋打起滾來：「啊！我的頭……啊……痛煞我也！」

眾人見狀嚇得臉色煞白——他自玉帶詔那一年落下頭疼的病根，雖時常發作，卻極少鬧到今天這般程度。大家唯恐他磕傷，一擁而上拉胳膊的拉胳膊、掐人中的掐人中。郭嘉眼疾手快，扒開嘴給他灌了一大碗溫水，依舊沒有半分緩解。但見曹操二目瞇縫宛若失明，額頭的汗水順著髮髻往下淌，不住喊叫呻吟。

樓圭早就瞧出不好，已尋了軍中一老一少兩個醫官來。這倆人見曹操如此光景，也是格外詫異，一個切脈一個翻眼皮，立刻診治起來。過了半天老醫官才把曹操的手放下，捋髯道：「主公血氣不和，又有頭疼之症，似是風寒所致。」

另一個卻連連擺手：「怒傷肝，悲傷肺。主公可能是痰迷了，悲情過度乃至眩暈頭疼。」

「不對不對……若按你所論之症，不至於如此厲害。」

年輕的也不服氣：「我看是你老人家錯了，五月天氣何來風寒？」

這兩人是在宮中給皇上看過病的，這會兒卻各執一詞爭論不休，遲遲拿不準病因，眾謀士越想越害怕。曹操閉著眼睛一個勁搖頭，只嚷著頭疼眩暈也說不出別的什麼。有道是父子連心，曹丕急得直跺腳：「父親……您究竟怎麼啦？」

曹休背著手轉了兩圈，忽然猛拍腦門：「哎呀呀！華佗先生不是被陳季弼召到軍中了嗎？何不快請他來看看！」

一句話算給曹丕提了個醒，兩人連袂出帳尋找，直跑到後營大帳才看見陳矯——正拿著算籌與程昱、卞秉等清算軍糧呢！二人說明曹操病勢，本以為他馬上就會叫華佗來治療，哪知陳矯面露難色：「華佗其人脾氣怪誕，他雖至軍中卻不願為醫，恐怕……」

曹丕真急了：「這等時候豈能耽擱，快把他找來。」

陳矯嘖嘖道：「若要請他相救，恐怕還須公子親往。」

「好好好！只要他肯來醫，便叫我作揖磕頭也成啊！快些帶路！」曹丕不由分說拉著他便往外走。

華佗又名華旉，字元化，雖然是曹家的同鄉，彼此間卻從未有過交往。他自幼熟讀經史，又曾遊學徐州，被陳登之父沛國相陳珪舉為孝廉，但因通曉養性之法、岐黃之術，又善待窮人療民疾苦，做學問的才能反而被行醫的名氣掩蓋。沛國鄉民都說他是神仙再世，任何疑難雜症皆能藥到病除，以至以訛傳訛，說他曾刮骨療毒、斷腸洗胃、劈腦取虱，甚至生死人肉白骨，可斷神鬼陰陽。

不過華佗本人從未以行醫為業，僅將其視作愛好，因而陳矯召他入營為醫，他滿心的不願意，但又迫於曹操之威沒有辦法，只好屈身前來。陳矯敬重華佗之才，又素知曹操輕慢巫醫之人，便在後營專門為他立了一座小帳，派兩個小兵每日伺候，他心情好的時候便給受傷的將士瞧瞧病創，不高興了就把帳簾一撂，任誰也不理。

這會兒真是不巧，那位華先生又把簾子撂下了，只打發一個僕役模樣的年輕人在外面給兵丁包紮傷口。曹丕哪管許多，不顧陳矯阻攔，驅散帳口之人邁步便往裡闖。一掀帳簾頓覺藥味撲鼻，又見書簡成札藥匣堆積，當中睡榻之上臥著個白髮白鬚的長者，手中攥著一卷書簡，正遮住臉面，看得有滋有味呢！

「你可是華佗？」曹丕滿腹焦慮，全然忘了禮數。

哪料那長者竟渾似沒聽見，翻了個身，頭朝裡繼續看書。曹丕乃侯門公子，幾時見過這等無禮之人，氣得正要叫嚷。曹休在後面一把攔住，陳矯畢恭畢敬朝長者背影作了個揖：「打擾華先生安歇了，曹公子特來拜會您。」

華佗頭也未回：「在下鄙陋，不敢勞貴人多禮，公子請回吧！」他說話的聲音輕靈緩慢，可在曹丕更覺無禮，已是怒火中燒，陳矯一邊捂住曹丕的嘴一邊道：「曹公子此來是懇請先生為主公治病的，煩勞先生辛苦一趟。」

華佗依舊未動，只是淡淡問道：「曹公哪裡不適啊？」

陳矯禮數有加：「曹公罹患頭痛症已久，在京之時曾請御醫調治，卻還是時好時壞。今日發作愈疾，雙眼視物不清，還請先生相救。」

「頭痛症？」華佗竟哈哈大笑起來。

曹丕一把推開陳矯的手，怒沖沖道：「先生既奉征辟來至營中，就當竭力服侍我父。身為軍醫非但不去醫治，聞知主帥病重竟還幸災樂禍，究竟是何居心？」

「公子差矣。」華佗依舊臉朝裡躺在那裡，不緊不慢道：「在下非笑曹公病重，乃是笑軍中庸醫不諳病理。淺而近者為頭痛，深而遠者乃頭風，罹患此症多為憂憤惱怒所致。怒而傷肝鬱而化火，氣火俱逆於上以犯頭頂，若風氣逆亂甚疾，則頭暈氣悶目不能明……請恕在下直言，曹公此番用兵並未有困，近來數日也未曾辛勞，恐怕離京之先便已有鬱怒在胸，冬春交構又逢虛火，今日必是遇到焦急之事，勾起老毛病來了吧？」

曹丕聞聽此言驚得呆呆發愣，滿腹恚怒丟得一乾二淨。那日許都皇宮之事雖不明詳情，但想來就是曹操鬱怒之源，而任峻之死豈不是病發之因？這些並未告知華佗啊！此人單聽症狀便可推斷個八九不離十，難怪被喻為神醫，又想起陳登、李成生死之事，越發覺得太怠慢他了，趕緊整理衣衫深施一禮：「晚生曹丕給先生見禮，剛才慢待先生了。」

「公子多禮了……」華佗這才翻身而起。曹丕仔細端詳——但見他身高七尺骨骼清奇，穿一身湛青粗布衣衫，鬢鬚如雪枯枝別頂，雖是年高之人卻面龐白皙不見皺紋，隆準口正細眉長鬚，眼窩深陷二目炯炯；那雙修長的手攥著一卷書簡，既非《內經》[5]《本草》[6]，亦非《難經》[7]《素問》[8]，卻是六經之一的《春秋》。舉手投足都輕飄飄的，果然是氣質非凡。沛國百姓訛傳此人乃神仙下世，甚至說他已經活了一百多歲，此言雖荒誕可笑，然而他修身養性鶴髮童顏卻是不假的。

曹丕越看此人相貌越喜，料定他熟知病源必能醫治，趕忙二次施禮：「煩勞先生施展岐黃之術治癒我父之病，在下必當重謝。」

「言重了。」華佗微笑著托住他手腕，「在下雖不曾拜謁過曹公，亦知他是喜怒不定性情中人。但人之喜怒哀樂，過之皆有損傷，怒則氣上、喜則氣緩，悲則氣消、恐則氣下，驚則氣亂、思則氣結。令尊日理萬機憂怒於心，又長年奔波不得休養，加之年至五旬痛氣愈重，筋骨脾胃亦不似昔日那般健旺，染上頭風這等毛病也屬正常。只要他收攝心神緩和氣息，日常不憂不怒勿急勿躁，此症必能有所緩解。」

「緩解？可是……」

華佗不等曹丕說完又道：「這樣吧，在下開個藥方，請曹公身邊的醫官再加參詳便是。」說著便要取筆簡書寫。

陳矯覺出他有搪塞之意，連忙伸手攔住華佗：「華先生且慢，曹公病症甚急，還是請您親往一趟吧！」

華佗微然一笑道：「曹公身邊的醫官想必也是供奉天子之人，雖然未必手到病除，也屬此中高人。在下不過是山野遊醫，豈敢在高人面前造次。」

「先生此言差矣！」陳矯陪笑道：「您奉征辟而來，便是曹公掾吏。如今主上有疾，豈有推拖之理？縱然有御醫照應主公，他若用令調您，您焉能不往？況且還看在公子這一片孝心的面子上呢！」

華佗面上淺笑心中犯難——他本是通曉經籍有志仕途之人，原想躋身朝堂效力於天子，但逢此昏亂之世，有道是「春秋無義戰」，既不能混跡於割據之徒，精研醫道懸壺濟世也罷了。領曹營這份差事其實是被逼無奈的，若真給曹操治好病，被他看上留於身邊，怎能再浪跡九州治民疾苦？況

---

⑤《內經》，即《黃帝內經》。
⑥《本草》，即《神農本草經》。
⑦《難經》即《黃帝八十一難經》。
⑧《素問》即《皇帝內經素問》。這四部醫書是先秦至東漢之前古人編纂的重要醫書，也包含了生理學說、陰陽學說。

且他現在又正計劃編纂一部醫書，若被曹操拴在身邊，可就片刻不得閒了。再者，通過陳登調任之事，他便知曹操乃是固執猜疑之人，能不能遵從醫囑把病養好還在兩可呢，萬一治不好又是何等下場？

陳矯一再說好話：「先生素有仁愛之名，曹公乃當今朝廷之宰輔，身繫天下萬千子民。先生若治癒曹公之病，便是救了無數黎民，此等厚德之舉安可不為？有道是『危而不持，顛而不扶，則將焉用彼相矣！』醫者，父母心……」

華佗眼瞳深邃得猶如幽谷一般，手撚銀髯良久才道：「貴者處尊高以臨臣，臣者懷怖懾以承之。曹公乃當今天下極貴者，在下不過是一山鄉野老，恐難以逢迎周全。」

「哎呀！」曹丕又給他作了個揖，「我父症急頭暈目眩，先生既然懸壺濟世，豈能見疾而不救？」

華佗一介布衣竟受了曹丕三次禮，頓覺於心不忍，皺著眉頭道：「要在下小施伎倆倒也可以……不過，我平生有『五不醫』。」

「願聞其詳。」曹丕畢恭畢敬道。

華佗正色道：「自用意而擅改藥方者，不醫；將身不謹難養其病者，不醫；骨節不強不能使藥者，不醫；好逸惡勞小病大養者，亦不醫。」

曹丕邊聽邊點頭，也覺他說得有理。這幾條都是指病人不聽醫囑延誤病情的，似華佗這般百治百靈的人物，若是有一個患者不聽話而病篤，豈不是壞了岐黃妙手之名？但掐指算來卻只說了「四不醫」，忙問：「還有何種人不醫呢？」

華佗一陣苦笑，歎息道：「公子豈不聞扁鵲見齊桓公[9]之事？固執多疑諱疾忌醫者，萬不能醫！」

曹丕毫不猶豫便道：「華先生，我父乃當朝宰輔，通情明理禮賢下士，非是諱疾忌醫的田午。

況疾在我父之身，痛在我父之體，豈能不從先生之言？您莫要再顧慮了，快快隨我來吧！」說罷拉起華佗便走，陳矯、曹休也是左推右拽。

華佗實在沒辦法：「但願能如公子所言……列位且慢，待小徒帶上醫用之物。」原來那僕役模樣的年輕人，乃是替他采藥的弟子李璫之。

曹丕三人簇擁著華佗回到中軍大帳時，曹操已不似方才那般叫嚷，卻兀自倚在那裡呻吟不止，眼神還是恍惚游離。眾謀士急得宛如熱鍋上的螞蟻，那兩個醫官依舊一籌莫展，還在爭論病源何在。

既來之則安之，華佗也不再客氣了，繞開醫官三步併作兩步來至曹操身邊，仔仔細細打量一番，便叫弟子點燃一盞油燈。華佗自懷裡掏出一只布包，從中摸出四枚銀針，在燈火之上稍加炙烤，便要伸手扳曹操的頭。許褚正托著他腰，見這白鬚老者手持針砭之物，忙一把護住：「大膽狂徒，竟敢在當朝司空頭上動針！」

給曹操治病談何容易？莫說他本人，就是身邊之人都不好通融。曹休一把扯開許褚：「這位是華佗先生，剛招募來的醫官……先生莫怕，請速速用針吧！」

華佗見旁人不再囉唕，就迅速扳起曹操的頭，讓他在榻上坐好，又輕探臂彎拆開他頂上髮髻，只說了聲：「在下得罪。」兩枚銀針已迅速刺入——一在兩眉正中、一枚立於頭頂心。

兩個醫官看得目瞪口呆，也不再爭論了，「《素問》有云：『頭痛及重者，先刺頭上及兩額兩眉之間[10]中出血』，此等應急之法咱們怎生忘卻了，這位先生好快的身手！」

這兩針下去曹操深深出了口氣，華佗扶著他後頸輕聲地問：「敢問明公，眼前昏花是何情狀？」

---

⑨ 此處的齊桓公，並非是春秋五霸之姜小白，是戰國田氏齊國的第三代君主田午，因田午曾遷都上蔡，故而某些典籍也稱其為「蔡桓公」。

⑩ 百會穴、印堂穴，醫頭痛，東漢尚無具體穴位之說。

曹操瞇縫著眼睛，渾渾噩噩道：「細碎如雪……」

華佗又下一針，在後頸左邊[11]。此針刺完他招了招手，叫曹真、曹休幫忙架起曹操雙臂將其扶穩，他則一邊按摩著曹操後腦一邊說：「我為明公找尋病處，若有痛感便請告知。」

曹操頭暈眼花也不知何人正為自己診治，只無精打采應了一聲，任他在自己頭上按壓找尋，忽然感覺鑽心之痛，不禁放聲大呼：「啊！是這兒……」言還未畢，華佗毫不猶疑便在那裡下了一針，痛得曹操左搖右擺，虧了曹真他們拉得緊才沒有伏倒。

帳中之人都嚇壞了，醫官更是怒斥道：「頭痛醫頭腳痛醫腳，此乃庸醫所為！」

華佗卻微然一笑：「豈不聞『以痛為輸』[12]之法？宣發患處，通絡止痛也。」他邊說邊輕輕撚著四處銀針。

說來真有如神助，不過片刻功夫，曹操竟覺痛楚減輕，也不哼哼唧唧了，慢慢睜開眼睛，看東西也清晰多了，四個下針之處麻麻的，還漸漸有了熱感。華佗示意眾人快快放下帳簾，避免他受風。

那兩個醫官看得雙挑大指：「先生好手段！真是針到症解，我等受益匪淺啊！」

許褚狠狠瞪著他們：「現在都明白了，要你們有何用？還不快滾！」一句話嚇得二人急忙退下。

曹操臉色好轉，漸漸有了笑容，緩緩開了口：「多謝先生醫治。」

華佗卻道：「我觀明公氣色尚佳、體質尚壯，故而急於用針暫解痛楚，還請明公恕在下唐突。不過此乃治標，非能除病，少時還需為明公診脈探源。」

董昭也精通一些養生之法，聽他這麼說，連連拱手：「望而知之謂之神，聞而知之謂之聖，問而知之謂之工，切脈而知之謂之巧。先生神聖工巧俱全，必定是位了不起的名醫啊！」

曹操這才想起，讓人家治了半天都沒問人家名姓。陳矯在旁詳細引薦，方知是故鄉之人。華佗乃是孝廉之身，又係名臣陳珪所舉，比之尋常巫醫身分高出萬倍，眾人不免與他寒暄客套。過了片刻，拔了曹操身上之針，為之換上乾淨衣衫，華佗又叫他躺下，坐在一旁為之切脈。

曹操躺在榻上，不禁想起了頭疼以前料理的事務，深深歎了口氣：「老夫真真悔矣！若知華先生之靈妙，就該請您至許都為任峻診療。倘有先生妙手，伯達何至於英年早逝……子丹、文烈，你們去看看任藩走了沒有，替老夫多加撫慰。」曹真與曹休依命而去。剛放下這件事，他又想起了江東孫權，趕忙囑咐郭嘉：「你替老夫致書孔融，叫他與張紘通信，問問孫權出兵之底細。也怪老夫急於求成，當初錯放了張子綱，想不到此人真就放膽保了孫權，實在是可惱……」

華佗看病從來是人家求到家門口，頭一遭遇到曹操這等三心二意之人，提醒道：「請明公收攝心神靜默一會兒，不要心掛旁務。」曹操自以為症狀已消便沒大礙了，不過礙著方才救過自己的面子，沒有多言。

正在此時又聞外面人聲嘈雜，有兵丁隔簾來報：「啟稟主公，有鄴城守將馮禮掘開突門⑬放我軍進城！」

「什麼？」曹操一把甩開華佗蹦了起來，「進來！」

那兵丁這才進帳跪倒：「張繡將軍所部三百餘人已從突門攻進去了，可是審配從城上以巨石墜擊，洞口又堵死了。」

見曹操一臉關注，郭嘉趕緊攔住：「三百多人未必能殺關奪門，主公安心看病，在下去看看。」

---

⑪ 天柱穴，醫目眩眼花，《針灸甲乙經》記載，因眼花程度不同，針刺左右有別。

⑫ 以痛為輸，見於《黃帝內經》即後世所謂「阿是穴」，此穴不固定，乃是指在痛患之處左近下針，因找尋此穴時病人因疼痛喊叫「啊……是」，故而得名。

⑬ 突門，古代城牆的一種暗門。只留城牆外側薄薄的一層牆壁，內側掏空再安排伏兵，守軍推倒薄牆突然襲擊可以殺攻方一個措手不及。而這種暗門只有城內才看得見，使用後又可以完全砌死，所以攻方不易發覺也無從下手。在戰國時期就有這樣的防禦活動門，《墨子・守城》裡有相關記載。

說罷跟著那兵丁去了。眾人又攙扶曹操坐下，這會兒早忘了什麼病，一半心思飛出去了，議論半天才想起伸手叫華佗接著切脈。

「不必了，剛才已經差不多了。」華佗手撚白鬚道：「果不其然，明公之病起於心肝之間。」

「哈哈哈……」曹操笑了，「先生莫非故弄玄虛，老夫乃是頭痛，何言病及心肝？」

「《內經》有云：『行氣血，營陰陽，決生死，處百病。』百病之源皆在脈絡血氣。氣為血之帥，血為氣之母；氣無血不存，血無氣不行；氣行血則行，氣榮血則榮；血行風自滅。《素問》又云：『心主血脈，諸血者皆屬於心。』主公血不養心，心神不寧，則發驚悸，此其病之一也。」華佗恐他不懂，又道：「昔日大禹治水，乃行疏浚之法，水流通常自然無恙。血脈如同其理，痛者不通，通者不痛。」

曹操只當他是個醫者，沒料到竟還舉出史事來了，更覺好笑。

華佗卻一本正經：「明公平日動輒恚怒，故而肝絡有損，氣逆行上於頭，阻於腦絡，故頭風眩暈目不能明。腦為髓之海，此病若不除根，日後危及周身百脈啊！」

曹操實在憋不住了，冷笑道：「先生方才施救，老夫感恩不盡。但我自以為周身強壯，年至五旬尚未怠於騎射，不至於似先生所言吧！」

華佗歎了口氣，耐心解釋道：「急則治標緩則治本。在下不治便罷，既然治病便要除根。只要明公加以調養再服用在下調治之藥，數年之內必有起色，不過切忌憂思動怒啊！」

曹操雖不信他說得這麼嚴重，但也當他是一片好心：「先生不必多言了，老夫依從你便是。」說罷親自拿過筆墨書札。

醫官再有本事畢竟是卑微之流，不能用主帥的几案，曹操肯親手遞他筆墨已經是很大面子啦！華佗雙手接過，退到一旁書寫藥方，又招呼弟子李璫之取過藥匣，單選川芎、當歸、葛根、蜈蚣等物，另叫士卒起火打水準備熬藥。眾人這才又圍到曹操身邊關切詢問。

曹操平生未有大病，瞧著那滿匣子的藥材甚是好奇，見一物狀若枯藤蟠虬，上面還有手指般的五個分叉，竟忍不住自李瑺之手中奪了過來，笑道：「這是何物？生得如此奇特。」

李瑺之一臉的忠厚相，也未遇到過這麼大的官，未說話先磕頭：「此藥喚當歸，乃神農氏所嘗，能驅溫瘧去寒熱，還可以給將士們治癒金創呢！」他雖不會治大病，但長年伴著師傅製藥，於藥理藥性一道已是高手。

「當歸……當歸……」曹操默念兩聲忽然眼睛一亮，「奉孝！速取一小匣來，將當歸置於其中，選派妥善細作南下揚州建昌縣，把此物交與太史慈！」

董昭初始一愣，繼而恍然大悟——太史慈是北方青州人士，輾轉流落南方歸於孫氏，而此藥恰喚作「當歸」，豈不是隱喻他應當歸來之意嗎！哎呀主公，身在病中仍有此等細心，真非常人可及！

說話間郭嘉也回來了，後面跟著辛毗、許攸，還有個渾身是土的陌生人。

「情況如何？」曹操騰地站了起來。

郭嘉連連搖頭：「審配已將突門堵死，進城的三百兵士和馮禮都戰死了……」

「唉！」曹操一拍大腿，「就差一點兒……可惡的審配！」

許攸拉過那個渾身是土的人道：「快快快！來拜謁曹公。」

那人跪倒便拜：「在下魏郡功曹張子謙，歸降來遲，死罪死罪！」他是趁亂墜城來降的河北官員。

「免禮免禮。城內情勢如何？」曹操雙手相攙。張子謙這一介小吏不算什麼，他關心的是城內訊息。

張子謙開門見山：「鄴城實在難打。審配恐城中士卒二心，所以調集部曲家兵登城協助戍守，又叫子姪接管了各門的防務，看來是要跟曹公抗拒到底啦！」

「城內還有多少糧草？」

「糧草即將告罄，百姓苦不堪言。但審配戰前已調集了不少牛馬牲口。」張子謙直言不諱，「審正南這人是袁氏死黨，又生性偏執，即便斷糧也要抵抗到死。而且袁尚前幾日遣人送來消息，說袁譚連連敗績，他可能很快就會回來救援，明公當早想對策啊！」

曹操緊蹙雙眉：「我本有意圍城打援，但若是審配與袁尚串通一氣裡應外合，戰事還有變數。得想辦法切斷鄴城內外的聯繫，大家有什麼計策？」

鄴城方圓近四十里，即便有三五萬人也不可能圍周全，各處營寨力量分散，袁尚與審配來往通信總是可以滲透，想要做到滴水不漏，根本不可能——荀攸、董昭等紛紛搖頭，就連郭嘉都沉默不語。曹操見他們都沒辦法，微微歎了口氣。

「咳！」這時許攸重重咳嗽了一聲，「就這點兒小事，還至於叫明公與諸位愁成這樣？」

「嗯？」曹操回頭瞅了他一眼，見許攸搖頭晃腦得意洋洋，緊著捋他幾根稀稀疏疏的小鬍子，心知他必然有了主意，「子遠有何辦法？」

許攸把手一揣，尖聲尖氣道：「阿瞞兄！你可真是聰明一世糊塗一時，當初怎麼擒的呂布難道忘了？」

他仗著與曹操的老交情直呼其小名，眾謀士都覺厭惡，曹操急於問計也沒往心裡去：「當年掘泗水以淹下邳才拿住呂奉先，此處雖有漳河之水，奈何鄴縣乃是大城，怎麼還能用水淹之計？」

「不能水淹，可以用溝塹困死他們啊！」

曹操笑了：「我說許子遠啊，鄴城方圓四十里，要圍城挖一條壕溝豈是尋常之事？審配不可能坐而受困，倘若出來襲擊為之奈何？」

「哎呀！我的司空大人，你可真急死我嘍！」許攸竟湊過去一把揪住曹操耳朵低聲道：「白天咱們……到了晚上再……」

曹操眼珠一轉，不禁拍手大笑：「好！好！好！」連叫了三聲好，便伸手招呼許褚，「速速為老夫備馬，再叫上一隊衛兵，隨我去漳河勘察地形。」

「主公的身體……」荀攸等人意欲勸阻。

曹操一擺手：「老夫已然無事，敵人未滅我焉敢得病啊！」說著話頂盔貫甲便往外走，早把剛才的病痛忘了個乾淨。

華佗趕忙攔住：「明公稍待一時，用過藥再去。」

曹操覺得他小題大做，笑道：「草藥煎好暫且置於帳中，老夫回來再用也不遲嘛！」說罷繞過華佗出了大帳，又回頭道：「華先生之針既能解老夫之痛，即日起就挪到中軍來，隨時為老夫調治。你放心吧，老夫虧待不了你……」

華佗見他不聽醫囑又如此安排，心中暗暗叫苦——從今往後恐怕是要拴在曹某人身邊了。方才他雖未直言，卻明明不信我所言病理，只未把那句「醫之好治不病以為功」說出來罷了，加之喜怒無常動輒激奮，又不用心調養，只想憑針砭之術速癒……老天啊老天！非是我華佗無能，曹操這病雖不重，但實在是難以除根啊！

第十章
圍城打援，曹操趕跑了袁尚

來去自如

建安九年（西元二〇四年）五月，曹操聞知平原戰事有變，一改對鄴城的強攻戰術，鏟平土山填塞地道，另行挖掘壕溝將鄴城圍繞一周，用以斷絕鄴城與袁尚的聯繫。挖掘之時曹操小施伎倆，只命士兵挖得又窄又淺；審配在城上望得清楚，心想這樣窄的壕溝一躍可過，也未及時派兵出來破壞，反嘲笑曹軍白費力氣。哪知曹操計中有計，趁守軍懈怠之際下令全軍將士連夜趕工，僅僅一夜之間就繞鄴城挖出一道長四十里、寬兩丈、深兩丈的溝塹，並掘開鄴城以西的漳河，將滾滾河水引入溝塹之內。審配欲救為時已晚，鄴城與外界完全隔絕，非但軍報無法傳達，糧草也幾乎告罄，每天都有百姓死於飢餓。審配被地形所困無法突圍，唯一希望就是期盼袁尚快些回軍救援。

曹操也已有了決戰的準備，一面派斥候往復打探袁尚軍情，一面沿溝下寨封鎖要路。鄴城乃河北第一大城，規模絕不亞於許都，四圍牆高將近三丈，僅外郭城門便有七道之多，其中城南就有鳳陽、中陽、廣陽三座城門，是攻守雙方對峙的重點。曹操為了確保這一路的防守，不但把中軍大營設置在南面，還沿溝構建寨門，分派士兵日夜把守，傳令各部將校司馬每日都要親自巡查，嚴防袁軍細作混入。

這些日子郭嘉除了到中軍帳參研軍機，只要有空就主動下到各營巡查。皆因前不久有家人從許都傳來消息，陳群彈劾其不治行儉聚斂財貨之事已不了了之，他料到必是曹操對荀令君有所美言，故而愈加感念曹操之恩，做起事來也更加盡心。他一改平日那派文士的作風，身著武服頭戴皮弁，親自體察將士疾苦，每逢遇到部將修葺轅門運輸糧草，還主動派親兵過去幫忙，倒也頗受大家的愛戴。

這日晌午華佗來給曹操扎針灸，曹丕、曹真、曹休也在一旁伺候。見他們父子談笑風生其樂融融，郭嘉不聲不響退出大帳，又帶著親兵沿著營間馬道前去巡查。這次北伐格外順利，士兵們也是舉重若輕既輕鬆又不失紀律，各部將領司馬依照命令出來巡查，往來如穿梭一般嚴密。不知不覺已到了正午，各處的火頭軍都在埋鍋做飯，縷縷炊煙青雲直上，郭嘉忽然聞到一股撲鼻的稻香味，也感到腹中咕咕作響，便撥馬向北回營用飯。哪知剛過了兩道寨門，又見大群軍兵圍在一處看熱鬧。

郭嘉命親兵驅散人群，但見兩個小兵正光著脊梁跪在地上受鞭刑，一旁正有員督將身披鎧甲手拿令箭，坐在馬上罵罵咧咧：「打！給我狠狠地打！這等頑劣之徒不好好教訓，上了戰場可怎麼得了！」他手下三個親兵聽命行事，把鞭子揮得似輪盤一般，將那倆受刑之人打得皮開肉綻連連告饒。軍中雖然紀律森嚴，但也不能用刑過苛，似這般堵在馬道上鞭笞士卒實在是不多見。

「住手！為何動用酷刑？」郭嘉趕忙喝住。

那員將趕忙跳下馬來拱手道：「末將參見郭祭酒，請恕甲冑在身不得施以全禮。您老人家巡查營寨多多辛苦，這般時候還不用飯，叫末將心裡怎生忍得？」他鞭笞士卒時凶得像頭老虎，見了上差卻恭順猶如綿羊，郭嘉明明才三十多歲，竟稱其為老人家。圍觀士兵聽了他這番馬屁話，都不禁嗤之以鼻。

郭嘉本想好好斥責他一頓，卻聽他脫口叫出自己，還一個勁說好話，張手不打笑臉之人，郭嘉也客氣了不少，翻身下馬問道：「你是哪一部將領，為何在此鞭打士卒？」

「啟稟郭祭酒。」那員將湊近兩步道：「末將是張繡將軍麾下司馬，奉我家將軍之命巡查營寨。」說著口氣一變，指向受刑之人，「這兩個小子把守寨門，剛才見火頭軍把飯做好，竟拋下大門去偷食戰飯，若叫袁軍細作混進去那還得了！您說他們該不該打？」

「不敢不敢！我等實在沒有擅離職守……」那倆小兵被打得血肉模糊，連連向郭嘉磕頭辯解。

「還敢不承認！」那員將把令箭往脖領間一塞，揪起其中一人順手就是一記耳光，打得那兵趴在地上直哎喲；另一人馬上改了口：「將軍恕罪，我等知錯了，下次不敢啦……下次不敢啦……」

那員將啐了一口，氣哼哼道：「郭祭酒，您看到沒有！方才我教訓他們幾句，他們還敢頂嘴，這不打不成啊！」

郭嘉一直在打量這員將——見他歲數正值壯年，寬額大臉，隆準闊口，一張黃焦焦的面皮，頷下沒留鬍鬚，這幾日尋營從未遇到過。但這張面孔看著又是如此熟悉，況且人家一口一個「郭祭酒」叫著，好像還與自己很熟。軍中各部將校甚多又屢有遷調，有些面熟叫不出名字倒也不稀奇，此人想必以前有過接觸。郭嘉倒覺釋然，抬頭看看寨門上的大旗，不禁笑了：「這裡是夏侯淵將軍的營寨，你乃張將軍麾下，到這門口處罰士卒，人家當然不服了。」

哪料那員將竟還一本正經：「曹公治軍一視同仁，無論哪位將軍屬下，違反軍紀都應處罰。末將既然走到這裡，看見了自然要管！」

郭嘉聽他振振有詞，也不好礙了他一片好心，只道：「要管倒也罷了，只是做事不要忒苛。處罰士卒是為貫徹軍法，不是為了泄私憤，你抽幾鞭子便是了，這樣沒完沒了打得血肉模糊，他們還如何上陣？你看看四下裡多少人瞪眼瞅著，這樣恣意而為豈不有礙軍心？」

「是是是，您教訓得對。末將一介粗人哪有您這般見識啊？承蒙你老人家的教訓，末將受益匪淺。我軍有您這樣的仁義之士，實在是三軍幸甚，何慮鄴城不破袁氏不敗……」那員將點頭哈腰連連誇讚。

郭嘉見他這副諂媚相，忍俊不禁，打斷道：「好啦好啦！你別在這兒惡心我了，快放了這兩個人，接著巡你的營吧！」

那員將對他分外恭敬，可一轉臉立刻又擺起那媚上欺下的架勢，大喝道：「看在郭祭酒的面上，本官把你們放了，但罰你們不准用飯，繼續把守寨門。你們若不服只管找你們將軍訴苦去，有什麼話叫你們將軍衝我來說吧！」那倆小兵不敢還口，忍著痛諾諾而退。

郭嘉一旁冷笑——好個不知死活的傢伙，夏侯淵豈是輕易招惹的，既是親眷又是大將，你一個小小營司馬敢發這等狂言，以後有你小子受得了！郭嘉忍著笑上馬準備回營，那員將又湊過來：「末將恭送郭祭酒，戰場之事瞬息萬變，還望您好自為之。」說罷微然一笑，與手下三個親兵也上了馬。他剛才鞭撻士卒的狠勁不少人都看見了，這會兒見他舉著令箭過來，都避得遠遠的，而他卻雞蛋裡面挑骨頭：「你們是哪一部的，都給我精神些……馬道之上不准埋鍋造飯，快快挪開……你們幾個是瞎子嗎？在柵欄邊起灶，若是引起火來你們擔待得起嗎……」他大模大樣看見誰管誰，指指點點一路向東而去。

郭嘉又好氣又好笑，也不便插手多管，領親兵接著走自己的路。可不知為何，那個司馬的臉龐卻總在腦海中映現，似乎那個人的名字呼之欲出，可就是想不起究竟是誰，便回頭問親兵：「剛才那個司馬你們認識嗎？」

「小的也不認識，想必是剛剛提拔小人得志，瞧他那副橫樣兒！最討厭這等媚上欺下的東西，他哪像張繡將軍的屬下啊，這做派倒似于禁調教出來的人。」這親兵也是什麼都敢往外說。

「住口！這等話豈是你該講的。」郭嘉雖嗔怪，心下也覺好笑。「屬下知罪……那人拍了您那麼多馬屁，難道您也不認識？」

郭嘉苦笑搖頭：「他識得我，我卻不認得他……卻也不是不認得，就是想不起名字來。」

親兵也笑了：「說來也不怪先生，張繡將軍麾下都是關西子弟，忽然竄出來個中州口音的司馬，必是別處新調來的。」

郭嘉猛然勒馬：「怪哉！此人確是中州口音，張繡乃前軍勁旅，又是歸降之人，部曲調動焉能不報知主公？剛才他向我施禮，說戰場瞬息萬變，叫我好自為之，這話是什麼意思……」他越想越覺奇怪，竟嗅到一股詭異的味道，「不行！我要回去看看！」

幾個親兵都以為他太過多慮，卻哪敢多言，跟著他回轉曹洪營寨附近——那員將早就沒影了，只有剛才受刑的兩個小兵還倚在寨門處哼哼唧唧。

郭嘉點指二人：「剛才責打你們的那個司馬呢？」

這不問還好，二人連滾帶爬伏倒馬前：「請郭先生為我們做主啊……我們真的沒有擅離職守啊……」連眼淚帶鼻涕全下來了。

「究竟怎麼回事？」

那倆小兵邊哭邊訴：「我二人奉命把守寨門，那個司馬硬是要往裡闖，我找他要令箭。他非但不給還問我們認識他嗎？我們哪知他耍什麼滑頭，就實話實說不認識，他說今天叫我們認識認識！他手下的親兵也不問青紅皂白，抓住我們就打……他官職大，我們也不敢還手……」

「可惡！」郭嘉也回憶起那人向他回話之時把令箭插到脖領裡，並未交來驗明，「你們蒙冤被打，為何不報告你家將軍？」

「我家將軍奉主公之命押運糧草未歸，不在營裡啊！」

郭嘉恨得咬牙跺腳：「事情不會這般湊巧，那人必是袁尚派來的細作，要混入包圍圈去鄴城報訊！」

旁邊親兵插了話：「那他怎麼認得您呢？」

這句話可給郭嘉提了醒，一想到袁氏麾下，那張寬額大臉又浮現腦海之中，這次他立刻辨出那人是誰——冀州從事李孚李子憲！

官渡之前郭嘉曾到南陽勸張繡歸降，恰逢袁紹也派李孚去遊說，兩人還在張繡面有一番舌戰。那時的李孚文質彬彬大袖翩翩，今天不過是剃去鬍鬚、染黃面孔、換身衣裝罷了，可舉動儼然就是一個作威作福的武夫。郭嘉暗暗驚心此人改扮手段之高，不敢怠慢分毫，一面差派親兵直奔溝邊轅門報信，一面馬上加鞭直奔營寨中軍大帳。

曹操剛拔針灸還在用飯，郭嘉急急忙忙闖帳而入：「啟稟主公，河北從事李子憲闖圍送信！」

華佗正收拾藥匣抬眼瞅了郭嘉一下，立時驚愕——此人有疾！

「什麼？」曹操只是關心軍情，「他帶多少人馬來踹我營，為什麼斥候不來稟報？」

「只有四個人。」郭嘉來不及解釋清楚，「主公快快下令徹查營寨，稍有遲緩他就……」

話未說完外面一陣大亂，韓浩跌跌撞撞跪倒帳前：「主公！有敵人混入軍中作祟，已闖出寨門涉水往鄴城而去！」

曹操大吃一驚，趕緊拋下飯碗奔出去看。郭嘉、許褚、曹丕等帶著親兵緊緊跟隨，一路往北直來到鄴城南面壕溝寨門邊——但見轅門四敞大開，守衛的那些兵丁倒是都在，卻都被綁在柵欄之上，嘴裡塞了個嚴嚴實實。放開眾人才問明，都說剛才來了個舉著令箭的司馬，指責他們嬉戲閒話守門不專心，叫手下的三個親兵把他們綁了起來，要行鞭笞之刑以示懲戒。哪知剛剛綁好還未用刑，那四人竟打開轅門揚長而去。曹操得知其情氣恨得咬牙切齒，這時侯又聽鄴城之上歡呼動天——李孚已順利進城了。

千小心萬小心還是叫敵人混進去了，曹操氣上心頭，不顧眾將和兒子的勸阻，命士兵搭設便橋，要親往鄴城城下一窺。人多好辦事，眾士卒搬運木板轅車不多時就在溝上搭好浮橋，許褚、鄧展、韓浩、史渙一幹心腹率領親兵保著曹操到了切近，城上一舉一動瞧得分明。鄴城被困已五月有餘，今日可算得了袁尚的消息，每個士兵都興奮得喜極而泣，還有人揮動旌旗向曹軍招搖。

曹操不禁大罵：「好個李孚賊子，竟敢耍此卑劣手段！老夫一定要……」此語未畢只聞「嗖」的一聲，竟有支冷箭擦著他耳畔而過，正射中身邊一個親兵的喉嚨，那兵當即栽倒坑中丟了性命。

「好厲害的弓箭手！險喪吾命！」曹操又吃一驚抱頭而退，眾親兵慌慌張張掩護；城頭的袁兵正在興頭上，一片喊殺之聲，亂箭齊下猶如飛蝗，不少親兵被射死在溝中，韓浩、史渙各自帶著箭傷保著曹操退過浮橋逃回轅門。

這時營中諸將聞訊都來了，曹洪焦急稟道：「剛剛有斥候來報，袁尚捨了平原回軍救援，一路急行軍而來，離鄴城只有三十里了！」

「哦！」曹操沒想到袁尚會來得這麼快，「袁譚動向如何？」

「袁譚並未在後追擊，率兵北上似乎要攻打渤海諸縣。」

「嘿嘿嘿。」曹操不禁苦笑，「這小子果然居心叵測，想要袁尚與老夫二虎相爭，他趁機擴大地盤。可惜小聰明挽救不了他的頹勢。」

曹洪卻很緊張：「袁尚所部一萬有餘，裝備精良多有騎兵，分派各處的隊伍還在逐漸聚齊，請主公速下決斷！」

「不用著急。」曹操回望城上，「他既然派李孚進城，必是想約會審配裡應外合夾擊我軍。進去就還得出來，你等各歸營寨留心把守。老夫親自在此坐鎮，我就不信千軍萬馬抓不住一個李子憲！」郭嘉卻搖頭不已。當年官渡之戰，李孚能偷過豫州直奔南陽，眼前這連營又算什麼？人家既然敢進去，想必就有把握出來。

眾將領命而去，曹洪卻不肯走，又建言道：「袁尚此來兵勢甚大，我軍四散包圍力量分散。軍法有云：『歸師勿遏』，不如暫且閃開道路讓袁尚進城，咱們再回師力戰，將其一併困入城中。」

「不忙，」曹操冷笑道：「且令斥候再探詳情。」

曹洪有些著急：「袁尚兵馬離我軍只有三十里了，倘若……」

「老夫自有主張。他遠道而來不可能馬上動武，況且約定之人也未出城，等探明了動向再說吧！」

曹洪怏怏而去。有人搬來張杌凳，曹操在轅門內大搖大擺一坐。中軍將士列陣於門外，一個個守在溝邊拉弓搭箭，只要李孚出來立刻被射成刺蝟。而且為防止敵人大舉突圍，軍令早已傳到各營，沿壕溝一周四十里，每處關卡都作好準備。

三軍將士嚴陣以待，約摸過了一個多時辰仍不見敵人動靜，可派去探聽消息的斥候卻似流水般跑回來稟報：

「袁軍離城二十五里！」「袁軍離城二十里！」「還有十九里……」

不論來人說什麼，曹操都是一句「再探！」便打發了，直到天色漸晚燈火初明之際，有人來報：「袁尚大軍停於十七里外的陽平亭，準備安營立寨。」

曹操的臉色倏然凝重，從杌凳上站了起來，把那個報事的斥候叫到眼前親自囑咐：「陽平亭是官道大路，側面有西山滏水之險，你再去仔細探查，袁尚是在大路紮營還是憑藉山勢紮營，回來速報我知！」

那斥候領命而去，曹操卻漸漸緊張起來。他再也不坐了，在轅門處繞來繞去，時而絮絮叨叨自言自語，時而雙手緊握眉頭緊皺。又過片刻忽聞接連幾聲巨響，鄴城南面鳳陽、中陽、廣陽三道大門竟同時打開；曹軍早就卯足了勁頭，可是未及放箭所有人都呆住了——出來的不是李孚，也不是袁軍，而是數不盡的百姓！

城池被困五個多月，斷糧已久，這些百姓早就餓瘋了，全都面黃肌瘦骨瘦如柴，出了城門以為死裡逃生，像三股洪流般推推搡搡往外湧。有的舉著白旗高喊投降，有的拿著火把照亮道路，有的什麼也不顧只想逃出戰場。曹軍先是一陣錯愕，又想起軍令未變，緊跟著層層箭雨馬上射了出來。

袁曹相爭黎民何罪？可憐湧在前面的百姓都做了箭下之鬼。可是後面還有人不斷湧出，而且多為老弱病殘，擁擠間又聽轟隆巨響——三道城門復閉，竟把數千無辜之人扔到了戰場上。

前有雄兵後退無路，這些百姓都紅了眼，會水的就跳進壕溝死命往外撲騰，剛摸到岸邊就被曹兵的大刀剁掉手指。更多的爭先恐後湧上浮橋，又被曹軍槍刺箭射，死屍成片地栽入溝中。慘叫聲、求饒聲、咒罵聲、哭爹喊娘之聲震天動地，眨眼間已有幾百人喪於曹軍之手，連溝塹的水都染成了血湯子。

曹操萬沒料到事情會到這一步，被這殘酷的景象驚得呆立不動。荀攸跑過來拉住他袍襟苦諫道：「主公快快放路啊！倘殘殺無辜百姓，朝廷之師威信何在？」

「唉！」曹操緊瞅著眼前的屠殺，「李孚必定藏身其中，倘若不殺盡這些百姓，他就會趁亂跑去給袁尚送信。可若是殺盡這些百姓，非但老夫臉上無光，鄴城內軍民鑒於此恨更要抗擊我軍了。這真是左右為難啊……也罷！攻城為下攻心為上，當此時節不可與民結怨。速速傳令，我軍不得阻攔，讓開道路叫百姓出城！」

士兵漸漸停止放箭閃開馬道，曹操也退回中軍大營，但是四十里壕溝豈是片刻就能盡皆得令？老百姓呼號聲籠罩著整個連營，每個營帳都聽得清清楚楚。曹洪逆著奔逃的人流擠進中軍：「主公快快下令盤查，李孚必定就在其中。」

郭嘉無奈搖頭：「天色晚了，大海撈針豈能找到？讓他去吧……」

曹操微合二目緊鎖眉頭：「我忒輕河北之士了，袁本初坐鎮冀州近十載，手下高人數不勝數。李子憲進出我營遊刃有餘，還不知袁尚究竟在何處下寨呢！」這才是他現在最關注的。逃亡百姓多有失散，娘找孩子弟尋兄，直哭鬧了小半個時辰才漸漸安靜，各營間馬道上到處都是血跡、屍體、包裹行囊，曹操目睹這淒涼的景象越發焦急，向著營外望眼欲穿。

眾將從未見過他這般緊張，連雙手都在不住顫抖。

不知望了多久，天已經黑了下來，忽聞一陣嘚嘚的馬蹄聲，那個斥候的身影在火光中漸漸清晰。曹操實在按捺不住關切的心情，竟不顧身分迎了上去，一把抓住那兵的馬韁繩，厲聲問道：「袁尚紮營在大路還是在山麓？」

那兵被他嚇了一跳，怵生生道：「沿、沿西山紮營。」

曹操似乎不信：「再說一遍，在何處？」他聲音中竟有一絲顫抖。

那兵倒沉住氣了，拿出尚武精神，跳下馬來單膝跪地，鼓足底氣朗聲回答：「啟稟主公，袁尚在陽平亭山麓紮營！」

曹操深吸口氣倒退兩步，似乎如釋重負，擺擺手打發斥候走了。曹洪見他不緊不慢的，急得嚷了起來：「咱們趕緊撤圍吧，袁尚大軍已落寨，李孚也溜了，再不撤可就叫人家夾擊了！」

「對啊！」眾將紛紛附和。

于禁素來受曹操器重，也苦口婆心道：「兵法有云：『歸師勿惡』。我軍包圍鄴城兵力無法集中，若袁尚全力以赴攻我一點，審配在內接應，裡應外合中間開花，這幾個月的戰果可就毀於一旦了。」

「嘿嘿嘿……」曹操一直在笑，開始時是莞爾一笑，聽了眾將的話轉而仰天大笑，「吾事就矣！

袁尚覆滅已成定局，老夫贏了！我曹某人已經拿下冀州啦！哈哈哈……你們不信嗎？」

于禁與曹洪對視了一眼，不明白他何以如此斷言。荀攸、樓圭、許攸卻都露出了會心的微笑，郭嘉更是湊趣：「恭喜主公！賀喜主公！冀州入手，掃滅袁氏近在眼前。」

曹操見眾將還滿臉懵懂，背著手笑呵呵道：「等著瞧吧，馬上就會應驗。」說到這兒他竟歎息一聲，「本初啊本初，你這兩個兒子卻都不爭氣啊！即便有審配、李孚之輩，不能盡其才又有何用？這麼容易就把你辛苦爭來的地盤拱手相讓……敗家子可恨啊……」

曹洪呆呆瞧了他半晌才問：「那我軍現在如何應對呢？」

「給我日以繼夜緊盯鄴城，不出三日敵人必全力突圍。審配困獸猶鬥千萬要小心。」

「倘若袁尚……」

「不用理那個敗家子！」曹操不耐煩地撇下一句便走回大帳了。

痛擊袁尚

就在袁尚駐軍西山的第二天子夜，鄴城守軍在審配的鼓動下作好了全力一戰的準備。數千兵卒集結在城南的空場上，一色的白布裹頭以便辨明敵我。前幾排的敢死士身披重鎧，推著轒車、突車、平板車，以備填塞壕溝搭建便橋。為了準備這些材料，他們把城內民房都拆了，已作好奮死一搏的準備。列於中間的是審配精心調教的弓弩手，他們早搭弓上箭卯足了勁兒，只要衝出城門就給曹軍一個下馬威。後面的大隊伍除了袁尚留下的部隊，還有審配的部曲家兵，甚至還有不少百姓自願加入。管他什麼槍矛戈戟、鋤頭棍棒、斧頭鐮刀，只要是能殺人的傢伙都拿起來了。

所有人都靜靜地站著，各種兵刃在幽幽火光照耀下閃著陰森的微芒。審配站在城頭上，他也是身披軟鎧頭裹白布，手裡緊緊攥著佩劍。為了這場仗他把寶物財貨甚至連姬妾都賞給將士們了，身為冀州第一豪族，他要誓死捍衛袁氏統治。秋夜的涼風吹來，他那泛紫的臉膛在火光中忽明忽暗，卻一動不動凝望著城外。

曹軍連營黑黢黢靜悄悄的，透著一絲幽深莫測的沉寂，似乎曹操和他那幫將領已經睡熟了，只有壕溝轅門還留下衛兵巡哨。那些插在寨牆邊的火把每隔十幾步才有一支，斷斷續續沿著壕溝圍成四十里的大圈子，頗像一條首尾相銜的火龍在盤睡，從城樓上望去還挺溫馨的。但審配心裡清楚，一切都是假象，以曹操之老謀深算絕不會如此鬆懈，那平靜的漆黑中不知藏著多少伏兵呢！即將到來的必是一場硬仗……忽然，那山影隱約間閃了幾絲火星，又轉瞬即逝，過了一會兒點點零星逐漸清晰起來，繼而越聚越大成了一片映天的火光。

審配等待這一刻已經等了五個多月了，事到臨頭他沒有任何做作的豪言壯語，只是回頭向親兵咕噥了一聲：「時候到了，行動吧。」

轟隆隆……城門開啟聲猶如悶雷擊碎了深夜的寧靜，而緊接著那河北軍的吶喊聲更似瓢潑大雨驟然而起，敢死士、弓箭手自南門傾瀉而出，瘋癲般撲向曹軍的防禦。但是正如審配所料，對面幽暗的連營馬上沸騰了，眨眼間無數火把沖天而舉，把鄴城四圍照得白晝一般，戰鼓齊鳴勢如奔馬，營寨間條條馬道上的士卒都往壕邊湧，川流不息好似成群的螞蟻。

河北弓箭手一齊放弦，飛蝗般的箭雨立時向曹軍寨牆飛去，射得守門軍士連連倒退，曹軍後隊的箭馬上又還擊過來。敢死士哪管前面有多少敵人，只是推著車低著腦袋往前衝，有些人乾脆大吼一聲，連人帶車一併踏進壕溝裡，為後面的人墊路。大隊軍兵緊跟著一擁而上，可只有少數人能衝過便橋，其他會水的不會水的都往溝裡撲騰，踩著填塞物和死人往前撲。

「守住！守住！」曹軍督將尖厲的叫囂聲彷彿是從後腦勺擠出來的，兵卒在弓箭掩護下舉著長戈大戟貼到寨牆邊，只覺面前火光閃耀水聲拍擊，眼花撩亂什麼也看不清楚，乾脆把傢伙探出柵欄一通比劃；沒幾下就被城上袁軍的箭稀裡糊塗刺死，後排的兵趕緊從死人手裡接過傢伙，把屍體往腳下一踩接著衝鋒——無論突圍的還是防守的，此刻都瘋狂了。

曹操早就出了中軍大營，在戰場外數丈之地觀望，即便是這樣的距離還瞧不清楚，卻能聽到喊殺中夾雜的錚錚箭聲。有了上次的教訓，他可算明白審配的弓箭有多厲害了，輕易不敢向前半步，就在原地聆聽親兵往返探報。即便如此，眾將還是很擔心他的安全，外層由曹純督率虎豹騎圍了一個大圈子，裡面還有許褚、鄧展等人舉著盾牌擋在他前面。荀攸、郭嘉等人也都穿了鎧甲，卻是自己舉著盾牌，手心都攥出汗了。

正看得焦急之際，張繡麾下監軍王選帶著親兵趕來：「袁尚軍自南面攻打我營。」

曹操連頭都沒回一下：「叫他攻吧，他啃不動張繡那塊硬骨頭。」

「主公不調兵抵擋嗎？」王選有些錯愕。

「放心吧，袁尚軍心不齊打不進來。」曹操一邊探頭一邊道：「你替老夫到各處傳令，除了最周邊的寨子留人，其他兵都調到這裡來防守，今夜不管袁尚就打審配！」

王選都傻了：「這、這是不是太冒險了？」

郭嘉瞥了他一眼：「叫你去你就去唄，囉嗦什麼！」

王選怏怏而退，眾人繼續凝視戰場。約摸打了小半個時辰，審配軍依舊奮勇，曹軍有寨牆為據，鄴城的弓箭手就豎起轒車作掩護，躲在後面放冷箭；那些衝鋒的兵士更是不顧死活前仆後繼，冒著流矢與曹軍惡鬥。忽然間就聽一陣轟隆隆巨響，南路的整座寨門都被河北軍掀倒了，曹軍被擠得不住倒退，後面的兵不明就裡轉身欲逃，竟自相踐踏起來。

眼見戰事告急，曹操拔出佩劍喝道：「後退者斬！」

傳令官跟著吶喊起來，將士們再三用力，前推後搡總算把敵人又逼了回去。但戰事依然膠著，躍過溝壑的袁軍已經與曹兵肉搏起來，槍矛刺出一道道血泉，大刀削得斷臂橫飛。曹兵顧及同伴不敢再放箭，可是鄴城突圍的兵都抱著必死之心，城上的弓箭手不管敵我只是一個勁猛射。

有親兵跑回來稟報，南面的寨牆全塌了。曹操嘖嘖連聲：「好個審正南，真要跟老夫玩命啦！」

荀攸提醒道：「以攻為守逼敵自退。」

「好！反正這仗打得這麼狠，我料他也無力再來一次了。」曹操朗聲傳令，「告知全軍將士，推倒寨牆一齊攻城！」

傳令官一傳十、十傳百，不多時鄴城周匝四十的內寨牆全被曹軍自己推倒了，將士們就拿它們當橋攀過壕溝向裡衝。有些眼疾手快的人架住雲梯就往上爬，雖然這樣攻城力量分散不能得逞，卻把審配的突圍計畫打亂了，城頭守軍趕緊放下弓箭搬石頭往下砸。一時間東面、西面、北面處處告急，唯有南面還在搏殺。

這時又見西面擁來一支小隊，為首的是監軍浩周：「啟稟主公，袁尚軍攻張繡不下，轉而西移攻于禁將軍營寨。」

「哼！」曹操不禁冷笑，「你告訴于禁，守住寨門穩紮穩打。就讓袁尚在外面轉悠吧，東西南北哪邊他也進不來。」

「諾。」浩周領命而去。

戰場局勢漸漸起了變化，在曹操以攻為守的戰術下，河北軍終於被逼得後退了。東西兩面的曹兵涉過壕溝都往南邊來增援，雖然河北軍三面受敵鬥志不減，卻已無力再翻轉局面。殺亂建制的兩軍將士互相刺著、砍著、劈著，火光照耀下似乎每人都是血肉模糊猙獰可怖。忽然自頭頂上響起一陣沉悶的鑼聲——審配終於被逼得鳴金了。

可是殺到這個份上哪是想退就能退的？似乎有火把引燃了轅車，鳳陽門前竟冒起了濃濃黑煙，士兵為了自保胡亂揮著兵刃，什麼敵人同伴都倒在血泊之中，所有人都殺紅了眼、擠成了堆、滾成了團……又是轟隆隆的巨響，鳳陽門已經關閉。曹兵攻不進去了，但還有百餘名河北勇士也被拒之門外，緊接著又聞一陣梆子響，自城上落下數不清的滾木檑石，一陣煙塵騰過，什麼聲音都沒有了——所有在城門前奮戰的兩軍將士都完啦！

曹操舉目環視火熱的戰場，東西兩面攻城戰還在慘烈地進行著。他揉了揉肩膀道：「到此為止吧，不用再打了……」

「報！」又見監軍武周氣哼哼而來，「袁尚攻于禁營寨不下，轉而又攻我營，張遼不聽主公之令，竟打開寨門出去應戰了！」

「嘿嘿嘿……」曹操反倒笑了，「伯南，這次是你錯了。有道是『一鼓作氣，再而衰，三而竭』，袁尚軍兩攻營寨不下，還能掀起多大風浪？等著瞧吧，一會兒文遠準有好消息。」

戰場的喧鬧聲漸漸平息下來，眾人保護曹操小心翼翼來到掀翻的寨牆前——兩軍士兵的屍體數不勝數，已經把壕溝填平了。而鄴城門前的慘狀更是震撼人心，射死的、砸死的、戰死的屍體都被滾石檑木壓得稀爛，殘肢斷臂鮮血腦漿鋪滿了大地，在幽幽火光襯托下，就像是鬼府地獄。

曹操正要吩咐收屍，又聞梆子聲響，城上又要放箭了，趕緊退回連營：「審配果真是條硬漢，事到如今還要繼續抗拒。可惜他那主子不成器，連老夫的寨子都進不來，白白叫他奮戰一夜。」

果不其然，武周滿面喜色又回來了：「啟稟主公，袁尚已撤退。他們看著人多勢眾，張遼出去一打，他們反倒撤了！」

曹操欣然點頭：「袁尚救援不力，自此軍心撼動，想戰也戰不下去了。傳令全軍將士，回營休息，待天亮之後分兵一半隨我去戰袁尚，老夫要痛打落水狗！」

袁尚本想裡應外合，結果來了個裡外受挫，灰溜溜逃回陽平亭，又恐曹軍追擊連夜拔營起寨，轉而退到漳河沿岸下寨，想再商議下一步的對策。哪知曹操一招得手步步緊逼，絲毫不給他喘息的餘地，次日午時就率兵追到了漳河岸邊，立下營寨就開始叫陣。

袁尚軍圍著曹營轉了半宿攻不進去，又撤退立寨明顯示弱，到了這會兒哪還提得起士氣。可是曹操惹也惹不起、躲也躲不起，袁尚不出來就下令全軍攻寨。曹兵都在興頭上，一個個挺搶射箭就往裡攻，打得袁尚只有招架之功全無還手之力。從午時一直鬧到傍晚，最可氣的是曹操還弄來幾十面戰鼓沒完沒了地敲，又聲稱要包圍袁尚大營，嚇得河北軍人人自危，再這樣下去連守都守不住了。袁尚眼前被曹操所逼，非但鄴城救不了，其他地盤又被袁譚攻打，無奈之下只得懇求停戰，命陰夔、陳琳為使者到曹營請求投降，以為權宜之策。

「前番是袁譚請降，現在袁尚又來請降，你們叫老夫怎麼相信啊？」曹操瞇縫著眼睛打量著過營請降的二人。

陰夔是個懦弱之人，見了曹操連句整話都說不出來，只知道哆嗦。陳琳比他出息得多，雙手捧出一卷竹簡：「這是我家主公的親筆降書，還請曹公接納。」

許褚一把搶過降書遞到帥案前，哪知曹操接過來連看都沒看，甩手扔進了炭火盆裡：「不必看了，不准他投降！」

陳琳急得直跺腳：「那是我家將軍親筆……」

「親筆？」曹操哈哈大笑，「當年袁紹征討我的檄文也是親筆？」

陳琳嚇得半個身子都木了──官渡之戰時他奉袁紹之命草擬討伐曹操的檄文，把曹家三代人罵了個狗血淋頭。說曹操的祖父曹騰是奸邪宦官，與五侯狼狽為奸迫害忠良；說曹操的父親曹嵩是乞丐攜養的野種，巴結宦官品德敗壞；說曹操是王莽、董卓一類的奸賊，偷墳掘墓無惡不作……這個仇可還沒完呢！

陳琳曾在何進府中為掾屬，與曹操也算老相識了，多少知道點兒他的脾氣，越是軟蛋越沒好下場，索性跪倒在地朗聲道：「在下與曹公之怨另當別論，但是我此來為的是軍國大事。還望曹公懷寬厚之德饒我家主公。」

「我憑什麼饒他？」曹操貓戲耗子一般盯著陳琳。

「袁氏占據河北十年，素有士人之望。曹公若能不計前嫌饒恕我家主公，則河北之士無不感激，天下割據紛紛效仿，統一大業可成矣！」陳琳這番話純粹是捭闔之士那一套，統一天下豈能這麼容易？若真的光靠仁義就能得天下，古今多少英雄都白活了。

曹操就是想戲弄他，陰森森道：「袁氏無情無義，兄弟之間尚不能和睦，怎可能與老夫推心置腹。今日准降明日必反。」

陳琳拱手道：「我家主公不是已經被您擊敗了嗎？」

「袁尚靠山紮營，我就知道他必敗無疑！」曹操猛然變臉，「若是在大道安營則懷救亡根本，統帥不顧生死，將士自然盡命。可袁尚卻是循山而來，仗還沒打就想憑險自保，他若能勝才真見鬼呢！袁紹為他留下偌大一個冀州，到了危難關頭他都不能鼓舞士卒拚命一搏，此等無用之輩我要他何用？有這等無能的主子，我都替審配寒心，替昨夜白白送死的突圍將士寒心！」

陳琳本人又豈能不寒心？聽敵人口中說出這種話，真想找個地縫鑽進去。但他職責在身，只能再次央求：「非是我家將軍不願奮戰，實乃將士離心不能凝聚，所以……」

「所以想擺個陣勢嚇嚇老夫，叫我知難而退？」曹操一陣冷笑，「可惜我曹某人不是嚇大的，是刀尖上滾過來的！將士離心是他自作自受，兄弟鬩牆同室操戈，當兵的哪還願意為他們賣命？」

陳琳欷歔不已，連連磕頭：「請明公網開一面，就准許我家將軍投降吧！就算看在我家先主的面子上……」

「不准！」曹操惡狠狠道：「你陳孔璋當年草擬檄文之時可曾給過我面子？」

這一句話問得陳琳無言以對。

「回去告訴袁尚，叫他洗乾淨脖子等著受死吧！我替他老爹清理不肖之子，這就是最大的面子！」曹操一揮衣袖，「普天之下只能由我曹某人說得算，袁氏兄弟絕不能留，我要他們死他們就得死！沒什麼可說的，走吧！」這算明明白白把老底端出來了，再無挽回的餘地。

陰夔伏在地上涕淚橫流：「袁本初！先主大將軍啊……屬下無能保全不了幼主，有負您臨終囑託……嗚嗚嗚……」

曹操見他哭得悽慘倒也動容：「雖然懦弱倒也算個忠臣，念在你那點兒忠心，老夫也不加害你們，派人把你們安安全全送回大營。但明天一早還要繼續攻打，刀槍無眼你們好自為之吧！」說罷一擺手，有親兵闖上來架起二人就往外推。

「且慢！」于禁跨出一步，「姓陰的可以放，陳琳不能走。當初草擬檄文辱及主公祖父三代，豈能便宜了他！」

「對！對！把他亂刃分屍！」眾將厲聲吶喊。

曹操抬手攔住：「兩軍交鋒不斬來使，何況今日他乃求降之人？等著瞧吧，袁尚之潰近在眼前，老夫與他馬上還要重逢，到時候再算檄文那筆帳。」陳琳聽得毛骨悚然，還未及多言就和陰夔一起被推了出去。他倆一出去，曹操趕緊又吩咐：「告訴前軍將士，只要他二人進了營就繼續給我敲鼓，狠狠敲他一夜，要把袁尚狗子的膽嚇破！」

這會兒華佗煎好一碗藥，親手捧到曹操面前：「主公這幾天都沒好好服藥，現在仗打贏了，趕緊趁熱把藥喝了吧！」

曹操全沒在意，兀自向眾將誇耀：「老夫這一番威嚇，袁尚求降不得必定連夜逃竄，只要一逃人心潰散各自逃生，以後想聚兵也聚不起來了。」說著話他一拍華佗肩膀，「此所謂病在骨髓，司命之所屬，無奈何也！」

華佗一哆嗦，藥碗脫手落地摔得粉碎，半日心血又白費了。曹操沉浸在自己的喜悅裡，哪管別人花多少心思，瞅著華佗無奈的窘態，竟哈哈大笑起來。

第十一章
策馬夜談，董昭慫恿曹操謀取天下

大勢已去

建安九年七月，袁尚救援鄴城失敗，在漳河沿岸被曹操打得狼狽不堪，派使者請降又不被允許，驚恐之下連夜奔逃至祁山①駐紮。曹操追打落水狗，如催命鬼使一般尾隨而至，又將袁尚營寨包圍起來，二話不說就是一通猛攻。

河北軍眼望著漫山遍野攻來的曹兵，嚇得渾身顫抖，連武器都舉不起來了——其實若不跑，袁尚鼓舞人心還可勉強自保，一逃再逃，疲於奔命，軍心潰散，鬥志沒了，士氣沒了，人心沒了，連抵抗能力都沒了。有人嚇得抱頭鼠竄，有人放下兵刃跪倒請降，還有人投降心切乾脆掉轉槍頭奔著袁尚大帳就殺……袁尚部將馬延、張顗臨陣倒戈，營寨立時被曹兵攻破，河北軍全線崩潰。袁尚眼見大勢已去，將士兵、糧草、輜重乃至印信符節都扔下了，只帶了幾個親兵趁亂而逃。

① 祁山，古籍記載又名藍嵯山，在今河南省安陽市，與諸葛亮北伐屯兵之祁山並非一處。

將懷必死之心士無貪生之念，如今一軍統帥都跑得沒影了，士兵又豈能為這樣的主子賣命？狼煙散盡，戰場上一片蕭索，昔日袁紹麾下威風凜凜的河北軍徹底完了，只剩下一群驚魂未甫跪地乞活的可憐蟲，燕趙勇士的慷慨驍勇早已隨著袁氏家族的沒落而喪失殆盡。

曹操立馬山下，眼望著敗落的袁軍營寨，喜悅之情已溢於言表。這一仗打下來，袁尚的家底算是徹底輸乾淨了，無兵無糧就讓他逃吧！幽州袁熙兵微將寡，并州高幹遠隔重山，曹操不用再管袁尚了，就叫他那個視為讎仇的兄長去收拾他吧！

士兵檢索袁尚拋下的東西，輜重器物竟還有十好幾車，其中不乏珍寶珠玉之類，曹操不禁譏笑：「當初袁紹戰官渡就帶著一堆亂七八糟的東西，袁尚還真像他爹。惜乎不諳軍務，比他爹差得遠呢！」

馬延、張顗丟下武器，在虎豹騎的監視下來到曹操馬前，雙膝跪倒放聲高呼：「我等歸順來遲，望明公恕罪！」

「無罪有功，快快請起。」曹操見這倆倒戈之將人高馬大、虎背熊腰，想必也是驍勇之人，不禁嘖嘖道：「袁尚有你們這樣的勇士，卻不能奮力作戰，真真可笑可恨。」

馬延是個粗莽之人，不禁破口大罵：「不瞞明公，我早就不願意跟著袁尚幹啦！兄弟仇殺窩裡鬥算他媽什麼東西？見了敵人就知道逃，這仗打得真他媽窩火！去他娘的，老子投靠曹賊，不給他賣命了！」他光顧著說話痛快，竟習慣性地把「曹賊」二字帶了出來。

曹營眾人見他這麼說話當即就要拔劍翻臉，曹操卻笑呵呵攔住：「不礙的不礙的，老夫於他們無恩，叫一聲賊又怎麼了？以後老夫善待河北士人，他們還會拿我當賊嗎？哈哈哈……」

張顗比馬延有涵養，跪倒道：「明公請恕罪，我等之所以現在才來投奔，非是懷僥倖之心，也非跟隨袁尚執迷不悟。而是我等起於草莽，受袁紹提拔身歸行伍，應報已故先主的知遇之恩，怎知袁尚兄弟這般不爭氣……」七尺高的漢子說到這裡竟虎目帶淚，馬延也是惆悵不已。

曹操心中思忖——袁本初啊袁本初，你果然是我曹某人之勁敵，即便死了，還有這麼多人懷念！雖有官渡倉亭之失，若非你早早一命嗚呼，我也不可能這麼容易就拿下冀州。說句憑良心的話，我根本沒徹底擊垮你，而是欺負你那倆傻兒子才成功的啊……想至此曹操越發感覺到籠絡河北人心是何等重要，忙擺出一副袁紹故友的姿態：「老夫曾與袁本初同朝為官抗擊閹豎，深知其英偉之處，我此來不僅是為了將河北之地收歸朝廷，其實也是為他教訓不孝之子啊！」其實這話假得不能再假，但哄騙馬張這等草莽武夫倒也有效。

二將止住悲聲，各自從懷裡取出一枚錦匣，恭恭敬敬遞到曹操面前。許褚、鄧展恐其中有詐，搶先接過打開檢查一番才捧給曹操看，但見是一枚金印、一枚銅印。

金印乃是袁紹的大將軍印。當年曹操逢迎天子建立許都，自任為大將軍，以袁紹為太尉，袁紹恥為曹操之下意欲以此發難，曹操不敢招惹，趕緊把大將軍的位置讓給他，還命孔融給送去這枚金印。現在印在人亡，可謂物歸原主了。再看另一枚銅印，也是鐫刻虎紋，上刻「詔書一封，邟鄉侯印」八個篆字，乃是袁紹私造，早年舉義兵號令天下所用，當初曹操就是看到袁紹把玩這枚印，才決心與他分道揚鑣的。想來袁紹還曾展示過一枚罕見的無瑕玉璞，似乎有意在大功告成之日將其刻為玉璽，抱著它身登大寶，可是到頭來卻是竹籃打水一場空，那玉璞也不知失落在何處了。

曹操擺了擺手，叫路粹替他收了，回去貢獻給朝廷。這時又聽一陣歡笑之聲，張繡騎著高頭戰馬神情肅穆而來，身旁有一群小兵還扛著幾個大物件——金鉞、白旄與纛旗。丟了金鉞就丟了生殺予奪之權，失了白旄便失了設立軍隊的名義，沒了纛旗，一軍統帥的威嚴何在？

今日之戰又是張繡率先殺入敵營奪取旗幟，曹操不禁拱手：「張將軍勞苦功高啊！」

張繡下馬拜賀：「全仗明公神威赫赫！」正因為他與曹操有殺子之仇，所以打起仗來格外賣力，而且不敢居功自傲。

曹操連挑大指：「將軍不愧是老夫的好親家！老夫要請奏朝廷，再給將軍加千戶封邑。」

可把張繡嚇得不輕。他已經是千戶侯了，再加一千莫說曹營眾將比不上，滿朝官員除了曹操無人能出其右。張繡擺手推辭：「末將不敢接受……」說著話摘去兜鍪就要叩首。

郭嘉在一旁心明眼亮，趕緊過來攙扶，趁機湊到他耳邊低語道：「您與主公有仇，主公反而給您高官厚祿，這是做給天下人看啊！若是不接受，豈不有礙他大公無私之美譽？」

張繡這才醒悟，但受了這份厚賞心裡依舊惴惴，他不願再提此事，回頭擺了擺手：「小的們，把主公的仇人推來！」

伴著一陣喝罵，眾親兵把陳琳推了過來。這會兒他已萬念俱灰，披頭散髮雙臂被縛，肩頭架著長矛，兩眼空洞地瞅著地下，腳步踉蹌得如同夢遊。前番替袁尚乞降曹操沒跟他算舊帳，這回絕對在劫難逃，新舊帳一塊兒算吧！

曹操微微含笑瞅著他：「陳孔璋，咱們又見面了，果如老夫先前所言吧？」他早就傳下軍令，見到陳琳一定得捉活。

陳琳還有什麼可說的，只是低頭不語。

「陰夔怎麼沒與你在一處？」

陳琳低語道：「已死於亂軍之中。」陰夔可不似他這般受「優待」，撞見曹兵當場就被宰了。

「尋找陰夔屍體，忠臣要好生安葬！」曹操冷笑一聲，卻又道：「生者未必歡，死者未必悲。戰死了或許是便宜，活著可更受罪……嘿嘿嘿……」

一陣奸笑聽得陳琳直打寒戰，不知曹操要用何種極刑折磨自己。他想開口求饒，但畢竟也是一把年紀的人了，當初又與曹某人同在何進府上為賓，若低聲下氣乞活非但讓曹操看不起，連自己都看不起自己了。他心下著急，低著腦袋暗暗思考如何應對。

果不其然，曹操陰笑片刻倏然把臉一變，厲聲斷喝：「陳孔璋！老夫與你何怨何仇，撰寫檄文竟把我曹家罵得那樣不堪！即便兩國交鋒互相詆毀，又與我祖、我父何干？今日你若不給老夫說個明白，我把你碎屍萬段寸磔軍前！」

千刀萬剮近在眼前，陳琳也來不及多想，前趨一步跪倒在地：「檄文之事乃是箭在弦上不得不發。」

「你說什麼？」

「箭在弦上，不得不發！」陳琳這個回答看似輕描淡寫，其實大有深意。他以箭自比，那控箭的弦就是袁紹，袁紹叫他寫檄文他只能照辦，這就如同弦發箭而箭不能自至。

曹操聽罷此言一時無語，微微回了下頭，只見路粹、繁欽、劉楨、阮瑀等人都在他馬後垂手而立。他若有所悟——若這事反過來，我若要路粹他們寫文章罵袁紹，他們又豈敢不寫？陳琳的身分比他們高多了，何進秉政之時就是幕府主薄，也算小有名氣之人，如今正是籠絡河北人心之時，我何必非要置他於死地呢？馬延、張顗為將，在戰場殺我的兵都可以原諒，何必難為一個以刀筆為劍的文人呢？

曹操漸漸收起怒色：「鬆綁吧……好一個『箭在弦上不得不發』！既然袁本初可為你之弦，老夫有何不可？我任命你為記室，自今以後為我掌管文書。老夫要你這支箭射誰，你就給我射誰！」

「謝曹公寬宏……」陳琳死中得活，淚水在眼眶裡打轉。士兵為他鬆開綁繩，荀攸、陳矯一左一右攙起——想當年荀攸與他同為何進府中掾屬，而陳矯與他是廣陵同鄉，天底下當官的跑不出一個圈子，私情厚著呢！

這時掌管軍械的卞秉來了，一手夾著帳簿、一手攥著算籌，離著老遠就哈哈大笑：「主公，這一仗打下來咱們可發財嘍！袁尚把家底全給咱扔下了，光是鎧甲、兜鍪就有兩萬副，還有長矛、弓弩、盾牌不計其數，足夠您再裝備幾支人馬啦！」

曹操高興之餘又有幾分驚懼。他所帶領的部隊是有朝廷正經名分的王師，可也不曾有這麼多的鎧甲兜鍪，許多偏師還在用布帕包頭，人家袁氏乃一方割據，竟有這麼多精良軍械，這還是在官渡丟了一半呢！曹操不得不承認，袁紹十年來積蓄的實力非他所及。想至此愈覺戰事不容耽擱，即刻撥馬傳令：「我軍在此休息一晚，降卒暫交與朱靈、張郃、馬延、張顗等河北舊將統領，明日回轉鄴城與曹洪會合。」

「諾！」眾將齊聲領命，那響亮的聲音直沖天際，曹軍之威已是天下無人能及。

回軍之際曹操又向朝廷修下表章，誇耀自己的功勞：

臣前上言，逆賊袁尚還，即厲精銳討之。今尚人徒震蕩，部曲喪守，引兵遁亡。臣陳軍被堅執銳，朱旗震耀，虎士雷譟，望旗眩精，聞聲喪氣，投戈解甲，翕然沮壞。尚單騎遁走，捐棄偽節鉞、大將軍邟鄉侯印各一枚，兜鍪萬九千六百二十枚，其矛楯弓戟，不可勝數。

這份表章在曹操看來也不亞於震懾袁尚的戰鼓，只不過它這次所震懾的對象卻是天子劉協。

玄而又玄

曹操回師鄴城，將繳獲的節鉞印綬用長槍挑著給城上的士兵看，守軍見袁尚已敗，沒人再來救他們，士氣就此崩潰，更多的人墜城投降。但河北軍師審配是個寧折不彎的人物，還是不肯開城投降，內無糧草外無救兵也要抗爭到底，甚至又擊退了曹軍兩次攻城。

袁尚潰逃之後去了故安，袁譚連連吃虧總算逮到報復的機會，馬上率領兵馬前去追殺。袁尚一蹶不振無法抗爭，只能捨棄城池繼續逃亡，這次索性跑到幽州投靠二哥袁熙去了。袁尚一離開，冀州算是徹底沒希望了，各個縣城投降的文書似雪片般飛入曹營，袁譚在名義上已經降曹，剩下的就只有這座鄴城了。面對如此情勢，曹操決定不再攻打了，只把軍隊圍繞鄴城密密麻麻屯駐，就拿恐懼和飢餓充當武器去跟審配最後一戰吧！

眼看已經到了七月底，審配已經垂死掙扎半個多月了，還是沒有投降的動靜。但鄴城的守軍已經陷入絕望了，還沒到夜晚，士卒的哭泣聲就傳得很遠很遠，只是懾於審配之威不敢叛逃罷了。

這是個漆黑的傍晚，天邊只掛著一彎新月，雲層又陰又低，彷彿世間萬物都被扣在一只大碗下，昏昏沉沉幽幽暗暗。曹操騎著馬一路向南巡視營寨，陪在身邊的只有董昭和許褚。也是勝利在即心中歡喜，一行人漸行漸遠竟脫離了連營，來到鄴城以南的荒原上。

借著微微的火把和朦朧的月光，眾人舉目四望，眼光所及之處皆是落敗景象。鄴城周匝過去也是人煙稠密百姓眾多，可是打了半年多的仗，一切都面目全非了。老百姓或已逃亡或躲入城中，阡陌荒廢了，民房都被曹軍拆去立寨牆、搭浮橋了，豪強的莊園土壘早被曹軍搗毀，不聞雞鳴犬吠之聲，反而能聽到遠方夜狼的嚎叫。

曹操的好心情似乎受了些影響：「前幾日得到軍報，公孫度竟把我送與他的永寧侯印綬給了他兒子公孫康，還扣押了使者涼茂。這個狂徒不識抬舉，還真要與我翻臉。」

「邊鄙之徒坐井觀天，早晚是主公刀下之鬼。」董昭和顏悅色。

「得業易守業難，即便拿下鄴城，要恢復往日之貌恐怕還需數載之功啊！」

董昭卻沒放在心上：「主公奉天子之命征討四方，黎民自然愛戴敬仰，戰事已畢勸課農桑屯田惠民，用不了多久自然人煙稠密車水馬龍。這鄴縣民殷國富根基厚，重新發展不是什麼難事。」他說話之時舉目四顧，見不遠處一座不甚高的土坡，指道，「主公騎馬累了吧，咱們登上那土坡，去望望鄴城的動靜如何？」

「也好。」曹操這幾天持續服用華佗的藥，頭疼的毛病已大有好轉，這會兒一點兒也不乏，索性活動活動回去好睡覺。

這個荒土坡實在沒什麼特殊的，登上去也是索然無味，只是借著高度能將鄴城看得更清楚一些。但見城上黑壓壓霧濛濛的，只有幾盞零星的燈火，似乎守軍已喪失了生活的期望，純粹就是在等死。董昭似乎隨口歎息道：「為了爭奪這座鄴城，不知有多少人為之血染疆場，又有多少人抱憾而終啊！」

曹操覺他無病呻吟：「公仁啊，你是大風大浪闖過來的人，為何也作此書生之歎？自古帝王將相之功皆由人命換來，雖白骨蔽野血流成河，也必為後人敬仰。」

「在下並非歎千古功業，歎的是鄴城這祥瑞之地。」

「祥瑞之地？」曹操甚是不解。

「這鄴城非尋常縣城能比，可助成萬世之霸業！」

曹操笑了：「哦，你說的乃是齊桓公之事。當年桓公尊王攘夷，築五鹿、中牟、鄴等九座城池拱衛華夏之邦。」

董昭沉默了片刻，又解釋道：「明公錯會在下之意。我說的不是春秋之霸業，乃是當今天下之霸業！」

曹操愣了一陣，繼而又放聲大笑：「公仁啊，你在給我說笑話吧？哈哈哈……」

董昭用眼角餘光掃了他一眼，繼而又道：「笑話也罷閒談也好，不過讓明公開心解悶，整日忙於軍務也夠操勞的了。在下曾在袁本初麾下當過魏郡太守，熟知此地一些掌故舊聞，明公可有興趣聽聽？」

「好啊，你說吧！」曹操望著董昭，預感到他要講的事必不平凡。

董昭清了清喉嚨：「明公熟讀詩書通曉經籍，上古久遠之事在下就不說了，想必您也都讀過。在下就說那黃巾的首領張角……」

曹操趕緊打斷：「嗐！公仁怎麼提起反賊來了？」

「反賊也罷英雄也罷，俱是作古之人，此處又不是朝堂金殿，咱們說說又有何妨？」董昭見他不再反駁，繼續道：「那黃巾張角本是鉅鹿人士，也曾讀書為吏，精修奇書《太平經》，能書符念咒為人治病，門生徒眾本鄉最盛，但起兵之日卻捨近求遠偏偏在鄴城舉事，兵勢驟起先攻真定，不南下反而北上，明公可知其中緣故？」

曹操漸漸聽進去了，不禁蹙眉搖頭：「此事誠不可解！當年張角之徒馬元義在京畿遭擒，被先帝車裂於洛陽市集，我也曾親眼得見。張角聞知此事倉促舉兵，糾合天下八州之眾，是想要傾覆大漢社稷。按理說要行此非常之事，該火速進兵河南，他不但不急著南下，反而起於鄴城北取真定，此舉不合乎常理啊！」

董昭撚髯而笑：「明公若依用兵之道自然想不通，但聽音辨意也就不神祕了。鄴城舉事先取真定，其實就是取義『大業可定』嘛！」

聽他這麼一說曹操便明白，倒覺一陣釋然：「這張角畢竟是江湖術士，憑這等手段愚弄百姓，又能成什麼大事？」

不料董昭又道出一句更加意味深長的話：「張角是個愚民之賊，但袁本初、袁公路兄弟可不是江湖術士……」

「這與袁氏又有何相干。」曹操慢慢收起笑容。

「此中干係非同小可，倒與一句讖語有關。」董昭說到這兒突然住口，轉而建議道：「鄴城審配尚有少許兵馬，若發現主公在此窺探，偷開城門派兵突襲可大為不妙。還請主公將火把熄滅吧！」

曹操覺得董昭的顧慮有些多餘，鄴城缺兵少糧已是囊中之物，怎麼有能力突破重圍來這兒突襲呢？不過又見董昭二目炯炯望著自己，情知其中似有什麼緣故，便抬了抬手道：「也好！把火熄了吧……」許褚一直在後面伺候著，趕緊叫衛兵把掌中火扔到地上踩滅。

今夜是陰天，火光一熄馬上黑了下來，四周靜悄悄的了無聲息，遠處鄴城敵樓上的幾個亮點似在空中懸浮一般。安靜了好久，董昭才輕輕呼了口氣，緩緩道：「剛才在下說到一句讖語，其實明公也一定聽說過，就是《春秋讖》所言『代漢者，當塗高』。②」

黑暗中任何人都瞧不見曹操的表情，只聽他緩緩道：「仲康，我與公仁有些事情要談，你們暫且回避。」

「諾。」許褚不敢多問，料這僻靜之處也不會有什麼危險，董昭也不至於謀害主公，便領著人摸黑下了山坡。

待那窸窸窣窣的聲音漸遠，曹操才又開口：「我以為你要說什麼，原來還是那句害人不淺的話，當初袁術因此語僭位，落得個什麼下場，公仁不會不知吧？」

「那是袁公路解得不對，『當塗』之『塗』可通『路途』之『途』是不假的，卻絕非他名字裡有個『路』字就可以應天命。這句話其實另有深意。」

曹操既覺好奇，又有一絲負罪感，討論這個話題是太過悖逆，因不便開口相問，便揶揄道：「讖緯③之學老夫素來不信，可不似袁紹那般用心於此。」當初官渡之戰，曹軍奪取河北軍大營，在袁紹軍帳中就繳獲了大量讖緯圖書。

「信與不信本沒什麼不同，有人即便弄懂了，不是天命所歸又有何意義？其實讖緯之學本出於河圖洛書，《易經》有云：『河出圖，洛出書，聖人則之』。昔日伏羲氏偶見龍馬銜甲，赤文綠字，甲似龜背，袤廣九尺，上有列宿鬥正之度，帝王錄紀興亡之數。孔子雖精研此中奧祕，然不敢改先王之法，於是陰書於緯，藏之以傳後王。讖緯之學與《易經》相合，又諭《洪範》五行之理，可見也不是全無道理的。」

曹操見他強辯，冷笑道：「古人之學高深莫測，可今人之讖緯乃牽強附會曲解文意，安能與河圖、洛書相提並論呢？」

「也不盡然吧！」這茫茫黑夜給董昭壯了不少膽子，不再看曹操臉色說話，「雖有王莽崇信讖緯偽造符瑞，然不可因一人之故而盡非其學。我朝光武帝乃一代中興英主，也頗信此道。他在南陽起兵，鑒於『劉氏復興，李氏為輔』之說；其登基稱帝，則奉赤伏之瑞④；祭告天地，皆援讖語為言；他用孫咸為大司馬，王梁為大司空，亦以讖文所選；雲臺二十八將，上應群星列宿；只因夜讀《河圖會昌符》，而封禪泰山；又設立靈台、辟雍、明堂，⑤宣布圖讖於天下。若依明公之言，難道光武爺這些做法都是錯的嗎？」他把開國皇帝的「成功經驗」搬出來，曹操如何反駁？

---

② 「代漢者，當塗高」是中國歷史上流傳時間最長、影響最大的讖語，出自《春秋讖》，也載於《漢武故事》，並於《後漢書》、《三國志》、《晉書》中多次提到，解釋方式不一。

③ 讖緯，古代圖讖和緯書的合稱。讖是方術之人編造的預示吉凶的隱語和圖書，緯是附會儒家經義衍生出來的一類書。文中提到的《春秋讖》、《河圖會昌符》都是兩漢間八十一部讖緯書的名目。讖緯是儒家學說衍生的迷信產物，沒有科學依據，但其中一小部分也逐漸演變為主流的傳統文化，例如「君為臣綱，父為子綱，夫為妻綱」的三綱理論就出自讖緯。

④ 赤伏之瑞，劉秀幾度被臣下勸進都不肯稱帝，直至有人自讖緯中抄錄了一張「赤伏符」，上寫「劉秀發兵捕不道，四夷雲集龍鬥野，四七之際火為主」，劉秀看後自以為得天命，繼而稱帝。

⑤ 靈臺、辟雍、明堂，都是古代的禮制建築。靈臺是用於觀看天文星象的，辟雍是用於講授禮儀的，明堂是用於發布政令的。但是王莽、劉秀時代的這三個建築，都用於宣布圖讖。

曹操只是哼了一聲，什麼也沒說，心中卻有無限感慨——若是一年之前問我，我會直言光武帝迷信讖緯是錯的，但現在不這麼看了。一個人若從平頭百姓躋身帝王，那是何等逾越之事？若不借天命相助，何以役使世人？天命說到底還是人意罷了……

「代漢者，當塗高。」董昭半天聽不到他回話，便不慍不火解釋道：「在下曾聽太史、博士私下議論，其實『當塗高』說的是魏闕⑥，這大路兩側又高於路途的自然是這件東西，而魏闕又有朝堂之意。如今明公腳下就是魏郡之土，鄴城就是魏室基業發祥之地。若按此論而言，得魏者既得朝廷、得天下。」

說到此處曹操才插話：「魏闕本是樓閣，其實與朝堂無干，不過是《莊子》所云：『身在江海之上，心居乎魏闕之下』，此後書生言之便道其是朝堂。」

哪知董昭卻笑了，反問道：「此言具體出自《莊子》哪一篇，明公可知曉？」

「有何不曉，乃是《讓王》篇。」這名字出口，曹操倏然沉默了。

「讓王……」董昭低聲沉吟著，「這天下也是可以相承相讓的。『重生，重生則輕利』，只要有德於天下蒼生，誰在那個位置上又有何不同？只是世人冥頑不靈，紛紛捨本逐末，不修文德功業，只是一味追求讖緯名目，所以才紛紛敗亡。袁術妄自尊大，張角、袁紹自以為得鄴城就可以得社稷，殊不知楚王問鼎，在德不在鼎。能夠身登九五安享天下者，必須是德濟蒼生之人……」他說到這兒稍定片刻，又補充道：「換言之，只要是德濟蒼生之人，就有權身登九五安享天下！千古際遇若電光火石稍縱即逝，若不能抓住便只能叫後人扼腕歎息。」

這樣露骨的暗示，曹操豈能聽不出來？但不知為什麼，他一點兒反應也沒有。董昭心裡格外忐忑，雖是出己之口入他之耳，但誰知道他能否贊同。剛想偷眼瞧瞧他臉上神色，恰逢一陣陰暗的烏雲飄過，把那最後一絲朦朧的月光也給遮住了，四周一片漆黑，連人影都看不見了，漆黑之中只聽曹操輕輕問道：「你……說完了嗎？」

「沒有。明公還想繼續聽嗎？」董昭又把問題拋了回去，卻良久不聞他答覆，於是壯著膽子道：「在下姑妄言之，明公姑妄聽之。」

一切都沉寂在黑暗中，兩人相對而不相視，董昭的話越說越深：「在下曾聽到些傳言，當初天子被李傕、郭汜所迫，兵敗曹陽之時本打算乘船循河向東，到兗州或者冀州安身。可是太史令⑦王立說太白經天、熒惑逆行，天象不利於天子沿河東下，所以才改道北上，渡河過軹關駕幸安邑。」

「真是無稽之談！」曹操一陣冷笑，「這件事丁沖跟我講過。當時楊彪反對乘船而下，說弘農有大小灘塗三十六座，河汊交錯不利行舟。侍中劉艾曾當過陝縣縣令，比較熟悉地形，也不同意走水路，皇上是聽了他們建議才決定渡河去安邑，這跟天象根本扯不上干係！」

「誠如明公所言，的確有河道的原因。」董昭並不反駁，「可是到安邑之後，天子立即郊祀上帝，若不是天象有變，皇上未脫大難何故急著祭天呢？」

曹操沒有說話，似乎是被他的話問住了，發生異相天子祭天，這是完全合乎道理的。董昭見他半天無法作答，繼續道：「在安邑落腳之時，王立私下對劉艾說，天象變幻無可更改，可避一時但不可避一世。太白經天、熒惑逆行⑧，兩者早晚是要交匯在一起的，而火金相遇乃是革命之象。漢室國祚……國祚……」

「如何？」

---

⑥ 魏闕，又名闕、雙闕，古代禮制建築，指宮門兩側的瞭望樓。

⑦ 太史令，也簡稱太史，是古代掌管編寫史書、天文曆法等事務的官員，隸屬於太常寺之下，地位不高。

⑧ 太白，即金星；熒惑，即火星。所謂「太白經天、熒惑逆行」，其實是指金星與火星在天文觀測上出現重疊，現今來看，不過是行星運動的正常現象。

董昭壓低聲音道：「漢室國祚將終，魏晉之地必有新天子將立。」他說到這裡只聽曹操發出一聲歎息，並無其他反應，便越發放開膽，「後來王立又對當今天子說，天命去就五行不常，漢室天下屬火德，代火德乃是土德，承繼漢室的乃是……」董昭的心都提到嗓子眼了，不知後面的話說出來曹操將有何反應。如果他動怒，那自己一門九族盡皆死於屠刀下；可是若他不怒，那自己日後的富貴就是鐵定的啦！董昭雖已決心賭上一把，但話到嘴邊還是不禁頓住了。

隔了好半天，曹操又陰沉著嗓子道：「你把話說完。」

「請明公准在下一事，在下才敢說完。」

「什麼事？」

董昭磕磕巴巴道：「請明公許諾，在下說完之後，無論明公是喜是怒，都不可加罪在下。」

「嘿嘿嘿……」曹操突然擠出一陣陰森的笑聲，「董公仁，這裡漆黑一片伸手難見五指，老夫即便答應你這條件，無人目睹無人見證，日後反悔你又能奈我何？」

董昭一激靈打了個寒戰：我錯了！曹孟德一生何曾受制於人？天子有無尚在他手，當今世上沒有任何人可以制約他！我雖可以進言，卻沒權利與他談條件……想至此董昭雙膝一軟癱倒在地，明知曹操看不見，還是咚咚磕頭請罪。

「木已成舟無可挽回，就憑你剛才說的話我就可以殺了你！」

董昭哆嗦得如同風中的樹葉：「明公饒命……」

「為人臣者有可道之言，有不可道之言。倘行錯一步，便是獲罪於天無可恕也……」曹操的聲音似冰雪般寒冷，不過這話卻一語雙關，似乎是在指責董昭，而又像是提醒自己。

禍到臨頭須放膽，事到如今只能死中求活。董昭十指狠狠摳著沙土，把牙一咬把心一橫，猛然昂頭道：「既然說一句是死，都說了也是死，下官滿腹忠心為了明公，索性都告訴您吧！天象所示人心所歸，承繼漢室江山的乃是魏國社稷，日後得天下者必定姓曹……」

「放肆！你妖言惑眾！」

董昭只覺頸間一涼，似乎有把利劍已經貼在了脖子上，四下黢黑看不清楚，他再不敢輕舉妄動，不顧一切辯解著：「此事千真萬確！在下當年奉張楊之命到過安邑，並非道聽塗說！那太史令王立現還在許都，侍中劉艾為當今聖上記載起居，在下豈敢拿他們造謠……」

「住口！」曹操斷喝一聲。

這夜晚如死一般寂靜，萬物都融化在闃闃無垠的黑暗中，沒有一絲生息。董昭癱在地上，感覺自己墜入了無底深淵，瞪大了眼睛卻只有滿目漆黑，霎時間恐懼如頸間利刃緊緊懾住了他。他一動也不動，等待著命運的審判。

也不知過了多久，忽聞遠處傳來曹操渾厚的聲音：「今夜可真黑啊，咱們都成了睜眼瞎，這等時候說的話才真叫瞎話呢！古人又云：『君不密則失臣，臣不密則失身』，這些不著邊際的話聊聊也就罷了，以後不可再提。」

原來他已經悄悄走遠……

清風襲來烏雲散去，皎潔的月光重新鋪滿大地，一切又都漸漸清晰。董昭真有一種劫後餘生的慶幸感，彷彿全身的力氣都已耗竭，趴在地上喘著粗氣。他呆呆望著曹操帶著眾衛士遠去的背影，依舊感到頸間涼颼颼的，伸手摸了一把——哪裡有人把劍架在他脖子上，那不過是偶然吹來的一陣涼風。

董昭笑了，笑自己太過緊張，也想得太多。人總是會隨著境遇而改變，萬事都是水到渠成。世上根本沒人能引領曹操的心志，一切都要靠他自己去想。

第十二章
鄴城失陷，曹操攻破袁氏大本營

鄴城失陷

轉眼已到了深秋八月，天地間一片肅殺之氣，凜冽的西風席捲著枯葉敗草奔向無垠的遠方，一去不回。不知有多少無助的生靈將在這個殘酷的季節裡終結它們的生命，哪怕它們曾生機勃勃，曾搖曳多姿，曾毫無顧忌地向這個世界展示自己，但到頭來終究逃不過死亡。正如這座曾經輝煌又飽經磨難的鄴城，也改變不了陷落的宿命。

糧食吃完了，馬匹殺光了，樹皮剝盡了，草根挖絕了，唯一能充饑的辦法只剩下人吃人啦！可是被曹軍圍困半年之久，百姓和士卒餓死者、病死者、逃亡者不計其數，為了掩護李孚出城送信又放出去一大批，突圍一役之後更是沒活著回來幾個，若是再肆無忌憚地縱容吃人，只怕連守城兵力都沒有了，那還怎麼抵抗曹軍？雖然瀕臨崩潰，但為數不多的河北軍依舊繼續堅守，不過大家心裡都明白，內無糧草外無救兵，失陷只是早晚的問題。如果說袁尚戰敗之前鄴城尚存一絲希望的話，現在已沒任何盼頭了，所有人都是為審配的忠誠和固執而戰。

這位河北的大軍師已連續在城頭站了三天三夜，不吃不喝不休息，早被風霜折磨得不成人樣了。他鬚髮淩亂面容枯槁，由於飢餓和疲勞站得都有些打晃了，但仍手扶女牆兀自堅持著。他那布滿血絲的雙眼依舊犀利，還在凝望城外期盼著奇跡發生——或許袁尚還會領兵回來，或許大公子袁譚能浪子回頭共禦曹賊，或許荊州劉表將發兵奇襲許都，或許豫州後方會有人叛亂，甚至或許會有個霹雷從天而降恰巧擊死曹操……但這一切都是不切實際的空想罷了。

驀然一陣涼風拂過，夾著陣陣腐臭的氣味，把審配從游離的思緒拉回到現實。城邊壕溝中都是河北將士的屍體，他們是為突圍而戰死，因為處在兩軍弓箭射程之間，過了半個月也沒人敢去收屍，現在已經腐爛發臭。遭受這樣的命運並非是他們作戰不力，而是那位來接應的少主根本攻不進曹軍營壘，這才白白葬送了他們的性命。自從袁尚敗走，曹軍的營壘已越來越向鄴城集中，四面八方圍得水洩不通，而曹操繳獲的白旄、金鉞、軍旗就懸掛在轅門處，衝擊著守軍的心理防線。審配不得不面對殘酷的現實——袁氏即將敗亡。

「鄴城將士聽真！罪臣袁尚已拋棄爾等逃亡幽州……速速開城門迎接王師……曹公有令，若爾等主動獻城，朝廷概不論罪，若抗拒到底，城破之日鄴城雞犬不留……鄴城將士聽真！罪臣袁尚已拋棄爾等逃亡幽州……」曹軍每天一次的勸降喊話又開始了，這次來的是辛毗，騎在馬上高舉白旗，所帶的幾十名士卒伸著脖子使勁叫嚷，個個都是得意洋洋的表情。

審配一見此景氣上心頭，自腰間摘下畫雀弓，習慣性地隨手摸箭，意欲射辛毗落馬，但摸來摸去箭囊中空空如也，這才想最後一批箭也已射光了。便隨手撿起一塊石頭使勁砸去，那石頭不過輕輕地畫了一道弧線便墜落到城下的屍堆中，離著辛毗還八丈遠呢！審配怒火兀自不消，扒著女牆破口大罵：「辛佐治，你這個厚顏無恥的小人！食袁氏之祿反而諂媚國賊，賣主求榮敗壞家邦，你這人面獸心的東西有何臉面見河北父老？我恨不得食爾之肉、寢爾之皮！」

辛毗隱約聽到了他的喊話，趕緊策馬湊前幾步仰首喊道：「正南兄別來無恙啊？連日守城辛苦您啦，恐怕城內什麼吃的都沒有了吧！小弟有幾句良言奉勸審兄。」

「呸！」審配又罵道：「休要廢話！你這賣主求榮的齷齪之徒，花言巧語還能騙誰？」

賣主也非辛毗本意，但事已至此恰如黃泥巴抹在褲襠上，不是屎也是屎了。辯解毫無益處，他只得厚著臉皮勸道：「審兄道我是賣主求榮之徒……也罷！小弟暫且承認，我是出賣了大公子，但袁氏兄弟昏聵暴戾，此等無道之主保他作甚？識時務者為俊傑，曹公乃奉王命征討，降之未為不義！」

「一派胡言。」審配冷笑，「曹賊乃挾天子以令諸侯的僭逆之人。攻城奪地所為一己私利，此等冠冕堂皇之言豈能欺瞞世人！你當天下之民都是傻子嗎？」

辛毗見他固執不聽，索性又看著城上的士兵喊道：「城中的百姓和將士苦若倒懸，審兄難道就狠心叫他們活活餓死嗎？誰沒有父母，誰沒有妻兒，難道就不為他們考慮了嗎？」說著他扔掉白旗拱手一揖，「小弟願替鄴城百姓請命，願審兄以蒼生為念開城投降！」

這席話正觸到守城兵士的心思，眾人無不淒然，有兩個眼窩淺的當場落淚。審配見此情景不禁恐懼——想要玉石俱焚為袁氏殉節看來並不容易。弓箭已射光了，滾木檑石也沒了，現在守城用的是自民房拆下的磚瓦和兵卒的屍體。曹軍只要再猛攻幾日，這座城池肯定失陷，但人家偏偏不攻了，根本不屑於耗費軍力，只需用飢餓和恐懼做武器就足夠了。絕望感就像可怕的傷寒，一旦萌生就會迅速蔓延開，當初信誓旦旦保衛袁氏的將士都被傳染了，每天都有人墜城投降，而辛毗、董昭、許攸等還在想方設法招降納叛。怎麼辦？究竟該怎麼辦？

審配咬了咬牙，猛然斷喝道：「住口！少在那假仁假義，你豈是為鄴城百姓請命？你為的是你家的親眷，乃是一己私心！」他甩臉呵斥軍兵，「來人吶！把辛氏滿門給我押到城上來！」

辛毗聞聽此言顏色陡變：「你、你要幹什麼？」

「幹什麼？嘿嘿嘿……」審配笑得猙獰，「我要您好好體會背信棄義賣主求榮是何種下場！」

辛毗被他那笑容嚇得毛骨悚然：「你、你若敢動他們一根毫毛，城破之日我饒不了你！」

「哈哈哈……」審配仰天大笑，「我根本就沒打算活著！」

他們這一吵一鬧驚動了曹營，不少兵士圍攏過來。但見片刻工夫城樓上站滿了人，老少男女都身披枷鎖哭哭啼啼。審配賣狂道：「辛佐治，我恭喜你，你那結髮之妻已餓死獄中了！」

辛毗聞聽這刺心之語一陣感傷，十幾年來夫妻恩愛，想不到她到死都未能見上最後一面。還未緩過神來，又見審配抓過一中年婦人按到女牆之上——乃是他兄長辛評之妻。那婦人早就嚇得涕淚橫流，伏在牆頭瞅著兄弟嗚嗚地哭。

「嫂夫人！」辛毗喊得聲嘶力竭青筋暴起，「審正南，你這瘋子意欲何為！」

「我意欲何為？哈哈哈……」審配二目流露凶殘之光，朝身邊的士卒輕輕揮了下手——但見寒光一閃鮮血狂噴，那婦人的頭顱已墜落城下。

「嫂夫人……」辛毗恨得連拍馬鞍，又見城上士兵推搡過來一位老人，「叔父大人！審配你快住……」話未喊完那顆白髮蒼蒼的腦袋已經掉下來了。

「啊……」辛毗大叫一聲墜落馬下，狼狽爬到城邊，抱住那血淋淋的人頭放聲痛哭，「叔父啊……我要為你報仇……」

審配兀自狂笑：「你要尋我報仇嗎？糊塗啊糊塗，若不是你出賣河北之地，豈會害他們身首異處？」他原本是想借殺人立威防止士卒投降，但此刻卻被一種強烈的洩恨感所糾結，行事越來越扭曲。城上眾家眷見此情景都知大限將至，大人哭孩子鬧，有人要逃脫卻被死死摁住動彈不得。行凶的都是審配的私人部曲，不單城下曹兵瞧得撕心裂肺，連城上的守軍都被這殘忍的景象嚇住了，不少人扭過頭不敢再看。

審配劈手給身邊一個嚇哭的士兵一個大耳刮子：「睜開眼睛給我看清楚，背主投敵就是這等下場！接著給我殺！」虎狼之士毫不手軟，又抓過辛毗的愛妾，把腦袋往女牆垛口一架，二話不說就是一刀。

溫香軟玉的美人頭顱墜地，辛毗疼得肝腸寸斷，抱著滿是血汙的人頭哭得昏天黑地。正在悲傷之時又聽得一聲悶悶的碰撞聲，回頭來看——年僅四五歲的姪兒被活生生丟下城來，摔得骨斷筋折當場喪命。抬頭再看，審配又舉起他那剛剛兩歲的兒子，辛毗驚得魂飛魄散，再不敢咒罵，跪在地上連連磕頭：「你不要動我兒……饒了他！饒了他吧……我求求您，求求您啦！」

「我饒了他？你怎不饒了袁氏呢？哈哈哈……」審配把孩子往城下死命一扔，繼而仰天狂笑，那淒厲的聲音宛如號哭。

辛毗連滾帶爬撲過去，抱起墜落的孩兒來看，跌得肚破腸流早就一命嗚呼了。父子天性痛徹心扉，他哭得肝腸寸斷，仰天大呼：「審正南，你是個畜生！袁氏兄弟相爭與我辛氏一門何干吶……你也別張狂得意，你殺我妻兒老小，城破之日我也要殺你妻兒老小！」

「哈哈哈……嗚嗚嗚……」審配說不清是笑還是哭，「殺我妻兒老小？我兩個兒子在官渡時就被曹軍俘虜了，到底被坑殺在哪裡你去問曹賊吧！至於妻妾早被我殺光了，她們的肉都給士兵分食乾淨了！哈哈哈……嗚嗚嗚……接著殺！殺啊！」

顆顆人頭似下餃子般三三兩兩墜下城樓，辛毗抱了這個抱那個，濺得渾身是血，最後屍橫遍地，乾脆伏在地上哭得死去活來。為了解救親人背棄袁氏，想不到反害得全家人慘死。審配笑得前仰後合：「還想殺我妻兒，我早就家破人亡了……哈哈哈……」無論城上城下的將士，都是幾度出生入死，可誰也沒目睹過這樣的人倫慘劇，都低著腦袋捂著耳朵，不忍再看再聽。

轉眼間幾十口人命喪刀下，連辛氏的家奴都未能逃過一劫，最後只剩下辛毗十四歲的女兒，閨名喚作憲英。審配識得這丫頭，當初與辛家交往，還曾誇這孩子聰明呢！辛憲英眼看滿地都是汩汩流血的空腔子，也顧不上難過了，嚇得瑟瑟發抖。審配依舊不饒，一把將她抱起，舉過女牆想給辛毗看。卻見辛毗已哭得昏死過去，被幾個兵抬著回了大營。

審配似乎有些失落，倏然止住了笑聲，摸著憲英的臉頰柔聲道：「多好看的丫頭啊，惜乎趕上這世道，又生在辛氏門中。妳娘她們都死了，我也不想留妳在世上受罪，這就送妳去見她們吧！」說罷抽出佩劍要親手殺這女孩。

「住手！」一聲斷喝響徹敵樓，眾人抬眼觀瞧，只見一人踏著血跡登上城來。三十多歲，身高八尺開外，面似銀盆目若朗星，一部虬髯甚是瀟灑——來者是曾在袁紹麾下充任騎都尉的崔琰。

崔琰字季珪，乃是清河望族之後，早年也曾受業於經學泰斗鄭玄，與郗慮、國淵悉屬同門，被袁紹任命為騎都尉。袁紹死後二子爭位，袁譚、袁尚都千方百計想要拉他到自己身邊。崔琰左右為難索性辭官，哪知這對兄弟惹也惹不起、躲也躲不起，袁尚一氣之下將他打入囹圄，多虧陰夔、陳琳等再三求情得以脫難，現在雖居於鄴城，卻已是一介布衣。

審配慢慢放開孩子，面無表情地瞥了他一眼：「你來這兒做什麼？誰放你上來的？」他知崔琰是個義士，因此話語中並無嗔怪之意。

崔琰從腰間掏出一枚令牌晃了晃：「我奉夫人之令而來，命你赦免辛氏兄弟家眷！」袁紹之妻、袁尚之母劉氏也被困城中，聽說審配要殺辛家滿門嚇了一跳——若容他做出這樣的事，將來城破之日袁氏滿門還能活命嗎？趕緊派人請崔琰出來阻止。

審配見他為此而來，指著滿地死屍咯咯笑：「都在這兒……」

「唉！」崔琰一陣歎息，「瞧你幹的好事……快把他們收屍成殮。」

「哼！有沒有人給我收屍還不一定呢，我還給別人收屍？」審配啐了口痰。

崔琰見他一副玉石俱焚的架勢，忙端出教訓的口吻：「你聽著，主母叫我跟你談談……」

「還有什麼可談的？你回去告訴主母，我已決意與鄴城共存亡，定不負先主知遇之恩，其他無益之言不必再說。」審配已猜到那婦人有貪生之心，眼見救兵無望，八成是動了投降的念頭。

崔琰厲聲喝問：「審正南，你還不醒悟嗎？」

審配木然盯著城下的曹兵，過了良久才喃喃道：「我也知道事已至此無可挽回，但先主創業不易，征戰河北多年豈有半日輕閒？可如今……」他一度哽咽，又轉而擠出一絲淒涼的慘笑，「少主領兵救援，連影子都沒看到就叫曹操殺敗了。嘿嘿嘿……完嘍……可即便大勢已去，我也不願苟且偷生！」

哪知崔琰聽了非但沒被觸動，反而發出輕蔑的冷笑：「你若要殉節我絕不攔阻，但被你殘殺的辛氏族人何罪？城中百姓又有何罪？這半年來死人已經夠多了，你還要拉剩下的人陪你一同殉葬嗎？別忘了夫人和主公的家眷還在城裡呢，你希圖成就忠義之名，難道不怕累及婦孺受戮嗎？」

在審配看來這一切似乎都是理所應當的，只是淡淡地道：「昔日田橫為齊殉節，死者五百餘眾，無人譏他固執，反道他是一代烈士！為妻者盡節，為子者盡孝，這又有何話講？我殺辛氏滿門就是殺他個不忠不孝！」「好一個為妻者盡節，為子者盡孝！」崔琰越發冷笑，「先主過世未及周年，袁譚、袁尚兄弟就反目成仇同室操戈。袁譚不但叛國投敵，還在居喪期內與曹操結成姻親；袁尚苦苦逼迫其兄，可遇到曹操卻畏懼如鼠，大敵當前不能全力挽救父親遺留之城，又使生身之母身陷險境。你還指望他們做孝子嗎？你怎不殺他們個不忠不孝啊？」

審配一時語塞，沉默良久又道：「他們當不當孝子我不管，但我要做忠臣！」

「忠臣？我看你是沽名釣譽，要以死博取烈士之名！」

這句話正踩到審配痛處，他惡狠狠瞪了崔琰一眼，卻忍耐著沒有發作：「隨你怎麼說，我已決心要與鄴城共存亡，你一介布衣休要多事。來人吶！把這個妄論軍機之人給我轟下城去，若敢再來定斬不饒！」

「我有主母所賜大令，誰敢……」

崔琰話未說完，令牌就被審配一把奪過，隨手往城下一丟：「這裡我說的算，都是快死的人了，還聽什麼大令？轟下去！」

兩個親兵架住崔琰雙臂就往後推，他卻大呼道：「審配啊審配，你身負三條大罪，即便死了不過貽笑千古，成全不了忠臣之名！」

「且慢！」審配火往上撞，舉起劍來逼視崔琰，「叫他把話說完！這般大言不慚，我倒要聽聽我究竟身負何罪。已經殺了這麼多人，再多一個也無所謂。」

好個不怕死的崔琰，踏著死屍三步兩步走到審配面前，任那劍鋒對著自己胸口，指著審配的鼻子喝道：「袁氏四世三公蒙受國恩，先主舉兵為的是造福天下，解黎民倒懸之苦，你為全一己之名濫殺無辜，又置百姓生死於不顧，本末倒置談何忠臣？此乃一罪也。你不管主公家眷之難，行此險事招致滔天大禍，連累袁氏滿門都要隨你一併身死族滅，不能保全主公妻室談何忠臣？此乃二罪也！」

審配根本聽不進這些話，把牙咬得咯咯直響，將佩劍架到了崔琰脖子上，似乎待他說完就要結果他性命：「好啊，你還敢說這第三宗罪嗎？」

「我當然要說！」崔琰毫無懼色朗朗而言，「河北之所以有今日，你姓審的難辭其咎！敗壞家邦有你之罪，有何臉面自詡忠臣？」

「信口雌黃！」審配揪住崔琰衣領，「我赤膽忠心報效兩代主公，何談敗壞河北基業！」

「你好大忘性！」崔琰一把推開他手，「若非你與郭圖各擁一主自相殘殺，河北豈會落到這步田地？主公要你輔保袁尚休養生息，可沒叫你挑撥是非排除異己！你覺得那些投降之人猥瑣不堪，可你又比他們強多少？國破家亡已在眼前，還不知錯嗎！將來你若與先主重逢九泉之下，有何臉面見他！」

「噹！」審配一陣悚然，寶劍應聲落地。他倒退兩步倚到牆上，瞪著一雙驚恐的眼睛，不停地搖腦袋：「不對……不對……我是為了河北安定才這麼做的，我還寫了一封信給袁譚，勸他趕緊罷手兄弟和好，千叮嚀萬囑咐要李孚親手交給他……」

崔琰不容他狡辯：「大錯已然鑄成，禍到臨頭才知補救，晚矣！廢長立幼國之大忌，當年你就不該鼓動先主為非。你身負大罪根本就死不足惜，希冀忠義之名倒也可憫，卻叫無辜之人陪你一同受難，這豈不是錯上加錯？」

審配沉沉地低下了頭，似有後悔之意，但他生性執拗，隨即又咬牙切齒道：「罷罷罷！忠義之臣也好，死不足惜也罷，錯一步是錯，滿盤皆輸也是錯，木已成舟悔又何用？士兵聽令，給我準備柴草積城內緊要之處，倘若曹軍攻入馬上放火，絕不能給曹賊留下片瓦！」崔琰對人的態度夠強硬了，審配不僅硬而且狠。

「諾！」那幫死士爪牙領命而去。

崔琰左遮右攔也阻擋不住，急得破口大罵：「明知是錯死不悔改，真乃獨夫民賊所為！」

「獨夫民賊我也認了，反正我要與曹賊周旋到底！」說罷審配拾起佩劍，又恢復了一臉凶相，攬住辛毗英脖子就要殺。這時忽聞城外一陣騷動，放眼望下去，見曹軍熙熙攘攘自營寨奔出，無數旌旗齊往東面湧去，「怎麼回事！城東怎麼了？是幽州救兵嗎？主公帶兵殺回來啦！」他竟由此萌生出不可能的期待。

袁尚潰不成軍怎麼可能回來？有兵卒慌裡慌張跑上城樓：「大事不好，東門戍卒打開城門放曹軍進來啦！」

審配腦子裡嗡的一下子——完啦！

正錯愕間覺左手一疼，辛憲英狠咬他一口，掙開手臂便逃。城上士兵猝聞大變，脫戰袍的脫戰袍，扔武器的扔武器，一哄而散各自逃生。

崔琰不知是該哭還是該笑，喃喃道：「打仗打仗，年年打月月打天天打，打到最後連為什麼而打都忘了！是生是死正南兄自便，我得回幕府去，以後就要靠他曹孟德庇護河北百姓了。咱們各行其是，各自珍重吧……」他向審配深深一揖，腳步蹣跚而去。

「終於完了……」審配愣了片刻，竟漸漸感到解脫的輕鬆，不慌不忙向左右道：「可有忠義之士願隨我一同殉節？」

主公都逃得沒影了，眾將士不過懾於審配之威不敢跑，現在曹軍都進來了，大夥也算趁機解脫，都去顧老婆孩子了，哪還有心思管他？士卒四散而盡，只剩下幾十個審氏的部曲，有一員家將喊道：「兄弟闒牆豬狗不如，我才不管袁家的事呢！但我們這些門客吃審家的、喝審家的，審家對我等有高天厚地之恩。大人既願為袁氏殉節，我等也願為您而死！」

「好！」審配提了口氣抖擻精神，「爾等隨我盡忠！」眾門客各持兵刃悲涼吶喊，衝下敵樓逆著逃跑的人流殺入曹軍陣中……

審配死節

建安九年八月二日，河北重鎮鄴城陷落，圍城戰歷時六個多月，曠日持久傷亡甚重，累及喪命的無辜百姓更是難計其數。

東門校尉審榮迫於形勢開門投降，于禁、樂進等部率先衝入城中。在袁尚落敗之後又拖延了一個月之久，鄴城的守軍早沒了抵抗之心，只有審配一黨拚命搏殺，最後幾乎盡數被曹軍殺死。不過他們有的是因為感念先主袁紹而戰，有的是為審配盡忠而亡，究竟有沒有人為袁譚、袁尚兄弟殉葬，恐怕沒人能說清楚。

短短一個時辰之後，曹軍已占領鄴城各處衝要，剩餘河北軍盡數投降。為防止生變，所有俘虜一律押解出城。這些兵都已繳械，雙手被繩索捆綁著，幾十個人拴成一串，被曹兵像牽牲口一樣牽出來，經過這半年多的抵抗，所有人都已骨瘦如柴神情萎靡，腳步踉踉蹌蹌，就像一具具行屍。

曹操早就出了大營來到城下，望著俘虜隊伍還有落入自己手中的堅城，漸漸壓抑不住心頭的狂喜，回首對眾謀士誇耀道：「老夫舉兵以來戰無不勝，深以為忌者唯河北兵多勢眾，如今總算是除了這心腹之患，自此之後天下再無強敵也！」

「主公神威，天下無敵！」眾人齊聲附和。

「哈哈哈哈……哈哈哈哈……」曹操張開雙臂仰天狂笑，那聲音在空曠的門洞中迴蕩著。

荀攸心頭一悸——公然自詡戰無不勝，難道忘了兗州之亂、宛城之失？

許攸卻在一旁搖頭晃腦道：「阿瞞兄！若非老弟我獻出漳河圍城之計，焉能攻下鄴城？當初官渡之戰通風報信的是我，如今攻打鄴城立下首功的還是我，我這老朋友夠義氣吧？」他大吹大擂自己的功勞，旁人聽了不禁嗤之以鼻。

曹操這會兒高興，全沒放在心上：「不錯不錯，子遠功勞卓著。」

許攸毫不客氣：「我立下這般功勞，阿瞞兄還不賞我？昔日我在河北本有產業，乃被豪強侵奪，別的賞賜老弟也不敢奢望，請阿瞞兄多分我一些田地，老弟也學學那審正南，做一方的大財主也好啊！」

曹操的笑容慢慢收斂了：「許子遠，你真是不長進，半輩子的老毛病就是改不了。你在許都縱容家僕強占民田以為我不知嗎？若要治你的罪，十次都治了！」

許攸本想撈個實惠，不想沒吃到羊肉還惹了一身騷，瞧他變臉只得諾諾而退。曹操見許攸老實了，也不好一點兒情面不顧，「說你幾句記在心裡就行，有功我還是要賞的。等鄴城的事情處理完，少不了你的好處。」

「多謝阿瞞兄！」許攸聞聽有錢又高興了。

「嗯？你叫我什麼？」

許攸私下裡說話愛稱呼他的小名，但當著眾人就不該這麼叫了。方才他正在興頭上，許攸叫了兩聲全沒當回事兒，現在又追究起來，嚇得趕緊改口：「多謝主公……」

「這還差不多。」曹操又看了看樓圭，「子伯隨軍有功也該升賞，即日起自別部司馬晉升為校尉。」

「謝主公。」有許攸的教訓，樓圭可叫不錯了。想他當了這兩年的別部司馬，手底下半個兵都沒有，現在升為校尉了，應該可以帶兵了吧？他想開口，卻見曹操早把臉別過去了。

說話間但見劉勳帶著幾個親兵，正鞭笞摔倒在地的河北士卒。原來俘虜中有一些是常年隨軍的老兵，見曹軍如此押解嚇得三魂不見七魄——早聽說官渡之戰時曹操就是這麼押解俘虜的，結果一夜之間坑殺七萬多人。想至此嚇得腿肚子直打顫，越走越害怕一個趔趄摔倒在地。大夥的手都被繩子連著呢，有一個摔倒全都倒，又累又餓，越想越怕，倒下了就爬不起來。劉勳正押著隊伍，以為他們是故意搗亂，掄起鞭子便打。

荀攸見狀不禁皺眉，趕緊向曹操諫言：「昔日主公曾坑殺士卒，故而河北軍民有畏懼之心。如今已得冀州當寬厚待民以收人望，萬萬不可再行當年之事。」

董昭也湊上一步，別有用心道：「軍師所言極是，鄴城絕非一般城池，主公的人望最重要啊！」

曹操知道董昭指什麼，忙傳下將令，不准打罵河北降卒，禁止進城士兵搶劫民財，袁氏家眷及一應官員都要予以保護，如有冒犯者就地正法。傳完令他還想親自上城在百姓面前露露臉，卻被眾謀士攔下了，理由是剛剛奪城若有人暗藏行刺可就麻煩了。正在這時又聽得一陣刺耳的喝罵聲，曹洪帶著一隊兵把五花大綁的審配推出城來。

審配的兵死傷殆盡，可他本人卻沒有死。他本想為袁氏英勇殉節，但是家兵護主心切把他藏到了枯井裡，想叫他逃過曹軍搜查，再設法逃出鄴城繼續追隨袁尚，可惜還是被發現了——坐守孤城抗拒半載，豈能這麼容易叫他死了？兵丁把審配捆得結結實實，用繩子牽著拉出城。

這傢伙到了此刻依舊戾氣不減，上身被捆得動彈不得，下面還拖著一條傷腿，可還是罵不絕口：「爾等休要猖狂，我河北之主還未死呢，他會回來找你們算帳的！生有何歡死有何懼，是好漢就給我來個痛快的……」

許攸一見昔日的冤家對頭淪落至此，心中大快，策馬迎上前挖苦道：「喲喲喲，這不是咱們河北的大軍師嗎？方才還在城上賣狂殺人呢，這會兒怎麼就捆得跟粽子似的？」

審配想啐他一口，卻被兵丁押著怎麼也抬不起頭來，只得反唇相譏：「原來是貪財害民、賣主投敵、仗勢欺人的許子遠啊！你還有臉回到鄴城來，不怕遭人唾罵嗎？」

「你這瘋子愛說什麼就說什麼，反正我現在是高官得做，你不過是階下囚徒。」

審配斜了許攸一眼：「我乃河北忠臣，你是賣主小人。我雖死在眼前，又豈會羨慕你這搖尾乞憐之輩？看在昔日同為袁氏效力的面子上，我還想勸你一句呢！」

「我不勸你也就罷了，你這死囚還要勸我？」

「當然要勸。」審配一陣冷笑，「我勸你這不義小人快扒了這身當官的皮找個山林避禍去，免得損陰喪德不得善終！」

「你……」許攸被罵得氣上心頭，掄起馬鞭要打。哪知又來了個火更大的，斜刺裡飛來一騎直奔審配，到近前連轡繩都沒勒，自馬上縱身一躍，順勢一腳將審配蹬翻在地，掄起馬鞭照面門就抽——正是辛毗辛佐治。

辛毗聞知守軍獻城，不顧軍令飛馬馳入，上得城樓但見死屍滿地，除了女兒辛憲英，滿門數十口盡皆被害。父女抱頭痛哭一場，之後便瘋了般瞪著眼睛尋找審配。仇人見面分外眼紅，辛毗狠掄皮鞭邊打邊罵：「千刀萬剮的老殺才，你的死期到啦！」幾鞭子下去，抽得審配頭破血流，順著眼角往下淌血。曹洪嚇壞了，忙招呼親兵拉胳膊奪鞭子，抱住辛毗又是勸又是哄。

如此深仇大恨豈是勸得住的？辛毗已被士兵攔腰抱住，兀自跺腳喝罵：「你這畜生，今天我非殺你不可！」

「嘿嘿……」審配被痛打一頓，躺在地上滿臉是血，依舊冷笑，「你這狗賊，冀州之敗全因你們這幫不忠不義的東西，你想要殺我，我還恨不得殺你呢！」

「我要殺了你！」辛毗面目猙獰兩眼冒火。

審配雙臂被縛想站都站不起來，斜眼瞪著辛毗：「你這逐臭之夫如今跟了曹賊，豈有擅自生殺之權？我之生死還輪不到你做主。嘿嘿嘿……」他邊說邊陰陰地笑，故意氣辛毗。

大仇人近在咫尺，辛毗卻不能置其於死地，他恨得咬牙切齒。曹洪勸道：「先生不必氣惱，且叫這廝苟延片刻，待見了主公自有處置。」說罷回手揪住審配髮髻，生把他從地上提了起來。

曹操早就帶著眾謀士過來了，上下打量著這個被綁之人。他只知審配是先朝太尉陳球[1]的門生，又是河北出了名的豪強，不想卻是如此執拗剛烈之士。這會兒見他披頭散髮血肉模糊，昂頭撇嘴不

---

① 陳球，漢桓帝、靈帝兩朝名臣，也是陳珪的從父、陳登的叔祖。在文獻記載中，陳球碑文有審配作為門生的署名。

服不忿，倒也佩服其膽量：「你就是審正南？」

審配猜到眼前這個子不高的老將就是曹操，把頭一撇故意不理。「跪下！」左右兵士叫道。審配兀自不跪，辛毗正在他身後，趁這空子竄出人群照他後背又是狠狠一鞭——這回不但跪下，而且趴下了。許褚見狀，一把奪過皮鞭：「主公有發落，不准私自動武！」

曹操歎了口氣道：「給他鬆綁。」

「主公……」辛毗看出曹操竟有留他活命之意。

「佐治不必悲痛。」曹操擺了擺手，「你的家眷乃為國事而死，我賜錢帛將他們厚葬，還要奏明朝廷表彰你辛氏功績。」人都死了，再怎麼厚葬、表彰又有何用？辛毗不禁掩面而泣。

士兵給審配鬆了綁，他哆哆嗦嗦爬起身來——倒不是因為害怕，而是傷痛。他竭力想擺出一副大義凜然的樣子，卻因為傷疼直不起身子，傷腿也在劇烈顫抖，只好把脖子梗起來以示不屈。遠遠看去他那前挺後撅的姿勢甚至有些滑稽。

曹操心腸夠硬的，可眼見此人這副模樣還是觸目驚心，心下暗暗盤算——雖說審配做事偏執，但能在內無糧草外無救兵的情勢下堅守孤城半年之久，何其剛烈；城破之時不少人甘願為其死節，又足見他威望之高。昔日袁紹至河北，禮聘的首任軍師是盧植。審配既能步盧植的後塵，豈是尋常之輩？若能將其收於帳下，即便只當個擺設也可坐收河北民心啊！想至此曹操微微冷笑道：「你可知獻城之人是誰？」

「呸！」審配吐了一口血唾沫，「乞活之輩不知也罷。」

「獻城的是東門校尉審榮，他是你姪子吧？」

想不到自己拚死拚活這半年，就為了當個無愧於心的忠臣，最後開門的竟還是自家人。審配又痛又恨：「小姪不爭氣，才弄到這個地步！」

「那日我窺探前敵動靜，你放的箭可真多啊！」因一旁有辛毗，曹操不便直接開口留活命，他若能說一句「幸而未傷及明公」之類的軟話，後面的事也就順理成章了。

哪知審配卻怒吼道：「我還恨箭少，沒射死你這奸賊呢！」眾將見他還敢頂撞，舉鞭又要打。「慢！」曹操抬手攔住，死死盯著他的眼睛，「你放箭是因為你效忠袁氏，所以不得不與老夫為敵，對嗎？」言下之意——你若不是保袁氏，保我曹某人也一樣忠誠。

審配聞聽此言心頭猶如刀絞——此賊真乃知己！我審配此生一錯再錯啊！當初輔保袁紹或許已錯，自恃威望慫恿人家廢長立幼又錯，為袁尚出謀劃策致使兄弟反目更是錯，困守孤城連累無數百姓喪命是錯上加錯。倘若我保的是他曹孟德，豈有今日之辱……審配的眼瞼慢慢垂下了，可就是一剎那，他又忽然睜大了眼睛——不對，自古忠臣不事二主，好馬不配雙鞍。我審正南仰慕的是忠義烈士，豫讓擊衣刺趙襄，田橫自刎殉齊國，他們難道就保對了主子嗎？自古成王敗寇，以錯就錯不過一死，低頭乞活不是我姓審的所為。

曹操初始見他似有動容，可轉眼間又擺出那副凜然的架勢，不禁皺起眉頭，心知這是個直脾氣的人，索性把話挑明：「你降是不降？」

審配咬牙切齒地說：「生為袁氏臣，死為袁氏鬼，不降不降！」

一句話落定，辛毗撲倒在地連連叩首：「在下懇求主公，念在下有領路破敵之功，速將此賊處決，以慰我辛氏數十口亡魂……嗚嗚嗚……」話說一半已是淚流滿面哽咽難言。

自關羽走後曹操已有教訓，能為己用不計前嫌，若不為己用寧可殺了也不能叫他為別人效力。況且辛毗也是河北降臣，若因審配而不為辛氏報仇，更會讓手下寒心。想至此曹操瞇起了眼睛，痛下決心道：「老夫成全你做個忠臣，也為辛氏報仇雪恨！殺！」

「哈哈哈……」審配一陣狂笑，「謝謝你這虛偽奸賊，來世投胎姓審的還來找你！哈哈哈……」

他的聲音如此猙獰扭曲，雖已是將死之囚，卻擾得人心緒不寧。眾兵士一哄而上，押著他到城門下開刀。

曹操轉身攙起辛毗：「佐治切莫悲傷，待來日破了袁譚，再叫你兄弟團圓。我命你為監斬官，你去親自下令取仇人性命吧！」說著掏出支令箭塞到他手裡。

「謝主公……」辛毗這句謝謝，透著無盡的辛酸、幽怨還有無奈。

「放開我！」審配又掙扎著大吼起來，他手被士兵掐著動不了，就蹬著雙腿死活不肯走，「曹孟德！曹孟德！老子叫你呢！」

「住口！老實點兒！」眾士兵死勁撕擄著。

曹操真有些怵這個偏執狂了，聽他撕心裂肺的喊叫感覺如芒在背，索性親自搭話：「還有什麼可說的？」

審配氣勢洶洶道：「我生是袁氏臣，死是袁氏鬼！我主如今身在北方幽州，我死也要面朝北方！」

天下斬刑都是面南背北的，但審配到死都要面朝北方對著袁尚的方向，這不僅是表現自己是忠臣，也是對投降苟活之人的鞭笞。曹操暗暗嗟歎——燕趙之地義士如此之多，袁紹焉能不興？有此義士而不知珍惜，袁尚焉能不亡？他揚了揚手：「就准你面北而死。」

審配終於如願以償了，再不說一句話，直挺挺面北而跪。刀斧手高高舉起大刀。曹操實不忍看下去了，乾脆轉過頭去。

令箭不落審配命在，令箭落地一命嗚呼，而手舉令箭的辛毗卻突然顫抖起來——剛才還慷慨激昂的審配面對死亡閉著眼睛如此平靜，他一家性命之喪難道就完全怪這個狂人嗎？但若不怪他，又該怪誰？是怪自己，是怪致使他全家被擒的袁譚，還是怪攻打鄴城的曹操？究竟誰才是這場悲劇的責任者，或許誰都不是，要怪就怪這令人癲狂的世道吧！辛毗不敢再想，兩眼一閉把令箭使勁往地上一摔，繼而仰天慟哭……

「用刑已畢。」郭嘉湊到曹操耳邊低語了一聲。

曹操還是沒有回頭：「好生埋葬吧！」直過了好一陣子，估摸著士兵已經把屍體拖走了，他才慢慢轉過頭來。審配的滿腔熱血染紅了城門前的大道，這也是曹操拿下鄴城的最後一次殺戮。從今以後這個擁有「代漢者，當塗高」的神祕預言，承載著張角、袁紹遺恨的城池又迎來了新主人。

這時于禁、張遼二將縱馬自城裡奔出，近前施禮：「城內已搜查完畢，請主公進城！」

「好。」曹操深吸一口氣平復了心情，「諸位與老夫一同進城，先往幕府看看。袁氏家眷保護得還好吧？」

于禁有些尷尬，強笑道：「已經有人進了袁府。」

「什麼！」曹操生氣了，「老夫已傳下軍令，不准攪擾袁氏家眷，誰這麼無法無天？把他抓起來就地正法！」

于禁與張遼對視了一眼，兩個廝殺漢一反常態，以低得不能再低的聲音咕噥道：「是、是幾位公子……」

該明白時明白，該糊塗時糊塗。曹操的子姪違反軍令，眾謀士扭臉的扭臉、低頭的低頭、聊天的聊天，都假裝沒聽見。

第十三章

曹丕抱得美人歸，曹操赦免袁氏舊僚

甄氏夫人

鄴城大將軍府已是滿目狼藉，曹軍一進城就先直奔這裡，莫說現在袁家沒個主事的男人，有也不頂用了。誰不知道曹操屠戮徐州五城、坑殺七萬士卒之事？前堂的掾屬、令史都慌了手腳，躲的躲逃的逃；還有些因城內缺糧食，連逃都逃不動了，乾脆坐下等死。還真有些忠實的袁氏家兵，吵吵嚷嚷上閣樓放箭，還有的爬上屋頂揭瓦往下打，希圖憑此高牆大院最後一戰，最後都被曹軍射成了刺蝟。

後宅比前堂還熱鬧，大難臨頭誰還顧得上誰？各處的僕僮、傭人都跑了，空著手跑的就算厚道，還有人趁火打劫渾水摸魚——反正袁氏兄弟都不在，什麼金銀財寶琅瑤琮璧，抓一把再溜。丫鬟僕婦都驚了，抱著腦袋滿院亂竄。劉氏夫人也彈壓不住了，只能與諸女眷抱在一起放聲痛哭——聽天由命吧！

不多時曹兵就攻進了府門，霎時間各處廊廡堂閣盡數搶占，吵得沸反盈天。可說來也怪，那些士卒喊歸喊鬧歸鬧，衝過複道到後院廊簷下就不動了，只把後院困了個嚴嚴實實，呼喊聲也漸漸平息了——曹操有軍令，不准侵擾袁氏家眷。

劉氏畢竟是將軍夫人，早年袁紹怎麼攻城奪地多少也知道一些，眼見曹軍封住後宅，院外的槍戟若隱若現，遠處閣樓上的曹兵伸著脖子往這邊望；心裡已涼了一半——若被獲遭擒絕沒有好結果。曹操打的是奉天子討不臣的旗號，八成要明正典刑以彰國法，年紀大的來個一刀之苦倒也乾脆，年輕再有幾分姿容的被抓去配與披甲之士，後面的日子連想都不敢想。現在早沒什麼主僕之別了，丫鬟、僕婦、歌伎也都湊到後堂，哭哭啼啼商量對策。

也不知過了多久，忽聞遠處一陣說笑聲越來越近，眾女眷拭去淚水，隔著窗欞向外張望，自院外溜溜達達來了一群人，都身穿軟甲、頭戴武弁、腰掛佩劍，眾星捧月般簇擁著一位年輕將官——此人身高七尺，也是軟甲皮鞭，卻披著件猩紅的大氅；面如冠玉，齒白唇紅，一對濃眉斜插入鬢，一雙鷹眼炯炯有神，元寶耳、鷹勾鼻，頷下有些毛茸茸的鬍鬚，兩鬢的汗毛倒很濃重，都朝上打著捲。諸女眷還不知道，這位瀟灑的青年正是曹操之子曹丕曹子桓。

曹丕今天可算大長見識，進了鄴城真有眼花撩亂之感。他雖久居許都，自以為天子腳下首善之地，可一比才知道，人家袁氏的鄴城比許都闊綽多了。雖然打仗毀了不少房舍，但那寬敞開闊的街道、鱗次櫛比的府邸，只要稍微翻修，這就是當今天下最繁華的地方。他與曹真、曹休並轡而行，又有段昭、任福、呂昭等左右護衛，進了城門順著南北大道一直走，不知不覺就到了大將軍府，舉目一看——好貴氣的一座府邸，東西寬闊門樓高聳，比自家的司空府大好幾倍，簡直就是一座小宮殿。三位公子哥商商量量就要進去，若別人駐守還得費些事，正趕上王忠帶著朱鑠守門，哪還能攔著？

到裡面一看更歡喜了：連閣雄偉飛簷翼然，瓦當飾紋斗拱雕獸，錦繡華堂全都是椒泥塗牆，門庭左右栽有常青之木，院中的香鼎銅獸光亮閃閃，影壁上畫的是袁氏歷代祖先名臣，就連井臺都是一色青磚砌成的。朱鑠這幾年頗得王忠另眼相看，年紀輕輕就晉升為君侯，親自領路帶著幾位公子哥瞎轉悠。曹家子姪往裡走，當兵的哪敢攔？所有院門、閣門、堂門任意通行，糊裡糊塗就進了袁氏後宅。

諸女眷一見來了人，現在保命最重要，真有幾個忠心耿耿的婆子、僕婦自告奮勇，衝到近前一跪，抱著這幫人的腳脖子就哭：「諸位好心的將軍開恩，饒了我家主人吧！」磕頭磕得山響。

曹丕格外詫異，他們幾個雖在虎豹騎中，卻算不上將官，怎麼這幫女人都叫自己將軍呢？他年紀輕輕，又不諳民情，殊不知離亂之民看見當兵的都叫將軍。

段昭、任福是公子的護衛，雖說眼前的都是女流之輩，可還是絲毫不敢怠慢。他們趕緊腳下用勁，嘴裡喊著：「閃開！再敢過來把妳們宰了！」那幫婆娘被踢得四仰八叉，再不敢上前，只是跪在地上哭。

曹休最先瞧明白了：「我看咱是誤打誤撞，進了後宅吧？」

呂昭乃曹氏家僮出身，最知曉曹操脾氣：「還是趕緊走吧！主公有令不可犯內眷，咱逛了大半日了，趁著他老人家沒到快出去。」

朱鑠卻道：「虎毒不食子，曹公軍法雖嚴，又怎會怪到公子頭上，咱們只管逛咱的，有什麼禍我扛著！」

呂昭白了這小子一眼——小小一個軍侯，你扛得住嗎？

曹丕自出兵以來，編寫軍歌、禮遇華佗都得了父親的認可，現在不免有點兒飄飄然了，笑呵呵道：「我父與袁紹本是故人，分道揚鑣也是世事使然，我身為晚輩見面又有何不妥？父親若問起，我自能解釋，也用不著你們哪個承擔。」說完背著手往前走。曹真、曹休怕犯軍令可又好奇，磨磨蹭蹭半天，倒也亦步亦趨地跟著。

朱鑠眼睛不大，眼神卻很尖，瞧地上有一支小巧的鑲寶玉如意，趕緊拾起來舉到曹丕眼前：「這是樣好東西，公子快收著。」

「哪來的？」

「樹倒猢猻散，誰知哪個兔崽子偷出來掉地上了。咱撿著就是咱的！」朱鑠說完就往曹丕懷裡塞，低頭又撿起一塊無瑕玉珮，卻揣進自己懷裡了，又驅開那幫婆娘不住四下張望。

呂昭一見可嚇壞了——若是曹操肯下令，殺人放火挖墳掘墓他都敢幹。可現在沒將令，私自夾帶叫人搜出來可不得了！趕緊呵斥：「小子！財貨入公再行賞賜，你這可是偷大夥的！」

「嚷什麼？」朱鑠一瞪眼，「有本事你也拿呀！袁家今天就完了，這都是滅門產，不拿白不拿！」那些跪著的女人原本已不哭了，聽他道出「滅門」二字，又嗚咽起來。

曹丕瞧他這副貪婪嘴臉，笑罵道：「不成器的東西，這點兒黃白珠玉之物就把你美壞了。」

朱鑠聞聽此言靈機一動，扔下手裡的東西諂笑道：「公子對這些東西當然看不上眼，可還有更好的東西您可就沒見過了。」

「哦？什麼好東西，帶我去瞧瞧。」

「好啊！」朱鑠回頭揪起一個僕婦，「帶我們去見妳家夫人！」

那婆娘嚇得都直不開腿了：「就、就在……堂上……」

「哼！」朱鑠一把將僕婦推倒在地，又回頭換了張笑臉，「公子，跟我來，咱看真正的寶貝去。」

眾人一聽都心慌了，段昭他們自不用說，曹真剛娶的妻室，曹休出征前也訂下婚約，朱鑠說的什麼好東西早猜個八九不離十。唯曹丕年方十八，也不知是真不明白還是裝不明白，竟嘻嘻哈哈還跟著往裡走呢。曹真一把拉住想往回拽，他卻掙道：「子丹不必擔心，看看便走。」

朱鑠狐假虎威已進了後堂，眾女眷一見嚇得尖叫不已，他拔出劍往門框上一戳叫道：「別鬧了！誰再敢出聲，老子剁了她！」那些女人過慣了深居簡出，養尊處優的日子，哪見過這等狂徒？

只嚇得捂著嘴不敢哭出聲，有眼淚也得往肚裡吞。

曹丕搖頭晃腦上了堂，抬眼觀瞧——但見堂上擺設精美，家私華貴，連幔帳鈎子都是銅的，几案上擺著楠木瑤琴、翡翠投壺，香鼎不知燒的什麼蘭蕙瑤草，撲鼻的清香。可再往下看就太慘了——十幾個女人哆哆嗦嗦癱在地上，披頭散髮釵裙凌亂，有的弄得滿面烏黑，也分不清主僕，而幔帳底下、屏風後面還藏著幾個，也是嚇得抱著腦袋不敢抬頭。

段昭、任福、呂昭哪敢隨便往裡進，拉出軍刃在外面候著，巴望這位大公子快出來，怎知曹丕早有算計。十七、八歲的大公子，又常年沒有父親管著，整天跟劉楨那樣的風流文人廝混，豈能不通男女之事？府裡的侍女丫鬟已然偷了不少，現下就是想看看堂堂袁府私藏了哪些絕色佳人。他本想找幾個中意的帶回去充侍女，但這會兒見了這般女人的慘相不免大失所望。

朱鑠自從軍以來就跟著王忠，那王忠當年在關中殺人搶劫吃人肉，什麼惡事不通？朱鑠也算近朱者赤，湊到曹丕耳畔低語道：「好東西都得洗乾淨看。」

曹丕笑而不語，只是點頭。

朱鑠似得了聖詔一樣威風，扯著嗓門道：「妳們這些賤婢蓬頭垢面也忒無禮，都把臉給我洗乾淨！我們這位公子乃是當今司空曹公之子，你們開罪得起嗎？」

劉氏就坐在這堆女人中間，聽說洗臉，心頭一顫，她半老徐娘自然不怕，可那些兒媳、丫鬟怕被搶去凌辱，故意把臉弄髒的呢？等知道此乃曹操之子，又萌生一絲希望。現在哪還管什麼身分、輩分，她連爬幾步跪到曹丕面前：「公子恕罪，我乃袁大將軍未亡婦劉氏……」

「去去去！」朱鑠一腳把她踢開，「現在哪還有什麼大將軍？快叫她們去洗臉！」這位大將軍夫人幾時挨過打？今天竟叫一個無賴踢了，虎落平陽遭犬欺，左右丫鬟趕緊攙扶。

曹丕也沒斥責朱鑠，只是淡淡地道了句：「妳們不必害怕，只要肯聽話，自不會難為妳們。我父子乃是寬厚有德之人。」呂昭在後面一陣冷笑——真是養兒隨父，睜著眼睛說瞎話，進人府邸逼人女眷，談何寬厚有德？

那些丫鬟眼見禍不旋踵，哪敢再抗拒？趕忙到後面端了銅盆來，哆哆嗦嗦水灑了大半，往地上一放趕緊躲開。朱鑠手指眼前一個女子：「妳過來洗！」那女子豈敢過去，倒退著爬了幾步。「不識好歹！」朱鑠一猛子撲上去，扯住那女人頭髮按在盆中，嗆得那女人手刨腳蹬死命掙扎。「洗」了那麼幾下他又一把將女子拉起來，掐著下巴給曹丕看；見曹丕默然不語，回手就是一巴掌：「滾一邊去！那個穿紅的過來！」有了先前的例子，後面的再不敢抗拒，哭哭啼啼爬過來，撈著水在臉上擦。朱鑠罵了聲：「給老子快著點兒！」又抓住髮髻往下按……

曹真實在看不下去了，對曹丕耳語：「這小子太過分了吧？」

曹丕卻只輕描淡寫說了句：「你輕著點兒。」便繼續打量其他年輕女子。

劉氏瞧得肝膽俱裂，甚至懷疑自己置身噩夢之中——袁紹身死之日，她曾把五個與自己爭寵的侍妾斷髮毀容折磨致死。如今劉氏真想一頭撞死在堂上，可有個兒媳正撲在她懷裡緊緊抱著她的腰身，想動都動不了。

曹丕正一眼打見那個女子：「夫人懷中抱的何人？」進來這半日，他才算開口叫一聲「夫人」。

劉氏似有不忍，卻只能無可奈何道：「此乃吾兒袁熙之妻。」

「讓她抬起頭來給我看看。」曹丕話說得輕佻冷淡，彷彿支使的不是一位貴夫人，而是一個妓女。

劉氏滿腔屈辱地扳起兒媳的頭給曹丕看——只見一張年輕的瓜子臉，雖故意抹了不少灰，卻依舊難掩年輕俊秀。朱鑠見曹丕親自挑選，忙扔開手裡的丫鬟，上前扯過袁熙之妻，抓住髮髻就要往盆裡按。

「慢著！」曹丕一聲斷喝，上前抓住那女子手腕，端詳了片刻，「我自己來……水已經髒了，再去換一盆。」

朱鑠又衝著眾丫鬟嚷：「聽見沒有，快換一盆。」

「我叫你去！」曹丕瞪了他一眼，「把盆刷乾淨了，給我打一盆清水來。」

朱鑠耍了半天威風，這回挨了訓，卻連大氣都不敢出，拾起銅盆奔院裡井臺，刷了又刷洗了又洗，才端來滿滿一盆。有了先前的教訓他可就不敢往地上放了，親自舉到那女子面前。這位大公子挽起衣袖，親自捧著水為女子淨面。這位少夫人生平哪遇見過這等事？左躲右閃又羞又怕。曹丕幹這事還真有耐心，非但不惱，還饒有興趣輕輕柔柔地洗遍她臉上的每寸肌膚。獨忙壞了朱鑠，端著盆忽左忽右地跟著轉悠。

洗畢一時尋不到擦拭之物，這位大公子竟扯起自己的大氅為她拭乾。這時再看，無論堂內堂外的男兒盡皆驚歎——她面色晶瑩膚色如雪，小巧的鼻梁玲瓏有致，眉如墨染眼含秋水，唇若點櫻下巴微翹；雖秀髮凌亂，卻更添嫵媚；雖衣衫不整，卻勝似窈窕；雖飽受離亂之苦，卻難掩絕代芳華；當真是一朵未施粉黛便傲立群芳的出水芙蓉！

眾人瞠目結舌呆立半晌，忽聽院外又有腳步聲。朱鑠第一個反應過來：「公子，咱們……」

「滾一邊去！」曹丕哪還有心思理朱鑠，他的目光一刻不離那美人，左觀右觀越看越喜，親手為她捋了捋鬢髮；那美人要躲，卻被他抓住了肩膀，順著手臂往下摩挲，最後緊緊抓住她的小手。曹丕早已看痴了，口中默念：「有豔淑女在閨房，室邇人遐毒我腸。何緣交頸為鴛鴦，胡頡頏兮共翱翔！凰兮凰兮從我棲……」

這時一個厚重陰沉的聲音接到：「得托孳尾永為妃。」

曹丕覺著聲音耳熟，這才回過神兒來，回頭再看——曹操正怒目橫視站在堂口，後面荀攸、郭嘉及許褚、韓浩、史渙等中軍將校擠了一院子；呂昭、段昭、任福不知何時被上了綁繩，被幾個兵押在堂下，曹真、曹休正跪在地上磕頭請罪。至於剛才那位作威作福的朱軍侯，早就腳底抹油溜得沒影兒啦！

美人臉上一陣羞紅，趕緊掙開雙手，藏到劉氏身後。曹丕才覺害怕，也趕緊跪下：「孩兒參見父親。」

段昭瞥了他一眼，嘀咕道：「大公子啊，喊了半天『主公來了』您都不理我，您真行！」一句話說得大夥想笑不敢笑。

曹操惡狠狠瞪著兒子：「為父在城外忙軍務，你在這裡鳳求凰。你這個兒子當得好啊！」

「孩兒不孝！」

「你單單是不孝嗎？」

「孩兒有罪！」

「哼！」曹操愈加獰笑，「老夫傳下軍令，無論何人不得犯袁氏內眷。如今兒子犯了法，若不懲處難服三軍將士……來人哪！」

「諾。」堂下眾將官齊聲應承。

「把子桓、子丹、文烈三人上綁，拉出去各抽三十背花[①]！」曹操自牙縫裡擠出這句話。

「且慢！」郭嘉第一個跪下說情，「公子首次從戎為吏，不諳軍中之法，還請主公寬宥。」他起了這個頭別人趕緊隨聲附和，都是在曹家混飯吃的，以後低頭不見抬頭見，哪位好意思看公子們挨打？就連荀攸也道：「子桓年少無知，暫且饒了這次。」

① 背花，舊時刑杖之刑。

「不行！」曹操厲聲斷喝，「今天饒了他，明天別人饒不饒？就是要明明軍法！別人打三十，子桓打五十！」不勸還好，越勸打得越多。

曹丕跪爬幾步湊到曹操腳畔，仰頭道：「父親打也打得、罵也罵得，但孩兒有一事相求。」

「講！」

曹丕站起身來，三步並作兩步，來至袁氏女眷中拉起那個美人，扯著她到堂口再次跪倒：「孩兒要取此女為妻，請父親應允。」

此言一出滿堂譁然，天下哪有隨便搶個女子就成親的？就連曹真、曹休和綁在堂下的呂昭等人都嚇一跳，原來只當他隨便找個女人玩玩，竟然來真的！

曹操初到之時被兒子氣壞了，並沒注意到此女相貌，這會兒聞聽此言不禁暗笑——你小子出娘胎才幾年？沒吃過沒見過的多了，瞅見一個就當好的。

曹丕又信誓旦旦：「若得此女，孩兒此生心願無憾。」

曹操又氣又惱，當著這麼多人說這種話，太給曹家丟臉；可瞧了一眼被他拉著手跪在一邊的女人，秀髮烏黑可能確有幾分姿色，便強壓怒火道：「妳抬起頭來！」

袁熙之妻委委屈屈「諾」了一聲，倒似燕鳴鶯啼般，只一抬首間，曹操倒吸一口涼氣，連退了好幾步，頓了片刻隨即仰天大笑：「此真吾兒婦也！」眾人好奇釋然在外面伸著脖子爭相目睹，都是「噫」的一聲讚歎。

曹丕鬆了口氣——無憾矣。

跪在不遠處的劉氏也鬆了口氣——不憂死矣。

軍師荀攸卻滿面慚愧，對曹操耳語道：「是不是先安置劉氏夫人再議他事？」

一句話給曹操提了醒：「哪位是劉氏夫人？」

劉氏跪了半日這才插上一句：「民婦乃袁本初未亡之婦。」這會兒已不敢再說自己是大將軍夫人了。

曹操有心詢問此女來歷，又礙於旁人太多，扭頭望了一大圈，見王忠站在人群後面極遠處，趕緊伸手招呼：「王忠！老夫命你將堂上所有女眷一律帶進側院回避，好生照看不准侵擾，只留下大將軍夫人。荀軍師暫留一步，其他人退至前堂各司其職，若無要事不准進來。」

「諾。」這番安排傳下去，院裡可就熱鬧開了。大夥不敢多問紛紛退去，只曹丕滿心神往，跟在袁熙之妻身後轉去側院，片刻也捨不得離開。至於被綁的段昭三人，早有人解開了繩子，曹操不再提，這就算沒事兒了。大夥亂烘烘折騰了好半天才漸漸安靜。

曹操見沒有別人了，這才向劉氏深施一禮：「嫂夫人受驚了。」他早年呼袁紹為兄，故而這般稱呼。

「民婦不敢。」劉氏再次見禮。

曹操先打聽那女子，劉氏娓娓道來。原來她乃中山無極人士，已故上蔡令甄逸之女，芳名喚作甄宓。聰明貌美，喜讀詩書，配與袁熙為妻。因為袁熙出鎮幽州，甄宓留在鄴城伺候婆母，算來比曹丕大五歲，現年二十三。

荀攸在一旁坐著，越聽越覺尷尬：「此女已有丈夫，配與明公之子恐怕不妥吧？」只因太礙名聲，軍師也管起家務事了。

曹操倒不以為然：「老夫聽說那袁熙倒是個謹慎之人，惜乎兄惡而弟驕，他處其間又不能居中調和。古人云：『修身正行，不能來福；戰慄戒慎，不能避禍。』早晚也是老夫刀下之鬼，他死了還談什麼丈夫不丈夫？我兒既愛娶之便是。怎奈中山路遠，就借貴府一用，三日自此迎娶入營！」

「諾。」劉氏跪在那裡豈敢多言，心裡卻是憂喜參半——憂的是袁氏之婦竟歸仇人，曹操還當著自己面說要弄死袁熙，可見袁氏男子當無遺類；喜的是自此與曹家添一段姻緣，自己的命算是保住了。

果不其然，曹操道：「袁家之婦既轉嫁我兒，老夫也不難為妳們。凡袁氏女眷繼續居住府中，不准任何人來騷擾。」實際就是軟禁。

扔下這句話曹操便領著荀攸下堂了，劉氏望著他的背影又是一拜，心裡已談不到什麼痛苦不痛苦，更不敢奢望與兒子能再相見。能平安活著就很不容易了……

曹操滿面歡喜，荀攸卻悶悶不樂——進了幕府未理政務，先搶人家兒媳，這事辦得也太不地道了。當年曹操納張繡嬸娘、收秦宜祿之妻，如今曹丕又搶袁家的媳婦，曹家父子好門風啊！

哪知對面又走來王忠：「啟稟主公，有三個人想請您見見。屬下已安排他們在東房等著呢！」王忠是機靈人，曹操叫其看管女眷他就明白了——賊不走空，絕色佳人被兒子搶去了，他也不能白來一趟，這是叫我給他物色美人呢！

「你很會辦事。」曹操滿臉凝重矜持不笑，「帶路吧！」

三人邊說邊走又到了東面一處院落。荀攸不明其理還只當是發現什麼賢士，到地方才知道又是女色之事，乾脆不進去了，氣哼哼在外面等，王忠也找了個由頭留在外面。曹操一人入內，但見房裡規規矩矩站著三個少女——兩人花枝招展、環珮叮噹宛若富貴仙子，還有一個相貌清秀未施粉黛，似乎是個丫鬟。

那倆濃妝豔抹的一個姓趙、一個姓劉，是袁府歌伎，剛才見甄氏得公子青睞，另抱琵琶倒也是個好歸宿，總比落在當兵的手裡強，便有心見賢思齊。何待王忠物色？早就再梳鬢髮重塗脂粉，把平日捨不得戴的首飾簪環都掛上了，見曹操進來趕緊上前施禮自報家門。

曹操見這倆女子雖不及甄氏之貌，卻也是相貌俊美豆蔻年華，便直截了當道：「妳二人可願從老夫？」

二女齊聲稱是，尤其那個姓趙的小嘴比吃了蜜還甜：「我們姐妹出身卑賤，能跟著大人乃是幾輩子修來的福分啊！」曹操哈哈大笑連忙攙起，這倆人順藤摸瓜拉住他雙臂，又是撒嬌又是嘻笑，門外的荀攸連連咋舌，索性把臉扭過去不看。

曹操閃目再看，見始終站著不動的那個少女眉目清秀身材婀娜；雖滿面驚懼之色，卻更顯楚楚可憐——丫鬟與歌伎不同，整日裡就在後宅伺候內眷，遇到今天這般陣勢早嚇呆了，連哭都不敢哭。

「妳叫什麼名字？」

少女聽他問話，嚇得直哆嗦，一句話都說不出來。

那姓劉的歌伎恐曹操動怒，趕緊替她回道：「她叫阿鶩。」

「阿鶩？哪個鶩字？」曹操饒有興趣。

那姓趙的歌伎粗通文墨，拉起曹操的手，用手指寫著這個字，嘴上又道：「這阿鶩妹子自幼父母雙亡，在府裡伺候夫人們。大人您是仁心好善，索性連阿鶩妹子一起收了吧？」她能說會道又會哄人，寫完這個字順手牽起曹操的鬍鬚，輕輕捋著。

曹操被她哄得美滋滋的，搖頭晃腦道：「屈原有云：『朝騁鶩兮江皋，夕弭節兮北渚。鳥次兮屋上，水周兮堂下。』這樣一個標致的美人該在錦繡華堂上，當個丫鬟倒是可惜。」

姓趙的歌伎道：「那大人就愛惜愛惜她，我們姐妹三人一起伺候您……」

「哈哈哈……妙！妙！」

「主公！」外面的荀攸實在聽不下去了，一咬牙，低著腦袋鑽進來，「此番兵取河北為何而來？你豈能一進鄴城就先搶人歌姬侍女？這、這……」他實在不知說什麼好了。

「搶？」曹操笑呵呵道：「妳們兩個說說，是老夫要搶妳們嗎？」

那姓趙的歌伎道：「這位大人說錯了，我們姐妹是心甘情願跟隨曹公的。」

荀攸一聽人家你情我願，實在難管這事，氣哼哼道：「主公乃荒淫無道之人！」說罷拂袖便走。

曹操猛然推開兩個歌伎，一把拉住他衣袖，霎時間已換了口吻：「軍師且慢！何言老夫是荒淫無道之人？」

荀攸被他抓著一隻衣袖，卻不好意思回頭，只背對著他憤憤道：「貪愛女色，不聽勸諫！」

「貪愛女色有何害？」

「亂政禍國！」荀攸脫口而出，「昔日晉有驪姬之亂、陳有夏姬之災，故為政者當……」

「一面之詞！」曹操嚴厲訓教道：「昔日光武帝因慕陰后而奮發，司馬長卿因得卓文君而顯名。只道好色誤國，何不言好色而成大事者？」

荀攸竟被問得一時無語。

「可見貪愛女色未必荒淫。」曹操慢慢放開衣袖，又道：「再說你這『不聽勸諫』四字……軍師之職所司何事？」

荀攸當然知道自己的職責是什麼：「運籌帷幄，參謀軍機！」

「不錯。」曹操莞爾，「既然如此，軍師為何干問老夫女色之事？」

「這……」荀攸再次語塞。

「足見不聽勸諫未必無道。」曹操洋洋得意，「亦可知老夫並非荒淫無道之人。」

荀攸被他強詞奪理堵住嘴，還得陪禮請罪，轉過身來抱拳拱手，卻依舊不肯改口：「屬下一時失言，望主公寬宥。然耽女色易誤正務，納袁氏之眷又有礙清名，還請主公三思……」剛說完就聽外面劉岱來報事：「啟稟主公，府中文書卷宗已按您的吩咐盡數收斂，財物珍寶也已集中封存。被獲的三十多個掾吏都押在西院裡，聽候主公發落。」

曹操聽罷笑道：「聽見沒有？一切妥妥當當。軍師說耽女色誤正務，可老夫誤了什麼？我曹某人縱橫半世，既要收八荒為一統，又要聚天下美色以納之。又何悖大丈夫所為？」說到這兒他倏然指向那個婢女阿鶩，「我觀此女頗有姿容，就將她送與軍師為妾，以慰你數載從戎之勞。」

「啊！」荀攸嚇一跳，「不可不可！」

「有何不妥？」曹操抓住他手腕，「食色性也，聖人所言，軍師納之無妨！」說著話又招手叫阿鶩過來。

荀攸也是快五十的人了，從來端正謹慎，倉皇欲走卻被曹操抓得死死的，一步都邁不開，只得連聲辭讓：「主公好意屬下心領，此事萬萬不可！」

曹操頭一遭見他如此狼狽，愈加不肯放，笑道：「此乃一樁美事，軍師笑納便是，有何羞赧？來來來……阿鶩，快給軍師施禮！」

阿鶩已經嚇呆了，渾身顫抖不知所措。趙李二歌伎都是機靈人，上去就拉：「好妹妹，還不快給這位大人行禮？」可她就是不敢上前。

曹操把眼一瞪：「妳這女子不識抬舉！若不肯伺候我家軍師，休怪老夫翻臉無情！」

阿鶩聞聽這話嚇得心驚膽戰，眼見曹操橫眉立目一臉凶惡，被他拽著的那位先生倒是文質彬彬慈眉善目，哇的一聲哭了出來，跪倒在地抓住荀攸衣襟：「大人救命……大人救救阿鶩……」

「哈哈哈……」曹操轉怒為喜，「此女與軍師有緣啊！軍師若是不納，老夫可就要殺她，救與不救軍師自便。」

荀攸方寸已亂，又羞又氣又憐又懼，忙拉扯衣襟：「姑娘別哭，有話咱慢慢說……本官都一把年紀了……哎呀！這可如何是好……」阿鶩抓到的是救命稻草，如何肯放？只是哭個不停。

曹操見他為難，附耳相勸，這次直呼表字了：「公達賢弟，你莫推辭了。我知你膝下子嗣凋零，此女將來若能為你生下一兒半女，豈不是美事？」荀攸膝下凋零倒也是實情。他原有一子荀緝，聰明好學，無奈剛二十歲就夭折了，後來又得一幼子荀適，卻是個病秧子，養得大養不大還難說。不過荀攸從戎多年嘴最嚴，當初辛毗與辛韜商議搬請曹兵，到了許都辛韜想問出兵與否，荀攸都不肯透露，就更不要說向外人吐露子嗣之苦了。如今曹操提出這件事，倒叫他心裡熱呼呼的。

但即便如此荀攸還是不依，猛一狠心拽回衣襟，凜然道：「我荀氏乃潁川名門，豈可搶人內眷行此不義之事？」

「哦？既然如此……」曹操捋髯而笑，「劉岱！把這個丫鬟拉出去砍了！」

劉岱哪管什麼是非黑白，曹操有話一律照辦，上來就拉扯。阿鶩哭得淚人一樣，緊緊抱住荀攸的腿：「大人救救我！救救我！阿鶩這輩子為您做牛做馬也心甘……不要殺我……」

荀攸畢竟也是心軟，望著這楚楚可憐的姑娘，聽她哭得撕心撕肺，猛然將她護在懷裡：「我、我……我要了！」

「哈哈哈……」曹操一陣奸笑，「這才對嘛！恭喜恭喜……」隨著劉岱出門而去。

不知何時郭嘉也跑來了，滿臉輕佻戲謔道：「主公真偏心，賞了軍師怎不賞我？」

「嚯！來得真快！」曹操知他風流好色，也是同道中人，「你這饞貓莫非聞到腥味跟來了？」

「在下可是隨著脂粉之香而來。」郭嘉搖頭晃腦。

「你小子的風流債還嫌少嗎？」

「知好色則慕少艾，在下從來不拿女人當麻煩。只要主公肯賞，來者不拒多多益善！」

「偏院裡有的是，你自己挑去。要多少老夫給你多少！」

「遵命。」郭嘉越發油嘴滑舌，「人道周文王有百子，難道都是一個娘腸子裡爬出來的？可見文王姬妾也少不了。咱們搶女人納姬妾也算是追慕聖賢吧？」

「哈哈哈……」曹操狂笑不已，「對對對，咱們倆和軍師今晚都要好好研究聖人之道啊！哈哈哈……」

荀攸在屋裡聽得清清楚楚，越發以袖遮面，羞得不敢見人，哆嗦得就像風中的樹葉。

袁氏舊僚

後院春意盎然，前院卻完全是另一番景象。被獲的袁氏舊僚都站在院中央，有的是大將軍府掾屬，有的是州郡縣三級②地方官，有的是與袁氏過從甚密的家族首領。擠擠插插好幾十人，這會兒多已失魂落魄，加之這些日子忍饑挨餓，站著都打晃。而在他們四周，黑壓壓圍滿了曹兵，手裡舉著長矛，只等一聲令下就叫他們命喪當場。

在他們不遠處，堆著兩座小山。一座是金銀財寶布帛玉器；一座是從府裡抄沒的書籍卷宗，也有軍兵看守，不准任何人碰。

曹操一入袁府便有「斬獲」，美人入室這會兒正在興頭上，環顧被獲遭擒之人，頗有傲慢之態，笑迷迷道：「昔日蕭何入咸陽，先取典章宗卷。」說著話先朝那堆書簡走去。

王忠忙著獻殷勤，搶步上前親手搬過一只大箱子：「主公請看，此乃袁紹遺物，聽這府裡的僕僮說，是他臨死前常看的東西。」

「哦？恐怕又是讖緯之物吧！」曹操信手拿起一卷，仔細看來，上面寫著「汝南應仲遠撰」六個剛勁有力的篆字。應劭字應仲遠，是曹操為兗州刺史時的泰山太守，當年他沒及時迎侯曹嵩、曹

② 鄴城為魏郡治所，魏郡為冀州首郡，所以有州郡縣三級的官員。

德父子，導致他們被徐州叛將殺死。事後應劭恐曹操加罪，棄官而逃投靠袁紹。不見此書曹操還一時想不起，一見此書殺心頓起：「應劭是否擒獲？」

「不曾擒獲。」

「哈哈哈……」被俘掾屬中有一人仰天大笑，那聲音直震屋瓦，「應仲遠死了好幾年了，你拿不住他……」

「閉嘴！」王忠躥上去就要打。

「住手。」曹操攔住王忠，瞥了一眼說話之人——此人三十多歲身高八尺開外，猿背蜂腰雙肩抱攏，面似銀盆目若朗星，雖也是饑困交加，卻依舊聲若洪鐘底氣十足，尤其一副虯髯文人武相，透著瀟灑之氣；站在那裡高人一頭，負著手滿面含笑，無絲毫畏懼之色。曹操心下暗贊此人相貌，卻故意低頭翻著書簡，只道：「一死就能了之嗎？城中可有應氏子姪？」

王忠還在詫異他問誰，那插話的掾屬又道：「其弟應珣、其姪應瑒皆在城中，你待如何？」

曹操依舊不搭理他，邊翻書邊惡狠狠道：「許褚聽令！」

「在！」許褚把大鐵矛一橫。

「我命你速把應珣、應瑒父子擒至軍中，老夫要……」話說了一半他忽然被這書簡的內容吸引住了：

夫國之大事，莫尚載籍。載籍也者，決嫌疑，明是非，賞刑之宜，允獲厥中，俾後之人永為監焉。故膠東相董仲舒老病致仕，朝廷每有政議，數遣廷尉張湯親至陋巷，問其得失。於是作《春秋決獄》二百三十二事，動以經對，言之詳矣。逆臣董卓，蕩覆王室，典憲焚燎，靡有子遺，開闢以來，莫或茲酷。今大駕東邁，巡省許都，拔出險難，其命惟新……

這是一份表章的抄本啊！曹操猛然想起，九年前遷帝至許都時應劭曾經上書朝廷，並獻過一套《漢儀》，自己軍務繁忙未曾得見，但據荀彧提及，此書詳細記載了朝廷禮儀制度。

曹操放下表章，繼續在箱子裡找，果然尋到其中一卷，打開一看——密密麻麻記載的都是官職，連俸祿、屬員、職責都標注得很明確。倏然間又想起當年在兗州時應劭說過，要編一部匡正禮儀的書，等重建朝廷時用。現今朝廷的禮儀是荀彧確立的，必然從此書中獲益良多。《管子》曰：「禮義廉恥，國之四維，四維不張，國乃滅亡」，正因為明確了禮儀，許都才能招來那麼多人效力。曹操百感交集——應劭雖然叛歸袁紹，卻為許都朝廷立過大功，自己竟到今天才醒悟。

許褚還等著他後半句話呢，半天不見下文，問道：「將應氏父子擒至軍中如何處置？」

曹操把書簡小心翼翼卷好，輕輕放回箱子，將錯就錯道：「我說的不是擒，是請！你聽錯了！應仲遠編撰《漢儀》有功，老夫要將他弟弟應珣辟為掾屬，其子應瑒讓繁欽、路粹他們考較考較，若有才華也給個職位。」

「諾。」許褚聽得糊裡糊塗，這些事本不歸他管，又不敢多問，趕緊領命而去。哪有派大老粗去請人的？眾人都覺莫名其妙。

曹操翻著那箱子裡的書，除了政論就是兵法：「看來袁本初最後一年真是變了，可惜行將就木，太遲了！」又發現一卷杏黃錦帛包著的卷宗，打開一看——冀州的戶籍簿。拿出來仔細翻了翻，冀州民戶果然眾多，竟是中原豫州的好幾倍。曹操心頭狂喜，不禁朗聲大笑：「若大舉徵兵可得三十萬眾，冀州真人口聚集之地！」

話音剛落又有人高聲喊嚷：「你早晚步袁紹之後塵，走上國破家亡之道！」

連得勝的帶被俘的，所有人都嚇一跳，這不是找死嗎？曹操甩臉觀瞧——又是那個虎目虯髯瞎搭茬的傢伙。

插一兩句話也罷了，這會兒竟如此咒罵，士兵一擁而上，十幾支長矛已頂在他身前身後。那人毫不畏懼，摸著頷下虯髯笑道：「你們殺啊！殺啊！」又瞥了曹操一眼，「在下所言不對嗎？」

曹操倒未有何怒意。一者，他實在愛惜此人相貌，尤其這部虯髯，把曹營翻個遍也找不出一位比此君瀟灑的，再者，此人話裡話外不像有什麼敵意。他只坦然一笑：「先生道我遲早國破家亡是何意？」

那人滿臉正氣道：「天下分崩九州幅裂，二袁兄弟手足相殘，河北之民苦不堪言。冀州方得平定，未聞王師撫慰百姓存問風俗，進了鄴城先估算甲兵之數。曹公如此行事還指望冀州百姓擁護你嗎？」他本就聲若洪鐘相貌雄偉，這會兒諍諫直言朗朗陳詞，簡直像頭發怒的老虎。

曹操又驚又奇，驚的是此君風骨挺硬，當面斧正不留情面；奇的是句句諷諫之言，並非袁氏死黨。思忖片刻曹操忽然深施一禮：「多謝先生指教……」他平時不輕易屈於人言，今天是故意做個禮賢下士的樣子叫河北官員看，「還未請教先生高姓大名？」

「不敢當。」那人還了一禮，但說話還是很衝，看來不是故意倨傲，就是這表情這聲音變不了，「在下清河崔琰。」

「啊！」曹操噗哧一笑，「久聞大名，先生何不早言啊？」

崔琰笑道：「早言又能何如？」他連笑也是那副瞪著眼的模樣。

「君乃鄭康成門下高足，郗鴻豫、國子尼二卿屢次相薦，早知是您何必如此疏遠，請過來吧！」

崔琰搖搖了頭：「疏遠點兒好，若非剛才幾度相試，在下怎知明公是否值得輔佐？」

曹操連連點頭，心裡卻暗自僥倖。

這會兒郭嘉、許攸、荀衍、樓圭等一干謀士正從前堂過來，許攸一眼打見崔琰，笑著嚷道：「崔季珪！你這瞪眼虎真是不開竅，別在當中站著，出來啊！」別人都不敢隨便說話，唯有他自恃故舊身分敢隨便處事，什麼教訓都沒吸取。

崔琰瞅了他一眼，戲謔道：「你當我似你那般不知廉恥？都是老熟人，你什麼老底瞞不了我。別狐假虎威狗仗人勢啦！」

這句話可趁了曹操的願，打心裡覺得解氣，卻道：「聽說先生曾被袁氏兄弟下獄，如今已不算這府中掾屬，怎麼還不肯出來？莫非不願保我嗎？」

崔琰卻不明確回答：「在下既不保袁也不保曹，唯保胸懷天下之人。」

「那以先生所見，老夫還不算胸懷天下之人嘍？」

崔琰漫指這一圈子甲士：「明公既有志天下，何以甲兵相脅？公與袁氏便有不共戴天之仇，我等何罪？河北官員屬吏何罪？這鄴城之內的百姓又何罪？審配頑抗半載有餘，百姓絕糧苦不堪言，明公還不快放糧救民？胸懷天下，我看明公還差得遠呢！」這一番大道理人人都清楚，可是誰也不敢直言。崔琰這麼個袁氏遺臣竟當眾兩番直諫曹操，而且扯著嗓門又吹鬍子又瞪眼，四下的人都看傻了。

真是一物降一物，曹操的脾氣也不小，遇見崔琰卻一點兒都發作不出來，只是咯咯地笑。其實道理雖一樣，但也分誰說、怎麼樣去說。曹操就是喜歡看他這副仗義執言的模樣，這副虯髯配上威嚴的舉止實在是瀟灑暢快。

「一切皆依先生之言……」曹操笑罷伸手招呼劉岱，「你去傳令給卞秉，叫他放些糧食給百姓。各處人馬不得擅自移動，准城內之民出去收斂家人屍骨。」

「諾。」

「慢著！」崔琰竟直接衝劉岱嚷道：「兵荒馬亂必有刁徒趁亂殺人，需嚴禁士紳百姓趁此機會報私仇。還有，城外死屍一律三日內入土，不可重斂厚葬長奢華之風！」話是有理，可崔琰傳令劉岱哪能接啊，站在原地不知所措看著曹操。

「你聾了嗎？還不照崔先生說的去做！」曹操一陣呵斥。

「諾。」劉岱倉皇而去，嘴裡叨念著——還未歸順主公就聽他的，大鬍子將來準比我官大呀！

「那這些袁氏舊屬又當如何？」崔琰不容喘息又問。

曹操逐個打量這些被俘之人，有的驚魂未甫，有的滿面羞愧，有的故作鎮靜、有的恚怒不平，鄴城斷糧這麼長時間，大多數都臉色不正，受夠了折磨。其實奉天子以討不臣，就該照章辦事。《漢律》規定凡是與罪人交關三日者為同罪，何況袁氏下屬官僚？但現在局勢允許這麼辦嗎？如果要治罪，冀青幽并四州之官哪個沒罪？眼前不過是一群運氣不好被堵在府裡的，外面逃匿的還不知有多少呢！再者，不可能把州郡縣三級官吏全部更換，以後治理河北還要用這些人啊……想至此曹操高聲宣布：「與袁氏同惡者，一律赦免概不追究。」這就等於說，除了袁尚兄弟以外所有人以前的行為都一筆勾銷了。

此令出口被赦者都鬆了口氣，士兵立刻把手中兵器放下了。崔琰整整衣冠前跨幾步，規規矩矩大禮參拜：「在下前騎都尉崔琰願歸順曹公，懇請開自新之路。」

曹操初始還以為崔琰單純直諫，但見他一拜才明白其中玄妙——赦免是赦免，招攬是招攬，看似繞了一個彎兒，其實分毫都不亂。赦免了就是無罪之人，再把無罪之人招攬過來，這誰也說不出個錯字。對自己而言，招攬的是無罪之人，談不到包庇罪人；對他而言，他被赦免後才投靠自己，也就不存在叛主投敵之說。既無礙於世風，又不僭朝廷法度，這一手真高明啊！

曹操趕忙雙手相攙：「先生大才又敢直諫，請起請起。」

崔琰這一降，後面跟著跪倒五六個青年掾吏，都願意歸順，但大部分人還是猶豫不定。這時人群中有個花白鬍鬚的文士高聲道：「多謝明公原宥，在下告辭了！」說罷轉身就走。此人似乎很有威望，他這一走不少人也低頭跟著走。

這會兒傻子也能看明白，曹操赦免就是為了叫他們歸順，都回家不幹了還有什麼意義？士兵們又把兵刃拿了起來，嚇得那幫人紛紛倒退，曹操真恨不得自毀諾言把那個帶頭者亂刃分屍。

這時荀衍從兵叢裡擠進去，一把拉住那個帶頭文士：「四弟！你這是幹什麼啊！」原來此人正是荀衍之弟、荀彧之兄，排行老四的荀諶荀友若。曹操上次與他見面還是十多年以前的事，早忘了他什麼模樣了，既然是荀家兄弟，那說什麼也不能殺了。

荀諶掙開荀衍的手：「閣下莫要孟浪。」

荀衍聽此一言宛如置身冰窖之中：「友若何不歸降？」

荀諶不容他說完：「在下乃袁氏之臣，卿為朝廷之士。」他說到「朝廷」二字時幾乎是諷刺的口吻，「我與卿素不相識，交淺不可言深。」說罷接著往外闖。

「友若！你連親兄弟都不認了嗎？」

「親兄弟？」荀諶冷冷道：「我沒兄弟。我親哥哥、親弟弟曾與我發誓共保袁氏成就大業，後來弟弟年輕志短逃了，哥哥也背信棄義。從那兒開始我便沒兄弟，我就是個冀州從事，離開冀州我沒親眷。」

荀衍呆呆佇立無言以對。曹操緊走幾步湊到近前：「荀友若，你莫要執拗……」

荀諶轉身朝曹操深施一禮道：「明公已赦免所有袁氏之臣，我既無罪便可來去自由，豈不聞君子一言駟馬難追，難道當朝三公還要出爾反爾嗎？」

曹操真被他問住了，略一思索轉而又道：「老夫既是當朝三公開府之人，有權辟用士人，我任命你為我幕府掾屬。」

荀諶又作揖道：「朝廷征賢尚可不至，三公辟令也可不奉，此皆不犯國法。草民不願應辟，請容草民甘老林下。明公身為當朝宰輔，該不會自己破壞法度吧？」不愧是荀家兄弟，說起話條條占理，換了旁人曹操管他什麼道理不道理，刀子就是道理！可是荀家的人怎麼下手？

那些觀望之人見荀諶的辦法高明，紛紛跪倒在地：「我等也不願再為官，懇請曹公放我們回家……」他們可沒有好親戚在曹營，邊懇求邊磕頭。

曹操不明白這幫人為何此等態度，猶豫再三最終擺了擺手：「讓路……」

士兵分開道路，荀諶帶頭，亂亂哄哄。許攸與樓圭忽然擠上去，攔回一個皂衣老吏，笑嘻嘻問曹操：「主公看這是誰？」

曹操仔細打量——見此人滿臉皺紋，膚色黝黑，鬚髮灰白，但眉梢眼角間有一種很熟悉的感覺，正怯懦地望著自己，似乎充滿了恐懼。

「這位先生是……」

許攸笑道：「當年的老朋友怎麼都忘了？你們曹家跟人家是老世交。」

「啊！」曹操一陣驚愕，「是元平兄嗎？怎麼會……」

此人便是先朝太尉崔烈之子崔鈞。董卓進京後意欲舉兵之人四出逃奔，崔鈞逃到渤海追隨袁紹，也算袁氏創業之臣。可曹操印象中的崔鈞還是那麼人高馬大赤紅臉膛，一團英武之氣，怎麼會變成這樣？

崔鈞顫顫巍巍施了一禮：「罪臣拜見曹公，還望您看著先人之面，不要加罪在下……」

曹操倏然失落：「元平兄，我怎麼會治你的罪呢！」

「多謝曹公……」說罷這句，崔鈞掉頭便跑，險些被石階絆個跟斗。

曹操望著他的背影發愣：「怎麼會這樣呢？」

許攸略知內情：「袁本初待他不好，始終不給他升官，還時常斥責他。他雖有才能不得施展，又惶惶不可終日，能忍則忍如履薄冰……」說到這兒許攸竟歎了口氣，「其實我不也被本初逼到你手下了嗎？這還算是好的，像張景明、劉子璜都叫袁紹殺了，一點兒舊情都不念啊……」

「這也不全怪袁紹。」一旁站著的崔琰突然插了話，「他本是汝南人士，來至河北之地必要重用此地之士以收人望。不把那些位高權重的故舊拿下，何以委任本地之人？何以借豪強而自固？」

曹操一陣木然。

崔琰緩緩湊了過來：「河北之治與明公在中原之治大不相同。剛才走的那些人在城外多有田產，佃戶成群又築莊園。可是您在中原為政則反其道而行之，興屯田抑豪族，官渡之戰又坑殺河北之兵八萬之多，那些人怎麼可能放心輔保您？他們害怕您啊……」

曹操掃視一眼留下歸降的這幫人，除了掾吏就是年輕人，真正有名望、有實力的人物只有崔琰。這真是個棘手的問題。那幫豪族之人怕他加害，可他又何嘗不怕那幫人？都是望族豪門，若不收其心志，他們各歸田宅拒不從命，甚至聚集鄉眾起來反抗，雖得冀州亦不能安。

「不就是要老夫給他們吃顆定心丸嗎？」曹操喘了口大氣，「我有辦法……除了我誰也想不到的辦法。」

第十四章 曹操哭袁紹，贏得鄴城眾人歸心

狸貓哭鼠

曹操確實有自己的辦法，而且是其他人猜不到的辦法。三日之後鄴城附近的壕溝，死屍已處理妥當，內外吏民也基本安定下來，曹操突然下令，要帶領所有部下以及袁氏舊屬拜祭袁紹陵墓——勝利者給失敗的敵人上墳，這可真是世間奇聞！

袁紹之墓①就在鄴城西北十六里處，由於他們第顯赫，去世時家業未敗，所以這座陵墓修得格外雄偉。封土又長又寬，高三丈有餘，跟座小山似的，周匝松柏森然，神道兩側塑了不少翁仲、石獸，甚是莊嚴氣派，不過對於臣子而言，這規模似乎有些逾制了。

曹操今天特意穿了身素服，還換乘了一騎白馬。至於曹營掾屬和河北臣僚，全是一色孝服步行相隨，就連護衛的軍兵都得繫條孝帶，隊伍洋洋灑灑拉開一里多地，放眼望去滿目皆白。有人舉著招魂幡，有人捧著香鼎供果，還有樂工唱起弔喪之曲：「薤上露，何易晞。露晞明朝更復落，人死一去何時歸……」哀慟之聲感天動地，蕭索秋風捲著枯葉飄落，簡直像是給袁紹重新發喪。

拜祭儀式曹操早就擬好了，他的部屬一律在西側列隊，讓出東道主位置給河北臣僚，袁紹遺孀劉氏帶著諸女眷跪在封土謝禮。所有人各就各位，有軍兵擺好香案，抬上牲畜果酒，崔琰、崔鈞上

前把審配、田豐、逢紀、沮授乃至顏良、文醜等人的靈牌一併擺上，作為陪祭。曹操森然道：「袁本初諸子盡皆不孝，敗壞家業禍亂河北，雖生而猶死，將他們的靈位也擺上！」

劉岱、呂昭早就準備好了，聽令上前把袁譚、袁熙、袁尚連郭圖的靈位也擺在供桌上。袁氏核心死黨盡在，唯獨看著辛毗的面子少放了個辛評，這是將來要赦免的。其實袁譚名義上已經歸降，把他靈位擺上頗為不妥，但此時也沒人敢說什麼。

一應物品設擺完畢，奠酒三盞已經斟滿，曹操跳下馬來當先祭拜。他緩緩踱向供桌，右邊看去，崔琰、崔鈞、荀諶等滿面哀容如喪考妣；左邊再望，曹營中人大都滿面木然，甚至有人有不悅之色——這場戲不好演啊！短短幾步路曹操卻走得特別慢，一邊走一邊回憶年輕時與袁紹共處的往事，怎奈他與袁紹雖曾惺惺相惜，畢竟那是太久遠的事情，遠遠掩蓋不住得勝的喜悅。他只好再去想別的，設法把平生所有痛苦委屈都調集起來，想著自己從小沒娘的可憐，想起幾位叔父的相繼而去、父親和弟弟橫遭不測、鮑信的慘死、陳宮的背叛、陣亡在宛城的典韋，還有亂箭攢身屍骨難尋的昂兒……也說不清究竟哪件事觸動了悲情，眼淚竟隨之潸然而下。

兩旁眾人瞧得分明，霎時間都驚呆了——有誰知曹操與袁紹之間還有這般真摯的情誼？

淚水滾至腮邊，他也恰好走到供桌前，信手拾起一把香，在火盆裡點了，恭恭敬敬插在香鼎之中，又拿起一盞酒灑在地上，這才轉過身來向眾人朗言道：「昔日我與本初同在洛陽為官，那時皇綱不興家國危難，外有黃巾之叛，內有閹黨之患，天下名士莫不禁錮，黎民百姓苦若倒懸……」都是事先寫好的誄文，曹操這兩天理事之暇花了不少心思背誦，「袁氏一門四世三公，輔保君王燮理

---

① 現名「前高龍華古墓」，在今河北省滄州市。

陰陽。本初少有志節，廣交俠義，剖肝泣血，晝夜憂勞。大將軍何進疾於閹黨，義心赫怒，故授其以督司，諮其以方略。宦官禍亂之際，本初率師闖宮，抽戈承明，虎嘯群閹，擊斬凶醜，英勇之舉，天下盡知！」

其實這番話大有粉飾，袁紹曾輔佐何進謀誅宦官是不假的，但卻行事不慎招致董卓入京，算起來實是過大於功。但人死了便須隱惡揚善，更何況曹操的目的是收買人心，自然要什麼好聽說什麼。在場的河北舊僚都也不曾把他們的主子想得如此高義，可眼見曹操眼含熱淚娓娓道來，順著這話去想，越想越覺得有道理，受困半載的恨意自然已去了兩三成。

曹操擦了擦眼淚繼續慷慨陳詞：「董卓入京霸占朝堂，弒殺少帝誅戮太后。本初父兄並當大位，不憚一室之禍，解節出奔，創謀河外。首倡義軍，匡扶漢室，引會英雄，興師百萬，飲馬孟津，歃血漳河。可恨故冀州牧韓馥懷挾逆謀，欲專權勢，絕其軍糧，以至討賊不成。董賊肆毒，害及天下，袁隗闔門，同日並戮。鳥獸之情，猶知號乎！骨血之仇，豈能忘矣！本初以忠孝之節不能兩全，自此立誓，掃滅狼煙，復興漢室，討亂誅叛，青史揚名！故運籌帷幄，忠義相從，奪取冀州，始建宏業！」反正袁紹滅韓馥之時曹操還未與他反目，誇一誇於己也無礙，「又黃巾十萬焚燒青兗，黑山群寇為虐河北，本初東突西擋，南征北戰，兵戈所至，無不披靡！東土群賢，爭相影從，幽并烈士，盡皆回應！公孫瓚殘害劉虞，虎狼南馳，本初星夜馳騁，與其角力，冒踐霜雪，不顧險阻，歷經百戰，終克易京！所部文武，盡屬英傑，依仗天威，拓定四州！」說至此曹操又拿起第二盞酒，在袁紹陵前豪邁地一甩。

河北群僚最值得誇耀的就是輔佐袁紹建功立業時的事蹟，想當年誅黃巾、敗黑山、消滅公孫瓚，誰不曾立下點兒功勞？誰不曾與袁紹同甘共苦？聽他點到此處正觸了心中最痛之處，立時號啕大作，悲慟震天。而且曹操說得明白，「所部文武，盡屬英傑」指的就是他們。既然都是豪傑，也就無所謂昨非今是，曹操的統治也就順理成章可以解釋為袁氏的延續。不知不覺間，敵對心理已去了大半。

曹操的悼念之詞其實已到了最難之處，因為後面就是袁紹和他反目而戰了，誇也不是貶也不是。不過悲痛是互相傳染的，他眼見河北群僚哭得昏天黑天，也漸漸情入其中，猛然回憶起他與袁紹在胡廣喪禮上的談笑風生，回憶其拯救黨人時的種種努力，還有在何進府上共同度過的那段驚心動魄的日子……曹操竟不由自主地號哭道：「惜乎！惜乎！我與你本情若手足，到頭來卻勢同商參[②]，此是為何？為何！」

這句話一出口，西邊荀攸、郭嘉等幾個心腹暗暗吃驚——不對啦！這不是事先預備的誄文，原來的內容是哀歎袁紹背棄朝廷、從此沉淪驕縱，怎麼都不提了？

情之所至，哪還記得虛情假義的措辭？什麼奉天子尊大義，那些欺世盜名的話都讓它見鬼去吧！他轉過身凝視著袁紹的墳丘哀號著：「本初！若逢太平之世你我必為肝膽之交，可這亂世之霸主只有一個，人不為己天誅地滅，我乃不得以而為之！你已仙去，以往仇怨一筆勾銷，今日老弟看你來啦……憶昔當年舉兵之時你對我言講：『南據河，北阻燕代，兼戎狄之眾，南向以爭天下，庶可以濟乎？』我卻道：『吾任天下之智力，以道禦之，無所不可！』今日看來你我誰對誰錯……你循光武爺起於河北中興天下之策，本可無敵於天下，卻一意孤行藐視群雄，才有今日這般境地。只因為你狂……你狂……你狂什麼啊！」曹操擦擦眼淚，漫指東首之人，「你可知麾下群臣含辛茹苦？你可知河北黎民嗷嗷待哺？你可知你死後多少人為你盡節而亡？你為何剛愎自用不納忠言啊！」人都是看得清別人看不清自己，曹操雖然句句在理，卻忘了自己剛愎狂妄之時絲毫不遜袁紹，「本初

② 商參，指參星和商星，二者在星空中此出彼沒。古人以此比喻彼此對立，不和睦，親友隔絕等境況。

啊，有道是知子莫若父，也怪你慮事不周立嗣不明，加之二子驕縱愚魯，致使國破家亡……我好恨吶！恨你養下這兩個敗家子！」說到此曹操已是涕淚交流，「本初……你我今生惺惺相惜可又勢同水火，老弟直言，不能放生你膝下骨肉！但我真的敬你三分，敬你先聲奪人敢為天下先，敬你不吝財貨散金如土，敬你不懼安危堅如磐石！若論這些，即便你躺在地下，我站在這裡，依舊是不如。你我恩怨乃上蒼所定，若有來世小弟願與你並轡而馳！嗚嗚嗚……本初兄……」一番肺腑之言至此而止，可謂大起大落有始有終，曹操伏在香案之上大放悲聲。

實話實說有時候比精心籌謀的語言更能打動人，河北群僚聽罷越發傷感。有的想起袁紹的知遇之恩，頓足捶胸呼天搶地；有的感於妻離子散國破家亡，幽幽咽咽肝腸寸斷；有的痛惜袁氏之敗亡，無聲抽泣黯然神傷。

劉氏夫人哭得淚眼迷離，一時哽咽扭項回頭——又見一座草廬③立於陵側。那是她親生子袁尚為亡夫守孝住過的，當初袁紹新喪之時，袁尚、袁熙在堊室中守孝，袁譚卻被軟禁在府中無法盡孝，如此區別對待兄弟安能無怨？她猛然想起袁紹臨死前那句「千萬別難為譚兒！」到現在才明白此中深意，悔不聽亡夫之言，禍起蕭牆家敗人亡；回過頭來又見三子牌位立於供桌之上，再想見面此生無緣，除非是在黃泉。劉氏又悲又悔又氣又恨，竟哭昏在陵邊。

西邊曹營的人觸景生情也有不少哭的，不過情景所致偶然而發。許褚哭的是好兄弟典韋死得悲慘；辛毗哭的是闔家數十口冤魂；曹休哭的是母子輾轉避難千辛萬苦；國淵哭的是師尊鄭玄一代鴻儒薨於軍中；李典哭的是殺他叔父的仇人張遼就在身邊，卻偏偏不能報仇；荀衍哭的是同胞手足就在神道對面，近在咫尺卻形同陌路……種種亂世悲情都在此刻發洩出來。

不過也有心腸硬的，樂進揣著手立於人群之中，哼都懶得哼一聲，滿臉不屑之色。他乃粗莽武夫，自然不懂曹操收買人心之計，又見身旁鄧展也跟著抹眼淚，氣呼呼道：「我看你們這幫人都他媽有病！姓袁的跟咱打仗還打出理來了？叫咱們拜祭他，真不知主公怎麼想的。你又不認得袁紹，跟著起什麼鬨啊！」

鄧展乃一慷慨俠士，生平重情重義，哭得跟淚人似的，抽泣道：「袁紹好壞我不知道……可我見主公哭得悽慘，也忍不住了……」

「哭什麼哭？就不該拜祭袁紹，別丟人啦！」

徐宣也是一臉陰沉，聽見樂進的話跟著附和道：「樂將軍所言極是，在下也覺得此事不妥。讎仇敵對尚且不論，昔先王之誅賞喜哀，所為懲惡勸善永彰鑒戒。那袁紹素懷逆謀之心，上議神器下干國紀。主公此來盡哀於逆臣之塚，加恩於饕餮之室，絕非正道之禮。即便能得河北士人之心，亦非體面之事。」

離他不遠站的就是陳矯，這對冤家沒有一件事不爭執的，徐宣若說東，陳矯必要道西，這會兒聽此言論馬上反駁：「寶堅之言差矣！昔日高祖與項羽同受懷王之命，口盟兄弟之約，故項羽死後高祖重斂厚葬，難道那也不是正道？袁紹與主公曾為舊友，討董之際又為義軍盟主，雖東西異路，顧及舊情又有何不對？因公義而討之，以私恩而哭之，不以恩掩義，亦不以義廢恩，這正是主公寬厚之處啊！」這番話正投曹操所好，眾人紛紛點頭。

徐宣怎肯示弱，立刻反唇道：「既在其位就當慎行，主公非尋常百姓，代表的是朝廷，怎能屈身拜祭敵人？你說的話都是強詞奪理。」

「官員百姓本為一體，此人之常情，強詞奪理的是你。當初……」

他倆越吵聲音越大，吵得其他人也不哭了，都回頭瞅他們辯理。荀攸趕緊勸阻：「肅靜！有什

---

③ 古人守孝之期禮法嚴格，許多人家都在墳地搭設守孝而住的簡易房子，稱為「堊室」。

麼話回去再說，既來之則安之，莫要攪擾大家！」軍師發話，他二人這才住口。荀攸轉過頭來，卻見曹操還在擦眼淚，也不免感慨——陳矯、徐宣所言各有道理，觀曹操哭得如此傷痛似乎還真是動了情。可奪人之地又來拜祭，貓哭老鼠豈有真情？或許真真假假，虛中有實吧！就像那婢女阿鶩之事，他送我此女究竟是真心惜我無後，還是因為搶奪袁氏女眷名聲不好，想拉我與他分謗呢？誰不知我荀某人在軍中德高望重品格端正，經此一事恐怕難免要惹來非議。或許正因為我在軍中威望太高，所以他才要借機貶貶我的名聲，那女子……荀攸想到這兒臉色羞紅，人家哭陵自己卻想女人，實在是天大的不敬。趕緊把腦袋壓得低低的。

這一番哭祭足有半個時辰，曹操才漸漸止住悲聲，以袖遮面斜眼觀瞧，見東首群僚已哭得死去活來，心中暗喜——差不多啦！這才拿起最後一盞酒輕輕灑下，口中默念：「伏惟尚饗④……」此言念罷他深吸口氣，已然恢復常態，彷彿剛才那個痛哭流涕的人根本不是他一樣。料想善始要善終，又亦步亦趨至陵丘下，煞有介事向袁氏諸女眷作了一揖。劉氏夫人幾度哭昏過去，跪是跪不起來了，幾位姑嫂左拖右拽把她架住，按著腦袋還了個禮——人家握著生殺大權，再不痛快也得還禮啊！「請嫂夫人節哀……」曹操說到這兒故意提高了嗓門，似乎想讓在場的每個人聽到，「我與本初兄乃是至交，看在往昔之情不會難為妳們。鄴城之內袁氏財產我分毫不取，全部還給妳們，再加絹帛三車以表存心……」

他說的聲音大，東面袁氏遺臣都聽見了，又是一陣唏噓。此情此景確實觸人傷懷，以至於所有人都忘了，曹操父子把袁紹的兒媳都搶了；一片哀聲中更是沒人聽清曹操後面說的話：「袁譚、袁熙、袁尚乃忤逆不孝之子，老夫若將他們擒獲，國法家法並治其罪，還望嫂夫人大義滅親。您就當沒這幾個兒子吧！」

曹操再施一禮退到一邊，緊接著河北臣僚一擁而上跪拜行禮。崔琰、荀諶、崔鈞、陳琳等都哭得淚人般，後面推推搡搡的令史掾吏也是滿面愁容。他們起身再換曹營部屬，實在哭不出來的也得捂著臉乾嚎兩聲——曹操都哭了，他們怎能不哭？

待一切禮儀完畢時，許多河北舊僚嗓子都哭啞了，兀自抹著眼淚。曹操端坐馬上看著這幫懷念故主之人，歎息良久才領著隊伍回轉大營。只行了三四里忽見迎面飛來一騎——乃是留守大營的長史劉岱。

「你來做什麼？」

劉岱下馬稟報：「有袁尚麾下冀州從事牽招謁營投降！」

「我聽說過此人，也算忠義之士。你跑來就為了這事，我回去見見不就行了嗎？」曹操聽說過牽招。當年何氏權朝，何進異母弟何苗為車騎將軍，辟用河北名士樂隱為掾屬，這個牽招就是樂隱的弟子。政變之日何苗死於亂刀之下，樂隱也隨之喪命。牽招不顧兵荒馬亂，千里奔波從幽州到洛陽為老師收屍，乃一時之佳話。

「非是單為此人……」劉岱抱拳，「牽招自并州而來。」

「嗯？」曹操嗅到一絲異樣的味道，「有何隱情？」

「主公兵圍鄴城之時，袁尚曾派牽招潛至并州向高幹求救。高幹拒不相救反將其囚禁，他是偷偷逃出來的！」

「拒不相救……此用心何其毒也！」曹操瞇了瞇眼睛。高幹不救袁尚看似為曹操奪取鄴城幫了忙，實則不然。冀州已平定了，接下來要找藉口東擊袁譚，或者北上攻打幽州。東擊袁譚倒還猶可，一旦北上幽州山遙路遠，曹軍將離并州更遠，若高幹趁機進犯關中，大軍無法救援，豈不是又來一

④ 伏惟尚饗，舊時寫祭草的格式，寫在祭文結尾部分。大意是恭敬地伏在地上請被祭者享用供品。

次險象環生的平陽之戰？而且劉表與孫權的交惡已結束，荊州方面可隨時出兵接應，崤山附近更有張白騎與之互為表裡，南北之敵有會合的可能。一旦關中有失，涼州的聯繫也會切斷，洛陽以西失控，統一北方的戰略將全盤打亂。

「主公無須擔慮。」不知何時郭嘉已跟了過來，「有一不能有二，上次是高幹出其不意突襲得手，這次鍾繇、段煨已有準備，再說河東太守之職已被杜畿接任。兵來將擋水來土掩，即便高幹南下作亂也無大礙。」

「無大礙？」曹操捋髯沉吟，「痛雖可止，癢亦不可忍！」

郭嘉已經成竹於胸：「袁譚為爭嫡位自叛其家，早就喪盡人心，不難破也。幽州雖在袁熙、袁尚之手，然地廣人稀胡漢雜處，更有公孫度割據遼東自成一派，能調動的兵馬並不多。現今河北人心動搖，主公何不……」他只說到此處就不往下說了，要是都說了怎顯曹操的高明？

曹操經他點撥也明白了：「回營後馬上調鮮于輔、鮮于銀、田豫等幽州舊部回去招降納叛。狼崽子盼著我北上，他好趁虛而入，老夫偏偏不走！我要煽動袁熙麾下自己叛變，幫我收取幽州！」

「主公奇謀睿智，屬下望塵莫及。」明明郭嘉事先想好引著曹操說，但仍是大唱讚歌。

說話間荀攸、荀衍也趕了上來。

「軍師何事？」

「恭喜主公。」荀攸深施一禮，「拜祭袁紹果真是良策！方才崔琰告訴我，大多數人已願意追隨主公、遣散家兵，有些豪族士人還甘願貢獻部分田產歸朝廷掌控。人人都道主公有情有義真豪傑，公私分明不忘故舊，論氣量比袁本初勝之三分！」

「哈哈……」曹操只笑了兩聲，立刻忍了回去——後面跟著許多人呢，有道是「哭則不歌」，得意忘形可就讓人看出假來了。

郭嘉趕緊替他遮掩：「唉……這都是主公真情所致，叫人不得不感化啊！」

曹操假模假式點點頭，見荀衍還是一副垂頭喪氣的樣子：「休若，莫非友若還是不肯歸降？」

荀衍愁眉苦臉搖了搖頭：「他倒是肯認我這三哥了，但又說誓死不保二主，效力朝廷也不幹，還是想甘老林泉。我還能怎麼勸？」

「既然如此老夫也不強人所難，保不保我由他去吧！」曹操仰天長歎，「袁紹啊袁紹，你帳下義士何其多也！」這會兒捫心自問，剛才那番哭祭假中有真真中有假，竟連他自己也說不清楚……

課稅新法

隨著袁氏舊屬紛紛歸順，冀州的局面已被曹操穩定掌握，他上表朝廷讓還兗州牧的兼職，改領幽州牧；為表示對河北士人的開誠布公，又任命崔琰為冀州長史。不過明眼人都知道，兗州乃曹操起兵之處，實際行政權早被他攥得牢牢的，北伐的軍糧都是夏侯淵自那裡徵調的。讓兗州牧改領幽州牧不過是句空話，領是真領，讓非真讓。

與此同時一個令人意外的消息傳來，擁兵并州的高幹向曹操獻書投降。曹操雖然接受投誠，並以朝廷的名義令其繼續擔任并州刺史，但心中存疑，招曾在高幹府上為賓的仲長統到帥帳詢問。

仲長統，字公理，山陽高平縣人，自幼博覽群書聰穎好學。他雖年紀輕輕，卻曾遊學青、徐、并、冀諸州，輾轉遊歷，觀盡了漢室衰微百姓之苦，有感時事著作《昌言》一書，也因此被荀彧極力推薦，在曹操帳下充任參軍。

不過仲長統自進入曹營並無絲毫建樹，談政事他可以，搞軍事他可就一竅不通了，這幾個月來基本就是糊裡糊塗跟著走，即便有差事也是樓圭、郭嘉替他辦。一個年僅二十六的年輕人，剛入幕府就當了參軍，而且在軍營裡白吃白喝什麼也幹不了，旁人能沒閒話？仲長統心中惴惴難安，故而今日見了曹操，顯得格外緊張。

曹操見他太拘束，指指旁邊的杌凳：「你不必緊張，坐過來講話。」

「諾。」仲長統惴惴不安地坐了。

「老夫只問一件事。依你之見，高幹是真降還是詐降？」

仲長統想了半天，覺得萬無一失了，才答道：「卑職以為是假降。」

「何以見得？」

「高元才在并州輕財好義，大肆收買人心。」

曹操想來卻也不假——郭援是鍾繇的外甥，不到朝廷為官，反被他拉攏過去；馬騰、韓遂在涼州，他總想設法結好；甚至像張白騎那等黃巾餘寇都要交好互助；就連眼前這位文士，當年還不是他座上客？如果沒有異志，高幹豈會這樣不遺餘力？在整個征伐河北的過程中，高幹既不是竭力救袁，也不誠心歸順，似乎在等待從中漁利的機會，此子之陰險好亂實過於袁氏兄弟啊！

想明白這一點，曹操微微點頭：「河朔之士有譽，說高元才文武秀出，你曾在他府上為賓，以為其人如何？」

仲長統起身施禮：「當年卑職離開并州，他也曾相送，臨別之際我對他說：『君有雄志而無雄才，好士而不能擇人』。」

「哈哈哈……」曹操拍案而笑，「說得好！袁尚有難而不救，豈不是無才？糾結亡命之徒豈不是不能擇人？公理說得太好了。」

仲長統得了這幾句誇獎，心裡不再緊張了：「我想向主公推舉一人，乃是高幹從弟，先朝蜀郡都尉高躬之子，名喚高柔，字文惠。當年高躬卒於蜀地，高柔千里奔喪輾轉三年才還，稱得起大孝子，而且高幹對高柔也是信賴有加。主公征辟此人不但可以樹聲名於天下，還可以為人質，高幹顧念其從弟之困，便不敢再叛。」

曹操暗笑仲長統畢竟是個文人，太相信親情道德的約束了。袁譚、袁尚親兄弟尚且自相殘殺，一對從兄弟又能有何羈絆？他心裡這樣想，嘴上卻道：「一切皆依你言。老夫不但要征辟高柔，還要派幾個地方官去并州。既然他詐降，我就裝糊塗，讓他們以為我真的相信，看看最後是誰騙了誰！」

「主公睿智，屬下莫及。」這種話仲長統是跟郭嘉學來的，說罷再施一禮準備退下。

「公理留步，還有要緊之事商議。」曹操叫住他，滿面微笑背誦起文章，「政之為理者，取一切而已，非能斟酌賢愚之分，以開盛衰之數也。日不如古，彌以遠甚，豈不然邪？」

仲長統一愣——這不是我的《昌言》嗎？

曹操初時斷章取義唯讀了《理亂篇》開頭，便先入為主以為仲長統也是孔融一類的人物，不過看荀彧的面子才任命他為參軍。這幾日休整人馬得暇細細品讀全篇，發現其文所論不是世俗風氣，而是闡述治國之道，又非諸子百家那般空泛，而是詳細分了從古至今的賦稅改革和變化。曹操如獲至寶，這才知荀彧之言不虛。

仲長統聽他背自己的文章，乍著膽子問道：「主公以為如何？」

「好！」曹操站起身來拱了拱手，「老夫原以為荀令君送我個舞文弄墨之人，哪知他早有算計，算定了我能拿下冀州，把理亂安民之士提前給我備下了。」

仲長統驚惶還禮：「不敢當……不敢當……」

「冀州久經戰亂百廢待舉，我欲行之不得要領，若依公理之見當務之急又是什麼？」其實這是試探之言，曹操早已想好該幹什麼。

仲長統脫口而出：「當革袁氏縱容之舊弊！」他出謀劃策不得其法，可一說時政兩眼放光。

「此真老成謀國之見啊！」曹操剛才說的都是客套話，見他一言點題才真信服。

仲長統此時真當曹操是個知己，索性一吐為快：「邑有萬戶者，著籍不盈數百，收賦納稅三分不入其一。招命官職不就，徵兵勞役不趨，國之政令不法，興兵討之不屈，天下之亂皆因其弊！」

曹操卻道：「老夫有一事，百思不得其解。然袁紹自占據河北以來，重用豪強委任望族，何以還能兵強馬壯糧草充盈？」

「天下之治並非一法，雖皆可興盛世，本末不同耳。聖人治國本之於民，不患寡而患不均，不患貧而患不安，故黎民安樂方能兵戈強盛文教昌明，既而不敗於天下。袁氏治民皆委任豪強私黨，父祖驕縱兒孫膏粱，權柄集於一黨，財貨聚於家門，非為安民，乃為擁財權以自固！故子弟親信大半仕途，鎧甲兵戈遍列中庭，珍珠金玉盈於其庫，舞女歌童充備綺室，狗馬飾雕，土木披繡。看似兵強馬壯富庶天下，實是剝割黎民競恣奢欲，道義淪喪官吏無恥，百姓不過一時隱忍耳！若袁紹之輩志士在位，可勉強稱盛一時，即便強盛，尚有張燕等流民據守深山誓不歸順；袁紹一死，後輩宵小空有坐而論道之能，既無蕭規曹隨之德，又無振興圖強之智，那死期還能遠嗎？」仲長統侃侃而談猶如行雲流水，言辭之激烈反倒有幾分豪邁之氣。

曹操聽得如醉如痴，這些觀點他都贊同，其實想得還要更深一層——從朝廷角度來說，豪族與民爭產、與國爭稅；若從曹操自己的角度來看，豪族掌握大量田地和財貨，可以依仗權勢染指官爵和武裝，勢必干涉他的獨裁，這更是他所不能容忍的。其實哭祭袁紹已經算是某種妥協了。

曹操想到這兒，早已摩拳擦掌躍躍欲試：「以公理之見，有何良策可抑制豪強兼併？」

仲長統作揖道：「限民名田⑤，勿令過制。」

曹操聽到這八個字，立時沉默不語了。其實荀彧早就在朝廷討論過限田問題了，侍中荀悅甚至上書要求禁止土地買賣，已被曹操駁回了。原因很簡單——不敢。

豪強土地兼併已非一日，秦末已見端倪，日推月移愈演愈烈，多少明君賢相都管不了，想用一刀切的辦法解決是不是太草率了？昔日王莽推行王田私屬，不但不能安定天下，反而弄得國破家亡身敗名裂。光武帝一代雄傑之主，搞一次度田都困難重重。那些太平天子都不行，亂世之中怎麼可能成功呢？你若奪人家的田，人家可以不保你，即便保了你也可以造反，昔日兗州之亂的教訓還不夠慘重嗎？就連曹營嫡系人馬中也不乏豪強。就拿李典來說，宗族三千餘家，田產遍及成武、乘氏諸縣，是不折不扣的大地主。可人家有功，兗州是李家幫曹操玩命打回來的。泰山呂虔、汝南李通，都是豪強武裝起家，只是這些人還算本分罷了。還有曹洪、許攸、劉勳、郭嘉那幫人，求田問舍的帳又該怎麼算？

單就眼下冀州的麻煩，袁氏統治已久，豪族比比皆是。就連直諫之士崔琰也是其一，如果再把他們惹不痛快了，先前的努力就白費了，哭袁紹不是白哭了嗎？以後的仗還怎麼打？

曹操低頭想了半天，最後感歎道：「治大國若烹小鮮啊……」

仲長統聽了這句話便知曹操下不了決心，那些困難他也明白，只有天下一統時才能根本解決，便沒再深勸，轉而道：「既然不能鋤強，那就要在扶弱上下功夫了。主公可適當蠲免冀州賦稅，並教諭各地官吏及郡縣大戶，令其寬待佃戶減少兼併，將戰後無主之田分與百姓。」這些辦法雖不治本，卻能立竿見影。

「好，就依你言。」曹操揉了揉眉頭，又道：「河北用兵多年，黎民苦不堪言，賦稅不能循中原之數，你看多少才合適呢？」

---

⑤限民名田，西漢時董仲舒提出的政策。主張制定個人田產上限，以抑制土地兼併。但是由於阻力太大未能得以實施。

「十取其一。」仲長統已經想好，「河北的豪強之制在下清楚，少則坐收三成，多則上交一半，就跟屯……」他險些說出「就跟屯田五五分成一樣」，覺得不妥趕緊閉嘴。屯田制是曹操的傑作，但產出糧食五五分成卻是很高的，只不過這些糧食不是進私家，而是入國家府庫，不啻於讓朝廷充當最大的豪強地主。好在那些屯民是動亂流散之民，根本沒有自己的田地，能有田種、有飯吃就很知足了。仲長統依據曹操以往的做事風格下了一個判斷，他肯定覺得十稅其一太少⑥，還要增加。

哪知曹操卻笑了：「十稅其一還是太高，我看每畝地收四升糧就可以了。」

仲長統驚得差點兒蹦起來——太低啦！

姑以每戶一百畝地，畝產兩斛糧食來算，十稅其一就是賦稅二十斛。若依曹操的辦法，每畝地收四升，一百畝賦稅只有四斛。況且現今農戶已精通施肥之法，畝產近十斛的肥田都有，種得好的人一畝地就把一百畝的稅交了。

曹操瞧著仲長統吃驚的窘相，不禁笑了：「單是冀州一地如此，其他州郡依然施行舊法。況且此非定制，還可變更嘛，日後倘若國庫空乏再增加，似今年這樣的情況就蠲免。」

「那戶調⑦呢？」仲長統又問。

「每戶出絹二匹、絲二斤即可，嚴令郡縣再收其他雜項。」

租稅如此之低，戶調如此之少，這真是秦始皇以來未有的。仲長統細細咀嚼似乎摸出點兒門道來了——曹操方得冀州，急於收買人心，況且租稅訂得低，也就沒人願意當佃農了；雖然不明著對付豪族，其實已抑制住以後的兼併。當然，這麼低的賦稅不可能長此以往，將來若是天下歸一再無兵戈，恐怕就要大改一番了。……但是凡事有利就有弊。低租稅意味著土地兼併的利益更大？歸根結底要看執法者，如果限制嚴格能緩和兼併；如果限制不嚴讓豪強鑽空子，便適得其反。

眼見曹操拿起筆來就要寫這道政令，仲長統又想起一樁大忌，不顧身分一把托住他手腕：「主公！減賦易，增賦難啊……」

曹操眼前想的是怎樣鎮住冀州之士、掃滅青幽的袁氏餘孽，哪裡顧得了以後的麻煩？推開仲長統的手臂就寫：

> 有國有家者，不患寡而患不均，不患貧而患不安。袁氏之治也，使豪強擅恣，親戚兼併，下民貧弱，代出租賦，衒鬻家財，不足應命。審配宗族，至乃藏匿罪人，為逋逃主。欲望百姓親附，甲兵強盛，豈可得邪？其收田租畝四升，戶出絹二匹、絲二斤而已，他不得擅興發。郡國守相明檢察之，無令強民有所隱藏，而弱民兼賦也。

仲長統瞅著這道令發愣——不論日後如何，眼前冀州百姓是衣食無憂安樂太平啦！曹孟德明明招我來，又僅為顧問不納我言，看來我宣導的為政之道他未必能真的重視啊！

曹操對自己的傑作十分滿意，又笑呵呵道：「此番鄴城之戰打得順利，軍糧綽綽有餘，還接收了袁紹的府庫。過去朝廷時常賞賜百官，自戰亂以來都停了。老夫雖創立許都，但以前錢糧吃緊，力不從心。如今有能力了，老夫打算上書朝廷，請賜三公以下各級官員金帛，而且以後三年一賞，作為常例。」他大把撒錢看似像個暴發戶，其實大有深意，這也是買許都百官的心啊！

他抽過竹簡剛要修表章，忽見荀攸風風火火闖進帳來：「主公，袁譚兵發渤海郡，跟咱們搶地盤。」說罷，這位素來老成穩重的大軍師竟然詭異地笑了。

⑥ 十稅其一，就是收十分之一的糧食作為租稅。

⑦ 戶調，是各類的雜捐，一半是棉花、布帛、蠶絲類，按戶繳納。有學者認為租調制度是曹操在建安九年首創的，但是有些史料證明在漢末已經存在，學界尚無定論。

曹操也笑了——袁譚名義上已經歸順，若不爭地盤，一時還真尋不到滅他的理由。現在好了，他自己送上門來，這叫謀反。

第十五章

殲滅袁譚，曹操吞併冀青幽并四州

南皮之戰

曹操圍攻鄴城之際，審配曾給袁譚寫過一封信，希望他能「改往修來，克己復禮，追還孔懷如初之愛」，與袁尚擯棄前仇聯手抗曹。處在兄弟兩難之中的袁熙也曾派人解勸，甚至連遠在荊州的劉表都曾給他們兄弟各自修書從中調解。但這些良言都被袁譚拋諸腦後，一心要與弟弟鬥個你死我活。故而袁尚敗走幽州之後，他比曹操還熱衷於整垮弟弟，大肆攻戰弟弟的地盤。與此同時，曹操派回幽州的舊部不遺餘力拉攏煽動，袁熙麾下部將焦觸、張南率先倒戈，主臣之間攻戰起來。漁陽太守王松更是在幕僚劉放的建議下，舉一郡之地向曹操投降。幽州的動亂局面也無可挽回。

袁尚、袁熙一敗塗地，曹操還在鄴城忙著籠絡人心，袁譚趁此機會大肆搶占地盤，將冀州東部的中山、甘陵、安平、渤海、河間等郡國都打了下來，看似聲勢復振，殊不知是飲鴆止渴。這些地方都已獻書歸順曹操。欲加之罪何患無辭，更何況袁譚主動找麻煩？這些舉動可算讓曹操找到了翻臉的藉口，立刻致書袁譚譴責其背棄盟約，並將他留於曹營許配曹整的女兒送還以示決裂，繼而自鄴城出兵向東殺奔而來。袁譚自知實力積蓄得還不夠，便放棄平原退到南皮一帶戍守。

可是曹操連戰連捷一路深入，時至建安十年（西元二〇五年）正月，大軍已逼到了南皮城（今河北省東南部）下。袁譚驅逐弟弟、背叛曹操、回絕劉表，把人得罪盡了，自知天下無人肯來相救，若被包圍必定蹈審配之覆轍，只好集結所有人馬與曹操拚死一戰。

兩軍會於南皮城以東，還未正式開打就已殺氣騰騰。袁譚把所有本錢都押在了這一仗上，不但匯聚了所有部隊，散財招募死士，甚至還召集了不少土匪、山賊、強盜、惡霸，把一大批妄想憑藉戰功躋身富貴的亡命之徒都拉到了戰場上。這些人有的連鎧甲都沒有，身穿布袍頭纏布帕，手攥著大刀片，與正規部隊裹在一起，漫山遍野擠擠插插根本無陣勢可言。袁譚披堅執銳親自督率先鋒，一副破釜沉舟的玩命架勢；郭圖似乎認定今天就是末日，連兜鍪都沒戴，披頭散髮像個瘋子，只穿了一件銅片軟甲，外罩醒目的大紅戰袍，駐馬高坡之上，雙手抱著杏黃色令旗指揮全域；他身後還站著一大群鼓樂手，寒風凜冽的時節卻光著膀子，有的敲戰鼓敲得揮汗如雨，有的吹號角吹得面紅耳赤，那陰沉的軍樂勢如奔馬攝人魂魄。一眼望去，袁軍從將帥到士卒充溢著悲壯的氣勢，倒也令人膽寒。

仗打到這個份上還有什麼可說的？曹操只向傳令官吩咐了一個字：「上！」三軍將士邁著穩健的步伐，排著整齊的陣勢向袁軍逼近。張繡的部隊再次擔當先鋒，左有徐晃，右有樂進，後面曹仁、曹洪、夏侯淵、于禁、張遼、朱靈、李典、程昱、劉勳、張郃、路昭、馮楷、張憙、王忠、牛金……各部人馬盡皆出動，今天就是剿滅袁軍的大決戰了。

郭圖深知這就是一場賭博，哪還需什麼穩紮穩打？乾脆高舉令旗，使盡渾身力氣左右搖晃——袁軍似開閘的洪流般叫囂著向曹兵撲去。

以前打仗還要互放弓箭，長戈對峙一段工夫才會陷入搏殺。今天根本沒有這麼麻煩，袁軍冒著流矢齊擁而上與曹兵撞到一處，開始就是慘烈的白刃戰。曹軍可不似敵人這般背水一戰，哪個有心思撇家捨業跟他們玩命？前排士兵舉著盾牌蜷縮身軀，只是抵擋著、招架著、嘴裡咒罵著，竭力保持腳下的位置，雖然陣勢不亂隊伍不退，但還真被這幫亡命徒打得不敢還手。

戰鼓咚咚地敲，號角不停地吹，袁譚舉著長矛催促士兵奮力向前。郭圖狀若瘋癲，把令旗舞得似車輪一般，還在嘶啞地吶喊著：「給我殺啊！殺啊！」淒涼慘烈的鼓樂聲與叫囂聲交織在一起，那些亡命徒好似鬼魂附體，甩著大刀紅著眼睛往前衝——這就是豁出腦袋撞南牆，撞開了權勢富貴滾滾來，撞不開頭破血流不活了，是生是死就這一下啦！

曹操駐馬傘蓋下觀望騰騰沙場，攥著韁繩的手早就出汗了，卻還是沉默不言——人不是鐵打鋼鑄的，再硬的漢子也有個累，再高昂的士氣也不會用之不竭；只要頂過這一陣子，等敵人筋疲力盡再反攻。

曹軍將士人擠人人挨人，後面的兵拿盾牌頂住前面的脊梁骨，每當敵人一浪撲來時，大家就「嘿咻」一聲喊著口號擋住，整個隊伍竟似頑石般巍然不動——曹軍連連得勝，鄴城都拿下了，哪會這麼容易就崩潰？兩軍就這麼僵持著，直過了半個時辰仍不見袁軍懈怠。

張繡、樂進等將都是有血性漢子，從來上陣打仗不顧命，到這會兒還叫人家壓著打，實在忍不住了。樂進也不等什麼軍令了，把掌中盾牌一拋，高舉長矛嚷道：「他媽的！以為老子好欺負的，給我殺啊！」這一嗓子喊出來，他部下扔盾牌的扔盾牌、挺槍的挺槍，當即與敵人幹了起來。張繡、徐晃等將見有人交了手，索性也跟著拚了。

曹操見那幫兵痞的火都鬥出來了，估摸袁軍的士氣也耗得差不多了，乾脆傳下命令全軍出擊，兩軍將士對戰了起來。人只要逼到死路上總要掙扎，故而袁軍拚了這麼久仍銳氣不減，曹軍卻也似狂獸出籠一般，這場仗打得異乎尋常的激烈。鋒利的鏃鏑伴著風聲呼嘯，射穿了鎧甲和頭盔，迸出一陣陣臨死前的慘號；長矛刺入胸腹，帶出片片血霧和白花花的肚腸；大刀鋒利砍過，半個腦袋旋轉著飛起，未倒的身軀兀自張著手臂，朝天空噴出沸騰的熱血；被大戟插中脖子的戰馬一陣狂嘶，踩著敵人和自己人；死屍栽倒在地被人腿馬蹄踐踏著，壓成餅，碎成塊，碾成泥……所有人都聲嘶力竭地喊著，盲目忘我地殺著。

袁譚並非無能之輩，或許性格上有缺陷，打起仗來卻不是孬種。當年袁紹派他到青州時只有幾個小縣城的地盤，是他逐田楷、敗孔融、滅黃巾、打海盜把青州玩命打下來的，也正因如此他才不服袁尚繼承大位。今天禍到臨頭，袁譚又把昔日的勇武拿出來了，他穿了極厚的鎧甲兜鍪，手舞馬矟，帶著親兵衝到了前面，士兵見主帥都拚了，更不顧死活往前衝，槍矛折了再拿佩刀，佩刀失了就用手掐，手臂被斬了兀自牙咬、腦袋撞……真是徹底癲狂了。郭圖這會兒已把令旗扔了——已經沒了章法還指揮什麼？這狂徒拔出佩劍往來馳騁，鼓舞全軍將士：「快殺啊！攻滅曹賊有你們的功名富貴！全天下的金銀美女都是你們的！殺啊……」

這場仗自天亮開始打，拚了兩個多時辰依舊難分勝負，堪堪將近午時，所有人都到了崩潰的邊緣。身負重傷的士兵栽倒在地再也爬不起來，奮死拚殺的勇士腳步踉蹌，胡亂晃動兵器；強弓硬弩連弦都斷了，弓箭兵的手早被勒得鮮血淋漓；騎士胯裡夾了一上午戰馬，這會兒兩腿全都打顫了。至於袁軍那些助威的鼓號早就放下了——都沒勁了。只有郭圖還在操著破喉嚨叫囂著，但已沒人聽得懂他喊的是什麼……雙方都已疲乏，但相較而言仍是袁軍更盛一籌，畢竟他們是倚著鬼門關打仗啊！即便累透了還喘著大氣，踩著屍體繼續衝殺；曹軍戰死的太多了，陣勢逐漸鬆散，已經有人開始倒退了。

曹操也沒料到這仗會打到這步田地。光腳不怕穿鞋的，袁譚、郭圖已別無選擇了，不拚就是死；但曹操可不能拿金碗碰他們的瓦罐子。并州高幹會不會造反？三郡烏丸會不會趁亂來侵？遼東公孫度已經跨海奪地了。若是把兵馬折騰得筋疲力盡死傷慘重，後面的敵人怎麼應付？這惡化的戰局他得一一想清楚，沉默良久終於開了口：「鳴金收兵……」

「且慢！主公萬不可收兵！」

「嗯？」曹操沒想到有人敢攔令，而且還是虎豹騎的統領曹純。

曹純道：「我軍千里蹈敵，進不能克退必喪威；況且咱們是孤軍深入，倘若沒有攻下袁譚的城池，則難以持久。敵懷僥倖小勝則驕，我軍稍敗而懼，以懼敵驕必可克也！請主公發動中軍勇士一併向前，我們這些人也要上陣，激勵將士繼續用命，今天說什麼也得把袁譚滅了！」

他話音未落，許褚在後面嚷開了：「子和說得對，事到如今咱們也拚吧！俺也好久沒殺人啦！」

鄧展「噹啷」一聲把寶劍拔了出來：「今天是個好日子，我也開開兵刃吧！」韓浩、史渙等衛戍將領也跟著紛紛回應。

曹操狠下心來一拍大腿：「好！今日不殺袁譚誓不收兵！老夫久不臨前陣了，今天與你們一起上！」

一個「上」字出唇，後面曹丕、曹真、曹休可不幹了：「我們說是來打仗，一個敵人都沒宰過。父親何須親自出馬，孩兒替您去戰！」

「退下！」曹操一聲斷喝，畢竟還是護犢心切。

三個小子滾鞍下馬拜倒在地，曹真森然道：「父親與諸位叔伯雖身體健碩，畢竟都年近五旬，也該我們晚輩出去廝殺啦！曹家的骨肉難道還能輸與外人？」

曹操心頭一顫——是啊！我曹孟德已是決心做大事的人了，自家子姪也該叫他們積累些資歷了……便微微點頭：「好！初生牛犢不怕虎，你們去吧！」

「謝父親！」曹真歡呼一聲再次上馬，曹純卻向他附耳道：「你們就跟在我後面，不要亂跑，明白嗎？」

「明白明白。」曹真心裡也有數。

曹丕也要出戰，可還沒跨上馬就被曹休推了下去：「多一個不多，少一個不少，豈能都去？你得保護主公周全！」話說得重，私情卻在其中——有乾兒子有親兒子，已經死一個曹昂了，還能再叫這位大公子以身犯險？剛搶了袁家的漂亮媳婦，萬一再玩出個小寡婦來還了得。曹休表面呵斥，實則保護曹丕安全，以此為由還不丟公子的臉面。

曹丕也很精明，自然明白曹休的好意，拔出佩劍往父親馬前一擋：「放心！萬事有我！」假模假式擺出個大義凜然的架勢，不明底細之人還真為他叫了幾聲好。

一人拚命萬夫難當，何況袁譚麾下有數萬亡命之徒！曹軍已漸漸趨於劣勢，疲勞的兵士早就失去了鬥志，不過是虛晃兵刃招架眼前的亡命之徒，只盼這場戰鬥早點兒結束。哪知鳴金之聲沒等來，卻聽到一陣激昂的吶喊：「破敵誅賊就在今日！願立功者隨我殺啊……」士兵甩臉望去——但見中軍校尉鄧展手握長劍奔至陣中。他本不善騎射，憑的是身手敏捷劍術高妙。混亂的沙場上滿是兵刃、屍骨，可他躥蹦跳躍健步如飛，如同在許都大街上游走一般輕鬆，反而跑在了眾騎兵前面，眨眼間就衝到了袁軍眼前。

兵刃搏鬥講究「長見短，不容緩；短見長，不可忙」，有兩個手持長矛的袁軍見來了短傢伙，當即憑藉兵刃優勢一哄而上。怎知鄧展看準時機縱身一躍，將兩支長矛踩在腳下，猛揮長劍奮力一斬，竟將矛頭齊刷刷砍下，繼而又向前一躍連出數劍，將二人刺死在地。

後面袁軍可炸窩了，亂烘烘齊向鄧展下手。他以寡敵眾卻不慌不忙，時而斬時而刺，時而左躲右閃，時而舞動長劍猶如車輪。後面曹休、許褚、史渙、韓浩等率領的虎豹騎也到了，都是呼喊著衝入敵陣。袁軍搏殺了一上午，被這支彪悍勇猛的生力軍突過來，連騎士都驚得四散而開。其實千八百人不可能扭轉戰局，但對士氣影響太大了。眾士卒見虎豹騎也上戰場了，氣勢為之一振，不少人重新抖擻精神挺槍而起。正在此時，又聽得一陣氣壯山河的戰鼓聲，大家回頭打量，有一員花白鬍鬚的老將脫去戰袍正站在轒車之上振臂擂鼓——正是曹操本人！

曹操見眾人都在觀望自己，知道三軍必受鼓舞，更裝出一副驚訝之態，遙望敵陣高喊：「快看！袁軍敗了！追啊……」荀攸、郭嘉、曹丕等愣了一下，隨即明白過來，也跟著嚷：「敵人要逃，快追啊！」

戰場上每個人都恰如汪洋中的一滴水，根本看不到全域。後方觀陣之人說敵軍退了，士兵們信以為真。主帥擊鼓親兵衝鋒，勝利就在眼前，將士早忘了疲勞，齊向袁軍撲去，雖遇袁軍頑抗，還以為只是掩護撤退的斷後之敵呢！

到了這會兒袁軍已是強弩之末了，萬沒料到曹軍突然振奮起來；強頂一陣見曹兵前仆後繼好似猛虎，便放緩攻勢稍稍退縮了些。這一退可不要緊，曹兵更以為袁軍敗了，乘勝追擊的勁頭全上來了，曹休等將更是帶頭吶喊：「袁軍敗了！」有些打前哨的士兵情知有異，但硬叫後面的人擁著衝了上去——那怎麼辦？拚唄！

但凡拚死命者心中必定懷懼，都是迫於形勢才激發出來的。袁軍自知背水一戰，這會兒滿耳朵都是「敗了」，又見曹軍鑼鼓震天人人奮勇，也就認為是真敗了——霎時間絕望、無助、悔恨各種悲愴之感襲上心頭。有人奪路而逃，有人拋下兵刃跪地乞活，陣勢一下子亂了。

袁譚見此情景驚恐萬分，趕緊疾呼：「咱們沒敗！沒敗！」但他一個人的嗓子哪敵得過成千上萬的曹兵，還是止不住潰退。他拔出寶劍要殺逃兵立威，卻覺臂上劇痛，有一支流矢正中在腕上，這下把親兵也嚇壞了：「將軍中箭啦……逃啊……」事到如今逃命要緊，誰還顧得上主子？前軍一潰後面不明就裡也跟著潰，敗局無可挽回。

袁譚拔掉箭杆還欲再戰，回首四顧連親兵都散了，哪還有人聽他指揮？正錯愕間曹兵也殺到了，一柄大刀迎面橫劈而來，他趕緊伏倒馬背，只聞「哐啷」一聲——腦袋是保住了，連兜鍪帶髮髻全被削了去。這一刀把袁譚最後的鬥志也給削沒了，他驚慌失措撥馬而逃。

虎豹騎並不識得哪個是袁譚，但有一個錦繡戰袍披頭散髮的將領在陣中分外顯眼，所有人都來追他。袁譚只想逃回南皮城再忍一時，卻被自家敗兵阻住去路，連踏數人之後終於被戰馬掀翻在地。他倉皇爬起，眼見舉著大刀的曹兵如催命鬼般已湧到了眼前。

此時此刻什麼爭強好勝之心，什麼四世三公之貴都沒了，求生欲促使他放聲高呼：「饒了我！我能富貴汝等……」話音未落腦袋已被斬飛在半空中。

郭圖在高坡上瞧得清清楚楚——完啦！終於完啦！或許鼓動袁譚造反的那一天，他就猜到是這個結果，其實他早已不在乎生死了，反正不教唆袁譚造反，審配等本土豪族掌權也不會給他這個外來士人好日子過，結果還不都是一樣嗎？與其在審配的陰影下窩窩囊囊慘澹度日，倒不如拿袁氏興亡賭一把，人去留名雁過留聲，哪管是善還是惡。現在他賭輸了，把佩劍一扔，任憑親兵四散奔逃，自己端坐馬上等待死亡。只是眨眼間的工夫曹軍騎兵步兵全到了，宛如一股巨浪迎面打來。

郭圖不降不逃，反而一陣狂笑，猛然張開雙臂呼喊道：「來吧！我郭某人死於沙場也算有始有終！哈哈哈……」伴著淒厲的狂笑聲，衝在前面的七八支長矛同時刺入他體內。當兵的倒有心留他個全屍，無奈後面不知情的同袍還在咋呼著往前衝，推推搡搡間七八支長矛左搖右擺——竟將郭圖的屍身扯成了碎片。

曹操未敢鬆懈，還在拚命擂鼓，卻見疆場煙塵散去，袁氏的兵馬已作鳥獸散——成功了！袁氏完了！天下再無強敵啦！打了這麼多年仗，為了這一天吃了多少苦、受了多少累……他先是一陣茫然，繼而將鼓槌拋向空中，揮舞雙臂仰天大呼，「我勝了！萬歲——萬歲——」

曹丕有生以來未見父親如此興奮過，手舞足蹈歇斯底里，便也跟著高呼：「萬歲——萬歲——」身邊謀士、掾屬、衛兵都跟著喊起來。

轉眼間戰場上人喊馬叫，所有兵將都揮舞兵器跟著高呼，不過喊的卻是：「曹公萬歲！」那聲音越來越大、越喊越齊，恰如驚天巨雷在平原上迴蕩。

曹公萬歲——曹公萬歲——曹公萬歲——

所有人都在叫嚣，唯有荀攸地陷入了沉思——曹公萬歲？三軍將士都在喊曹公萬歲。「萬歲」二字豈是隨便叫的？

曹操還在狂吼不止，郭嘉打馬奔來：「敵軍餘孽尚在，主公還不速速趁勢奪取南皮？」一句話提了醒，曹操躍上戰馬，拔劍高呼：「奪取南皮，衝啊！」

將士們此刻都像中邪了一般，叫嚣著、歡呼著向敵城衝去。袁譚和郭圖都死了，誰還有心思守城？南皮城四門大敞，守軍丟盔棄甲死命奔逃。衝在最前面的樂進早縱馬躍過澗溝，逢敵便殺遇人便刺，當先闖入城內。

曹操馳至城門前勒住戰馬，看著英勇的三軍兒郎，又狂叫起來：「殺啊！殺啊！將袁譚、郭圖滿門給我斬盡殺絕，你們都是我曹某人的功臣！城裡所有的東西都賞給你們！隨便搶！」

士兵聽聞此言愈加興奮，舉著長矛大戟往裡衝，哪管什麼百姓婦孺，逢人便殺，看見東西就搶，恨不得把南皮城掀個底朝天——只要將軍肯下令搶，兵與匪都是一樣的。

眾謀士隨後趕到，見此慘絕人寰的情景無不驚愕。突然有個士兵衝到曹操眼前，摘掉頭盔往地上一扔，厲聲喝罵：「曹孟德！你原形畢露啦！收買人心的勾當不幹了嗎？」

這句罵不啻冷水潑頭，曹操立時清醒過來。身邊的親兵可不管那麼多，見有人敢辱罵主帥，七八支長槍立時刺了過去。

「住手！」郭嘉眼前一亮，匆忙跳下馬來，「主公留此人活命，他乃冀州從事李孚！」

這小兵果是李孚改扮，見郭嘉道破行藏，放聲大笑：「哈哈哈……我以為大名鼎鼎的曹孟德是個愛民如子的仁人君子，想不到是個矯情飾偽的害民賊！」

曹操一激靈打了個寒戰——籠絡河北人心之事險些毀於一旦。趕緊傳令鳴金。他治軍素來嚴格，命令傳下三軍不敢不退，所幸將士入城不深，只搶殺了城門附近一帶。即便如此，無辜喪命者也不在少數。曹操馬上拱手道：「先生潛過連營往鄴城傳書，又神不知鬼不覺混入我軍，真乃一代奇士。老夫方才唐突，承教了！」

李孚趨身行禮：「曹公無需多贊，當務之急是穩定城中人心。」「可有良策？」

「宜令河北新近投誠者進城宣示明教，申明軍紀，如此百姓自安。」

曹操自馬鞍兜囊裡抽出一面小令旗，朝李孚一扔：「由你去辦！」

李孚眼明手快已經接住，兩人對視一眼，都笑了——新近投誠者進城宣教，接了這令旗，可就算投誠了。

李孚這才跪倒在地：「請問宣教何辭？」

「只要百姓能安，說什麼都行，隨你的便吧！」

「諾。」李孚起身，借了郭嘉的馬，喊著：「城內百姓各安故業，不得相侵！」馳入城中去了。

曹操撚髯而笑：「此人可用。」

此時入城抄掠的士兵已退出來了，俘獲的、投降的將領也被押解到了，王圖、張憙、牛金、嚴匡等小將都提著敵方人頭來請功。一片嘻鬧間又見辛毗披頭散髮跑來，拉住一員被俘之將喝問道：「我兄長辛仲治何在？」

那人雙手被綁，已嚇得半死，說話支支吾吾：「他、他……」

「說啊！」辛毗揚手就是一記耳光。

「他死了。」

「什麼！兄長死了？」

那人顫巍巍道：「辛評先生聽說你輔佐了曹操，又致使滿門家眷遇害，他……他氣死了……」

「啊！」辛毗大叫一聲暈厥在地。

郭嘉、曹丕趕緊搶上去抱住，又揉前胸又拍後背，好半天才緩醒過來。辛毗臉色蒼白，兩眼死死盯著郭嘉，喃喃道：「當日你勸我賣主歸降，是不是早料到有今天？我辛佐治自作聰明，真是瞎了眼啊……兄長……」

「別著急……」曹丕關切地揉著他肩膀，「我父感念您大功，定不會虧待於您。不是還有女兒嗎？需為女兒想啊……」

郭嘉確實料到營救辛氏一族非是易事，卻沒料到會是這麼慘痛的結局。此刻見辛毗歸咎於自己，嚇得倒退幾步。又覺腳下一滑，低頭看去——是具支離破碎血肉模糊的屍體，也不知誰弄來表功的。

雖然那屍體已殘缺不全，郭嘉還是認出了那張布滿皺紋的、嚴肅的臉；他越發心神不寧，只覺胸口處一陣陣窒息之感……

議復九州

除了誅殺袁譚之日的那點兒小風波，收取穩定南皮的事務進行得很順利，有了接收鄴城的經驗，在李孚宣教之後，曹操回到大營乾脆又發了道《赦袁氏同惡令》，把赦免同黨、禁止仇殺、禁止厚葬確立為三大準則，這不僅適用於河北，也可用於接收任何城池。

曹操佇立在南皮西門城樓，望著下面密密麻麻無邊無垠的兵馬。曾幾何時這是夢裡才有的情景，現在真的實現了。出兵河北不但攻城奪地，還收編了大量兵馬，呂詳、呂曠、馬延、張顗等都是整部投誠的，還有許多被獲投降的。而且眼前的還不是全部，還有留守鄴城的、屯駐許都的、派到幽州去的……對於一個將軍而言，統領部隊越多越覺風光，在這方面曹操已經滿足了。

前幾日傳來喜訊，袁尚、袁熙已被麾下叛將擊敗，放棄幽州投靠烏丸部落；青州方面也接收得差不多，只有樂安郡還在抵抗——曹操中原霸主的地位已無可撼動。慶功酒喝了，有功之人賞了，歸降之人封了，接下來又該忙些什麼呢？

校事盧洪就站在曹操身後。他剛從許都趕來，匯報近來朝中情況。不過他所言不是什麼軍國大事，而是京中達官貴人日常都幹些什麼、說些什麼、與什麼人交往——曹操雖不在許都，卻對朝中百官的一舉一動都瞭若指掌。

盧洪長得又高又瘦，狗舌頭般的一張長臉，他出身低賤，但辦事精明強幹；曹操明明背對著他，但他還是低著頭貓著腰，不敢比曹操高出半寸，口中叨叨念念：「伏完又得了一場病，我聽人說皇后最近常常給她爹伏完寫信，但伏完從來不看，不是燒了就是退回去。寫的什麼也沒人知道……」

「哼！」曹操一陣冷笑——寫的什麼？無外乎叫她父親設法制約老夫！惜乎伏完沒那個膽子，即便有也不可能辦到，急得老病纏身臥床不起，連女兒的信都不敢看了！曹操抬手打斷盧洪的話，冷冷問道：「最近華子魚、王景興、孔文舉都在幹什麼？」

盧洪匯報道：「華歆每日協助中台打理事務，唯主公之令是聽，並無不當之處。王朗除了朝會一概閉門在家，不與人來往。孔融最近沒找什麼麻煩，但整日在府中聚酒豪飲，總喝得爛醉如泥。」

曹操對孔融的行為越來越不能容忍了。前番攻取鄴城，不少大臣都來信祝賀，孔融也寫了賀信，卻在裡面說「武王伐紂，以妲己賜周公」。誰不知呂望處死妖妃妲己之事？曹操不明就裡，還以為這是哪本古書上說的，回信詢問這典故來歷，孔融卻回信說「以今之事度之，想當然耳」——明擺著諷刺曹丕納甄氏之事。

故而曹操聽說孔融聚飲，立刻關注起來：「他和誰一起喝酒？」

「議郎謝該、太醫令脂習，還有楊彪之子楊修。」

「這幾個人倒也不會出亂子。」議郎謝該是個做學問的人，除了研讀《左傳》不參與任何事。脂習是厚道和善之人，雖說與孔融交情不錯，對曹操也唯唯諾諾，況且一介六百石小官能幹什麼？至於楊修小兒，連他老子都稱病不問世事了。可即便如此，曹操還是不能寬容，悻悻道：「你回去時替我轉告荀令君，國家危難糧產不豐，立即禁酒！」

「諾。」盧洪突然想起件事，「最近孔融寫了篇文章。」

「什麼文章？」曹操提高了警惕。

「我也看不懂，反正是寫給陳群的，好像叫什麼《汝潁優劣論》。陳群總說他們家鄉潁川出賢才，孔融就拿汝南士人跟他比。咳！反正是開玩笑打嘴架唄！」

「玩笑？哼！」曹操可不這麼認為——他手下謀士似荀氏一族、郭嘉、鍾繇都是潁川人，而汝南是袁紹的家鄉。孔融這個節骨眼上辯論潁川之士與汝南之士孰優孰劣，豈不是故意搗亂？曹操倒有心整治孔融，可轉念一想，遼東還有邴原、管寧、王烈等名士尚未召回中原，現在還不能動手。思來想去無可排遣，恨得咬牙切齒。

這時司空長史劉岱領著董昭上了城樓，二人給曹操見禮。劉岱把董昭留下，自己訕訕而退——曹操早有過吩咐，在盧洪、趙達奏事的時候，若無特別關照不准旁聽。

董昭也自覺有礙：「主公喚在下有何吩咐？」

曹操沒搭理，見劉岱要走，忙叫住：「你去拿筆墨書簡過來……盧洪，繼續說，還有什麼事？」

盧洪瞥了董昭一眼，緘默不語。

曹操卻道：「不用避諱，但說無妨。」自從那次充滿玄機的談話之後，他已把董昭視為心腹股肱，在某種程度上甚至超過了郭嘉。

「諾。」盧洪接著說：「許都市井有人傳言，現在當官的都是出自軍功之人，還說……」

「說什麼？」

「一群武夫當國……」

「其心當誅。」曹操攥緊了拳頭。劉岱正抱著筆墨書簡過來，見風頭不對放下東西就跑了。曹操思索了片刻，陰沉著臉道：「請公仁代筆，我要寫道教令。」

「諾。」董昭領命，但左顧右看城上連個几案都沒有，難道趴在城垛子上寫？

曹操回過頭來一指盧洪：「趴下！」

「啊？」盧洪嚇了一跳，又不敢不聽，只得伏倒在地。

「你就在他背上寫。」

董昭應了一聲，盤膝坐於地上，把竹簡筆墨往盧洪背上一放——還真合適。

「我說，你來寫……議者或以軍吏雖有功能，德行不足堪任郡國之選……」說到這兒曹操頓住了，猛然想起孔融當殿奚落郗慮的那句「可與適道，未可與權」，心頭一陣冷笑，後面的話脫口而出：

> 議者或以軍吏雖有功能，德行不足堪任郡國之選，所謂「可與適道，未可與權」者也。管仲曰：「使賢者食於能則上尊，鬥士食於功則卒輕死，二者設於國則天下治。」未聞無能之人，不鬥之士，並受祿賞，而可以立功興國者也。故明君不官無功之臣，不賞不戰之士；治平尚德行，有事賞功能。論者之言，一似管窺虎歟。

這道教令可謂一石二鳥，既駁斥了對軍功任官不滿的人，也教訓了孔融幾句。孔融與郗慮當殿爭執的事鬧得沸沸揚揚，曹操點出「可與適道，未可與權」這句話明眼人都知道說誰，就像當眾搧了孔融一巴掌。

董昭寫罷捧到曹操面前，他連看都沒看，只道：「你辦事謹慎，我放心！」又問盧洪，「還有何傳言？」

盧洪在城磚上趴了半天，腰酸腿疼，半天才爬起來，氣喘吁吁道：「也沒什麼了，再有就是軍營裡議論的，是關於陳矯的。有人說陳矯是劉家過繼之子，娶的婆娘也姓劉，還是本家族妹，都說這不合同姓不婚的規矩，有礙人倫。」

「可惱！」曹操眼睛都瞪圓了——這話看似說的是陳矯，其實與曹操直接相關。曹操之父曹嵩乃夏侯家過繼之子，曹操本夏侯氏之後；而曹操的女兒嫁與夏侯惇之子夏侯楙，跟陳家、劉家之事性質相同。說陳矯同姓成婚有礙人倫，在曹操聽來與說自己有什麼分別。

董昭也悟到這一層了，卻不把此事往曹操身上引，轉而道：「隨意妄言乃古今之一害。孝順帝朝司空第五倫公忠體國一代能臣，卻有人說他毆打丈翁，事後查明第五倫先後娶了三個孤女，根本沒有丈翁！」這席話說得曹操連連點頭——第五倫與袁紹高祖父袁安互為政敵，兩人同為賢臣卻政見相左，拿第五倫說話也有貶低袁家之意。董昭只三言兩語就把火引到別人身上了。

曹操捋鬚片刻：「再寫一道整治風俗的教令……」

盧洪差點兒哭出來，剛伸直腰，窩窩囊囊又跪下了。董昭不知是故意捉弄他，還是真有什麼要緊話要說；不忙著動筆，又向曹操建言道：「在下有個不情之請，請主公這道教令不要直論陳矯之事。」

「你的意思是？」

「方才主公引用佞臣之言『可與適道，未可與權』……」董昭不提孔融，卻乾脆來了個佞臣，「在下以為發此議論者，其心實難測也！適道者，順歸世事，亦大德也，何損之有？老子曰『和其光，同其塵』乃處事為政之道。天下人若能適道而行，國必無亂矣。那些大膽妄言之人有的出自無心，有的品行低下，還有的居心叵測，乃是蓄心險惡結黨亂政之徒。主公當以斥責妄言批判結黨為下，統一輿論申明是非為上！」他顛倒是非，把隨波逐流說成是與時俱進，把談論事實都歸為結黨謀逆。言外之意就是請曹操下令，今後全天下人都要老老實實聽其一人之言，遵其一人之命，稱其一人之德，不允許出現其他議論的聲音。

曹操只淡淡道：「我明白，你寫吧！」說罷醞釀片刻又娓娓道來：

> 阿黨比周，先聖所疾也。聞冀州俗，父子異部，更相毀譽。昔直不疑無兄，世人謂之盜嫂；第五伯魚三娶孤女，謂之撾婦翁；王鳳擅權，谷永比之申伯，王商忠議，張匡謂之左道：此皆以白為黑，欺天罔君者也。吾欲整齊風俗，四者不除，吾以為羞……

這道教令寫完，董昭大感失望，這說的不是統一言論，還是泛泛而談，可又不好再說什麼。盧洪這充几案的差事實在比監視人更難，跪了這半天，雙腿發麻爬不起來。曹操走到他面前冷冷道：「知道今天為什麼讓你趴著嗎？」

盧洪翻著母狗眼：「屬下不知……」

「因為你借職務之便勒索民財，以為我不知嗎？」曹操早有算計，他對盧洪、趙達說過，誰辦差盡心誰升任掾屬，甚至可以充任司直，可兩人只能升任一人。所以盧趙二人不僅僅盯著別人的錯，還在互相挑錯，誰有什麼劣跡另一方馬上打小報告——這就是高明之處。
能出去胡作非為！不然人家罵的是我！」

盧洪連連磕頭。

曹操劈頭蓋臉教訓道：「你就是老夫的一條狗！我叫你咬誰你才能咬誰，不能隨便亂咬，更不能出去胡作非為！不然人家罵的是我！」

「小的知罪……知罪……」盧洪體似篩糠連連叩首，「我是狗……是狗……」

說到這兒曹操歎了口氣，又換了一副和藹的嘴臉：「行了，這次老夫就不加罪了。只要你們時時處處為我著想，我自不會虧待你們。當了這半天的几案，我賞賞你，你去找劉岱要筆賞錢，也好拿回去氣氣趙達，叫他也加把勁兒！」曹操不但要用小人，還挑唆他們互相爭鬥，以免被他們串通蒙蔽——監視人這一套，是跟父親曹嵩學來的。

「謝主公，謝主公。」

「去吧！」

盧洪跪了半天，又磕頭磕得頭昏眼花，想站都站不起來了，真跟條狗一樣，爬著就走了。

城樓上只剩下曹操與董昭兩個人了。董昭剛才的建議沒有被採納，垂首侍立不敢再多言，曹操則目光炯炯凝望著城外，好半天才開口：「公仁，你是不是覺得我那道教令說得太輕了？」

「不敢。」

「其實你說得很有道理，只是……路要一步一步走，不能邁得太大，也不能邁小了。你的建議還是太早了，現在還需要有人說話。」曹操心裡已有算計——他可以走上九五之尊，但絕不能孤獨地走下去，必須要有一大群人出來唱讚歌，這也是要別人與他分謗，等天下一統的時候再行禁論之法。

「諾。」董昭只是應了一聲。這畢竟是陰謀詭計的東西，做下屬的既不能反駁，也不能稱頌，順口搭音是最好的應對。

「所以……」曹操轉過身來，「我叫你來是想問問你，現在邁哪一步才不遠不近。」

董昭早就未雨綢繆，但還是裝作一副冥思苦想的樣子，憋了半天才道：「河北之地剛剛收復，天下久亂當復古制以正世風。若以在下之見……可恢復九州之制①！」

董昭說得似乎為天下蒼生，實際暗藏玄機。改易九州意味著天下行政區域重新劃分，十三州合併成九州，僅對冀州而言就增添了原本屬於幽州、并州的領地，甚至連原屬三河的河東郡都歸進去了。曹操現在有冀州牧的兼職，又有假節之權，凡冀州統領下的郡縣他可以不經朝廷請示自行施政。也就是說冀州幾乎等於曹操的獨立王國，如果恢復古制把冀州擴大，再加上一個原本就在其掌握的兗州……

另外還有一層隱晦的意思：九州之制漢家天下並未推行過，只有篡漢立新的王莽曾經搞過；現在把這個提出來，豈不是一個改朝換代的信號？此議一出贊成者、反對者各自表態，也就涇渭分明了。

曹操臉上不動聲色，連董昭也瞧不出他在想什麼，隔了好久才淡然道：「摸著石頭過河……你就試試吧！」

「諾。」董昭明白了，這就是默許自己上表朝廷提出改易的建議，曹操自己不直接參與。董昭似有為難，咕噥著：「在下只怕……怕……」

「怕荀令君反駁你？」曹操把話挑明──其實他自己又何嘗不怕？能有今天這般成就乃是他與荀彧一個主外、一個主內共同營造的結果。而荀彧是什麼樣的人，曹操能不清楚嗎？

董昭把頭壓得很低，連大氣都不敢出。他明白憑實力根本鬥不過荀彧，無論幕府還是朝堂甚至軍隊，找不出一個跟荀彧沒關係的人。惹怒了荀文若，人家罵你一句諂媚小人，其他一人一口唾沫就能把你淹死！

「這樣吧，」曹操提出個想法，「你不要上表，先寫封信給令君，私下裡說說，等火候差不多再公開建言。」

「諾。」董昭雖然答應，但心裡還是不甚釋然。

「放心吧，你與令君都是我股肱之人，即便小有爭執，老夫也不會有偏有向的……」

「報！」劉岱、許褚等人跑上城來，「主公！有人為袁譚收屍！」

「哦？」曹操一愣，「老夫已傳令，替袁氏收屍者死！倒要去瞧瞧誰有這麼大的膽子。」又回頭看看董昭，「大抵就是這樣，你看著辦吧！兩道教令少時把它發出去。」

劉岱、許褚帶路，也不下城了，索性從西城樓直接繞到南面。走著路曹操還不忘交代劉岱：「你明天與丕兒、真兒、卞秉回許都一趟。」

「主公有何吩咐？」

「把老夫所有家眷接到鄴城去。」

「搬家？」劉岱很意外，「住到哪裡？」

曹操咯咯笑道：「我已命鄧展他們去鄴城，逐劉氏一家出府了。」

劉岱身為司空長史是絕少提意見的，但今日卻覺曹操出爾反爾有些過了：「此舉恐怕不妥吧？將袁氏遺孀掃地出門，會不會招致非議？」

「哼！此一時彼一時也，現在已不是老夫哭祭袁紹的時候了，袁譚死，袁尚逃，兩道教令發下

---

①九州之制，《尚書．禹貢》記載的地理劃分方法。九州為雍州、冀州、梁州、兗州、豫州、青州、徐州、荊州、揚州，漢代自漢武帝施行十三州制（部分時期為十二州），並未採用九州之制，唯王莽所立新朝曾短期執行。

去，那些河北舊僚誰還敢對老夫說三道四？」曹操也不看劉岱，雙眼只瞅著腳下的路，「老夫兼任冀州牧，內眷隨官合情合理。把劉氏一家轟出鄴城府邸，錢財可以還給她們，府邸得給我留下，那是本官的州牧府！」說話間已到了南門城樓，許攸、婁圭、陳矯、仲長統等早到了，正對著城下指指點點。

放眼望去只見密密麻麻有好幾十具屍體曝天——那是袁譚與郭圖全家，連那個象徵性當過曹操兒媳的小姑娘都在其中。就在袁譚的屍首前，有個身材瘦削破衣爛衫之人正被士兵繩捆索綁。曹操放開嗓門嚷道：「老夫有令，袁譚叛國叛家不忠不孝，有收屍者與其同罪，你是何人，敢以身試法！」

那人被士兵壓著跪倒在城下：「青州別駕王修。」

「王修？王叔治？」城上的人交頭接耳。

曹操也沒料到這個人自投羅網：「你雖是袁氏之臣，痛改前非尚可寬恕，但是為袁譚收屍乃不赦之罪！」

王修泣道：「在下受袁氏厚恩，又曾在袁譚手下為官，若得收殮譚屍然後就戮，死無所恨也！」

仲長統最是心善，湊到曹操耳邊低聲道：「不忘故主乃義士所為，主公就饒了他吧！」其實豈用他多說，王修在青州名震一方，又曾擔任別駕，得此人如得半個青州的民心啊！

「就依公理之言。」曹操衝著城下吩咐，「王叔治，若按朝廷之律本當將你處死，老夫念你忠義法外開恩，准你收殮袁譚屍骨！」他以前從來都是把朝廷頂在頭上，現在索性自己站出來收買人心了。

「謝明公……」王修納頭便拜。

「你叫老夫什麼？」曹操擺了擺手，「叫得不對不准鬆綁！」

「謝使君……」

曹操還是不理睬，木然盯著他。

王修清瘦的身子顫抖了幾下，思慮半晌無可奈何，只得一個頭磕在地上，顫巍巍道：「謝主公……」

「鬆綁吧！」曹操笑了，「你既叫我主公，就算是幕府掾屬了，三日後營中聽差。」他既要幹大事，必要將天下之才一網打盡。

見眼前的事處理完了，陳矯擠到曹操身邊：「主公方才哪裡去了？軍師剛才急著找您。」

曹操笑道：「我幫你闢謠出氣去了。」指的是教令的事。

「嗯？」陳矯不明就裡。

曹操也不多解釋：「軍師何事尋我？」

陳矯一五一十道：「焦觸假幽州刺史之職，召集闔州官員歃血為盟，宣示歸順主公。但境內匪人趙犢、霍奴趁亂造反，還勾結了烏丸人，據說袁尚、袁熙也參與其中，正在集結隊伍打算殺回幽州。鮮于輔雖與護烏丸校尉閻柔聯手，恐內外交困不能退敵，請您派兵支援。」

「連烏丸人都被他兄弟勾來了？也罷，老夫一併收拾！」

「還有，」陳矯又道：「也是剛剛才得到的消息，遼東太守公孫度身染急病，已於三個月前暴斃。」距離遙遠通訊不便，三月前的消息到今天才知道。

「哦？死的好啊！」公孫度野心勃勃而又勇武善戰，甚至扣押了朝廷派遣的樂浪太守涼茂，也是曹操潛在的敵人，「誰人繼承他統領遼東？」

「公孫度並無嫡子，庶長子公孫康繼位。」陳矯撇了撇嘴角，「據說這個公孫康比他老子還狂妄，非但沒釋放涼茂，還自稱『遼東王』，把您賜予的永寧侯印綬擅自轉給了弟弟公孫恭。這對兄弟根本沒把朝廷放在眼裡嘛！」

「不忙，咱們一個一個對付。」曹操倒是沉得住氣，「代我傳令，全軍將士休憩準備，三日後北上救援幽州，先打退烏丸再說。」

陳矯一時沒反應過來：「不用全軍前往吧？」

「沒錯，就是全軍出擊。」

陳矯滿臉憂色：「大軍北上遠離中原，若并州高幹反了……」

「他不反怎麼去打？我要的就是他反！」曹操此刻的笑容頗為猙獰，「四海之內不可留一患！調荀衍為監軍校尉，權領冀州軍政事務；分樂進、李典兩部暗中回轉冀州防備高幹，略有造反跡象馬上出擊。」他暢快淋漓地傳完令，忽覺有些冷清，今天既沒人與他共論戰術，也無歌功頌德之聲，「軍師和奉孝呢？」

仲長統回稟：「奉孝胸悶氣短告假休息呢！可能是看了郭圖的屍體，心有不忍了。他不在，軍師也不好離開中軍大營。」

「唉……」曹操搖頭苦笑，「當初問他赦不赦郭公則，他一口咬定不用管，現在殺了又不忍心，就看在奉孝的面子上把郭圖的屍首也安葬了吧！」

其實這也是朝令夕改，明明說不准收殮，最後袁譚、郭圖的屍首也都入土為安。可曹操不自覺，別人又敢說什麼呢？

第十六章

移居鄴城，曹操邁出代漢自立的第一步

征討高幹

果如曹操所料，并州刺史高幹聽說曹軍主力北上討伐烏丸，深知這是最後的機會，立即囚禁了許都派遣的官員，再次起兵造反；與之串通一氣的還有崤山的黃巾匪首張白騎、弘農的豪強張琰，以及河東太守王邑舊部衛固、范先等人。但這一切都在曹操的算計之中，不可能再掀起上次那樣的風波了。

河東太守杜畿不負荀彧推薦，小試牛刀耍了點手腕，便控制住了衛固、范先的部隊；澠池縣令賈逵與張琰虛與委蛇，也將其騙出城外。張白騎兵馬所到之處，各縣池都已緊閉城門嚴陣以待，攻不能取掠無所獲，手下的兵又是東拚西湊來的，只得聯絡荊州劉表共同行動。但荊州援軍還沒到，鍾繇已調來了西涼馬騰的大軍，不費吹灰之力就將各路叛軍擊潰，張白騎、衛固、張琰等叛賊盡數被誅；劉表喪失內援，也只得再次放棄北伐的打算。高幹原計劃聲東擊西奇襲鄴城，可各路回應之兵相繼失敗，他派往冀州的軍隊也被荀衍打得全軍覆沒，反倒招惹來樂進、李典翻越太行山直逼上黨郡要塞壺關，這場叛亂之火不但沒傷到曹操，反而燒到高幹自己身上了。

建安十年八月曹操大軍抵達幽州，誅殺了反賊趙犢、霍奴，並與度遼將軍鮮于輔、護烏丸校尉閻柔會合，陳兵獷平要與三郡烏丸決戰。那些烏丸人不過借袁氏的名義趁火打劫，哪會真為袁尚、袁熙報仇？一見曹操氣勢洶洶而來，情知招惹不起，帶著搶劫的財物連夜逃出塞外，袁氏兄弟迫於形勢也只好捨棄故地相隨而去。

三郡烏丸不戰而逃，幽州局面也大體安定。曹操立刻回軍向東，趕往太行山口與樂進、李典會合，將數萬大軍逼近壺關①，又分派各路人馬嚴密封鎖了并州南下的要道，高幹的末日已經不遠了……

太行山脈自北向南割斷了晉中高原與華北平原，上黨郡地處并州與冀州交界，是溝通太行東西的要道。上黨郡因「郡地極高，與天為黨」而得名，此處地勢險要易守難攻，自古就是兵家必爭之地；而壺關更是險中之險，就處在太行山峽谷之間，整個縣境受地形限制兩邊窄中間寬，就像把壺的形狀，故而得名。此處南北山勢陡峭，其間或崖或谷或林或泉地形複雜，唯有一條崎嶇纏繞的窄道可以通行，被當地人稱其為「羊腸阪道」，果真是一夫當關萬夫莫開。

前番高幹明明是假意投降，曹操卻不問真偽全然准許，固然是有先破袁譚、袁尚的考慮，而更重要的則是懾於壺關地勢。倘若不把背後的敵人消滅乾淨，他是絕不敢犯此天險的。如今只剩下高幹未平了，曹操才下決心孤注一擲。

羊腸阪道彎彎曲曲百轉千迴，兩旁除了斷崖就是絕壁，根本沒有能下腳的地方，最窄的路段只能通過一兩個人。到了這裡兵馬越多越麻煩，樂進、李典輕兵涉險尚且不易，曹操數萬大軍又正逢冬天，可謂難上加難。士兵都擠在崎嶇的羊腸小路上，拉成了長龍，一天也走不了十幾里地。輜重運輸更成了難題，有馬匹卻只能牽著走，糧車全靠人力推拉，不知累垮了多少兵士。發放口糧也改了規矩，從後面的車上取食物，一個一個手接手往前遞，從早晨一睜眼就開始傳遞口糧，有時半天工夫才能傳到最前面。這本就是個寒冷的冬天，山嶺間的風力更是猛烈，耳畔滿是北風的呼嘯聲，穿再多衣服都擋不住寒氣，士兵打著哆嗦行走在險道上，只要一個趔趄就滾落懸崖之下摔得粉身碎骨，推車的人稍不留神，整車糧草軍械就掀下去了。

曹軍受盡千辛萬苦總算踏入壺關地界，雖然沒有懸崖了，但寂靜幽谷又冷清得嚇人。道路顛簸不平，始終不見人跡，峽谷陰冷積雪不化，樂進、李典先行留下的標記完全被冰雪覆蓋，什麼都找不到，部隊幾乎是一邊清雪一邊推進。此處還是潞河發源地，水流交錯瀑布眾多，常常要搭便橋才能通過。曹操咬緊牙關一路堅持，總算是挺了過來，當大軍與樂進、李典會合時，已經是建安十一年正月了。

曹操將兵馬屯於壺關城外，又把自己的中軍大帳安置在了北邊的百穀山[②]山麓，俯瞰著整個戰局。不身臨其境不會明白，高幹之所以敢造反就是靠這座雄關峽谷，這樣的天險靠人力是奪不下來的，先前派來的樂進、李典雖然拖住了敵人，對於攻城戰卻一籌莫展。即便曹操親自至此，也想不出什麼良策，唯一的辦法就是困，等敵人糧草殆盡開門投降。

雖然已是春天，但天氣仍舊沒有回暖的趨勢，尤其到了夜裡北風呼嘯不停，那聲音在山谷中迴蕩，簡直就像是厲鬼哭號。中軍帳裡雖點了不少炭盆，卻一點兒都不暖和，自邊角灌進來的風吹得人腦袋發懵。曹操實在難以入睡，索性披上裘衣到帳外觀望。

軍帳設在半山腰上，本來壺關遠近都可以一覽無餘，但此刻卻被黑暗掩蓋了。火把照不出幾丈遠，一切都模模糊糊，士兵們早就睡熟了，只有谷中零星的幾團火把在搖曳，如夢似幻一般。不知何處傳來一陣陣淒厲的嚎叫，那是林間豺狼的聲音。而遠處的壺關城卻燈火通明，連關下的鹿角拒

---

① 壺關，今山西省長治市壺關縣，太行山大峽谷所在地。

② 百穀山，今名老頂山，是太行山峽谷的北山坡，相傳是神農氏嘗百草之地，屬於太行山脈。

馬③都映得清清楚楚，高幹被困三個多月仍舊毫不懈怠，不知還要圍困多久，該不會又像審配那樣冥頑不靈吧？

「主公還沒歇著嗎？都快三更天了，您要保重身體啊！」遠處攀著山道上來一人，舉著火把漸漸走近。

曹操借著火光才慢慢看清來者那英俊清臒的臉龐：「哦……是奉孝啊，寒夜清冷北風呼嘯，老夫不能成寐。你怎麼也沒休息？」

郭嘉將火把交給守寨的親兵，緊走幾步來到近前：「方才押運糧草的人報告，咱們後隊的糧車都壞了，恐怕要耽誤些時日。」

「糧車壞了？」

「是啊。」郭嘉苦笑道：「又是羊腸阪道，又是河谷顛簸，還要過便橋，大部分車的輪子都散了，癱在谷口過不來。我跟卞秉商量了一下，派幾百兵去伐木，趕製新的車輪好把糧食弄過來，光靠人力終究不是辦法呀！再有兩天糧食還不到，大家就要餓肚子了。另外飲水也是個問題，這邊的涓流都結凍了，至少還要再等一個月才能開化，現在大家都嚼冰吃，太傷脾胃。」

「明早我就傳令，戰飯暫時縮減為一日兩頓，等糧運到之前大家都忍忍吧！至於喝水，要讓他們把冰煮化了再用，初春正是容易得病的時節，真要是吃冰吃出什麼毛病來，蔓延開可不是鬧著玩的。這該死的鬼地方……」曹操咒罵一句，側眼看看郭嘉，見他眼窩深陷神情恍惚，「你這幾天太辛勞了，自從來到壺關就跟換了個人似的，也聽不見你說笑了，整日就知道瞎忙。像這糧草的差事也用不著你掛心啊！」

郭嘉欠身道：「屬下蒙主公知遇之恩，理當竭力相報。」

曹操被他認真的樣子逗笑了，戲謔道：「瞧你說得這般正經，大半夜的就咱們倆人，這又是做給誰看呢？不該你的差事你去忙，老夫也不獎賞你，此所謂『非其鬼而祭之，諂也』。」

郭嘉全然沒有開玩笑的意思，滿臉鄭重的表情：「諂媚不諂媚日後自有公論。在下不畏旁人之言，但求主公知我一片心意。」

「哦？」曹操似乎揣測到了，自從陳群彈劾他不治行檢聚斂財貨之後，郭嘉比以前更盡心盡力了；卻也不便把這層窗紗捅破，只笑道，「有些事你不必多想，必要之時老夫自然會替你想。」

郭嘉茫然搖頭：「主公不肯怪罪是您的寬宏，但屬下應該去想。興兵打仗本為安定黎民，而屬下卻居功自傲侵占百姓之財，這不是出爾反爾嗎？在下從來但問功名處事不端，可是最近幾天卻在反思，我平生之所為錯處實在是太多啦！」

「功業未就你想這麼多作甚？」曹操一陣蹙眉，「透露你一個好消息，老夫已上表朝廷，封你為洧陽亭侯。你不總羨慕令君、軍師他們有爵位嗎？現在你小子也有了。」

「多謝主公。」郭嘉雖然道謝，卻不怎麼興奮，「在下出身一般，資歷淺薄，也沒什麼大功，原不敢與軍師他們比肩。我兒郭奕尚幼，他日後若有什麼不規矩的地方，還望公主海涵。」

曹操如墜五里霧中，這哪還是放蕩不羈嘻笑怒罵的郭奉孝，怎麼變得這般小心謹慎了？不禁覺得好笑，拍拍他的肩膀道：「你小子今天怎麼了，盡說些糊塗話。這些年來你何嘗尸位素餐了？老夫平滅河北全憑你的計策。莫說你家裡有些不肖之人犯點兒小過，就是真有什麼錯也可饒恕。《周禮》的『八辟』④難道不是聖人所留？論功、論能、論勤你哪一條不占著？不要胡思亂想了！」

郭嘉心裡確實藏了件不便明言之事，也只能順口搭音：「諾。我不想了……不想了……」

---

③ 拒馬：一種木制的可以移動的障礙物，通常用於堵門，阻止敵軍行動。

④ 八辟，是《周禮》中關於減免刑罰的記載，對於親、故、賢、能、功、貴、勤、賓這八種情況的人可以從寬處理。後來至曹操的孫子曹叡制定新律法，將「八辟」改為「八議」正式寫入法典，後世繼承一直延續到清朝。

曹操見他似乎釋然，回頭吸了一口涼氣，又望向幽黑清冷的山谷，喃喃道：「高幹這小子確實是條狼，若不將他剷除早晚又成禍患。老夫已經決定了，不惜一切代價也要拿下壺關，只要并州平定，北方之地就再無大患了！至於荊州劉表、益州劉璋、江東孫權不過各據一隅，憑我之雄兵又有朝廷正義之名，極易破也！」

這次郭嘉並沒有像往常那樣稱讚他英明神武，而是實事求是：「北方一統已近在眼前，烏丸、公孫度不過邊廷小寇，主公也該提早考慮南下之策了。如今江東已非當年的荒蠻之地，聽聞孫權自江夏回軍途中又派部將朱治、賀齊鎮壓了山越，搶占了不少地盤。您給太史慈送去當歸至今沒有回音，足見孫權善於穩固人心，主公萬萬不可小覷江東。」

曹操卻根本沒入耳，只盯著山谷出神，過了半晌竟吟出一首詩來：

北上太行山，艱哉何巍巍！羊腸阪詰屈，車輪為之摧。
樹木何蕭瑟，北風聲正悲。熊羆對我蹲，虎豹夾路啼。
溪谷少人民，雪落何霏霏。延頸長歎息，遠行多所懷。
我心何怫鬱，思欲一東歸。水深橋梁絕，中路正徘徊。
迷惑失故路，薄暮無宿棲。行行日已遠，人馬同時饑。
擔囊行取薪，斧冰持作糜。悲彼東山詩，悠悠令我哀。⑤

郭嘉聽這詩裡一片淒涼滄桑，透著哀婉之情，全然不似即將勝利的心態，倏然意識到曹操也有心事——「悲彼東山詩，悠悠令我哀」，《詩經・東山》是讚美周公的詩篇，可是曹操究竟是想當周公那樣的聖人，還是想當王莽那樣卑鄙的篡國者呢？北方一統近在咫尺，兩條路都擺在他面前，他會怎麼選呢？

郭嘉漸漸意識到這是個很可怕的問題，絕非自己應該參謀的，勸曹操代漢自立太狠心了，而勸他不要這麼幹又太違心了。自己這幫人說穿了多半都是攀龍附鳳，欲為自身與後代謀富貴，曹操要是將來不掌權力，他還能為誰效力呢？他不敢在這個問題上繼續糾結，忙拱手道：「主公還是早點兒休息吧！」

「好。」曹操還沉浸在詩意中，「你也回去歇著吧！」

「屬下想巡視一遍營寨再去睡。」

「哎！自有巡夜之人，用不著你操心。」

郭嘉深施一禮：「屬下得展平生之志全憑主公賞識，多受些累是應該的，就是操勞至死也難報主公之恩。」

「胡說八道！怎麼好端端地提到死呢？軍中謀士就數你最年輕，今後的事情老夫還要多多倚靠你呢！」

郭嘉的淚水在眼眶裡打著轉兒，多虧天黑才沒被曹操看清。他咬著後槽牙忍著悲痛道：「屬下不胡說了……不胡說了……」

「這就對啦！」曹操打了個哈欠，「老夫休息，你也去休息，明天還要商議戰事呢！」

郭嘉作揖恭送曹操進帳，自己卻沒有回去睡覺，依舊深一腳淺一腳地下了山。守營衛兵見他忘了火把，趕緊呼喊：「郭先生！您的火把……」他似乎充耳不聞，兀自踏著漆黑的山路而行，在寒風中巡視營寨。

---

⑤ 本詩名《苦寒行》，屬漢樂府「相和歌」之清調曲。

并州平定近在眼前，一切安好，又有什麼可擔心的？冷風呼嘯著，郭嘉卻渾然不覺，完全沉浸在自己的思緒中。不知不覺間又來到華佗的帳篷前，見裡面竟然還亮著燈火，沒有多想便一頭鑽了進去。

華佗與李璫之似乎剛剛睡醒，這會兒正在整理藥匣行囊，見郭嘉渾渾噩噩撞了進來，都嚇了一跳。

郭嘉沒有一句寒暄的話，頹然坐倒在地上：「華先生，這深更半夜的，你們收拾東西要去哪裡啊？」

華佗與弟子對視了一眼，強作笑顏道：「此處百谷山，相傳是神農嘗百草之地，我們師徒也要去采些藥。趁著天未亮早去早歸，以免誤了曹公的差事。」

「有事弟子服其勞，華先生何必要親自去呢？」郭嘉說話時始終耷拉著腦袋。

華佗乾笑道：「璫之年紀尚輕，還需老朽指點一二。」

「哼！」郭嘉斜了他師徒一眼，「我看華先生是想棄官逃逸吧？」

「你……」一句話把華佗師徒問得臉色煞白。

郭嘉深吸一口氣，挺直了身子，雙目炯炯望著華佗：「在下胸悶氣短之症日久，自從去年以來越發厲害，前日我痰中帶血，來向先生問病，您既不施針石又不用湯藥，只道我這毛病沒有大礙，一年半載必能痊癒。在下越想越覺詫異，夜不能寐倒想問問，若不施藥此病又如何根除呢？」

華佗一時語塞，想了想才道：「先生至河北水土不服，不過是一時犯了痰氣，安心休息幾日便好。」

「先生所言差矣！在下未隨曹公之前曾在河北為吏，何言水土不服？」郭嘉戳破謊言，「該不會我病入膏肓大限將至，先生不忍明言吧？」

華佗醫人無數倒還矜持，那李璫之是個老實人，嚇得手裡一鬆，藥匣子掉落在地，草藥撒得滿地都是。華佗回過神來，邊收拾東西邊喃喃道：「郭先生切莫胡思亂想，人無千日之好，鬧點兒小毛病又有什麼可怕的……」

郭嘉進來之時瞧他們收拾東西，心裡已涼了八九分，這會兒又見他們此等狼狽之相，最後一絲希望也破滅了，歎息道：「華先生不必隱瞞，在下跟隨主公出生入死，早把這些事置之度外了。」他話雖這麼說，聲音卻顫悠悠的，「醫者有父母之心，豈能見死不救？先生既然這麼搪塞我，想必是治不了我的病，若是連您都治不好，那還能指望誰？這就是郭某人命中註定啊！」

華佗眼見隱瞞不住了，無奈歎了口氣，作揖道：「先生果真聰明絕頂，要騙您實在是太難了。實不相瞞，您的病已……已無藥可醫。」

雖然此事已經坐實，但親耳所聞時郭嘉還是感到一陣眩暈，手扶几案撐住身子：「此病因何而起？」

「那就要問先生自己了。」

「此言何意？」

華佗情知害怕也沒用，索性也坐了下來：「天下人多半口是心非行事不檢，自以為能欺騙全天下的人，實不知最最欺騙不了的是自己。敞開門論的是天下大事，關上門圖的是酒色財氣，人前高談闊論，人後鶯歌燕舞，其實傷的都是自己啊！你所患之症乃是惡瘵（即肺結核），又名癆病，乃不治之症。最近一年你瘦了不少，難道不自知嗎？咳血還僅僅是開始，《素問》記載，癆病者『大骨枯槁，大肉陷下，胸中氣滿，喘息不便，內痛引肩項，身熱脫肉破』，漸漸你就都感覺到了。瘵者，疾苦也。癆者，辛勞也。光是辛勞疾苦也罷了，常言說十癆九色，恐怕你於男女之事也多有損耗吧？老朽早就看出你身患頑疾，但束手無策怎好明言？慚愧慚愧……」

郭嘉明白他說的是什麼，這病說穿了就是他自作自受。潁川郭氏本不是什麼名門望族，他個人的出身更遠不及郭圖一脈，這半生全靠賣弄自己的本事才混到今天，若不因趕上這亂世，他能不能出人頭地還在兩可呢！正因如此，郭嘉自受曹操重用以來也在拚命地享受，強索民田娶妻納妾，每逢回到許都總要夜夜笙歌酒色流連，陳群告他一個「不治行檢」實在不冤。而他又是個要強的人，真才實學，阿諛迎逢，凡事都不肯落在人後，處處爭強好勝。酒色傷於內，萬機損於外，耽於功名富貴無一日之安閒，落這麼一個結果又有什麼意外？想明白這些，郭嘉一陣苦笑：「承蒙先生點撥，反正事已至此，在下只問您一句話，我還能活多久？」

華佗面有為難之色，猶豫了半天，還是低聲下氣道：「老朽已經告訴您了。」

「一年半載必能痊癒……原來如此，到時候一命嗚呼，自然也就沒有病了。」郭嘉點點頭，想起華佗預言陳登、李成死期之事，斷然錯不了的，不禁反覆沉吟，「一年，最後的一年……一年……」過了半晌又道：「先生之所以打算趁夜而逃，是怕主公強迫您為我治病嗎？」

「啊！」華佗當真吃驚匪淺，心道──此人到了這般時刻還能洞察秋毫，當真是奇謀之士！

世間最殘酷的事，莫過於眼睜睜看著自己生命的流逝，明知死期卻無可挽回，所以華佗不忍實言相告。可是更令他擔心的是，郭嘉乃曹操寵臣，對其器重不亞於子姪。眼見這病症已神仙難救，若是道出真相，曹操硬逼他救郭嘉一命，他束手無策到時候如何收場？華佗又是搖頭又是歎氣，三分為的是郭嘉，倒有七分為的是自己。

郭嘉早摸準了：「先生想得太簡單了。您這麼不明不白地走了，豈不是折了岐黃妙手之名？況且主公眼看就要踏平河北，只怕天下雖大卻難有您安身立命之處。您也跟隨主公一段日子了，他是什麼脾氣您也清楚，若是不告而別再被抓住，是什麼下場您不會預料不到吧？」

華佗木然無語，可心裡明白，結果只能是死路一條。

郭嘉起身道：「在下感念先生實言相告，就助您躲過此劫以為回報吧！先生無需逃亡，等再過數月可以家中親人有疾向主公告假，一者您為他醫治頭風有功，二來又是譙縣同鄉，主公必不阻攔。到時候您回轉家鄉故里，在下正好……」話到此處他哽咽了一聲，「正好病發而亡，主公以為我是染急病而亡，才不會歸咎於您。您既能躲過此事，又可保留醫官之職以為進階。」說罷他禮也不施，踉踉蹌蹌便往外走。

華佗對著郭嘉的背影深深一拜：「老朽感激不盡……」他早就想過這個辦法，只是無法開口相求罷了，「能逃過此劫已是僥倖，至於保留醫官之位以為進階……仕途非老朽平生所願。只要能保留有用之身，繼續為人治病就夠了。實不相瞞，自第一天入曹營老朽就不願領此差事，我多想做那閒雲野鶴啊！」

郭嘉手掀帳簾，不禁回頭望看著華佗——人與人是不一樣的。他這輩子想的就是高官厚祿顯耀門楣，故而棄袁歸曹屢獻奇謀，哪怕是逢迎獻媚的小人手段也無所不取；至於那些無心官場的人物，他一概視為不思進取鄙陋之徒。但今天耳聞華佗這番話，郭嘉似有所悟，又恭恭敬敬還了一禮，這才落寞而去。

他步履蹣跚回到自己寢帳，既沒有點燈火也沒有喚親兵，獨自坐在漆黑之中。有些事是該好好想想了，論獻計獻策他不比荀攸、荀彧等人功勞小，論資歷也不算淺了，可是人家幾年前都封侯了，自己現在才混上爵位，難道僅僅是因為自己的出身比他們低？還有，自入曹營已有十餘載，還僅僅是軍師祭酒，不過是掾吏之流，從來不曾晉升，這又是為什麼？現在想來似乎很清楚了，不是曹孟德不想提拔自己，是自己的氣度還不夠，品行還難入那些正人君子法眼。在曹營中雖然名聲響亮，只怕在朝臣眼中自己不過是小人得志吧！這幾天他夜夜噩夢纏身，倒不是懼怕死亡降臨，而是辛氏幾十口亡魂和那位屍骨不全的族人總來糾纏他，還有辛毗那怨恨的眼光，也不時映現在腦海中……

細想起來，平生虧欠之人還真是不少呢！

郭嘉一動也不動地坐著，想把自己三十五年來的美好事情都回憶一遍，可腦子裡卻空空如也，什麼也沒有——他要追求的美好仍舊在明天，而不是在過去。意識到這點，兩行淚水簌簌滑落。為什麼哭呢？是悲哀，是悔恨，是留戀，還是心有不甘？他自己也不清楚。

他抹去淚水站起身，想到外面吸幾口涼氣，掀起簾子才發現天就快亮了。半山腰上看得分明，紅彤彤的旭日即將東升，新的希望就要到來，春暖花開不遠了，天地間還是那麼生機勃勃，恰如曹操的霸業也是前程似錦。

望著這唯美的景致，郭嘉漸漸又笑了——人本就是人，不必用心考慮怎麼為人；世本就是世，何必費盡心機處世？我郭奉孝壯士之膽、謀士之智、辯士之舌，無愧亂世弄潮的大丈夫，何慮他人之言？莫說還能活一年，哪怕只一天又怎樣？朝聞道夕可死矣，若能換一輪紅日上天，此生又有何憾！

平定河北

大廈將傾獨木難支，高幹雖有些文武之才，但并州畢竟處於包圍之中，士卒疲憊糧草殆盡。他苦苦支撐了半載，至建安十一年三月，壺關守將不堪疲憊終於獻城投降，并州天險盡失。高幹奔赴匈奴王廷求救，單于呼廚泉有了上次平陽之戰的教訓再不敢與曹操為敵，情知這是個禍頭，連見都不見就把他趕出了平陽。并州受困已久，將領不願再戰，曹軍幾乎兵不血刃就把各郡城池拿下了，高幹走投無路便喬裝改扮，帶著幾個心腹自關中繞道南下投靠劉表，不想半路被上洛縣一個小小的捕盜都尉識破，當即被獲斬首——并州就此平定。

憶昔袁紹開闢河北，苦戰了近十載才得來冀、青、幽、并四州，只因兒子們內鬥不休難承大業，把河北基業拱手送與他人，袁氏轟轟烈烈的統治如曇花一現黯然收場。改旗易幟、重設官員、籠絡人心、丈量土地，不單州郡地盤盡數便宜了曹操，就連袁紹的幕府宅邸也成了曹家產業，那位喪夫失子的劉氏夫人早被客客氣氣「請」了出去，曹操的妻妾內眷卻興高采烈遷居進來，自此新人換舊主，這座帶著神祕讖緯的鄴城變成曹操的家了。雕梁畫棟，錦繡華堂，數不盡亭臺樓閣，婢女僕僮穿梭如雲，掾屬從事充盈房舍，這座州牧府可比許都的司空府還氣派。

曹操終於能大模大樣挺直腰板號令中原了，他滿臉傲氣坐於堂上，聽著新舊屬下匯報著好消息，這種滿足感實在太舒服了。

此刻在堂上如履薄冰連連叩拜的不是別人，正是那位叱吒一時的黑山軍統領張燕，他終於帶著百姓們走出了深山老林，拜服到曹操腳下。據說此人原本姓褚，身形矯捷精於騎射，故而綽號叫「飛燕」，因秉承大賢良師張角的教義故而改姓張，此人當年擁數十萬農民軍，攻城略地馳騁疆場，與袁紹、公孫瓚鬥得不可開交，也算得一時之雄。不過現在跪在曹操腳邊卻像個怯官的老農，再也提不起昔日英氣來了——天下總共十三州[6]，曹操坐擁黃河南北七州之地，勢力還擴及西涼、江淮、幽燕，這等威力普天之下何人不懼？

「明公頒布政令，改易袁氏苛政。每畝只繳四升田賦，河北能逢寬仁之主，又有氣壯山河之軍，我黑山百姓焉能不降？」張燕這番話雖然是溢美之詞，但也沒有說錯。黑山農民軍名義上還有十萬人，其實大部分是老弱婦孺，真正能上戰場的不過十之一二，已算是苟延殘喘。如今租稅降到這麼

⑥ 十三州者，司隸、冀州、青州、幽州、并州、兗州、徐州、豫州、荊州、益州、涼州、揚州、交州。至建安十一年，曹操占有司隸、冀、青、並、兗、徐、豫七州，而幽州被其控制大半，涼州馬騰、韓遂等名義上屬於朝廷管轄，揚州在長江以北的地區也被曹操涉足。

低，誰還造反呢？更重要的是曹操與袁紹對待農民軍的態度截然不同。除了黑山外，當年活動於河北的農民軍還有劉石、青牛角、黃龍、左校、郭大賢、李大目等大大小小幾十支隊伍，都被袁紹剿滅了，當真是屍骨如山血流成河。所以張燕誓死不降袁紹，卻可以接受曹操。

這會兒曹操完全一副勝利者的姿態：「昔者天下昏亂仁德不興，袁紹暴戾殘害百姓，逼得人沒辦法才造反。你今來降那是從善之舉，老夫上表朝廷任命你為平北將軍，加封安國亭侯。」

官是不小，侯位也掙下來了，不過有無實權就另當別論了。張燕叩頭謝道：「多謝朝廷寬宏、曹公栽培。我身為黑山百姓之首，能為這十萬饑民尋條生路就已經很慶幸了……不過在下還有一不情之請。我那家眷妻兒久在深山，家鄉真定縣也沒什麼產業了，還請曹公再開洪恩，准許我家小到許都安家，讓他們享享富貴吧！」

此言一出，旁邊陪著的許攸、樓圭都用異樣的眼光打量著張燕——真沒想到，這麼一個賊頭還有此等算計。這不是享富貴，這是送人質啊！曾經擁數十萬兵馬的一個人物若不給曹操點兒把柄怎能平安終老？這老小子真會說話，明明是送人質，還要弄得好像求著曹操一樣。其實也不足為奇，都是曾經滄海品過世態炎涼的，大老粗也能歷練成聰明人啊！

曹操自然同意，順水推舟：「很好，不過叫他們遠離故土也不妥，連點兒鄉音都聽不到。我看就別去許都了，在鄴城安家吧，體面宅邸有的是，將軍隨便挑！老夫出錢為將軍整修。」今後曹氏的大本營要改到鄴城，沒必要再把人質弄到許都去了。

「不敢當不敢當……」張燕連連叩首，「若是沒有什麼差遣，在下就……」

「去吧去吧！早把家眷安排辦好，將軍也就安心了。」其實曹操自己也能安心。

張燕諾諾而退，到堂口正與家將呂昭走個迎面，這位平北將軍竟恭恭敬敬退到一邊給小將讓路。呂昭進門匯報：「啟稟主公，前天從袁氏府庫裡搜出來那三套家私都給卞氏夫人送去了。那套金絲雕花的几案夫人嫌奢華，毛竹編的又說太素了，結果挑了那套黃松木的。」呂昭本家奴出身，故而裡外雜務都能幹，「夫人還說：『取上者為貪，取下者為偽，故取其中。』」

「嗯。」曹操點了點頭，對卞氏的選擇很滿意，但什麼也沒說——當朝三公可沒有當眾誇妻的。他不誇別人可得誇，樓圭趕緊雙挑大指：「夫人真是賢德啊，與明公相得益彰！」

曹操不禁莞爾，吩咐呂昭：「諸內眷自許都過來也不清閒，你去吩咐後堂擺宴，請諸位夫人都到，也叫子桓他們夫妻出來相陪。」甄氏雖是搶來了，夫妻倒也和順，過門才一年多便產下一子，名喚曹叡，頗得曹操喜愛。

「諾。」呂昭去辦了。

許攸笑道：「哎呀阿瞞兄，真是新主換舊主。昔日袁紹的妻妾在這府裡勾心鬥角，有下人就說是這宅子風水不好。如今你妻兒在此處卻能其樂融融，可見還是袁紹福薄，鎮不住這地方。我看他非但打仗不如你，治家也不如你啊！哈哈哈……」

曹操聽得美滋滋的，嘴上卻道：「還是說點兒正事吧。袁尚、袁熙逃出塞外在何處落腳，要馬上查清楚，這個禍根必須得除。還有那遼東公孫康越來越不安分了，竟然派部將柳毅與海盜管承接洽，難道還真要跟老夫搶奪青州不成？」

樓圭根本沒把遼東之敵放在眼裡：「公孫康雖有其志，然不逢其時。高幹坐擁一州，大軍所到尚且瓦解冰消，何況遼東郡邊陲之地？若是我指揮兵馬，先取袁尚兄弟，根本不用理他。」

許攸噗哧笑了：「提到高幹有個笑話你們聽說沒有？抓獲他的是上洛都尉王琰。我聽人傳言，王琰擒獲高幹之後，她老婆在家哭得昏天黑地，說他丈夫原本是小官窮官，驟然立下大功勢必要富貴起來，以後娶小納妾跟她爭寵可怎麼辦啊！哈哈哈……天下都是妻以夫榮，她卻怕男人富貴易妻，你們說可笑不可笑？」

哪知這句話說完，曹操的臉色卻黯淡了，繼而一言不發起身回轉後堂了。

樓圭用胳膊肘捅了兀自大笑的許攸一下：「你這張臭嘴，整天胡說八道，又失言了……」

「這有什麼失言的，」許攸還大大咧咧的，「笑談嘛！」

「笑談？你不知孟德把原配丁氏逐走之事嗎？還敢說什麼富貴易妻，不想活了嗎？」

許攸瞠目結舌，直拍腦門：「哎喲！忘了忘了！」

「哼！」樓圭斜了他一眼，「整日裡自恃有功信口胡言，早晚招災惹禍，以後說話謹慎些吧！」

許攸不服：「別光說我，你就沒說錯話？你剛才拿自己與他相比，老毛病犯了都不自知！這張嘴就給自己身子惹禍吧！」這倆自年輕時就愛鬥嘴的傢伙又開始口角起來。

曹操確實被那句「富貴易妻」刺痛了——王琰不過一個小小都尉，家裡事都傳得沸沸揚揚，世人又該如何議論當朝三公呢？恐怕免不了說他無情無義喜新厭舊吧！他耷拉著腦袋漫步踱過遊廊，忽然又聽到一陣婀娜的歌兒伴著琴聲：

有美一人，被服纖羅。妖姿豔麗，蓊若春華。

紅顏韡燁，雲髻嵯峨。彈琴撫節，為我弦歌。

清濁齊均，既亮且和。取樂今日，遑恤其他。

「妙啊！好美的詞句……好甜的歌聲……」曹操不禁暗贊，尋著聲音來到後堂，正見曹丕撫琴，兒媳甄氏邊歌邊舞，右側坐著卞氏、環氏、秦氏、王氏、杜氏、尹氏、周氏、李氏等夫人，剛剛納的兩個小妾趙氏、劉氏也在一旁侍立；而曹彰、曹植、曹沖、曹彪、曹玹、曹均、曹林等大大小小的公子則在另一邊就坐，連曹節、曹憲兩個女兒也來了，何晏、秦朗也在席間，只那些尚在襁褓的沒有抱來。

甄氏正唱到妙處，一抬眼瞅見公爹，臉上羞得緋紅，趕緊施禮：「孩兒參見爹爹。」眾妻兒也趕緊施禮的施禮、下跪的下跪。

「都起來吧！」正位給曹操空著呢，他大步走過去看了看几案上的菜，只有幾樣精緻果蔬並無魚肉，也沒有酒——想必又是卞氏提倡節儉刻意安排的。

老子來了，兒子們就不能坐著了，都規規矩矩在席前站著。曹操盤膝而坐：「新婚無大小，規矩以後再講，今天都隨便些吧！」招手喚過最愛的曹沖和五歲多的曹林，左右腿上一邊一個。大家這才敢坐。曹沖擺弄著父親的鬍子，笑道：「剛才的歌爹爹聽著可好？」

「好！好！」只要小曹沖一撒嬌，曹操什麼不愉快都沒了，「歌美琴好，詞句更妙。」說罷輕輕掃了甄氏一眼——如今的甄宓稍加粉飾淡掃蛾眉，穿一襲湛青的落地長裙，更顯嬌媚動人。其實若不是曹丕下手快，這女子還說不定歸誰呢。

曹沖又笑迷迷道：「這麼好的詞句，爹爹知道是誰寫的嗎？」

曹操看看曹丕：「不像子桓所作，以他之功力還寫不出這等微妙之作。」一句話說得曹丕滿面慚愧。

曹林乃杜氏所生，小小年紀說話還有奶音呢，手指東邊道：「我知道，這是植兒哥哥寫的！」

「哦？」曹操詫異地盯了曹植一眼，不相信，「你寫的？不會是劉楨、應瑒他們代筆吧？」

曹植年方十六，個子不及曹丕高，但哥倆同是卞氏所生，相貌極為相似，兄弟一樣的文靜白皙，不過曹植的眼睛更大一些，更顯聰明伶俐。聞聽父親發問，曹植起身道：「此等詩賦皆書兒女之態，不過是孩兒遊戲之作，哪裡敢勞記室代筆？」他也揣著虧心呢，無人代筆不假，但小叔子寫這類曲子給嫂子唱，這也不怎麼妥當。

曹操並沒察覺曹植對甄氏的傾心，只道：「既然你說是自己所作，那便再作一首叫為父聽聽……坐下想！」

曹植應了一聲，卻道：「孩兒倒是能作，不過懇請父親……」「什麼？」

「孩兒斗膽，請允許孩兒飲酒才想得出來。」

卞氏一陣蹙眉：「植兒！你……」

曹操擺擺手：「你別管！給他酒……不！吩咐下人多取些酒來，你們也喝。今日家宴破破例，也別太素淨了。」

少時丫鬟把酒端來，每張几案邊都有一缶。沒過多大工夫曹植便笑道：「孩兒已經想好了。」

「唱來聽聽。」

曹植雙目望向窗外，面帶微笑，如同看到了春天一般，抑揚頓挫慢慢吟道：

攬衣出中閨，逍遙步兩楹。閑房何寂寥，綠草被階庭。
空穴自生風，百鳥翩南征。春思安可忘，憂戚與君並。
佳人在遠道，妾身單且煢。歡會難再遇，蘭芝不重榮。
人皆棄舊愛，君豈若平生。寄松為女蘿，依水如浮萍。
齎身奉衿帶，朝夕不墮傾。儻終顧眄恩，永副我中情。

這首還是寫佳人，卻是棄婦之詩，詞句優美飽含情感，也虧曹植怎麼醞釀出來的，當真動人心腸。曹操本在前面聽了許攸的話，臉上無光才躲過來的，不想兒子的詩又觸了棄婦之事，不由自主地往丁氏身上聯繫，竟不由自主地跟著默念起來：「歡會難再遇，蘭芝不重榮……人皆棄舊愛，君豈若平生……別唱了！」

曹植嚇了一跳，趕緊跪倒：「孩兒作得不好，請父親責罰。」話雖這麼說，但他也不曉得自己錯在何處。

「不！」曹操苦笑道：「這詩很好，美極了……你不但詩寫得好，而且很孝順，要了酒卻根本沒喝。其實是故意編個理由，想讓諸位娘親也喝酒高興，對吧？你很懂事啊……」

曹植見謊言被戳破，又聽父親連連誇獎，臉上一陣暈紅，諸位夫人也交頭接耳紛紛稱讚。曹丕卻面有尷尬之色，看看矜持而笑的曹植，又看看父親懷裡的曹沖，不知為何心裡突然沉甸甸的。

曹操惆悵難安，招手喚趙氏、劉氏道：「妳們也來唱上一首吧！」

這倆歌姬出身的女子連忙推辭，趙氏尤其能說會道：「諸位公子和姐姐們都在，我們哪敢隨便造次啊！這不成了笑話了嘛！」

「無礙的，唱吧！不過唱舊曲，莫唱植兒的。」曹操想換首曲子緩解一下傷感，哪知二夫人不明就裡，竟唱道：

新裂齊紈素，皎潔如霜雪。
裁成合歡扇，團團似明月。
出入君懷袖，動搖微風發。
常恐秋節至，涼飆奪炎熱。
棄捐篋笥中，恩情中道絕。

這是昔日班婕妤所作的《怨歌行》，她本漢成帝寵妃，後來成帝移愛趙飛燕姐妹，班婕妤幽居深宮作此歌排遣心中鬱悶——又是一首棄婦之作。

棄捐篋笥中，恩情中道絕。曹操真是心煩意亂，為何怎麼躲都躲不開呢？他放下兩個兒子，起身道：「還有不少公務辦，你們盡興吧！」說完唉聲歎氣又離開了。垂頭喪氣信步來到花園中，忽聽到背後有人呼喚：「夫君……」回頭一看——卞氏跟了出來。

「妳出來做什麼？陪她們飲酒吧，告訴孩子們，今日盡興，隨便一點兒沒關係。」

「你想什麼我都知道……」卞氏輕輕拉住丈夫臂腕。

是啊，天底下還有人能比卞氏夫人更瞭解他嗎？曹操拍了拍她的手，話匣子再也關不住了：「妳說我是不是老了？在外面打仗怎麼就把丁氏的事忘了呢！她現在還在許都住著吧？當初就該一併接過來，如今弄成這樣，我這張老臉往哪兒放！叫天下人說我什麼啊！」他有對丁氏的愧疚，但更重要的是怕人笑話。

卞氏溫存一笑：「我早替你想著呢。過來時把她帶上了，卞秉、丁斐幫忙在城外為她找了個小院子，還有僕人伺候。」

「啊！」曹操喜出望外，一把抱住卞氏肩膀，「賢妻啊，妳太好了……不過既然來了，為什麼不直接帶進府裡？」

「姐姐不願意來。」卞氏搖搖頭，「若不是丁家的人編瞎話說要遷居，她連河北都不來。依我說……你是不是……」她不敢往下說。

「我去接她！」曹操不執拗了，「說什麼也要把她帶回家，畢竟她是我的夫人啊。」

「她脾氣硬，你多說點兒好話，可千萬別和她吵了。居家過日子息事寧人為上，你們和睦比什麼都好。」卞氏連連叮囑。

「好好好，妳說什麼我聽什麼，妳說話永遠這麼好聽。」曹操邊說邊伸手摸著卞氏的鬢髮。

「老夫老妻的，你這是幹什麼呀……」

「哎喲妻啊，你有白頭髮了。」曹操一陣驚訝。

卞氏一陣苦笑：「我已過不惑之年，哪能沒白髮？你去照照鏡子吧，白頭髮一大堆嘍！」

「華佗精通養生之術，回頭我去問問，看有沒有什麼妳們女人吃的補藥。唉……天下大局已定，只要再降服烏丸，南下掃滅江東，就不用再打仗了……到時候咱好好享受以後的日子，我一定好好待妳。」這句話曹操從年輕時就在說，已經不知道說過多少遍了。

卞氏實在不敢奢望真有那麼一天，但還是順著他說：「好啊……好啊……不過別光對我們好，還要對丁氏姐姐好。」

其實世間妻妾都希望丈夫愛自己多一點兒，絕少有勸丈夫對別的女人好的。可是卞氏的聰明正在此處，丁氏即便回來也不可能再和曹操恢復往日的感情了，這件事無論成與不成，給丈夫留下賢德印象的都是她自己。說是真心撮合，未免小看了她的心眼；說是蓄意邀寵，似乎又有違卞氏的善良厚道，真真假假吧——俗話說得好，不是一家人不進一家門，卞氏與曹操可謂絕配。

無法回頭

曹操邁下馬車，只望了一眼那僻靜的院落便覺心曠神怡。沒想到鄴城附近還有這麼小巧精緻的地方，既樸素又不失典雅，高大的桑榆、古樸的井臺，還有草叢間那幾朵不知名的小花，一切都符合丁氏的喜好，看來卞秉、丁斐果真沒少費心思。

當朝司空接鬧彆扭的老婆回家，這等事恐怕還是開天闢地以來的頭一遭，自然不能嚷出去惹人恥笑。故而曹操只乘了一駕普通的馬車，連親兵衛士都沒帶，只有許褚趕車，卞秉、丁斐騎馬相隨。

卞秉攙姐夫下了車，指著這院子道：「此處原本是審家的一處莊子，如今院牆已經扒了，附近的田地也分了，只留了幾處院落。您放心，現在住的都是府裡的家奴僕婦，一來跟著主公這麼多年給大夥添點兒產業，二來正好伺候夫人起居。」

曹操滿意地點了點頭，走上前伸手欲推柴扉，又頓住了，回頭道：「這院子裡的人……」

卞秉又搶著答道：「僕人早叫我打發回家了，這會兒只有夫人一人，姐夫只管進去。」什麼時候叫主公、什麼時候叫姐夫，卞秉已掌握得爐火純青。

「嗯。」曹操怕他們偷聽私房話，拂袖道：「你們且往後站。」

「諾。」卞丁二人忍著笑退了幾大步，連許褚也牽著馬車向外移了移。曹操這才推門進院，明知沒人敢跟進來，卻還是順手把門帶上，夫妻相會搞得像做賊一樣——說來說去還是放不下這張臉。

這個院子十分簡單，左右有幾間小房似乎是廚下和僕人們住的，正房的門敞著，可以依稀看見房裡的情形。丁氏就背對著大門坐著，手裡頃刻不停地忙著，她又在織布了——織機是她唯一的夥伴，自進了曹家的門，她便整日忙針織女紅，就好像家裡要靠這營生過日子似的。曹昂死後她更是把織機當成了命根子，一天也說不了幾句話。即便到了這裡，她還在織，真不曉得她織那麼多布、繡那麼多香囊都是給誰用的。

曹操躡手躡腳邁進房門，這才看清楚妻子——頭髮已經全白了，穿著一襲粗布釵裙，單看這背影簡直就是一個鄉下村婦。頃刻間，曹操悲從中來，傷感一陣陣往上湧。路上他還在料想丁氏見到他會是何等表現，是愧疚還是倨傲？現在看來誰對誰錯早已不重要了，彼此都是五十多歲的人了，還有什麼兒女情長？還是解了心結，平平穩穩的過日子吧！他突然開始害怕面對丁氏的臉，不知那張雖不漂亮卻曾經年輕的臉現在已蒼老成什麼樣。

丁氏早知道曹操要來，這會兒窸窸窣窣聽得有人摸進房裡，已猜到是誰。但她既沒說話也沒回頭，只是手裡停了片刻，便又吱扭吱扭地推起了織機。

曹操在她背後站著，醞釀了好半天也不知該怎麼開口，最後只好輕輕咳了兩聲，腆著老臉低聲道：「我來了……」

吱扭吱扭……吱扭吱扭……「妳還好吧？」

吱扭吱扭……吱扭吱扭……

莫說叫他坐下說幾句親近話，丁氏連頭都不回一下，硬是把這個身分高貴的丈夫生生晾在了那裡。曹操見她倔強之性絲毫未改，心頭便有幾分不滿，可環視屋中，只有幾件古樸的几案和擺設，連個妝奩盒子都沒有，又打心眼裡可憐她——將就了吧，把年輕時說甜言蜜語的本事拿出來，拉下臉繼續哄吧！

「年初咱昂兒的祭日，我正在并州打仗，也脫不開身，就叫丕兒他們在府裡設靈位拜祭了。」死去的兒子是丁氏唯一記掛的，曹操拿兒子說事，希望能勾她說話。哪知丁氏還是不理不睬，便又接著道：「咱昂兒若還在，今年也快三十了。我可能是老了，近來做夢總夢見咱兒子，要是他還在，我父子並轡而行縱橫天下該有多好啊！」這倒是句真心實意的話，「如今河北大局雖定，青州卻還有些亂子，遼東公孫康趁火打劫意欲搶占沿海之地。若有咱昂兒在，大可命他提一支勁旅替老夫蕩平賊寇，我便可以放心出關根除袁尚之患，待大功告成我父子合兵一處揮師南下……」

曹操痴痴地說了半天，才意識到這不是跟諸將商討戰事，趕緊住了口，又往丁氏身前湊了兩步：「我知妳不喜紛擾，此處山清水秀又沒有那麼多的達官顯貴，妳喜歡嗎？前幾天環兒她們還說起妳，大夥都說妳好，孩子們也很念妳的好……」說著話曹操試探地伸出一隻手搭在她肩膀上。

丁氏雖沒有抗拒，卻仍舊低頭推著織機。

「咱回家吧，都一把年紀了，這麼不即不離的，像什麼樣子？」曹操輕輕撫摸著她的脊背，眼見她還是沒有任何反應，軟磨硬泡道：「算我錯了，我不該轟妳走，為夫向妳陪禮還不行嗎？聽見沒有啊？難道我不休妳妳卻要休我？真要與我斷絕夫妻情分？」

吱扭吱扭……吱扭吱扭……

丁氏頭也不抬一下，手底下機械地忙著活，彷彿對一切都漠不關心。曹操呆呆望了她半晌——妻子也太執拗了，或許昂兒之死對她的傷害太深，或許是那日我打了她因而懷恨在心，或許這女人還有許多無法理解的心結打不開。該怎麼辦呢？算了吧，再讓她想些日子，興許過個一年半載她就想回家了吧！

曹操還抱著一絲僥倖，拍拍她肩頭道：「妳不理我，我可要走了。過幾天再看妳，妳再好好想想。」說罷一步三回頭地往外蹭，希望她能開口挽留，可是直走到門邊，丁氏還是沒有反應，曹操只得長歎一聲，出門而去。

「曹阿瞞……」

曹操忽然又聽到丁氏的呼喚，踏出門檻的腳又收了回來。那闊別已久的聲音，是在他未得志之時安慰他度過無數個不眠之夜的聲音啊！

「妳、妳肯跟我回去嗎？」曹操聲音顫巍巍的，臉上洋溢著興奮，簡直就像是抓到了糖的孩子。若說他還愛著丁氏似乎太違心了，但那感情卻是共歷患難超越一切的親切和依戀。

丁氏並沒有回過頭來，但手中的織機已經停下，似乎屏住呼吸在下很大的決心。

「怎麼樣？跟我回家吧！咱們好好過日子……」曹操覺得只要再加把力氣，一定可以把她領回家。

但丁氏沒有答覆，就這麼背對丈夫呆坐了好久，忽然慢吞吞道：「你以後不要再來了。」

「為什麼？」雖然是夏日，曹操卻從頭頂冷到了腳底。他霎時間感到一陣莫名的恐懼，彷彿心底的某種東西被掏空了，一切都喪失了似的。此刻再沒有什麼當朝權臣的尊嚴了，他不由自主地懇求道：「不行！妳要跟我走！妳必須跟我走！妳是我妻子啊……我、我從今以後一定對妳好！」說著話曹操搶步上前抓住丁氏的臂膀，「妳打我！妳打我啊！要不妳罵我，妳出出氣啊！我從今後打不還手罵不還口，我今後……」

「算了吧！」丁氏掙開他，口氣冷得像冰一樣，「你別再跟我賭咒發誓了，我不會再到你家去。」

「你說什麼……」曹操愕然呆立，「為什麼？」

丁氏渾身顫抖，連頭也都不抬一下：「為什麼？因為我聽夠了你的謊話！我不會再相信你了。」她頓了頓，一字一句，咬牙切齒，「不單單是我，普天之下還有人相信你曹阿瞞說的話嗎？」

曹操一陣眩暈，連連倒退幾步，伸手扶住門框才沒有摔倒，丁氏此言猶如一記重錘，把他擊得五臟六腑都碎了。連他自己都記不清自己承諾過多少次要好好對待妻子的，可那些信誓旦旦的話真的兌現了嗎？丁氏已經不想再繼續下去了。

吱扭吱扭……吱扭吱扭……

織機再次響起，丁氏又開始織布了，是那麼決然那麼專注，彷彿什麼事都沒發生，什麼人都沒來過一樣。只有失魂落魄、打了敗仗般的曹孟德呆立在那裡。此時此刻他不是什麼當朝權臣，也不是什麼神威赫赫的將軍，只是一個被妻子拋棄了的可憐蟲。他的腦子裡一片空白，恍恍惚惚踱至院中，在炎炎烈日下站著，彷彿是想讓驕陽驅走心底泛起的寒意。

卞秉、丁斐就在籬笆外，雖然聽不到裡面說些什麼，可卻能隱約看見其中情形。這時節正是熱的時候，誰走在外面都尋陰涼，可曹操卻頂著太陽在院裡站著。二人見此情景已猜到丁氏不肯回去，倒有心進去勸曹操幾句，可沒他發話又不敢，兩口子的事兒外人怎好跟著瞎摻和呀？約摸過了一刻工夫，曹操才開門出來，臉色白得像紙一般，看那沒精打采的神情，彷彿轉眼間老了十歲。丁斐這才敢上前攙扶：「夫人還不肯回去？她就是脾氣太倔，您莫要掛心，改天我叫內子來勸勸她……」

曹操根本沒聽見丁斐說什麼，顫巍巍回到車上，歪著身子悶坐良久才低聲道：「她不願再跟著我了，我看也不必強求……你去跟她商量商量怎麼辦，她若還想嫁人，找個好人家把她嫁了，若是想回鄉，我多出財帛送她回譙縣養老。」

丁斐萬沒料到費盡心思竟換來這麼個結局，心中暗暗叫苦——說的真輕巧，你曹孟德的女人改嫁，天下哪個男人敢要啊？都年過半百了還被休回家，還有何臉面見家鄉父老？她哪也去不了，這輩子就算毀啦……丁斐心裡這麼想，嘴上卻不敢說，只支吾道：「三十餘載夫妻之情怎能說斷就斷，我再去勸勸她吧……」忙不迭跑進院去。

曹操連連搖頭——親自去都不頂用，丁斐又能如何？即便是把她領回去，還有什麼意義？丁氏已經寒心了。他索性等都不等了，朝許褚擺了擺手，有氣無力道：「回府吧……」

許褚只管令行禁止，至於曹操的家事是不問的，揚起鞭子趕車便走。素來熱心好事的卞秉這次一句話都沒說——丁氏被休已成定局，這對於卞氏意味著什麼？水到渠成正合適。

車子動起來，簾子垂下了，曹操張開雙臂躺在了車板上。他覺得累，不知為什麼，一輩子活到現在從沒這麼累過。以前遇到這樣的事他必然會頭風發作，可是經過兩年的治療，這病已經不怎麼犯了。可是今天曹操多希望自己頭痛，這種清醒實在比頭痛還要受煎熬。他功成名就了，卻不是那種他想要的感覺。彷彿心目中渴望的那扇門打開了，裡面卻不是自己原本心儀的東西。丁氏最後那句話始終在他腦海裡迴蕩著——普天之下還有人相信你曹阿瞞說的話嗎？

或許真是這樣的吧！他說過要好好對妻子，結果卻害得她身心憔悴；他說過要安定百姓，卻縱容親信部下侵占民財；他說過要招攬天下名士，卻不准他們隨心言論；他說過要復興漢室，但卻走到今天這樣一個尷尬的境地。丁氏說的一點兒都不假，他曹孟德的話天下人還能當真相信嗎？

但是曹操仍覺委屈，並不是他不願意兌現諾言，而是世事使然，他不能那麼做。難道真為了兒子的仇就殺死張繡，失一驍勇之將？真的嚴苛約束部下，不准那些出生入死的人在戰爭中撈些實惠？真的要讓那些清流名士自由言論，絆住自己後腿？難道真的要現在就還政天子，等待清算的屠刀？翻開青史看一看，古來功成名就之人比比皆是，但又有誰真的不曾違背自己的本願和諾言？萬事無愧於心的人這世上存在嗎？

馬車進了鄴城，轉眼間回到幕府門前，卞秉趕忙親自撩起車簾，曹操還未下車又見荀攸、董昭、崔琰、郭嘉迎上前來——去的工夫太長，好多事還等著抉擇呢！

施禮已畢崔琰搶先稟奏：「青州樂安太守管統拒不投降，請主公發兵討之。」

荀攸捧上一卷竹簡道：「剛剛發來軍報，袁尚、袁熙與烏丸首領蹋頓屯兵柳城，此患不除河北難安。」

郭嘉也似連珠炮一般稟奏：「遼東公孫康集結兵馬，其前部都督柳毅已在管承策應下登陸，劫掠沿海之地。青州黃巾呼應而起，圍攻濟南城。昌霸又跟著反啦，這已經是第五次了……」

「都住口！」曹操感覺腦袋都要裂開來了，不禁大吼一聲。所有人都不說話了，膽怯地望著他。他也知失態，稍稍緩了口氣，又軟語道：「今天我什麼也不想聽了。能處置的你們自己安排，處理不了的……明早再說吧！」

「諾。」眾人不敢多問。

明明有此吩咐，董昭還是慢慢蹭到車邊，以低得不能再低的聲音道：「關於改制九州之事……令君有封書信給您。」曹操命董昭寫信與荀彧商討，可人家直接就把信回給曹操，荀彧的洞察力太強了。

「哦？」關於這件事，曹操還是不得不關注，「拿來我看看吧！」

董昭知他今天脾氣不順，都沒敢勞他的手，自己展開文書，亦步亦趨捧到面前給他看：

今若依古制，是為冀州所統，悉有河東、馮翊、扶風、西河、幽、并之地也。公前屠鄴城，海內震駭，各懼不得保其土宇，守其兵觽。今若一處被侵，必謂以次見奪，人心易動，若一旦生變，天下未可圖也。願公先定河北，然後修復舊京，南臨楚郢，責王貢之不入。天下咸知公意，則人人自安。須海內大定，乃議古制，此社稷長久之利也。

荀彧絕頂聰明之人，恢復九州意味著什麼，他不會不清楚。現在致書表示反對，意味著什麼曹操也不會不明白。所有冠冕堂皇的理由都是藉口，說到底荀彧絕不允許任何人改易劉氏的大漢王朝。其實又何止一個荀彧，天底下不知有多少人還依戀著大漢。怎麼辦？該不該繼續往前走呢？

曹操半晌無語，一陣搖頭，又一陣點頭：「令君言之有理，若非他提醒……老夫又錯了。」本性無法改變，他又開始言不由衷。不過再怎麼掩飾，在場之人也能感覺到——曹操與荀彧之間已經出現裂痕了。

董昭見他不反駁荀彧，便也順著說：「令君之見老成謹慎，九州之議不妨暫且擱置……」擱置並不等於放棄。

荀攸也接過信看了看，看得心驚肉跳，卻避重就輕道：「此外令君還主張修復舊都，這提議很好。昔日洛陽被逆賊董卓焚毀，按理說早該重建了，但這些年四方征戰，朝廷府庫又不甚充足，一直沒有條件。現在河北大定，是該考慮考慮了。施工的石料，還有人工是個問題，河南人口稀少，最近還在鬧災……」荀攸只想岔開那可怕的話題，他滔滔不絕往下說，其實說的什麼連他自己都不清楚了。

董昭瞥了他一眼，趕緊把話拉回來：「天下荒亂已久，需要修整的豈止一座洛陽城？四方之地何處不曾飽受刀兵之亂？要辦的事多著呢。就拿宗室王國來說，現今齊、北海、阜陵、下邳、常山、甘陵、濟北、平原這八個國，宗室諸王或死或亡，後裔又散居民間，說郡不郡說國不國，搞得朝廷政令難以推行……」說到這兒董昭低下眼睛，故意不看曹操，「既然這樣不便，我看乾脆把這八個國都廢了吧！」

他說得輕描淡寫，荀攸等人可嚇壞了——廢除劉氏諸侯國！這是何等犯忌諱之事，而且一口氣就廢八個，叫天下人怎麼想？這個提議實比改易九州更觸君臣之大防。

「想必令君也不會贊同吧……」曹操卻不慌不忙，輕輕拍了幾下大腿，倏然抬頭掃視眾人，「你們覺得如何？」

他猛然把問題扔回來，眾人猝不及防。

荀攸感覺心頭似刀絞一般難受，想反對，想怒吼，想阻止，但面對曹操，滿腹之言竟全然哽於喉間，硬是一個字都說不出來。固然這是懼怕曹操的喜怒無常，而更重要的是，這些年來是誰出謀劃策推著人家走到今天這一步的？反對曹操又與反對自己何異？

崔琰卻已經麻木，昔日袁本初刻璽懷逆，今朝曹孟德議廢諸國，天下烏鴉一般黑，當初袁紹強盛之時這股風就刮過的，大同小異都是玩過的把戲。其實誰做皇帝有什麼不同？只要百姓安居樂業，誰統治天下都無所謂。崔琰但覺無可無不可，再者他入曹操麾下，猝遇這麼敏感的問題，也不便多說什麼。

董昭放這個話是故意試探曹操，看將來的事該如何做，做到什麼程度，哪知人家太精明，不表態又扔回來了。眼見別人都不表態，他這個始作俑者也不好極力攛掇。

故而三人都低頭不語，大氣都不敢出一口。至於一旁伺候的卞秉，乾脆裝沒聽見，和許褚有一搭無一搭談論家常。眼見大夥都不表態，曹操搖了搖頭，也不再追問下去，緩緩走下車來，只淡淡來了句：「此事以後再議，我想獨自靜一靜。」便拋下呆立的眾人，逕自走向府門。

「主公啊！」誰也沒料到，這個節骨眼上郭嘉一反常態站了出來，那滿臉鄭重的表情與往日的嘻笑怒罵大相徑庭，「難道就因為伯夷、叔齊潔身自好不肯仕周，武王就不伐商紂了嗎？」

曹操的腳步戛然而止。

這話的弦外之音令人不寒而慄，就連置身事外的卞秉也驚住了，霎時間氣氛詭異得令人窒息。

…………

過了好一陣子，曹操才慢慢回過頭來，沒有瞧郭嘉，而是把目光投向董昭：「廢國之事……就按你說的辦吧，不必再徵求別人意見。早早處理完，別耽誤了正事，還要繼續打仗呢！」只說了這兩句，便邁步進了府門……

「諾……」眾人望著他的背影參差不齊地應了一聲，有的喜悅，有的欣慰，有的惆悵，有的已麻木，沒人再說一句話，各自想著心事。只有樹葉間的知了不停地叫著，咒罵著這令人燥熱不安的夏天。

廢除八國的信號已經發出，後面的路不言而喻了。反正再喊復興漢室也沒人信了，那就放手去幹吧！

INK PUBLISHING

從前 34

卑鄙的聖人 曹操6
滅袁紹統一北方，野心爆棚

作　　者　王曉磊
總 編 輯　初安民
導　　讀　陳明哲
責任編輯　孫家琦　陳健瑜
美術編輯　陳淑美　黃昶憲　林麗華
校　　對　孫家琦　陳健瑜

發 行 人　張書銘
出　　版　INK 印刻文學生活雜誌出版有限公司
新北市中和區建一路249號8樓
電話：02-22281626
傳真：02-22281598
e-mail:ink.book@msa.hinet.net
網　　址　舒讀網 http://www.sudu.cc

法律顧問　巨鼎博達法律事務所
施竣中律師
總 代 理　成陽出版股份有限公司
電話：03-3589000（代表號）
傳真：03-3556521
郵政劃撥　19785090 印刻文學生活雜誌出版有限公司
印　　刷　海王印刷事業股份有限公司

港澳總經銷　泛華發行代理有限公司
地　　址　香港新界將軍澳工業邨駿昌街7號2樓
電　　話　852-2798-2220
傳　　真　852-2796-5471
網　　址　www.gccd.com.hk

出版日期　2018年 7 月 初版
ISBN　978-986-387-211-5
定　　價　360元

國家圖書館出版品預行編目(CIP)資料

卑鄙的聖人 ： 曹操. 6：滅袁紹統一北方，野心爆棚 /
王曉磊著. -- 初版 --新北市 ： INK印刻文學 , 2018. 07
面； 17 × 23公分. --（從前； 34）
ISBN 978-986-387-211-5（平裝）

1.（三國）曹操 2.傳記 3.三國史

782.824　　106021333